アヘンと香港
1845–1943

古泉達矢

東京大学出版会

Opium and Hong Kong, 1845–1943

Tatsuya KOIZUMI

University of Tokyo Press, 2016
ISBN 978-4-13-0-026151-7

アヘンと香港　1845–1943／目次

凡　例

一、漢字については、特に必要のない限り常用漢字を用いた。
二、行政機関や役職については、基本的には英文の名称をもとに訳出したが、日本語の定訳がある場合や、中文名が研究書において比較的一般的に用いられている場合についてはそちらを用いた。
三、欧米の企業名については、英文訳と英文名を併記したほか、可能な限りにおいて中文名も付記した。
四、中国が各国との間で結んだ二国間条約の呼称については中文名をそのまま用いた。
五、華人の人名は可能な限り漢字で表記するよう心がけた。漢字表記が判明しない場合は、各種資料から最も一般的と判断される英語表記を用いた。
六、各政治主体の呼称について。例えばイギリス帝国の場合、ロンドンにあるイギリス政府に代表される、イギリス帝国の当局を総体的に指す場合には、基本的には「イギリス」ないし「イギリス政府」という呼称を用い、ポルトガルや清朝といった各国の政府等と対比させて論じた。但しイギリス帝国内部における政治主体間の差異に着目する場合には、ロンドンの政府を「イギリス本国政府」と呼び、香港政庁やインド政庁等と区別した。イギリス帝国以外の各政治主体の呼称についても、同様に処理した。
七、本書で引用するＵＲＬは、全て二〇一五年六月二九日付で確認した。

用語一覧

*のついた言葉は中国語である。これらに相当する適当な日本語の表記が存在しないか、あるいは一般的ではない場合、本書においては中国語の表現をそのまま使用した。

アヘン煙膏（*煙膏・*熟煙・*熟煙膏）（prepared opium / boiled opium）　生アヘンを水と混ぜ合わせて煮沸するなどして、吸煙できる状態へ加工したもの。本書では煙膏と略した。

煙館（opium divan）　中国語で「煙館」（香港）・「廊」（海峡植民地）、英語でしばしば「アヘン窟」（opium den）と呼ばれた、アヘン煙膏と共にアヘンを吸煙する場所を提供していた店舗のこと。英語ではアヘン窟という呼称のほうが一般的だが、香港政庁は煙館という呼び方を用いた。これは、アヘン窟という言葉が想起させる悪印象を避けようとしたためだろうと思われる。本書では基本的には煙館を用いるが、必要に応じてアヘン窟という呼び方も使う。

*煙灰（opium dross）　アヘン煙膏を吸煙した後に残るかす。

*下欄・*下灰　二煙を吸煙した後に残るかす。

生アヘン（raw opium）　ケシの果実から採取された乳液を乾燥させて、輸送用に梱包したもの。本書で対象とする時期に香港で取引されていたアヘンは、主にインド産、トルコ産、中国産（雲南産のアヘンである*雲南土など、産地により様々な呼び方があった）、イラン産（*波斯土・*金花土・*油金）の四種類に大別される。さらにインド産アヘンは、インド政庁の監督下で製造されたアヘン（*大土）であるパトナ（*公洋薬・*公班土）およびベナレス・アヘン（*沽洋薬・*喇庄土）と、インドの藩王国で製造されたマルワ・アヘン（*小土・*白皮土・*白洋薬・*公司薬）に区分することができる。

*二煙（dross opium）　煙灰を加工することによって製造される粗悪な吸煙向けアヘン。通常は大量の下欄を含んでいる。

単位一覧

一ピクル（picul・担）＝一〇〇斤（catty）＝一三三・三三ポンド＝一六〇〇両（tael）
一斤＝一・三三ポンド＝一六両
一両＝一・三三オンス＝三七・八グラム

生アヘン一箱あたりの分量は、その種類により異なる。インド産アヘンの場合、一箱あたり四〇個の球状に包装された生アヘンが封入されている。

インド産アヘン
　パトナおよびベナレス・アヘン　一・二〇ピクル＝一箱（chest）
　マルワ・アヘン（インドの藩王国で製造されたアヘン）　一・〇〇ピクル＝一箱
トルコ産アヘン　一・〇〇ピクル＝一箱
中国産アヘン　一・〇〇ピクル＝一箱
イラン産アヘン　一・〇二五ピクル＝一箱

香港から各地に輸出されたアヘン煙膏は、一個あたり五両入りのアヘン缶が次のように包装されていた。
アメリカ向け　一箱あたり一〇〇缶（tin）＝五〇〇両＝四一・六七ポンド
豪州向け　一箱あたり一二〇缶＝六〇〇両＝五〇ポンド

序　章　近代香港とアヘン問題

一　本書の課題

本書の課題は、一九世紀中葉から二〇世紀中葉に至るまでの香港におけるアヘン政策の変遷を、アジア・太平洋地域でのアヘン・麻薬問題をめぐる国家間・地域間の関係という切り口から描き出すことにある。香港は割譲直後から二〇世紀初頭に至るまで、西・南アジア各地から東アジアへ輸出された、ケシから採取された液汁を輸送用に加工・包装したものである生アヘンの中継地だった。さらに香港における、生アヘンを吸煙用に加工したものであるアヘン煙膏（以下煙膏と略）の小売販売制度の展開は、中国大陸内部や台湾、澳門といった近隣の諸地域をはじめ、北米、豪州、東南アジア各地における様々な社会的動向と密接にかかわっていた。以下、関連する先行研究の検討を通じ、本書が研究史上に占める位置を確認する。

まず次節では香港の歴史をめぐる従来の研究動向を踏まえ、本書の研究視角を示す。第三節ではアジア各地における徴税請負制度を概観する。第四節では香港の統治体制に占める徴税請負制度の位置を確認する。第五節では香港における煙膏の小売販売制度を検討することの歴史的意義を考察する。第六節では本書で具体的に検討の対象とする、香港の煙膏の小売販売制度についての先行研究を紹介し、その問題点を指摘する。最後に第七節では本書の構成を示し、その全体像を明らかにする。

二　香港をめぐる歴史記述

香港は地理的には中国の一部をなす一方で、一八四三年から一九九七年に至るまでイギリスの植民地であった。このような経緯を背景として、従来香港をめぐる歴史は主に以下の三つの視角から語られてきた。第一に、香港の歴史をイギリスの植民地史の一部として叙述する方法がある。この区分に属するものとしては、一九世紀末に刊行されたE・J・アイテル[1]（E. J. Eitel）の著作をはじめ、ジョフリー・ロブリー・セイヤー[2]（Geoffrey Robley Sayer）、G・B・エンダコット[3]（G. B. Endacott）、フランク・ウェルシュ[4]（Frank Welsh）などの研究を挙げることができるだろう。これらは主に植民地総督の変遷を画期として香港の歴史を描く点で共通しており、いわばイギリス人による統治に論述の重心が置かれている。第二に余縄武・劉存寛主編[5]の研究に代表される、香港の歴史を中国史の一部として描く研究がある。これらの研究では香港が歴史的に中国の一部を占めていた事実や、香港政庁と域内在住華人の対立、さらにはこれらの華人と中国大陸域内に在住する中国人との連帯といった点を強調しており、前掲した植民地としての側面を強調する研究とは好対照をなしている。そして第三に、一九九七年の「返還」をめぐる香港在住者間でのアイデンティティー意識の高まりを背景として一九八〇年代以降に出現した、いわば「香港史」と呼ぶべきものを志向する一連の研究がある。これらは香港の歴史をイギリス帝国や中国のそれに従属させるのではなく、むしろその独自性を主張する点で特徴があり、代表的なものとしてカール・スミス[6]（Carl T. Smith）、冼玉儀[7]、陳偉群[8]、蔡栄芳[9]、クリストファー・マン[10]（Christopher Munn）、曾鋭生[11]、ジョン・キャロル[12]（John M. Carroll）の著作が挙げられる。

近代における香港の歴史がそのイギリス領植民地という性格に大きな影響を受けており、なおかつ同地が地理的には中国の一部を構成している以上、香港をイギリスの植民地史、もしくは中国史の一部としてのみ捉えようとすると、いわばその経験の一側面だけを過剰に強調することになりかねない。この点において香港の独自性を前提とする「香港史」を志向する研究は、よりバランスがとれていると言えるだろう。だが香港域内の事象に着目するあまり、周辺地域との関係には十分に注意が行き届いていない場合も散見される。例えばこれらの著作においてポルトガルの植民地である澳門については、隣接する香港との間に密接な関係があるにも拘らず、アヘン戦争などのわずかな事例を除いてほとんど言及されることはないのである。

華人移民の動向に着目した可児弘明[13]や、華人金融を検討した浜下武志[14]が明らかにしたとおり、香港は一九世紀中葉におけるイギリスへの割譲以降、北米やオセアニア、アジア各地を結ぶヒト・モノ・カネのネットワークの結節点として機能してきた。こうした香港と各地を結ぶヒト・モノ・カネの流れに着目した研究は、近年、冼玉儀[15]や久末亮一[16]などによって発展的に継承されている。また陳劉潔貞[17]やノーマン・マイナース[18]（Norman Miners）が示唆するとおり、このような香港の性格は現地社会の動向や植民地統治政策の形成に大きな影響を与えた。

香港における統治方針の基軸となった自由貿易政策は、本来であればヒト・モノ・カネの流れは地域や国家を隔てる「境界」の有無に関係なく、需給バランスや個々人の意思といった様々な要因に応じて地上を自由に移動するはずであるとの前提に立脚していた。それゆえ同地において施行された政策を検討する際には、香港とそれを取り巻く各地との関係に留意し、その間におけるヒト・モノ・カネの動きに注意する必要がある。以上の点を念頭に置き、本書では(1)香港を中心とする諸地域によって構成される空間での、(2)植民地政庁や主権国家の政府といった政治主体、さらにはこうした空間を舞台として活動する様々な人々の織りなす関係を眺望する立場から、香港におけるアヘン政策の展開を描き出す。より具体的には、次のような枠組みと活動主体を想定している。

まず(1)について。ここで諸地域というのは、香港とヒト・モノ・カネの流れにおいて関係を持つ地理的な場所ない

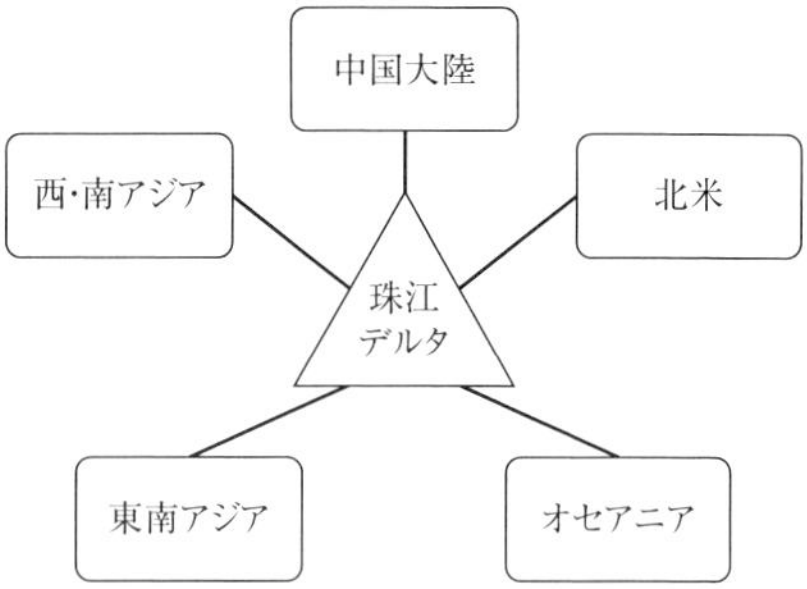

図序–1　珠江デルタと諸地域間の関係図
出典：筆者作成.

しは空間という意味である。[19] 図序—1に示したように、このような地域としては、まず香港と澳門、さらに両者と隣接する広東省によって構成されている、華南の珠江デルタ内における各地域が想定されよう。[20] 次に、この珠江デルタと北米や豪州、東南アジアといった、より広い地域との間の関係を措定することが可能である。このような香港を取り巻く様々な地域によって構成されている空間が、いわば本書の舞台となる。

次に(2)について。ここで述べた政治主体とは、具体的には香港を統治する植民地政庁や、宗主国であるイギリスの本国政府などを念頭に置いている。さらに華南から香港を通じて世界各地へ移住していった華人や、商業活動に従事するため各地から香港へ渡来してきたイラン人・中近東系ユダヤ人・印僑[21]などの人々もまた、前述した政治主体とは異なるものの、やはり(1)で述べた空間において活動する主体として想定することができるだろう。

こうした方法を採用することにより、香港の歴史をアジア・太平洋地域を中心とした、いわば広義の国際関係史という文脈から読み解くことが本書の課題である。本書で具体的な検討の対象とするのは、主に香港における煙膏の小売販売制度である。「割譲」（以下「　」を略す）後の香港で初めて導入された煙膏の小売販売制度は、「徴税請負制度」と呼ばれるものだった。

三　アジア各地の徴税請負制度

「徴税請負制度」（revenue farming system）とは、広義には国家による一般の人々からの徴税を、私人が肩代わりする制度を指す。徴税を請け負った私人（徴税請負人）は国家へ請負金を納入する義務を負うことにより、一般の人々から徴税する権限を得た。徴税請負制度の運用例は様々な時代や場所で散見され、例えば絶対王政期のイギリスでは消費税や関税などが同制度を通じて国庫へ納入されていたほか[22]、近世におけるオランダやフランスといった欧州の大陸諸国、さらにはオスマン帝国やムガル帝国でも土地税の徴収などに導入されていた[23]。

もっとも同制度の性格は、導入された地域ごとに大きく異なっていた。例えば一六世紀末以降の後期オスマン帝国において、各種租税の徴税請負権、とりわけ終身徴税請負権を落札した際に政府へ支払われる「前払い金」（mu'accele）は、国内における内債としての役割を果たしていた。これらの徴税請負権を獲得したのは、主に官僚や軍人、ウラマーと呼ばれる学識者やその親族といった大都市在住者であり、彼らはその権限をアーヤーンと呼ばれる地方名士へ下請けに出した。そしてアーヤーンは自身の権力基盤を拡張させるために、こうした徴税権を利用した[24]。またムガル帝国ではザミンダールと呼ばれる地方的支配者が、軍役提供や政府監督権の受け入れ等と共に地租の納入を担っており、とりわけベンガルにおける有力なザミンダールは、世襲的徴税役人よりも領主に近い存在だった[25]。

東アジアでは、中国において塩税の納入が古くから民間の商人によって請け負われていた[26]。さらに徴税請負制度は清末に導入された釐金税をはじめ、アヘン税や賭博税など様々な租税の徴収方法として、民国期に至るまで遍在した[27]。中国でこのような徴税方法が幅広く存在した背景として、農業経済学をはじめとする様々な分野で業績を残した柏祐賢は、華人社会における「包」と呼ばれる人間関係の重要性を指摘している[28]。これは、ある個人が他人と何らかの取引をする際に、両者の知人を介することで様々なリスクを軽減させようとする関係の在り方である。彼は近代化を阻害する要因としてその性格を否定的に捉えていたが、近年では社会学者の首藤明和[29]や経済学者の加藤弘之[30]が、現代の中国社会において「包」的関係が果たしている役割を積極的に評価している。

このように近世以降、徴税請負制度は世界各地で広く採用されており、とりわけ華人社会にはこうした制度を受け入れる社会的素地が存在した。ことに、多くの華人人口を擁していた東南アジアの各植民地における徴税請負制度は、香港において導入された制度の先例となったために、本書の問題関心に照らして極めて重要な意義を有している。

東南アジアでは一七世紀以降、植民地政庁が一定の期間・区域内における酒や煙膏などの小売権や、賭博場の開設権といった様々な特権を入札・競売にかけ、落札者にその権限を請け負わせるという形態の徴税制度が広範に採用された。これら徴税請負権の落札者は往々にして裕福な華人であり、彼らは獲得した徴税請負権を基盤として自身の商権を伸長させた。そのため同郷団体などの人脈をもとに組織された複数の華人団体が、各地において利潤の高い権限を求めて頻繁に競争を繰り返した[31]。

東南アジア史の著名な研究者であるアンソニー・リード（Anthony Reid）はこの地域における徴税請負制度の源流を、一七世紀のジャワで生じたオランダ人と華人の間の経済的なパートナーシップに求めている[32]。このオランダによる試みがイギリス領植民地に導入された経緯について詳細なことは分からないが、遅くとも一八世紀後半に至るまでにスマトラ島西岸にあったベンクーレンでは、酒税などの徴収をめぐり請負制度が導入された[33]。さらに一七八六年にイギリス東インド会社の統治下に編入されたペナンでも、一七八八年から翌年にかけてのアラック酒の販売を皮切りに、煙膏の販売や賭博場の開設といった様々な業務が徴税請負制度のもとで私人に担われるようになった[34]。続いてイギリス東インド会社はシンガポールにおいても、同制度を通じて煙膏の小売販売などを開始した[35]。このシンガポールにおける制度をモデルとして、後に香港においても煙膏の徴税請負制度が設置されたのである。

香港政庁が各種の徴税請負制度を通じて得た歳入のなかで、煙膏の小売販売からの税収は最も大きく、いわば同地で導入された各徴税請負制度を代表する存在だった。そのため香港における煙膏の徴税請負人と植民地政庁の関係を具体的に解明することは、東・東南アジアにおけるイギリス帝国の統治体制を検討する上で好個の題材となる。次に、この制度が香港における統治体制のなかで果たした役割について検討してみよう。

四　香港における統治体制と徴税請負制度

一九世紀中葉から二〇世紀中葉にかけての香港をめぐる統治体制[36]を検討する上で、まず念頭に置かねばならない点は、同地がイギリスの直轄植民地（crown colony）だったという事実である。これはすなわち、香港の域内統治政策をめぐる最終的な決定権はイギリスの本国政府、とりわけ植民地の運営を管掌していた植民地省（Colonial Office）に委ねられていたことを意味する。ただし実際には、実質的な植民地の運営は香港政庁に勤務する役人によって担われており、一九世紀後半に植民地と本国政府の間の通信手段に電信が導入されるまで、本国政府が統治政策をめぐる決定に主導力を発揮できる余地は大きくはなかったと言えよう[37]。さらに二〇世紀前半においてもなお、論争的な問題について本国政府が香港政庁へその意図に反する命令を押し付けることは、本国政府の方針がイギリス国内で広範な支持を得ており、なおかつ香港現地で総督が現状を刷新すべく主導力を発揮しようとしない限り、容易ではなかった[38]。

次に、香港域内の統治制度に目を向けてみよう。香港の統治制度はイギリス領植民地としての概ね一般的な特徴を備えており、総督のもとには行政評議会（Executive Council）と立法評議会（Legislative Council）が置かれ、前者は総督の行政上の諮問機関として、後者は香港域内における立法府としての役割を果たしていた。しかし、いずれも本書の対象とする期間は政庁の官吏である官職議員（official member）の数が民間人議員（unofficial member）の数を上回っており、総督を中心とする香港政庁の官吏が域内行政上、必要とあれば強大な権限を振るうことが可能だった[39]。

香港の統治体制を検討する上で無視できないもう一つの要因は、これが一九世紀中葉以降に中国沿海部で成立した社会秩序と密接な関係を有しているという点である。ここで鍵となるのがジョン・フェアバンク（John K. Fairbank）

による「共同統治」(synarchy) 論と、これを利用して香港における統治制度を分析した金耀基による「行政による政治の吸収」(administrative absorption of politics) という概念である。

中国近現代史研究に大きな足跡を残したフェアバンクは、中国では歴史的に異民族のもとで成立した様々な王朝において、漢民族とそれ以外の民族によって構成される官僚組織が共同で政府の行政を担う現象が見られたことを指摘した。彼はこれを「共同統治」と呼び、一九世紀中葉に不平等条約のもとで条約港を中心として成立した、中国人と外国人が協力して中国の統治にあたる体制の分析にも適用したのである[40]。

一方、中華圏を代表する政治学者の一人である金耀基はこの概念を援用し、香港における「共同統治」体制には植民地官僚により構成される行政組織に加え、立法評議会と行政評議会、さらに市政評議会 (Urban Council)[41] によって構成される公的側面と、主に香港在住の有力な華人が構成する自律的な権力組織である東華三院 (Tung Wah Group of Hospitals)[42] や保良局 (Po Leung Kuk)[43] のような、非公的側面があると指摘した。そして香港における政治的均衡は、政庁が様々な政治勢力を代表するエリート集団を行政的な政策決定主体に吸収することで達成されてきたと論じ、これを「行政による政治の吸収」と呼んだのである[44]。

このような統治体制のもとで香港における煙膏の徴税請負制度は、植民地政庁にとっては統治コストを抑制させるための手段となった。つまり香港政庁は域内統治に必要となる人的資源が乏しいなかで、現地社会の実情に明るい私人へ煙膏からの徴税を請け負わせることにより、なるべく低いコストで高い税収を得ようとしたのである。他方で既に確認したように、近世から近代にかけて東南アジアから東アジアの各植民地で設置された様々な徴税請負制度は、これらの地域で広範な商業活動を営む華人にとって、自身の商権を拡張させる上での重要な足がかりとなった。そして香港においてもまた煙膏の徴税請負制度は、現地在住華人が東華三院や香港中華総商会 (Chinese General Chamber of Commerce)[45] といった香港における「共同統治」体制の非公的側面において、有力な華商として経済的・社会的地位を確立させる上で重要な手段となり得たのである。それゆえ各植民地政庁は、徴税請負権を獲得し現地在住者と政庁の間でミドルマンとして活動の場を広げた華人と、いわば相互依存的な関係にあったと言えよう。

もっとも、これらの徴税請負人が常に植民地政庁と協力関係にあったわけではないことも指摘しておく必要がある。彼らにしてみれば植民地体制の存在は、商業活動を通じた利益の増殖をはかる上での数ある条件の一つに過ぎなかった。ゆえに両者間には相互に対立する局面も存在したのであり、煙膏の徴税請負人を一様にイギリス帝国史家のロナルド・ロビンソン（Ronald Robinson）が呼ぶ植民地体制への「協力者」（collaborator）であるかのように捉えることには問題がある。(46) さらに付言するならば、煙膏の徴税請負人のみならず、香港を拠点として活動し、現地社会に様々な形でその利益を還元していた商人一般についても同様のことが言えるだろう。誰が植民地体制への「協力者」なのかと問いかけるよりも、植民地政庁と現地在住者の間に相互依存的な関係が成立する際の前提となる条件を検討することのほうが、植民地社会の統治体制を捉える上ではより有益である。

本書で検討の対象とする一九世紀中葉から二〇世紀中葉にかけて、東・東南アジアの多くの地域は植民地として列強の支配下にあり、珠江デルタ内に限っても香港・広州・澳門という、行政組織が完全に異なる三つの地域が存在した。そして珠江デルタ地域を基盤として活動する華人資本家は、地理的・文化的に近接しており、経済的にも深い関係を持ちながらも行政組織は異なる三地域の特徴を評価・把握した上で、自身の商権を拡張させるためにそれぞれの地域を利用する自律的な主体だったのである。

ところで香港における煙膏の徴税請負制度は、一九世紀には二度にわたり植民地政庁へ一定の料金を支払い、鑑札の交付を受けたものすべてが煙膏の製造および販売を行うことのできる鑑札制度へ切り替えられたほか、二〇世紀に入ると植民地政庁が直轄する専売制度へ移行した。こうした小売販売制度の転換は、欧米諸国におけるアヘン認識の変化と密接に関連していたのである。次にこの点に関する先行研究を概観し、香港におけるアヘン政策を問うことの意義について掘り下げてみよう。

五　香港におけるアヘン小売販売制度の歴史的意義

イギリス帝国にとって、アジアにおけるアヘン貿易が自由貿易体制を支える重要な一環節を構成していたという事実は、一般にもよく知られている[47]。冒頭で触れたように、香港は一九世紀中葉にイギリスへ割譲された直後から二〇世紀初頭に至るまでの間、西・南アジアから中国各地へ向けて輸出される生アヘンの中継地としての役割を果たした。そして生アヘンの貿易には、イギリス本国の出身者のみならず、中東や南アジアから香港へ到来したイラン人や中近東系ユダヤ人、印僑などもまた関与していた。

他方で北米および豪州で生じたゴールド・ラッシュの結果、割譲直後から多くの華人が香港を通じてこれらの大陸へ渡り、移民先へアヘンの吸煙を含む独自の文化的習慣を持ち込んだ[48]。そして香港の徴税請負人が製造した煙膏もまた、これらの地域へ大量に輸出されていったのである。当初北米および豪州の新興市場を掌握していた香港における煙膏の徴税請負権をめぐる競売は熾烈を極め、周辺諸地域からも多くの華人が参加した。以上のように、香港はインド・中国間のアヘン貿易および中国と北米・豪州を結ぶ華人移民の中継地として、太平洋の両岸や周辺地域におけるアヘン吸煙問題と密接な関係を有していた。いわば香港は、アジア・太平洋各地におけるこの問題の結節点だったのである。

香港を通じて北米および豪州へ移民した華人は一九世紀後半に入ると、労働市場をめぐり対抗関係にあった白人勢力による排斥を受けるようになった。アメリカ合衆国（以下アメリカと略）の大衆文化におけるアジア系アメリカ人の表象を検討したロバート・リー（Robert G. Lee）は、アメリカへの中国人の流入は「産業資本主義への移行期に生み出された、時代や空間の崩壊の換喩」となったため、「中国文化はエキゾチズムの対象から汚染源へと変貌を余議なくされた」[49]と述べるが、このような状況のもとで華人によるアヘン吸煙は、彼らの道徳的退廃を象徴する習慣として格好の批判対象となったのである。こうして華人によるアヘン吸煙は、北米や豪州において黄禍論をめぐる言説へ取り込まれていった。さらにこれらの地域での排華運動は、西洋世界における中国や華人観、アヘン吸煙者をめぐる認識の変化とも相関していたのである。

イギリスに住む人々の間では、中国は長きにわたり発達した文明を持つ国として思い描かれていた。だが一八世紀末から一九世紀初頭に至るとこのようなイメージは衰え始め、アヘン戦争が勃発するまでにはイギリス人宣教師とその支持者の手により、アヘンの害悪に染まりやすくイギリスの援助を必要とする華人像が普及していた[50]。さらに倫理的に堕落した人々としての華人像は、アヘン戦争以降イギリス社会の隅々にまで広まっていったのである[51]。

こうした華人像の存在はイギリス国内において、「アヘン貿易反対協会」（Society for the Suppression of the Opium Trade）の活動に代表されるアヘン排斥運動の高揚に多大な影響を与えた[52]。ここで注意すべきは、アヘン貿易に対する批判者は決してアジアにおけるイギリス帝国の存在そのものを批判していたわけではないことである[53]。彼らはキリスト教と貿易に基づく「文明化の使命」としての帝国主義を信奉しており、こうした立場から非ヨーロッパ人によるアヘン吸煙を促進させるような政策を批判した。アヘン貿易の擁護者と批判者の双方にとって、帝国の維持は論争の前提であり、かつ究極の目的でもあった。両者の対立は、あくまで双方が主張する「帝国主義」の相違によるものだったのである。これに加えて、アヘン貿易反対運動が高揚した背景として、欧米諸国におけるアヘン・麻薬類の乱用問題の存在も挙げられる。そもそも一九世紀前半にはイギリスを含む欧米諸国において、アヘン・チンキなどのアヘンを含む薬品は広く一般に用いられていた。だが一九世紀後半に入ると、華人によるアヘンの吸煙を道徳的な退廃と見なす考え方の普及や、アヘン中毒者に対する社会的な批判の高まりに伴い、薬品としてのアヘン・麻薬類の規制を求める動きも社会的に広がっていったのである。[54] さらに林満紅が指摘するとおり、アヘンを害悪をもたらす薬品と見なす考え方は、やがて中国国内にも取り込まれていった。[55]

以上のような展開を背景として欧米各国では、東・東南アジア各地におけるアヘン吸煙問題は国際的に協調して対処すべき重要な社会問題であると認識されるようになった。一九〇九年にはアメリカによる主導のもとで上海アヘン調査委員会が開催され、初めて国際会議のもとでこの問題が話し合われた。さらに第一次世界大戦後には、国際連盟のもとでアヘン・麻薬類の貿易が管理されるようになったのである。一方、このような国際的な流れに並行して、各宗主国は植民地におけるアヘン吸煙の規制を目的として徴税請負制度を廃止し、新たに政庁直轄の小売販売制度を設置していった。つまりイギリスをはじめとする宗主国や植民地政庁に勤務する官僚は、アヘン政策を施行する上で国際体制の展開を無視するわけにはいかなくなったのである。[56]

近代香港におけるアヘン小売販売制度の変遷は、こうした国際関係の変容と分かちがたく結びついていた。すなわち香港におけるアヘン政策は、一方では域内統治政策上の必要性のもとに成立していたが、他方では国際的な要因から様々な影響を受けていたのである。これらは、いわば入れ子状に香港におけるアヘン政策の展開に影響を与えていたと言えよう。ところが従来の研究において、後者の重要性は十分に認識されてきたとは言い難い。

六　先行研究批判

香港における煙膏の小売制度に関する研究は、主に一九世紀後半の展開に着目したものと、二〇世紀前半の動向を検討したものに分けることができる。まず前者に着目すると、最初のアイテル[57]による研究は、煙膏の徴税請負制度が存在していた一八七五年に発表されており、研究対象との同時代性や、後に滅失してしまった史料も踏まえていると思われる点で貴重である。だが内容から判断する限り、主に依拠しているのは政府公報や新聞などの刊行物である上、論考の内容も事実関係を確認したのみで、例えば徴税請負人の社会的性格に関する具体的な分析などはほとんど行われていない。これに続くチュン・ツイ・ピン(58)（Cheung Tsui Ping）、石楠(59)そしてマン(60)による論考は、各種刊行物に加えてイギリス国立公文書館に所蔵されている香港関係文書等を丹念に読み解いた労作で、個々の質は高い。ただし、香港域内における煙膏の小売制度の重要性に着目するあまり、煙膏の徴税請負制度をめぐる香港・澳門間の関係については論及しているものの、前述した北米や豪州との関係については検討が不足している。これに対して冼玉儀は、北米における華人社会への嗜好品の供給という観点から、従来の研究では活用されていないジャーディン・マセソン商会文書やアメリカの国立公文書館に所蔵されている国務省文書なども用いて、香港における煙膏の徴税請負制度の展開を描いた(61)。冼の研究は香港のみならず北米の状況も踏まえて、アジア・太平洋地域における香港のアヘン小売制度の重要性を指摘した点で、従来の研究とは一線を画している。ただし煙膏の輸出が非合法化される以前の時期を分析の中心に据えているため、一九世紀末から二〇世紀初頭にかけては手薄である。一方リチャード・カレン（Richard Cullen）とケヴィン・ツォー（Kevin K. S. Tso）は、香港におけるアヘン徴税請負制度が同政庁財政に果たした役割を検討しているが、香港社会や国際環境などへの関心は低い(62)。

次に、二〇世紀前半における小売制度の展開に焦点を当てた研究としては、台湾総督府の税関事務官を務めていた井出季和太による論考が最も古い(63)。これは一九二二年に発表された、香港政庁が運営する煙膏の専売制度に関する同時代的な研究であり、同制度に対する台湾総督府の姿勢をうかがうことができる点で興味深い。次にマイナースは二〇世紀前半期の香港における統治政策に関する研究のなかで、一九〇六年から四一年にかけてのアヘン政策を検討した(64)。この研究はイギリス側の公文書を博捜した論考で、香港政庁およびイギリス本国政府の動向を丁寧に検討している。だが一九〇九年に煙膏の徴税請負制度が廃止される以前の、徴税請負人に関する具体的な分析は一切行われていない。さらに香港・澳門間の関係や、煙膏の専売制度の運営に影響を与えた国際関係についても、必要な限りで部分的に言及されるに留まっている。こうした点はティツィアナ・サルヴィ（Tiziana Salvi）による研究でも、残念ながら十分に克服されてはいない。(65)

以上のほかに本書の主題と密接に関連する研究として、次の論考が挙げられる。ハロルド・トレーヴァー（Harold H. Traver）は、割譲直後から香港でアヘン吸煙が禁止される戦後に至るまでの時期を見渡し、域内で消費されるアヘン・麻薬類の変遷をたどった。(66)次に鬼丸武士は香港とシンガポールにおけるイギリスの統治政策を比較する上で、秘密結社と並んでアヘン政策を取り上げている。(67)両者の研究は、長期的な視野から大局的な傾向を摑もうとしている点で価値があるが、必然的に個々の論点をめぐる具体的な検討は浅い。さらにアウフレード・ゴメス・ディーアス（Alfredo Gomes Dias）はポルトガルの植民地省および外務省関係文書を用いて、澳門におけるアヘン政策を検討した。(68)ただしイギリスの外務省および植民地省文書は一切検討していないため、香港・澳門間の関係の叙述に一方的な偏りがある印象は否めない。

これらの先行研究における問題点を要約すると、第一に、一九世紀末から二〇世紀初頭にかけての世紀転換期における徴税請負制度の展開をめぐる検討が浅いこと、第二に、香港でのアヘン政策に影響を与えた周辺地域における事情への認識が不十分であること、を挙げることができよう。そのため、香港におけるアヘン小売販売制度の変遷をめぐるダイナミズムを描き切れてはいないのである。これらの問題点は、総じて個々の論考が時代や地域を限定してその対象を扱っていることに起因している。さらに、前述した香港をめぐる歴史記述の方法に照らせば、これらの問題は香港の歴史を中国社会史・華人史という文脈において捉えるのか、もしくはイギリス帝国史という枠組みのなかで位置付けるのか、という問いと密接に関連していると言えるだろう。

これに対して本書は、主に華人によって構成される、イギリス植民地としての香港の性格が、いずれも同地の歴史を構成する上で不可欠の要因であったとする立場から、双方のアプローチを架橋する研究を目指す。すなわち香港におけるアヘン政策を、煙膏の小売販売制度が設置された一八四五年から、その廃止が決定される一九四三年に至るまで、澳門における煙膏の小売販売制度や、アヘン・麻薬類の規制へ向けた国際協力の展開などを含めて包括的に捉えることを目指す。

七　本書の構成

本書は序論と結論を除いて三部から構成されている。

第一部では、主に珠江デルタ内部の各地域間、さらには珠江デルタと北米・豪州や東南アジアの間のヒトやモノの流れに着目し、香港の植民地政庁やイギリス本国政府といった各政治主体による施策や対応を中心に、香港割譲から一九世紀末に至るまでの煙膏の小売制度の展開を検討する。一九世紀後半を通じて、香港における煙膏の小売販売は主に徴税請負制度を通じて行われた。それゆえ第一章では同制度の生成を、第二章ではその展開を主軸に論述を進める。すなわち、主に香港における徴税請負制度の運営を可能にした社会的側面に光を当てる。

第二部では香港政庁による、煙膏の小売専売制度の運営について述べる。二〇世紀に入ると、アヘンの吸煙や麻薬類の乱用をめぐる国際的な規制を求める声が高まりを見せた。この結果、香港でも煙膏の徴税請負制度が廃止され、これに代わって政庁が直接煙膏の専売制度の運営に乗り出していった。さらに第一次世界大戦が終結すると、新たに設置された国際連盟のもとで、東・東南アジアの各植民地における煙膏の販売を含む、アヘン・麻薬類の乱用を規制するための国際的な取り組みが始められた。第三章ではこうした煙膏の小売制度が徴税請負制度から専売制度へ移行する経緯を検討する。さらに第四章では、国際連盟によって派遣された極東アヘン調査委員会の発案および実施を軸として、連盟によるアヘン・麻薬類の規制をめぐる国際協調と、香港におけるアヘン専売制度の運営をめぐる相克を分析する。すなわちイギリス本国政府と諸外国との関係や、香港政庁とイギリス本国政府との関係といった、香港における煙膏の小売販売制度をめぐる政治主体間の関係が第二部における論述の骨子となる。

このように香港におけるアヘン制度の運営は、アヘンの吸煙が国際的な問題であると認識されるようになった結果、香港政庁が概ね自在に決定し得る「地域ごとの」(local) 問題から、イギリス本国政府のもとで入念に扱われるべき「帝国大の」(imperial) 問題へ変貌していった。一方、第二部の分析の背景となるアヘン・麻薬類の規制を目的とする国際協調は、香港域内での生アヘンの取引や香港・澳門間の関係などをめぐり、従来の統治方針と様々な齟齬を生じることとなったのである。第三部では、このような一九二〇年代におけるアヘン政策の実態を解明した上で、様々な問題が完全に克服されることなく、結果としてアジア・太平洋戦争が勃発し、香港における煙膏の専売制度が終焉を迎えるまでの経緯を描く。第五章では、戦間期に香港で活動していた生アヘンの輸出入業者に着目する。香港は一九世紀後半を通じて、西・南アジアから中国各地へ輸出される生アヘンの中継地だった。この章ではこれらの生アヘンを扱っていた業者に対する香港政庁、およびイギリス本国政府内の各省庁による認識を検討することにより、国際連盟のもとで成立したアヘン・麻薬類の国際管理体制と、イギリス帝国の自由貿易政策の間に存在した矛盾を描出する。第六章では澳門におけるアヘン密輸問題に関する、イギリス帝国の対応について検討する。一九世紀後半から澳門における煙膏の徴税請負制度は、香港における煙膏の売上に影響を与える重要な要因として、一貫して香港政庁の注意を引いていた。そして二〇世紀に入ってもなお、澳門政庁によるアヘン政策は香港政庁による懸念材料であり続けたのである。第七章では満洲事変以降、国際的なアヘン・麻薬類の規制制度が機能不全に陥る過程での、香港におけるアヘン制度の運営を概観する。

このように本書では、各部ごとの焦点や論述スタイルに大きな差がある。このような方法を採用した理由としては、まず煙膏の小売販売制度の性格や、それを取り巻く国際環境が変化したことに伴い、同制度の運営をめぐり異なる側面に光を当てたことが挙げられる。次に、史料の残存状況に大きな制約を受けていることも指摘しなければならない(69)。ここで香港に残されている史料の状況について付言すると、一九四五年以前に香港に所蔵されていた政庁関係史料の多くは、アジア・太平洋戦争中に破壊されてしまったとされている。これはすなわち、現在われわれの利用できる戦前の香港関係史料の幅は決して広くはなく、主に政庁の刊行物や新聞などの印刷物、イギリス本国と香港政庁の間でやり取りされた送達文書の複写などに限られていることを意味する。もちろん、これら以外にも香港在住者、あるいは在住経験者の私文書や、各国の香港駐在領事が執筆した文書なども貴重な情報源である。ただし前者については必ずしも公にされてはおらず、また後者については利用するにあたり外国語の読解力が不可欠となる。さらに民間の商人であるアヘン徴税請負人の活動については、関連する史料がまとまった形で後世に伝えられていない限り、断片的な史料に頼らざるを得ないため、詳細な分析を加えることは往々にして極めて困難である。筆者は能力の及ぶ限りにおいてこうした課題の克服に努めたが、とりわけ本書の第一・二部については史料的制約ゆえに議論を膨らませることができなかった部分も多く、検討の余地を残していると言わざるを得ない。

それでも一九〇〇年代末から戦間期にかけて、アヘン・麻薬類の国際規制が進展したことに伴い、アヘン政策が「地域ごとの」問題から「帝国大の」問題へ変貌した結果、アヘンを扱った香港関係の公文書の量はにわかに増加した。さらにイギリス本国政府には、各植民地政庁や世界各地に駐在する自国の領事や外交官から、それ以前であれば特に報告されなかったような詳細な情報までもが次々ともたらされるようになったのである。第三部の第五・六章において、第一・二部とは別の角度から香港におけるアヘン政策に光を当てることができたのは、このような事情によるところが大きい。

そもそも第五章で扱う生アヘン貿易商人と香港政庁との関係は、一九世紀中葉に香港が割譲されて以来綿々と続いてきたものである。また第六章で着目する澳門におけるアヘン小売販売制度も、一八七〇年代以降常に香港における同制度と密接な関係を持ってきた。それゆえこれらの章で検討する対象は、この時期に限って存在した特異な事例ではない。ただし、それぞれの章で扱う問題が生じ、展開してゆく経緯には、二〇世紀初頭から戦間期にかけての時代背景が色濃く影響している。その意味で第五・六章における分析は、それ以前から存続してきた状況が二〇世紀以降に生じたアヘン・麻薬類の国際規制という事態を受け、いかなる経緯を経て問題として認識されるに至ったのかを跡付けたものとも言い得よう。

本文における用語の使用に関しては、基本的に以下のルールに従った。第一に、本書では冒頭部分で説明した生アヘンと煙膏を必要に応じて区別する。第二に、徴税請負制度について。そもそも徴税請負権とは、植民地政庁が独占的に所有していたものを私人に請け負わせたものであり、その意味では私人を介した植民地政庁による「専売」とも呼び得る。ただし本書では混乱を避けるため、煙膏の「専売（制度）」という用語を用いる際には、植民地政庁の直轄下で運営されている煙膏の小売販売制度のみを指すこととする。なお煙膏の徴税請負について、本文中では「アヘン徴税請負」という表現も用いているが、これらの用語の差異は何ら特別な意味を持つものではない。第三に、既に述べたように煙膏の鑑札制度とは、植民地政庁に一定の料金を支払い、鑑札の交付を受けたものすべてが煙膏の製造および販売を行うことのできる制度であり、前述した徴税請負制度や専売制度とは異なるものである。第四に、現在「中国人」という言葉は、主に中華人民共和国、もしくは中華民国の国籍を持つ人々を指す表現として用いられる。ところが本書で扱う時期に香港をはじめとする東・東南アジアの植民地に在住していた中華系の住民は、必ずしも明確な形で清朝もしくは中華民国の国籍を保持していたわけではない。そのため、本書ではこれらの人々を呼称する際には「華人」あるいは「華僑」という言葉を用いる。第五に、パフラヴィー朝の始祖であるレザー・シャー（Reza Shah Pahlavi）が、一九三五年一月一日以後イランという呼称を用いるよう宣言するまで、イランはペルシャ、同国産アヘンはペルシャ・アヘン（Persian opium）と呼ばれていた。本書では煩を避けるため同国の呼称はイラン、同国産のアヘンはイラン産アヘンで統一する。

本書の叙述の大部分は、香港で刊行された政庁公報や新聞記事、さらにイギリス国立公文書館および香港公共檔案館に所蔵されていた公文書の分析に基づいている。これらの資料に加えて、大英図書館所蔵のインド省文書のほか、オックスフォード大学ローズ・ハウス図書館、スコットランド国立図書館、ケンブリッジ大学チャーチル・アーカイブス・センター、ロンドン大学アジア・アフリカ研究院図書館に所蔵されている個人文書等も閲覧した。さらにイギリス国外では、アメリカ国立公文書館、外務省外交史料館（日本）、カナダ国立公文書館、国史館台湾文献館（台湾）、ポルトガルの海外領土史料館および外務省史料館、澳門歴史檔案館に所蔵されている各国の公文書や、ミシガン大学ベントレー歴史図書館所蔵のジェームズ・エンジェル文書を利用した。[70] これらのイギリスの公文書以外の一次史料を引用する際には、その所蔵先を注に明記した。また本書では香港政庁の財政構造に関する詳細な検討は行っていないが、政庁の総歳入に占める煙膏の割合を他の財源と比較する上での便宜をはかるため、香港政庁の刊行物である『香港青書』（*Hongkong Blue Book*）をもとに円グラフを適宜作成した。最後に、上記史料では年により収入を示す各項目の区分に差異があったので、グラフを作成するにあたり煙膏からの収入以外の区分については必要に応じて若干操作した。

第一部　アヘン小売販売制度の誕生

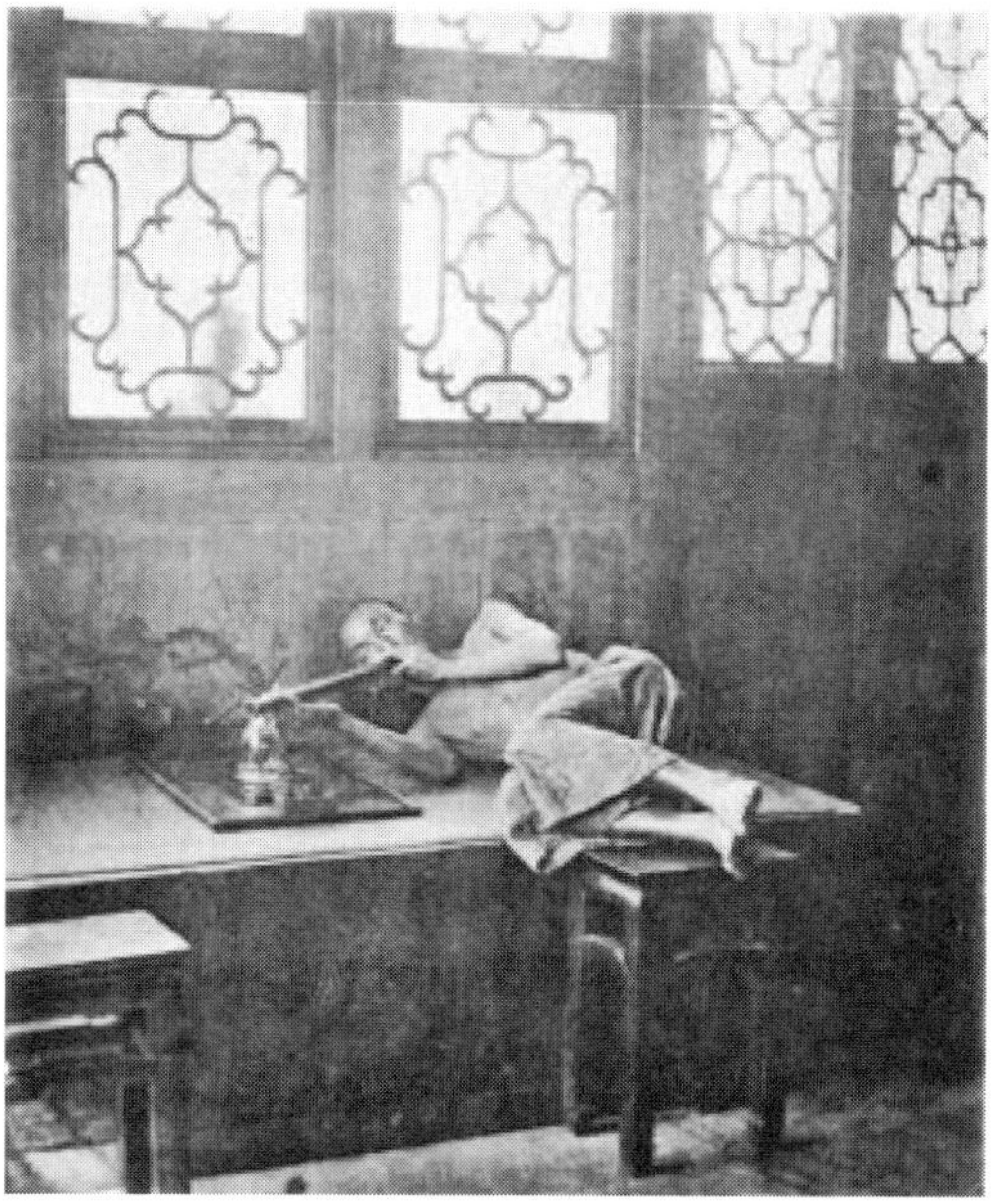

[扉図版]

香港のレストランでアヘンを吸煙する人物．スコットランド人の写真家ジョン・トムソンが，1870 年前後に香港で撮影したものと考えられる．

出典：J. Thomson, “Opium Smoking in a Restaurant,” in *Illustrations of China and Its People: A Series of Two Hundred Photographs, with Letterpress Descriptive of the Places and People Represented*, vol. 1.（London: Sampson Low, Marston, Low, and Searle, 1873）.

第一章　徴税請負のはじまり

はじめに

アヘン戦争の最中である一八四一年一月、香港島に初めて英国旗が翻った。翌四二年に締結された中英江寧条約（いわゆる南京条約）において、香港島は清朝からイギリスへ割譲されることとなり、四三年には同条約の批准書の交換に伴い、イギリスの直轄植民地としての歩みを始めた。イギリスはアヘン戦争の結果、中国との貿易、とりわけインドで生産される生アヘンの販売を促進させることに成功した(1)。香港の割譲以降も中国へのアヘン輸入は清朝側による黙認のもとで非合法なまま継続されたが、一八五八年に中英天津条約の第二六条に基づいて締結された中英通商章程善後条約において課税額が定められ、かつ一八六〇年に英中間で天津条約の批准書が交換されたことに伴い、ついに合法化された。

この英中間のアヘン貿易とは別に、香港域内ではアヘン煙膏の小売販売を通じた徴税制度が発達した。アヘン煙膏（以下煙膏と略）とは、罌粟の果実から採取された液汁を輸送用に乾燥・梱包したものである生アヘンを、さらに吸煙に供するために加工したものである。当時アヘンは主にアヘン・チンキなどの形で直接これを飲食するか、もしくは煙膏を専用のパイプの中で加熱し、その煙を吸う方法で消費されていた。そして中国をはじめ各地で華人が嗜好品としてアヘンを消費する場合は、後者のように吸煙するのが一般的だった[2]。香港に設置された制度は主に東南アジアで運営されていた徴税請負制度（revenue farming system）をモデルとしたもので、数回にわたる停止とそれに伴う他の制度への切り替えを受けながらも、基本的には一九一四年に至るまで存続した。そして同制度がもたらす税収は、自由貿易港であるがゆえに関税収入のない香港政庁にとって、貴重な財源の一翼を担うようになった。

本章では、香港域内における煙膏の小売制度をめぐり、以下の要因に着目しつつ、その設置から一八八三年に至るまでの変遷を検討する。

第一に、香港を通じた華人移民の動向である。一九世紀中葉に豪州や北米でゴールド・ラッシュが生じたことにより、中国大陸から香港を通じてこれらの地域へ渡る華人労働者の数は急速に増大した。以後香港は、世界各地と中国大陸を結ぶヒト・モノ・カネの流れの結節点としての役割を果たすようになる。そして一九世紀後半の香港におけるアヘン徴税請負制度の展開は、このようなグローバルな社会的変動と密接に連関していた[3]。

第二に、アメリカにおける、煙膏の輸入をめぐる社会的動向である。第二部で検討するように、二〇世紀に入るとアメリカは国際的なアヘン・麻薬問題の規制をめぐり主導的な役割を果たすようになってゆく。この問題にアメリカが積極的な姿勢を見せた背景には、一九世紀後半以降の同国内におけるアヘン・麻薬類の乱用をめぐる問題、とりわけ華人を中心とするアヘン吸煙と、白人勢力による排華運動の展開があった。

香港における煙膏の徴税請負制度は、華人移民の変動に依拠して発展を遂げた。それゆえ同制度の展開過程を理解するためには、華人の移民先である各地域と香港の状況がどのように連関していたかを検討しなければならない。とりわけ北米や豪州におけるアヘン吸煙問題の展開は、そもそも個々の国や地域における個別の問題として捉えられていたアヘン・麻薬類の規制という問題が、二〇世紀に入り、国際体制のもとで対処されるべき問題として認識されるまでの経緯を理解する上で、重要な前提となる。序章で述べたとおり、既にこの時期の徴税請負制度の発展については先行研究がその概要を明らかにしているが、以上の論点については未だに検討の余地がある。

なお、一八八三年を区切りとする理由は、一八七〇年代後半から八〇年代にかけて、同制度運営の前提となる環境が変化したと考えるからである。七〇年代末に至るまで、香港における煙膏からの徴税は、主に珠江デルタを拠点として活動する華人によって担われていた。だが政庁側は現状に不満を抱き、東南アジアから新たな徴税請負人を呼び込むに至ったのである(4)。このような決定が下された背景には、香港を通じた移民動向の転換があった。

以下、まず香港がイギリス領植民地として割譲された直後の、煙膏の徴税請負制度の設置とその廃止について概観する。続いて香港からの移民増加に伴い、徴税請負制度が再び導入される過程を検討する。さらに東南アジアで活動していた華人による、香港の徴税請負制度への参入に関して考察する。小結では本章の内容をまとめた上で、以後の展開をめぐる要点を摘記したい。

一　初期の制度運営とその失敗

香港が直轄植民地としてイギリス帝国に編入されたのは一八四三年六月二六日のことである。この日、前年に締結された中英江寧条約の批准書が香港島において交換され、香港はイギリス領植民地としての歩みを始めた。

香港における域内行政制度の整備は、初代総督に就任したサー・ヘンリー・ポッティンジャー(5)(Sir Henry Pottinger)が主に同地を植民地として確立させることに力を注いだため、実質的には二代目総督であるサー・ジョン・デーヴィス(6)(Sir John Francis Davis)の手に委ねられた。彼の仕事のなかでも香港における政庁歳入の確立は、特に重要な課題だった。そして一連の財政政策をめぐる議論から生じたのが、域内で吸煙される煙膏へ課税するという案である。

ポッティンジャーはデーヴィスの着任以前に、本国政府からタバコやワインに並んで域内で消費される煙膏にも課税するよう示唆を受け、海峡植民地総督へ同地の関連法規を送付するよう依頼していた[7]。シンガポール、ペナン、マラッカから構成される海峡植民地は自由貿易港だったため、同政庁は関税収入を得ることができず、財政を主に酒税などの消費税に依拠していた[8]。これらの限られた財源のなかで突出した重要性を持っていたのが、徴税請負制度を通じた域内における煙膏の小売販売だった。香港の割譲に先行して、東南アジアでは各地の植民地政庁により同制度が広範に導入されており、ことに海峡植民地政庁は一八二〇年代後半までに、同制度を通じた煙膏の小売販売から歳入の四割から五割に及ぶ収入を得ることに成功していたのである[9]。

シンガポールで海峡植民地政庁の官吏と会見した際にこのような事情を知ったデーヴィスは、後日本国政府に対して中国ではアヘンの吸煙が広く行われていることを指摘し、華人社会の実情に明るい華人自身へアヘンの販売を通じた徴税を請け負わせるよう具申した[10]。当時香港では割譲直後の熱気が冷め、同政庁の植民地財務官（Colonial Treasurer）を務めるロバート・マーティン（Robert M. Martin）が香港に代わり揚子江口に近い舟山の割譲を示唆するなど、その将来を悲観する声が少なくなかった[11]。アヘンの対華貿易は非合法のままであり、政庁が期待していた裕福な華人の域内移住も進まず、経済状態も活性化してはいなかった[12]。こうした状況のもとで、既に成功を収めつつあったシンガポールの前例に倣うという判断は、現実的なものだったと言えるだろう。

デーヴィスは一八四四年一一月二六日に、大麻やキンマ葉、煙膏の徴税請負制度に関する法令を定め、香港域内で消費される一箱（chest）未満の煙膏を販売する権限を徴税請負人のみに制限し[13]、さらに翌年二月には同法令の違反者に対する規則を定めた[14]。これらの規定では、徴税請負人が加工することのできる生アヘンの量は特に規制されていなかったため、請負人は市場の需要に応じて好きなだけ煙膏を製造・販売することができた。そして遅くとも三月五日までには、一年間の請負権がジョージ・ダッデル（George Duddell）およびアレクサンダー・マシエソン（Alexander

Mathieson）の二名により落札された。だが彼らは煙膏の販売から請負権を維持するために必要な利益を上げることができず、三ヶ月後にはこの権利を手放した[15]。そこでこれを獲得したのが、盧亜貴（盧亜景・斯文景）および Fung Attai という二名の華商である。

盧亜貴は広東省番禺県黄埔の出身で、海賊として知られており、アヘン戦争の際にはイギリスの戦艦へ糧食を供給した。この報酬として、イギリス軍による香港島の占領後に彼は島内の土地を分け与えられ、一八四二年に至るまで売春宿や賭博場を経営していた。さらに盧は輸出向けと称して少量のアヘンを輸入したり、香港政庁の役人へ贈賄したりして、当時欧州人の掌中にあった煙膏の徴税請負権を侵食した。そして一八四五年八月にはパートナーの Fung Attai と共にこれを手に入れ、当時多くの店舗が立ち並び華人の経済活動の拠点だった下市場（Lower Bazaar）に八店舗、さらに太平山に二店舗の煙膏店を構えた[16]。他方で香港政庁はアヘン関連法令を改正した[17]ほか、同法令に違反した者に対する罰則を定め、従来は域内消費向け以外であれば特に制限されていなかった域内における煙膏の販売についても請負人のみに制限することで、請負価格を二倍以上に増加させることに成功した[18]。

デーヴィスは香港が自由貿易港として経済的な発展を遂げれば、煙膏の徴税請負制度を通じた政庁の歳入は増加するだろうと見込んでいた[19]。だが発足後数年にして、この制度は早くも改編を迫られることとなったのである。

そもそもこの制度には、設置された当初から問題点を指摘する声が挙げられていた。例えば香港政庁の植民地財務官を務めるマーティンは、同制度設置をめぐる立法評議会での審議において、公共収入を悪習から得るべきではないと主張して設置に反対した[20]。また一八四七年一月には香港の華商が、煙膏の徴税請負制度がもたらす経済的被害を訴え、調査を求める連署の陳情書を政庁へ提出した[21]。

さらにイギリス本国においても、対華貿易に携わる商人が同制度に対する批判を始めていた。当時イギリスでは、アヘン戦争後の対華貿易と香港の経済的発展の停滞が懸念されており、一八四七年三月には下院の指示により特別委

表 1-1　香港におけるアヘン徴税請負人の変遷（1845–1865 年）

開始（年.月）	終了（年.月）	徴税請負人および徴税請負契約の担保提出者の名前				史料
		人和*	和興*		その他	
		徴税請負人（商号）	徴税請負人（商号）	請負契約協力者	徴税請負人	
1845.3	1845.6				George Duddell Alexander Mathieson	
1845.8	1847.6				盧亜貴 Fung Attai	
1847.7	1858.3	鑑札制度				
1858.4	1858.8		陳大光（万祥）	Leong Attoy Li Chun 李徳昌		a
1858.10	1859.3	呉亜雨（福隆）				a
1859.4	1860.3	張新（孚泰） 林基（道隆）				a
1860.4	1861.3	何良（兆隆） 呉雨（福隆）				a
1861.4	1862.3	黄章（昇隆）				a
1862.4	1863.3		Lee Asseng (See Tye)			a
1863.4	1864.3	Chun Hang (Lai Yune) Yeep Chen Chune (Chun Yune)				a
1864.4	1865.3	Ho Leong (Chin Loong) Ng Yü (Fook Loong)				a

＊ 1858–83 年の徴税請負会社名については，*Russell's Memo.* に従った．
なお各表の史料については以下のとおり．
a: *Hong Kong Government Gazette* に掲載された，徴税請負入札の結果を参照した．
b: 文末の史料・文献一覧に列挙した，*Hong Kong Public Record Office* 所蔵の各種契約文書（HKRS149）を参照した．
上記以外については，各注を見よ．表 1-2，表 1-3 も同様．

員会が設置され、この問題に関する調査が開始された。この特別委員会では、商人から宣教師に至るまで幅広い人々が諮問され、イギリスの対華貿易上の問題が検討された。そして香港における様々な問題のなかから槍玉に挙げられたのが、ほかならぬ煙膏の徴税請負制度だったのである。例えばギブ・リビングストン商会（Gibb, Livingstone & Company・劫行）のT・A・ギブ（T. A. Gibb）は、一箱未満のアヘン購入を求める華人が来ないために貿易が妨げられていると指摘し、香港で設置された各種の徴税請負制度のなかでも、とりわけ煙膏に関するものは同港の貿易にとって「主要な障害」であると述べた。[22] またジャーディン・マセソン商会のパートナーであるアレクサンダー・マセソン[23]（Alexander Matheson）も、様々な徴税請負制度の存在が香港の貿易に悪影響を与えていると主張した。[24] 当時、煙膏の徴税請負人は密輸を防ぐために、太平紳士[25]（Justice of the Peace）から令状を取得した上で香港の領海内に停泊している船舶へ乗り込み、調査する自由を認められていた。[26] ところがマセソンは請負人が密輸防止のために雇っている一団の職権乱用を示唆し、彼らが華人から恐れられていると指摘したのである。[27] さらにサー・トマス・スタムフォード・ラッフルズ（Sir Thomas Stamford Raffles）の後任としてシンガポールの行政に当たり、同地の煙膏の徴税請負制度から前任者以上の収益を上げることに成功した経験を持つジョン・クローフォード（John Crawfurd）は、香港とシンガポールの地理的条件の差異を挙げて前者をめぐる密輸の懸念を指摘し、香港における同制度の設置に公然と反対した。[28] 特別委員会はこうした意見を集約し、同年七月にまとめられた報告書のなかで、香港における徴税請負制度導入を批判した。[29]

他方で、香港政庁の煙膏販売からの税収は、盧亜貴らが徴税権を請け負ったことにより一時的には増加したものの、その翌年には前年額を下回った。このため一八四七年七月には立法評議会において、従来の徴税請負制度に代わる代替案を採用することが決まった。[30] これは、従来請負人のみに認められていた煙膏および一箱以内の生アヘンの販売権に加え、アヘンを吸煙する施設[31]（opium smoking shoop）の営業権を、毎月一定額を納めれば誰にでも付与するというものでいわば鑑札制度と呼ぶべき内容だった。[32] こうして煙膏の徴税請負制度は、早くも施行後二年目にして代替されることになったのである。

割譲直後の香港社会を研究したマンは、シンガポールがイギリス領に編入された際には、「公司」(kongsi)と呼ばれる華人によって構成される社会組織が存在し、イギリス人統治者の「協力者」となったのに対して、香港ではそのような組織や人材が全く不足していたことを強調している。[33] 盧亜貴らの売春宿や賭博場の経営などは、イギリス人植民地行政官の目にも好意的なものとは映らなかったが、彼らは香港を統治するにあたり、これらの華人へ依存せざるを得なかったのである。割譲直後の香港で煙膏の徴税請負制度が導入直後に廃止されるまでの経緯は、このような事情を端的に示すものといってよい。

こうして一度は廃止された煙膏の徴税請負制度だったが、一一年後に再び導入されることとなる。ただし今度は、華人の海外移民の増加という新たな要因に導かれ、発展を遂げることとなった。

二　再導入

香港でイギリスの植民地官僚が初期統治政策の形成に苦心していた頃、一八四八年にはアメリカのカリフォルニアで、さらに一八五一年には豪州のニュー・サウス・ウェールズ植民地で金鉱が発見された。

この北米および豪州におけるゴールド・ラッシュの開幕は、中国から海外へ向かう華人移民の流れに新たな刺激を与え、沿海部から香港を経由した両地域への華人の流出を促進した。[34] 早くも一八五二年には、サンフランシスコ税関にアメリカへの入国を認められた華人数が二万人を超えた。[35] 以後五〇年代後半から六〇年代前半の華人入国者数は停滞していたが、六〇年代後半に入ると、大陸横断鉄道の建設開始に伴い再び増加に転じた。[36] 一方豪州への移民も増大

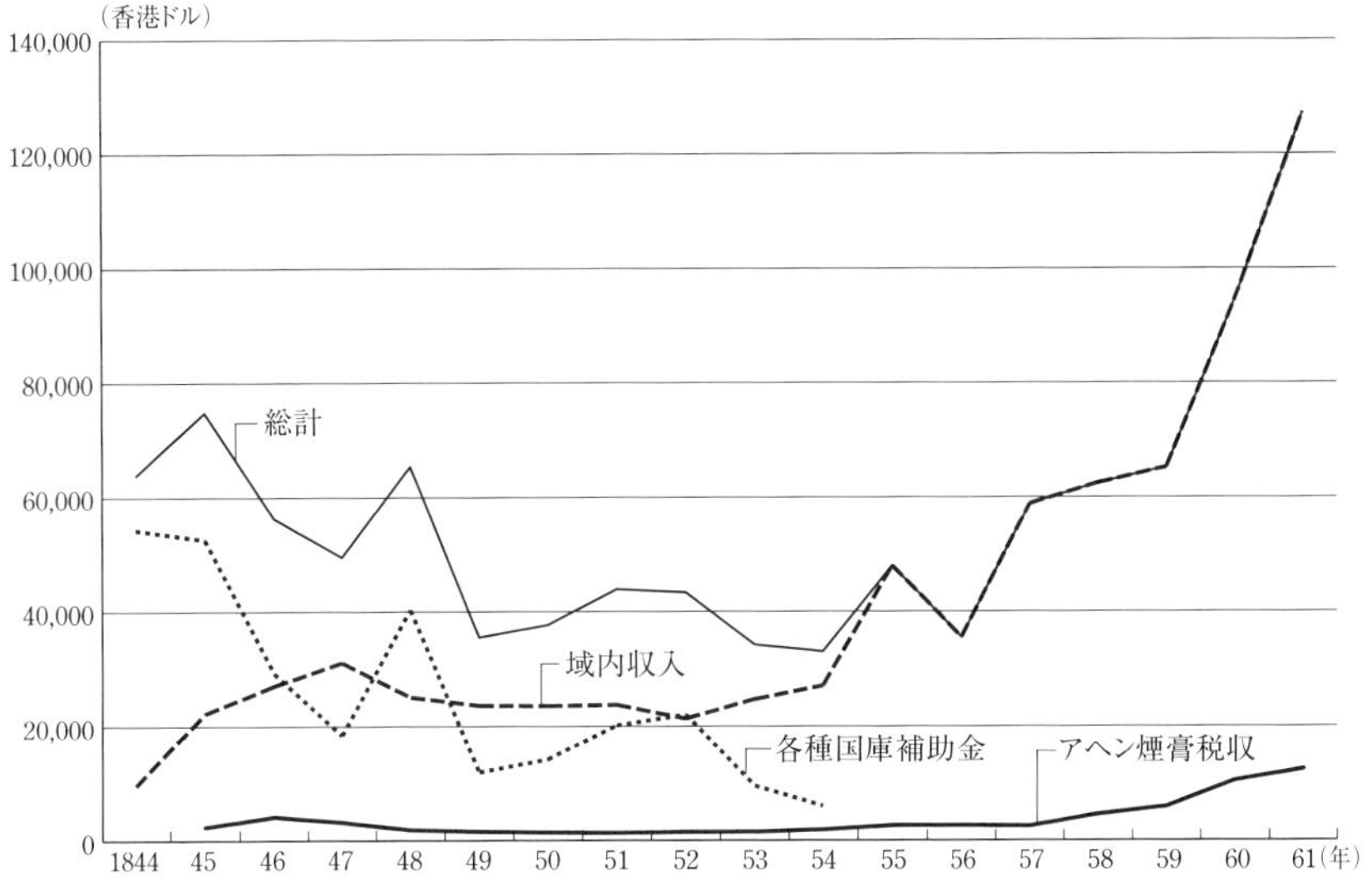

図1-1　香港政庁歳入に占めるアヘン税収の変化(1844–1861年)

出典：*Hongkong Blue Book* (CO 133), 1844–1861.

し、五〇年代半ばには年間一万人以上の華人が香港から同地へ向けて出帆したほか、五五年から六七年までに六万人以上の華人がその後に続いた(37)。そして香港における煙膏の小売販売は、同港の持つ華人移民の中継地としての性格に大きく影響を受けることとなったのである。

香港における煙膏の鑑札制度は、デーヴィスの後任であるサー・サミュエル・ボナム(38)(Sir Samuel George Bonham)の総督就任以後に若干の変更が加えられたものの、ほぼ従来と同じ形式が維持されていた(39)。だが図1―1から明らかなように、煙膏販売からの税収は四八年から再び低下に転じ、五〇年以後は年間収入が一五〇〇ポンドに届かない状態が続いていた。先の制度のもとでの最高年間請負額が四〇〇〇ポンドを上回っていたことを考えれば、この額はあまりにも少額である。そのためボナムの後任として香港総督に就任したサー・ジョン・バウリング(40)(Sir John Bowring)は、現状の刷新を目指した。

バウリングは著名な自由貿易論者であり、過去にホィッグの政治家として下院議員を務めた経験があった(41)。彼は前述した特別委員会にも参加していたため、香港における煙膏の徴税請負制度をめぐる批判を理解していたものと思われるが、一八五八年には再び同制度を導入するという決定を下し、従来の法令を改正させた。[42] この制度のもとでは煙膏の徴税請負人か、あるいは請負人が存在しない場合には香港政庁が、煙膏の製造および小売販売を認める鑑札を発行することが定められたほか、請負金の払い込み方法などに関する規則も設けられた。[43] この結果、請負権を獲得したのは、万祥行の陳大光である。[44]

陳大光は広東省番禺県の出身で、英国教会派で最初に香港のヴィクトリア主教に任命されたジョージ・スミス (George Smith) がロンドンで出会い、香港へ同伴して教育を施した人物である。スミスは陳を伝道師にするつもりでおり、陳自身も監獄内で収監者への伝道活動に従事するなど、この方面でも一定の経験を積んだ。だが、やがて伝道への関心を失い、聖保羅書院 (St. Paul's College) でのチューターや、香港政庁の翻訳官などの職を経た後、一八五八年にはLeong Attoy、後述する和興行 (Wo Hang firm) の李徳昌およびLi Chunの経済的支援を受けて、煙膏の徴税請負権を得ることに成功した。[45] しかし彼はその数ヶ月後に政庁官吏の贈収賄事件に巻き込まれ、同年八月には徴税額を支払うことができない状態に陥った。[46] こうして手放された請負権は、アヘンを商う五つの店舗 (炳記、麗源、福隆、兆隆、春源) の代表によって構成される人和公司 (Yan Wo firm) の手に渡った。

以後、香港のアヘン徴税請負制度は抜本的な改編を受けることなく、一八八三年まで継続して運営されることになる。この間、香港政庁は一年から数年間に一度、請負権をめぐる入札を募った。一方、人和公司は複数の名義でこれに参加し、たとえ実質的な競争相手が存在しない場合でも、あたかも敵対者との競り合いを行っているかのような欺瞞を演出した。こうして人和公司は、常に徴税請負権を獲得できる体制を整えていたにも拘らず、それを政庁に悟られぬまま入札に参加し続けることに成功したのである。[47] この結果、彼らは一八六二年四月からの一年間、澳門へ拠点を移すことを余議なくされた時期を除き、七三年まで継続的に香港における煙膏の徴税請負権を独占した。[48]

他方で、一八五八年に陳大光へ出資したが請負権の維持に失敗した和興行も、人和公司に対抗して入札に参加した。

表 1-2　香港におけるアヘン徴税請負人の変遷（1865-1873 年）

開始（年.月）	終了（年.月）	徴税請負人および徴税請負契約の担保提出者の名前		徴税請負会社*	史料
		徴税請負人（商号）	請負契約保証人（商号）		
1865.4	1866.3	Hü Nü（Peng Kee）		人和	a
1866.4	1867.3	許女（炳記）	呉祝 伍貴（Sung Hing Kee）	人和	b
1867.5	1868.7	何良（兆隆） 呉雨（福隆）	伍桂（Sung Hing Kee） 呉祝	人和	b
1868.8	1869.7	何良（兆隆） 呉宇（福隆）	葉晴川（春源） 伍桂（Sung Hing Kee）	人和	b
1869.8	1870.7	許女（炳記） 葉澄（春源）	呉宇（福隆） 五桂	人和	b
1870.8	1871.7	陳崇礼（麗源）	何超（兆隆） 五貴	人和	b
1871.8	1871.12	何良（兆隆） 施有（福隆）	許女（炳記） 葉晴村（春源）	人和	b
1872.1	1872.6	何良（兆隆） 施有（福隆）	許女（炳記） 葉晴村（春源）	人和	b
1872.7	1873.2	何良（兆隆） 施有（福隆）	許女（炳記） 葉晴村（春源）	人和	b

注：表 1-1 参照.

同行は広東省新会県出身の李良、およびその従兄弟である李璿（李陞・李玉衡）によって五七年に設立され、六二年四月に人和公司を抑えて請負権を獲得したが、これを一年間しか維持することができなかった。他方で和興行は北米および豪州へ向かう華人労働者の斡旋や土地への投資により、富を築くことに成功した[(49)]。

この煙膏の徴税請負権をめぐる競争で重要な点は、両者が香港のみならず北米と豪州へ移民した華人にも煙膏を供給していたことである。人和公司の販売する福隆、麗源、炳記というブランドの煙膏は、五〇年代末まではジャーディン・マセソン商会の船舶によりアメリカへ輸入され、華人の間で人気を博すようになっていた。他方で和興行は華人労働者の斡旋を通じ、ラッセル商会（Russell & Co.・刺素公司）、マコンドレー商会（Macondray & Co.）、そしてエドワーズ・アンド・バレー（Edwards & Balley）といったアメリカ企業とも密接な関係を持つようになった[(50)]。これらの企業との紐帯は、同行による煙膏

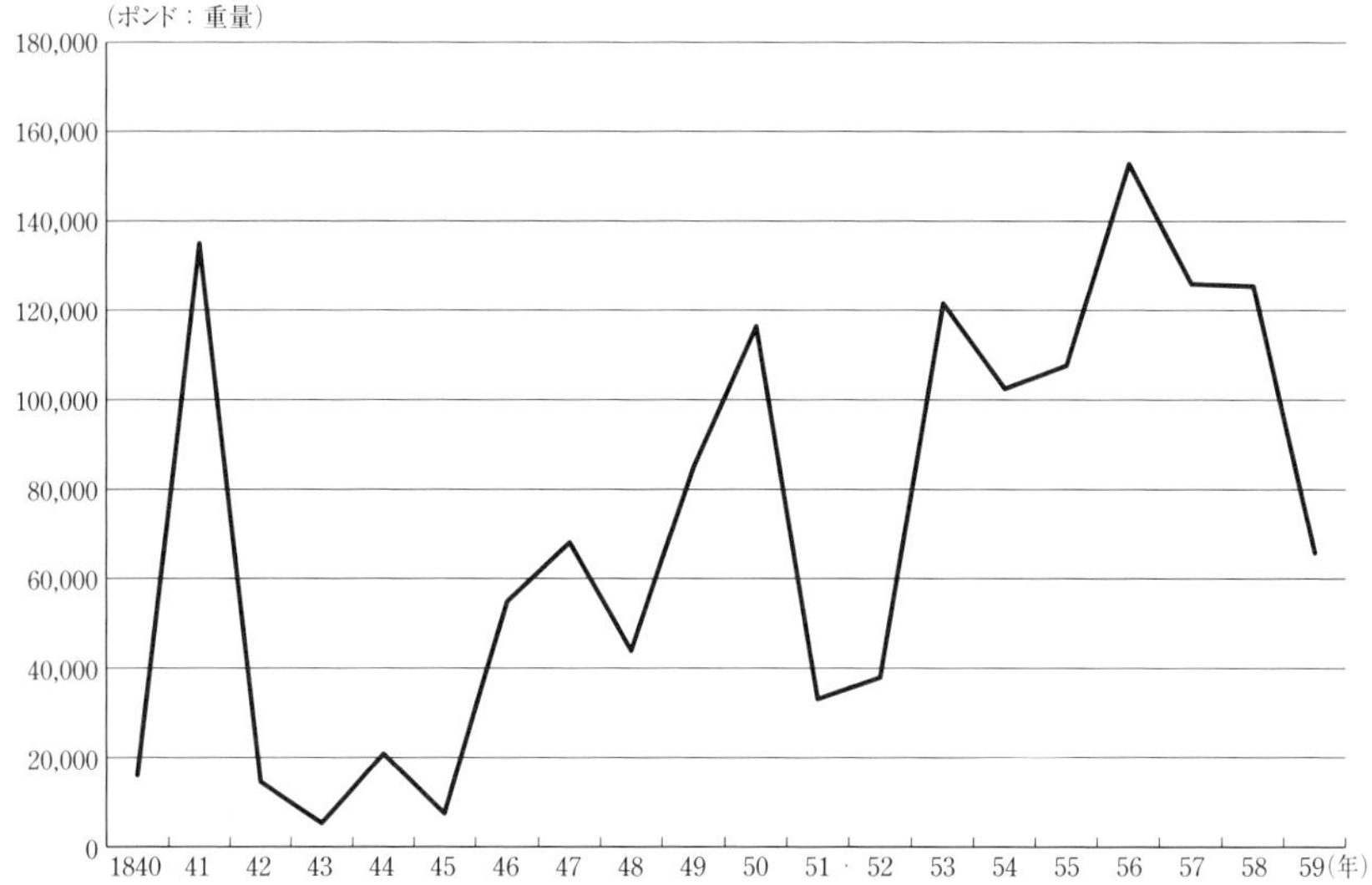

図 1-2　アメリカへ輸入されたアヘン量の推移（1840–1859 年）

出典：*Report of the International Opium Commission Shanghai*, vol. 2 (Shanghai: North-China Daily News & Herald, 1909), pp. 40–41.

注：1840 年から 1842 年までの値は推計値．グラフの値は医薬用アヘン，モルヒネを含む．

の輸出にも重要な役割を果たしていたのである。

こうして香港における煙膏の徴税請負人は、北米および豪州への移民増加に伴い販路を拡張させた[51]。一八六九年には、香港域内における煙膏の消費量が六四万八〇〇〇両であったのに対し、これらの地域への輸出量はその約四倍（二五六万二〇〇〇両）に上った[52]。海外市場が拡大した結果、図1―1が示すように、煙膏販売からの徴税額は概ね上昇を続けた。一方、六〇年代には香港の域内経済が徐々に活性化したことを受け、図1―3から看取されるとおり、政庁の財政基盤も拡大を遂げた。そのためバウリングに続いて総督に就任したサー・ハーキュリース・ロビンソン[53]（Sir Hercules George Robert Robinson）とサー・リチャード・マクドネル[54]（Sir Richard Graves Macdonnell）は、同制度を何ら改変しなかった。

この間アメリカにおいても、煙膏の輸入増加は社会的関心を喚起しつつあった。次にこのような事例の一つとして、当時同国で華人移民の一大拠点となっていたサンフランシスコで一八五七年に生じた煙膏輸入の

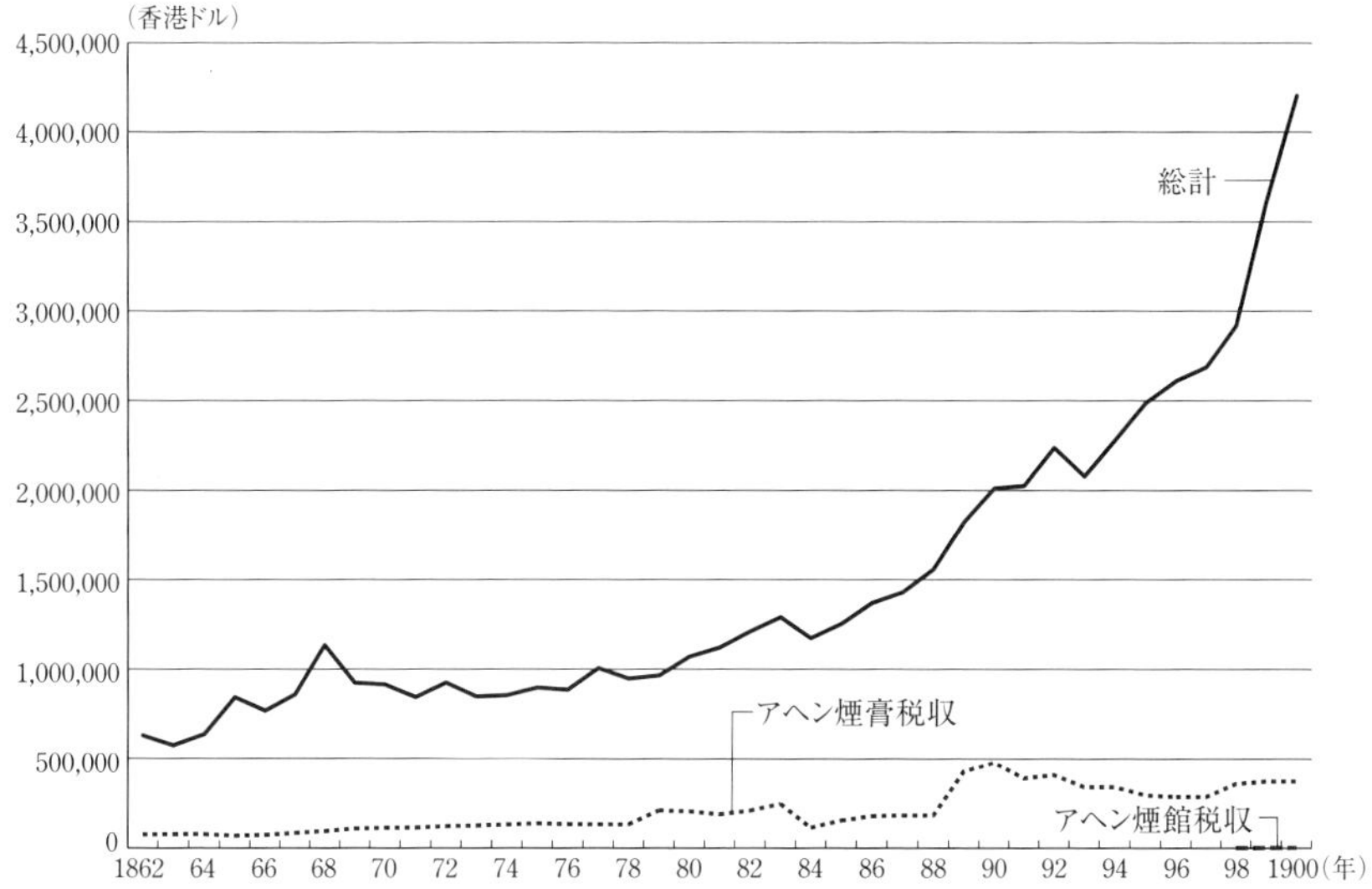

図 1-3　香港政庁歳入に占めるアヘン税収の変化（1862–1900 年）

出典：*Hongkong Blue Book* (CO 133), 1862–1900.

是非をめぐる論争を見てみよう。

サンフランシスコ税関の査定官がハウエル・コブ（Howell Cobb）財務長官へ伝えたところによれば、この論争はアメリカ国内へ輸入される薬物の品質を判定する役割を担う薬物検査官（Special Examiner of Drugs and Medicines）が、サンフランシスコへ輸入された煙膏を調査した結果、アメリカの法律に照らして輸入することは認められないと主張したことに端を発する。(55) 当時香港から輸入されていた煙膏は、モルヒネの含有率が数パーセントに過ぎなかった。ところがアメリカの薬物輸入規制法とその施行に関する規則では、薬品として輸入される生アヘンはモルヒネの含有率が九パーセント以上でなければならず、この基準に適合しないものは再輸出するか、破棄されねばならないとされていたのである。(56) このため薬物検査官は、これらの煙膏は薬品であるにも拘らず、法定基準を満たしていないと判断した。(57) さらに彼はコブ財務長官へ、前述した点に加えて、もし煙膏の課税率を引き上げれば密輸が増加し、「やつれた、無知な中国人」がわれわれの救貧院や病院を満たすなどの社会的な悪影響があると指摘して、倫理的な観点からも輸入を許可することへの批判を展開したのである。[58] また同市の医薬品販売業者や医師もこの点を挙げた上で、彼らの扱っていた法定基準を満たすトルコ産アヘンと競合するとし、その輸入禁止を求めた。[59]

こうした主張を受けて、サンフランシスコの税関長（Collector of Customs）は査定官や薬物検査官らと共に、現地在住華人や煙膏の輸入に携わっていたエドワーズ・アンド・バレーのバレー（Balley）などと面談して事実関係を調査した。そして税関長、徴税業務の取り調べを担う特務官（Special Agent）および査定官は、華人はこれらの煙膏を薬剤としては用いていないと判断し、その輸入を許可したのである。ただし税収を増加させるため、課税率は生アヘンの一五パーセントよりも高く、二四パーセントに設定された。[60] この税率がいつまで適用されたのかについては不明だが、一八六一年に同港の税関長が、煙膏への課税率を二〇パーセントから四〇パーセントへ変更すべきだと主張しているため、遅くとも数年後には見直されたものと思われる。[61] さらに六二年八月一日以降、煙膏にかかる関税は南北戦争の戦費拡大の影響を受け、八〇パーセントに引き上げられた。[62]

この論争で興味深いのは、当事者がいずれも、アヘンを吸煙するのは華人のみであるという前提に立脚していた点である。アメリカにおけるアヘン・麻薬類の乱用問題を論じたデーヴィッド・コートライト（David T. Courtwright）によれば、一八五〇年から七〇年にかけて、アヘンの吸煙は華人の在住地域に留まっていた。[63] つまり事実上、当時アヘンを吸煙していたのは華人のみだったものと考えられる。さらに煙膏の輸入を許可した税関長らが、華人によるアヘンの吸煙が社会的問題を引き起こす可能性や、大規模な密輸増加を懸念していた様子は見受けられない。すなわち煙膏に対する課税率の引き上げは、これが単一コミュニティーによって消費される嗜好品であり、その密輸は防ぎ得るという認識に基づいていたと言えよう。だが後に白人のアヘン吸煙者の出現や、煙膏の密輸の増加といった新たな要因が、この問題をめぐる議論に影を落とすようになるのである。

話を香港に戻すと、一八七二年四月にマクドネルの後任として総督に就任したサー・アーサー・ケネディー[64]（Sir

Arthur Edward Kennedy）は、煙膏からの徴税問題へ改めて取り組む姿勢を見せた。既に述べたように、六三年以後煙膏の請負権は一貫して人和公司が握っていた。そのため図1―3から明らかなように、煙膏からの収入は低下することはないにせよ、著しい伸びを示しているとは言い難い状況にあったのである。(65)そこでケネディーは、財務長官代理のチャールズ・メイ(66)（Charles May）および立法評議会の民間人議員であるフィニアス・ライリー（Phineas Ryrie）をメンバーとする委員会を組織し、この問題をめぐる調査を開始した。同委員会は、請負人が香港で一年の間に製造する煙膏の量を把握し、満足すべき税額が政庁へ納められているか否かを査定するため、人和公司の関係者からソロモン・サッスーン（Solomon D. Sassoon）といった生アヘンの売買に関与している商人に至るまで、合計七人から聞き取りを行った。だが、こうして得られた数字には大幅な差異があったため、現状を把握するために、政庁がみずから煙膏の製造・販売を手がけるか、あるいは請負期間を延長させること以外に、具体的な対策を提案できなかったのである。(67)ケネディーはこの結論を受けて請負期間を三年に延長し、翌年二月に競売を開催する旨を公示したが、後に本国政府の指示を受け、請負期間については一年から四年までのいずれかとし、また方法についても競売ではなく入札とするよう改めた。(68)

翌一八七三年二月に行われた入札では、それまで長期間にわたり人和公司に遮られていた和興行の李徳昌が、三年間の期間で煙膏の徴税請負権を落札した。(69)和興行はその名前を集成公司へ変更して活動を始め、また人和公司は再び澳門へ移動して煙膏を製造するようになり、香港政庁からの妨害に遭遇しながらもアメリカへの輸出を継続した。(70)こうして入札を活性化させようとする政庁側の目論見は、ひとまず成功したかに見えた。

ところが集成公司が製造する煙膏の銘柄は、海外では人和公司の持つ銘柄ほど人気がなかった。一方澳門へ拠点を移した人和公司は、港湾設備の整備が香港ほど進んでいない同地での活動に限界を感じていたのである。そこで両公司は相互の欠点を解消すべく接触を始め、一八七四年四月には両者の利益を代表するカリフォルニアと豪州の華商を

表 1-3　香港におけるアヘン徴税請負人の変遷（1873–1885 年）

開始（年.月）	終了（年.月）	徴税請負人および徴税請負契約の担保提出者の名前						徴税請負会社*	史料
		人和		和興		その他			
		徴税請負人（商号）	請負契約保証人（商号）	徴税請負人（商号）	請負契約保証人（商号）	徴税請負人	請負契約保証人		
1873.3	1874			李徳昌（Lai Hing）	李陞（Wo Hing）李興			和興	b
1874	1876.2			李徳昌（Lai Hing）	李陞（Wo Hing）李興			信宜［人和＋集成］	b
1876.3	1879.2	施有（福隆）	五貴（人和）	李徳昌（Lai Hing）	李陞（Wo Hing）			信宜	b
1879.3	1880.2					班合	章芳琳	万和豊［東南アジア系］	b
1880.3	1882.2					班合	章芳琳	民和生［人和＋万和豊］	b
1882.3	1883.2	施笙階 尹暁湘	葉晴川 蔡賛					和記	b
1883.3	1885.2	鑑札制度							

注：表 1-1 参照.

伴い信宜公司として合併し、共同で煙膏の製造と販売を始めた。ただし香港の請負権を維持していた集成公司に対し、澳門での活動を強いられている人和公司は相対的に弱い立場にあり、信宜公司の成立に際して作成された両公司の合意書は、人和公司に不利な内容にならざるを得なかった[71]。こうして香港政庁の施策は、両者が合併することで効力を失ってしまったのである。

徴税請負制度を通じて煙膏からの徴税額を増加させようとするのであれば、請負権をめぐる入札を刺激すること以外に、政庁が採用し得る簡便かつ有効な方法は見出し難い。このためケネディーの後任者は、香港・澳門以外の地域から入札への参加者を募ることで、競争の活性化を促すようになる。

三　東南アジアからの参入

ケネディーに続いて一八七七年[72]に香港総督へ就任したジョン・ポープ＝ヘネシー（John Pope Hennessy）は、歴代総督のなかでも異彩を放つ人物である。彼はカトリックのアイルランド人でありながらトーリの下院議員を務めるという特異な経歴を持ち、議員に落選してからは香港総督へ任命されるまでの間に、東南アジアのイギリス領植民地であるラブアンをはじめ、西アフリカ、バハマ諸島およびバルバドスにて、総督もしくはそれに並ぶ地位の役職を経験していた。彼は下院議員当時より、監獄における収監者の処遇向上など人道的問題に関心を寄せており、後に赴任した各植民地においても、現地の非白人系コミュニティーと頻繁に接触して彼らの生活向上に尽力した。だが、それゆえに各地の白人コミュニティーとの間で摩擦を生むことも多く、香港総督に就任する以前から植民地省には厄介な人物だと見なされていたのである(73)。

彼はラブアン総督を務めた折に現地の華人コミュニティーと交流を持った経験があり、香港着任後も東華医院の董事といった華人エリートと密接に交際した(74)。ことに当時法廷弁護士だった伍廷芳を華人初の立法評議会の民間人議員へ登用したことは、華人の意見を積極的に施政へ反映させようとした点で、香港の歴史を画す出来事だったと言えるだろう。だが、こうした現地在住華人への姿勢は香港においても白人コミュニティーの離反をもたらし、後に生じる様々な政治的問題の通奏低音をなしていった(75)。

既に見たように、徴税請負制度は華人に徴税を肩代わりさせることで、政庁の徴税コストを引き下げる方策だった。それゆえ同制度の運営を成功させる上で、ポープ＝ヘネシーのように華人社会へ高い関心を抱いている人物が政庁側の主導権を握ることは重要な意味を持っていたのである。

ポープ＝ヘネシーは一八七七年一一月一二日に開かれた立法評議会の政庁財政に関する議論において、この問題をめぐる立場を公にした。彼はアメリカおよび豪州への煙膏の輸出が増加しており、かつ香港域内における華人の人口が減少していないにも拘らず、煙膏の徴税請負制度からの収入が減少していると指摘した。そしてシンガポールでは同制度の運営が成功していることに触れた上で、かつて香港政庁が華人社会について不十分な知識しか持っていなかった点を批判したのである。彼はラブアン総督に就任した際に海峡植民地総督から煙膏の徴税請負制度の運営について示唆を受け、ラブアン現地に住む裕福な華人であるChoa Mahsoo[76]からの情報をもとに、同制度からの税収を三倍以上に増加させた経験を披露した。そして次期入札を待ち、この問題に適切に対処する旨を表明したのである[77]。

一八七八年八月、ポープ＝ヘネシーは煙膏の徴税請負権の入札を告示する一方で、自身および五名の立法評議会議員により構成される委員会を結成し、この問題への取り組みを始めた。そして委員会の勧告と域内に在住する華人からの情報を検討した結果、従来の請負人である信宜公司代表の李徳昌に加えて班合（顔珍洧・Ban Hap）という福建系華人を、代理人である陳景星を通じて入札に参加させることに成功したのである。両者は最終的に翌七九年一月に入札を行い、陳景星が年間二〇万五〇〇〇香港ドルで三年間という内容を提示して請負権の獲得に成功した。この価格は前回の請負額の一・五倍に上り、ポープ＝ヘネシーの施策が成功を収めたことは一目瞭然だった[78]。他方で彼は同年中に従来の煙膏関連法令を二度にわたり改正させて、煙膏の徴税請負人に加えて、彼や鑑札制度のもとで香港政庁から煙膏の製造・小売販売をめぐる鑑札を受けた者に対し、請負期間満了直前の三ヶ月間に煙膏をダンピングすることを禁じた[79]。

香港政庁が準備した契約不履行時の違約金支払いに関する約定書には、班合と並んで章芳琳の名前がある[80]。当時班合はコーチシナで煙膏の徴税を請け負っており、また章芳琳はシンガポールで煙膏の徴税を請け負っていた大シンジケートの一角を占めていた。すなわち両者は、既に東南アジア各地で煙膏の徴税請負権を手中に収めて経済的に強固な地盤を築いていたのである[81]。彼らは香港で請負事業を始めるにあたり、新たに万和風公司を設立した[82]。だが同公司が活動を開始すると、ポープ＝ヘネシーの目論見には狂いが生じ始めたのである。

万和風公司が香港で営業を始めたために、信宜公司は澳門へその活動の拠点を移さざるを得なくなった。これに先立ち、同公司は遅くとも一八七八年には同地で煙膏の徴税請負権を獲得していた[83]。そして澳門で製造した煙膏を香港からアメリカと豪州へ向かう汽船に積んで輸出することにより、香港の徴税請負人に対抗し始めたのである。当時信宜公司は、北米で人気の高いかつての人和公司系の銘柄を押さえていたため、これらの市場では万和風公司よりも有利な立場にいた。さらに、こうした活動を察知した香港政庁が圧力をかけると、次は香港から上海へ出る汽船を手配して澳門へ寄港させ、まず煙膏を上海へ移送した後、一方では横浜を経由してアメリカへ、他方ではコロンボを経由して豪州へ輸出した。(84) この信宜公司による攻勢は万和風公司の利益を著しく損ねたが、香港政庁もこれを抑止することはできなかった。(85) そのため一八七九年を通じて、万和風公司は赤字での営業を強いられたのである。

しかし翌年、万和風公司に転機が到来した。信宜公司の内部では、同公司が成立した際に、より不利な条件を受け入れざるを得なかった人和公司系の人々が、集成公司系の人々に対する不満を募らせていたのである。この信宜公司内部の不和に着目した班合は、同公司を再び分裂させて人和公司と合併することに成功した。こうして新たに万和風公司と人和公司の間で万和生公司が成立し、一八八〇年三月から運営を開始した。(86)

万和生公司による香港のアヘン徴税請負期間が一八八二年二月に満了すると、班合の確立した地盤は人和公司が衣替えした和記公司の施笙階と尹曉湘に引き継がれた。一方、和記公司は澳門における煙膏の徴税請負権も維持していたため、集成公司はペナンへの移動を余儀なくされ、同地におけるアヘン徴税請負人と約定を交わして煙膏の生産を継続した。(87) このため一八八三年三月からの煙膏の徴税請負権をめぐる入札には、シンガポール、サイゴン、そして澳門の新聞に広告が掲載されたにも拘らず、三件の入札はすべて和記公司からのものであり、提示された最高請負額も前年度と同額だった。(88) ここに、香港における煙膏の徴税請負権は単一公司の独占に回帰してしまったのである。

こうして香港政庁の計略は再び水泡に帰した。だがこの結果、東南アジアを中心に活動していた華人が、香港における煙膏の徴税請負制度に参加し始めたことは重要である。このような変化は、香港をめぐる移民動向の変容を反映していた。

前節で述べたとおり、割譲以後の香港を通じた華人の移動は、主に北米および豪州における金鉱の発見や鉄道建設の進展などに影響を受けていた。しかしアメリカでは排華運動の高まりに影響を受け、一八七〇年代後半から華人の流入者数が低下し、八二年の中国人移民禁止法の成立直前に大量の流入が見られた後は、概ね停滞していたのである。[89]他方で豪州への移民は八八年に新しい移民法が導入されたことにより、以後二〇年にわたり実質的には停止してしまった。[90]こうした変化に従い、香港を経由する北米および豪州への移民数も減少した。だが香港を通じた東南アジアへの移民は、各地における植民地化の進展や汽船の導入といった技術革新の影響により増加に転じており、七七年には香港からの移民先としてイギリス領マラヤおよびシンガポールが首位に登場した。[91]

このような移民動向の変容は、東南アジアで煙膏の徴税を請け負っていた華人が香港における煙膏の小売権獲得競争へ参加した動機を説明するだろう。煙膏の徴税請負人にとって請負地域内部で排他的な影響力を維持することは、利益を守る上で死活問題だった。[92]そのため東南アジア、なかんずくシンガポールで煙膏の徴税を請け負っていた章芳琳にとって、移民の増加などで従来よりも緊密な関係が形成されつつあった香港における同様の権利を新たに獲得することは、既得権益を維持する上でも重要だったのである。

一方徴税請負人に利益を維持させることは、植民地政庁にとっても請負額の低下や契約の債務不履行を避けるために重要な課題だった。香港政庁が東南アジアで煙膏の徴税を請け負っていた班合や章芳琳へ香港における同様の権利を付与した理由には、彼らが非常に裕福な華商であったことに加えて、香港への密輸のリスクを軽減して徴税額の低下を回避しようとしたことも挙げられるだろう。[93]

さらに澳門における煙膏の徴税請負制度が、香港における同制度の運営に与えた影響についても注意する必要がある。北米と豪州で人気を博していたのは、人和公司により製造された銘柄の煙膏だったため、同公司がこれらの地域へ煙膏を容易に供給できる場所で活動を続ける限り、たとえ誰が香港における煙膏の徴税請負権を取得しても、海外市場の売上から多大な利益を上げることは困難だった。班合らがこの権利を取得した際に、香港製煙膏の主な市場が海外にあったことや澳門にも同様の制度が存在したことについて、どれほどの知識を持ち合わせていたのかは明らかではない[94]。しかしいずれにせよ、香港で製造される煙膏の主な市場が海外にある限り、徴税請負人が域内販売のみで満足すべき利潤を上げ得ないのは明白だろう。この点において香港政庁の置かれた状況は、域内への煙膏の流入を阻止することが第一の課題だった東南アジアの様相とは大きく異なっていた。それゆえ同政庁にとって煙膏の徴税請負制度の運営にあたり、いかに澳門における同制度へ対応するかが重要な政策課題として浮上してゆくことになる。

この時期における香港政庁内部の変化にも触れておこう。同政庁内では一八八三年の入札に和記公司しか参加しなかったことに対する不満の声が上がり、臨時植民地長官代理[95]（Acting Colonial Secretary）を務めていたフレデリック・スチュアート（Frederick Stewart）と植民地財務官のジェームズ・ラッセル（James Russell）は、煙膏の徴税請負制度から得ることのできる収入額について秘密裏に査定を開始した。このうちラッセルは、香港政庁内に華人社会を理解する人物が少ないことを嘆いたロビンソン総督により、六二年に創設された香港カデット制度（Hong Kong Cadet Service）と呼ばれる植民地官僚養成制度の第一期生だった。この制度は六七年から七九年まで一時的に運用が停止されたものの、その後は二〇世紀に至るまで存続し、中国の言語や社会に精通した多くの有能な植民地官僚を輩出した[96]。ことにラッセルのような初期の学生は、教育期間が終わらないうちから政庁内部で重用された。こうした人材が八〇年代初頭には政庁内の要職に就いていたのである。

ラッセルはこの問題をめぐり、スチュアートと共に香港の華人社会の領袖の一人であった何亜美[97]（何献墀・何崑山）に情報を求める傍ら、和記公司を代表して彼のもとを訪れた馮華川[98]（馮徳祥）と面会し、その希望に応じて同公司と集成公司の再合併の可能性を模索した。そして和記公司と集成公司の再合併が不可能と判明し、かつ和記公司が最終的に前年度よりも少ない請負額を提示したため、臨時総督代理（Officer Administering the Government）であるウィ

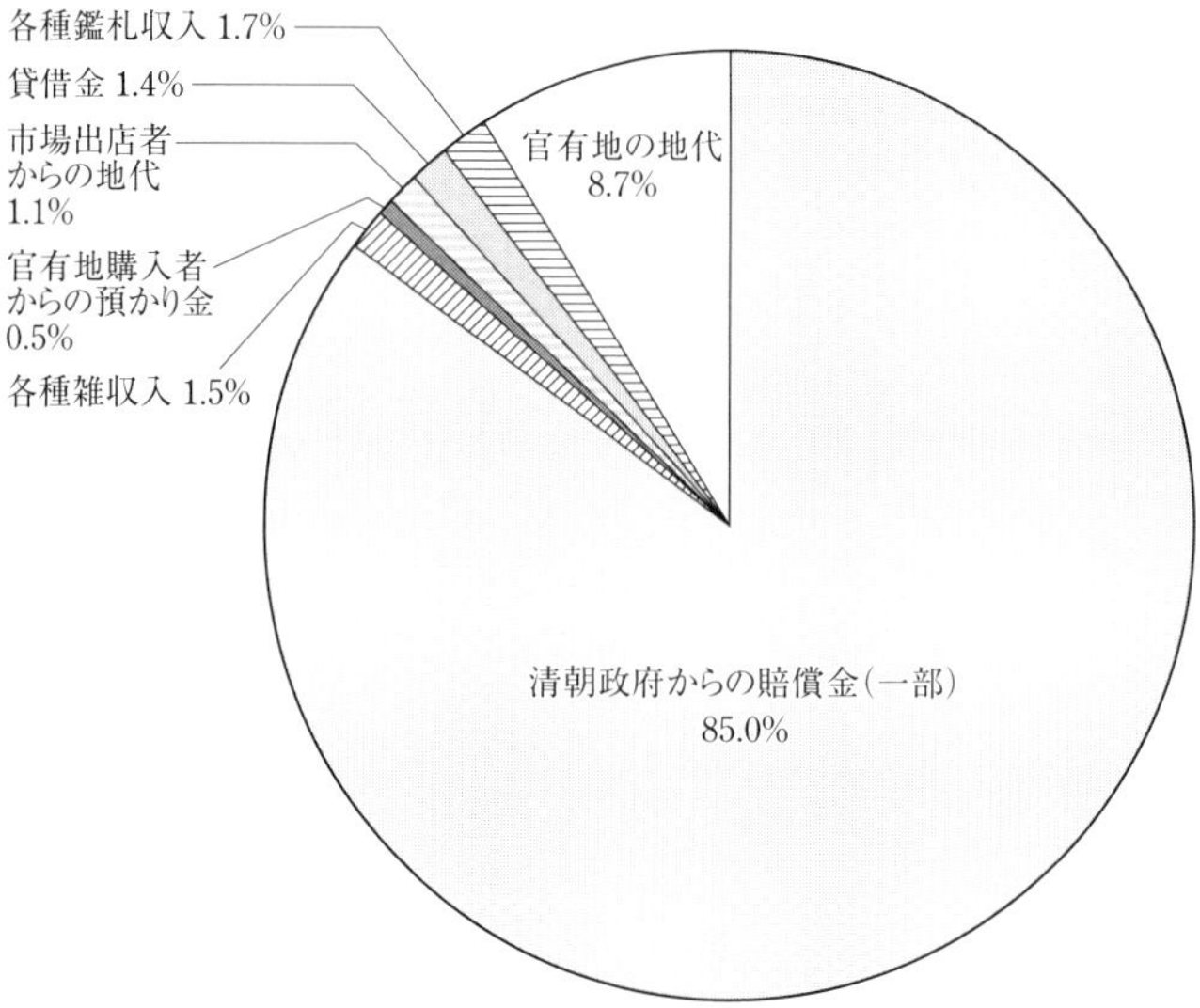

図 1-4　香港政庁歳入の内訳（1844 年）
出典：*Hongkong Blue Book* (CO 133), 1844.

リアム・マーシュ（William H. Marsh）は再び鑑札制度の導入を決断したのである。この際、アヘン商の買辦や華人社会の領袖から必要となる情報を収集したのも、ほかならぬラッセルだった(99)。

最後に、香港政庁の歳入において煙膏からの収入が占める割合の推移を確認しておこう。図1―1から看取されるとおり、香港設置当初は政庁財政をアヘン戦争の賠償金といった名目の各種国庫補助金に依存していたが、これらは一八五四年を最後に打ち切られた。一方、図1―3および図1―4～図1―8から明らかなように、一八五〇年代から六〇年代にかけては各種地代・賃貸収入が大きな割合を占めていたが、一八七〇年代に入ると各種租税がこれらを上回るようになる。また煙膏からの収入も、一八六〇年に初めて総収入の一割を超え（一一パーセント）、一八八〇年代初頭に至るまで緩やかな増加傾向にあった。このような変化をもたらした主な要因としては、既に指摘した香港を通じた人の移動の活性化に加えて、域内人口の増加を挙げることができよう。当時、香港と中国大陸の間の往来は特に何ら規制されていなかったことから、煙膏の売上に影響

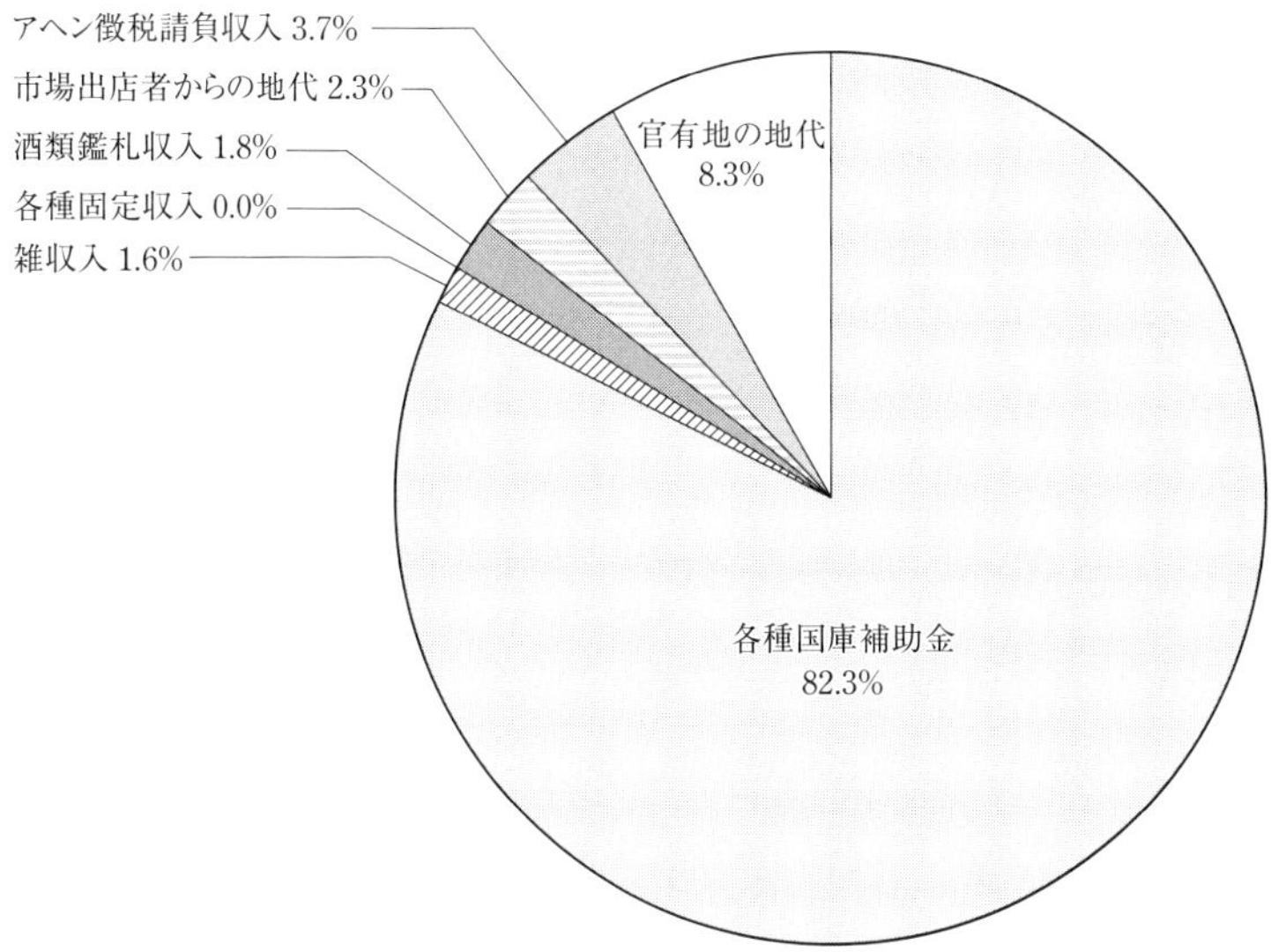

図 1-5　香港政庁歳入の内訳（1845 年）

出典：*Hongkong Blue Book* (CO 133), 1845.

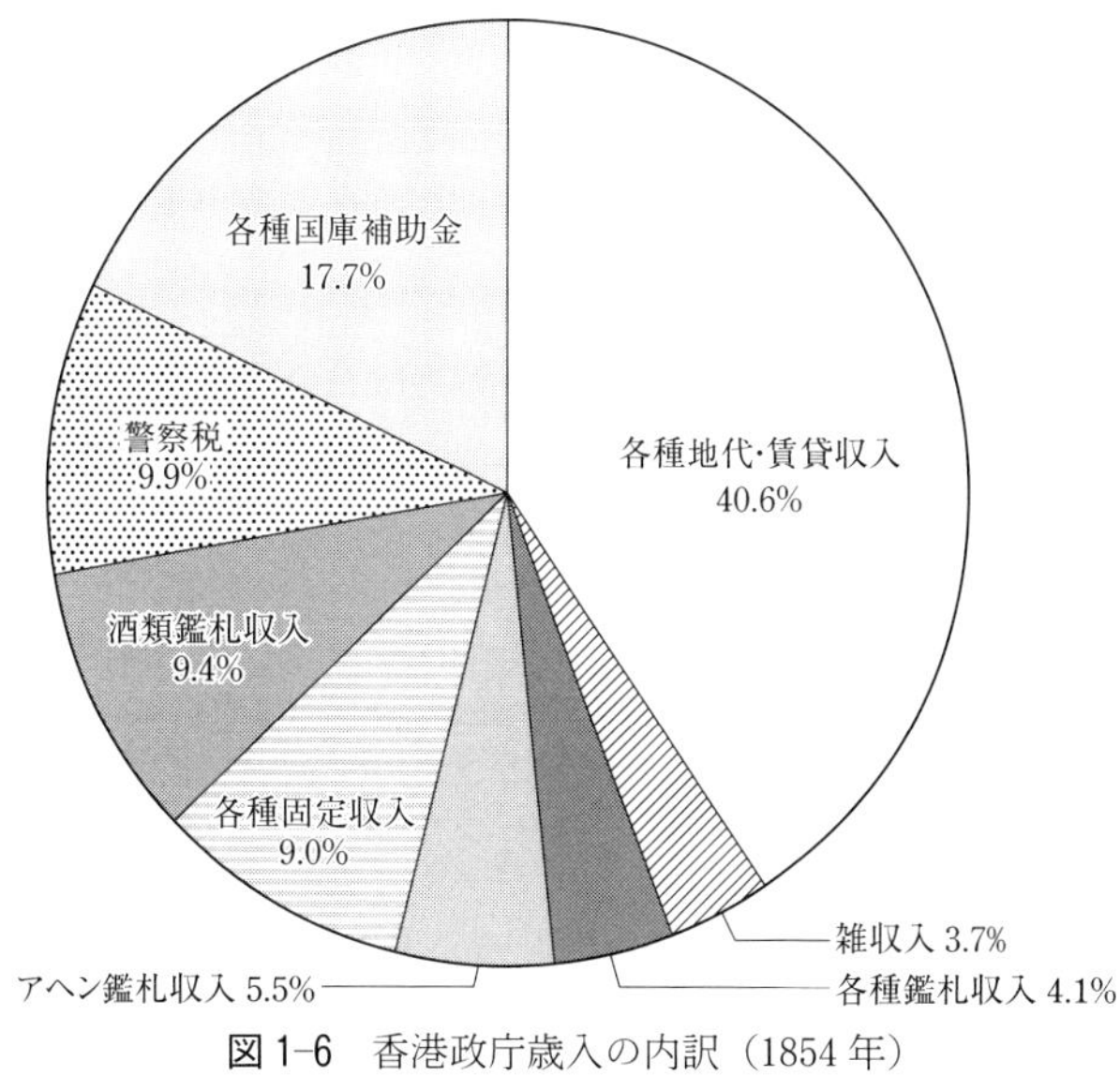

図 1-6　香港政庁歳入の内訳（1854 年）

出典：*Hongkong Blue Book* (CO 133), 1854.

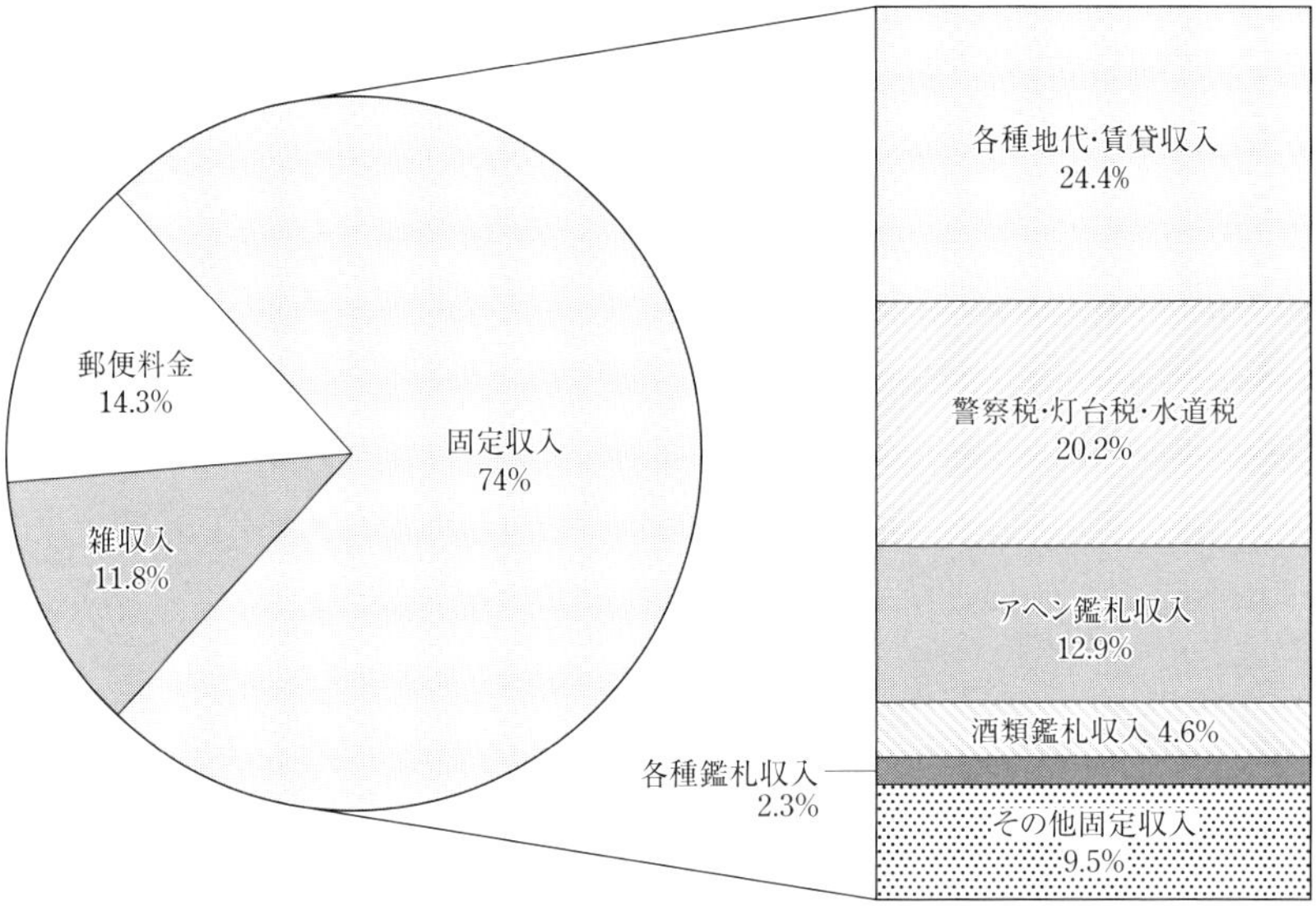

図 1-7　香港政庁歳入の内訳（1864 年）

出典：*Hongkong Blue Book* (CO 133), 1864.

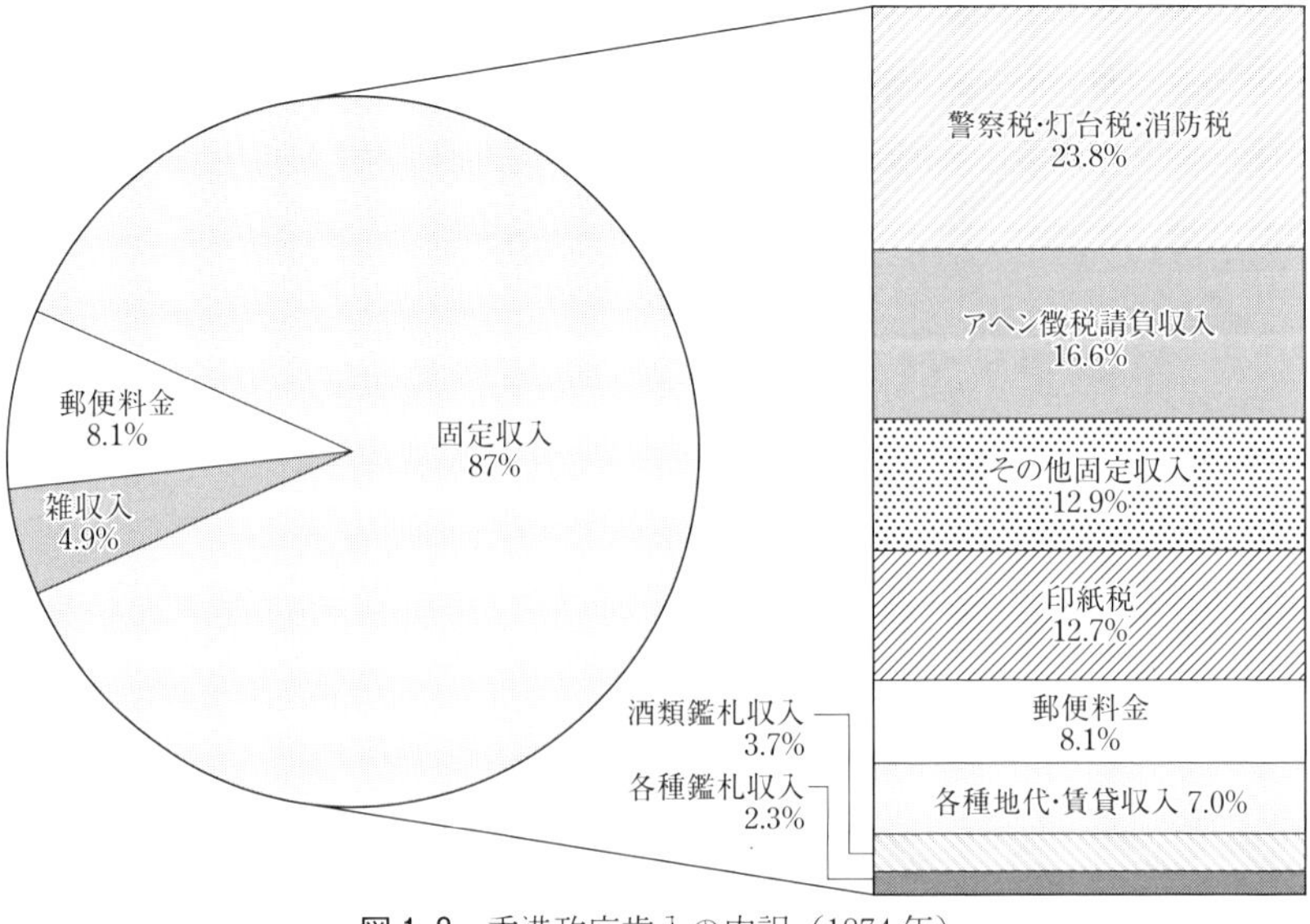

図 1-8　香港政庁歳入の内訳（1874 年）

出典：*Hongkong Blue Book* (CO 133), 1874.

を及ぼす香港域内在住者数は昼と夜とで大きく異なった可能性が高く、また季節によっても変動したものと推測される。そのため正確な値を求めることは困難だが、香港政庁の推計によれば一八四四年には一万九四六三人（華人一万九〇〇九人／その他四五四人）だったのが、一八五四年には五万五七一五人（華人五万四〇七二人／その他一六四三人）に増加した。その後、九龍半島割譲の翌年にあたる一八六一年には総人口一一万九三二一人のうち、華人の数だけで一〇万人を突破し（華人一一万六三三五人／その他二九八六人）、さらにその二〇年後の一八八一年には一六万〇四〇二人（華人一五万〇六九〇人／その他九七一二人）を記録している[100]。こうして香港は名実ともに、東アジアにおける主要な自由貿易港としての地位を確立していったのである。

小　結

香港における煙膏の徴税請負制度は、域内における財源が乏しいなか、現地住民の過半を占める華人から徴税するための一つの方策だった。同制度はイギリス本国や香港での批判を受けて、一時的には鑑札制度へ切り替えられたものの、結果として再導入され、北米および豪州への移民増加に影響を受けて発展を遂げた。さらに移民の主な渡航先が東南アジアへ転換すると、これらの地域で煙膏の徴税を請け負う華人が香港においても同様の役割を担うようになった。さらにアメリカでも煙膏の輸入量増加は税関当局などからの反応を引き起こした。

一方で香港政庁は煙膏からの収益が少ないことに不満を抱き続けていたが、ケネディーは請負期間を延長するよりほかに具体的な方策を施行できなかった。さらに、入札を刺激することで徴税請負権の落札価格を上昇させようとしたポープ＝ヘネシーの試みも水泡に帰した。人和公司は香港における利権の獲得には失敗したが、澳門からアメリカへ煙膏の輸出を続けた。このため香港において新たに徴税を請け負った万和風公司は、目標としていた利潤を獲得することができなかったのである。このように澳門におけるアヘン徴税請負制度の運営は、香港政庁にとって財政的に極めて重要な意義を有していた。第六章において検討するように、この問題は二〇世紀以降も香港政庁を悩ませ続けることになる。

香港で生産される煙膏の主な市場が域外に存在したことも、香港政庁による同制度の運営を困難なものにした。同政庁は、香港以外の地域からこうした市場への煙膏の輸出を止めることができなかったからである。さらに、政庁が直接的に影響力を行使できないこれらの市場をめぐる様々な状況の変化が、煙膏の販売量を減少させて香港における徴税請負人の利益を蝕み、結果として政庁財政にも悪影響を与える危険性も無いわけではなかった。

このように香港における煙膏の徴税請負制度は、香港域外における社会的変化の影響を受けて発展を遂げたが、またそれゆえにこそ香港政庁にとって、同制度の運営は困難なものとなった。以後、香港政庁は同制度の運用に際して、ますますこうした域外事情を注視せざるを得なくなってゆく。とりわけ北米や豪州における排華運動は、一九世紀末からその勢力を増していたアヘンの禁煙へ向けた社会的動向と連関しつつ、香港政庁によるアヘン徴税請負制度の運営に微妙な影響を与えることとなるのである。

第二章　排華運動の影

はじめに

一九世紀中葉に割譲直後の香港で設置されたアヘン煙膏の小売販売制度は、一八八〇年代に至るまでに政庁財政の重要な一翼を担うまでに発展した。香港で製造された煙膏は域内在住者のみならず、北米や豪州へ移民した華人によっても広く吸煙されるようになっていた。さらに七〇年代に入ると、東南アジアを中心に活動する華人もまた、香港における煙膏の徴税請負制度への参入を始めた。すなわち、同制度は北米や豪州とアジア各地のヒト・モノ・カネの流れを結節するという香港の特質を背景に、いわば独自のシステムとして発展を遂げていたのである。

この香港と海外の煙膏市場を結ぶことで成立したシステムは、一八八〇年代以降、アヘンをめぐる海外の動向に影響を受けるようになっていった。排華運動が高まりを見せた北米および豪州において、華人によるアヘン吸煙は堕落を象徴する習慣であると見なされ、彼らの排斥を求める白人労働者により厳しく糾弾された。このような批判は、やがてアヘンやモルヒネなどの麻薬物の常用に対する非難の高まりに伴い、各国において法律による規制をもたらすに至った。またイギリス本国においても、アヘンを吸煙する堕落した人物という華人像は、インドから中国へのアヘン貿易を倫理的な観点から批判する議論を後押しし、アヘン貿易を停止させようとする政治的動向を勢いづけていった。

この結果、香港における植民地統治官は、煙膏の徴税制度の運用にあたり、従来に比べてイギリス国内の政治的動向や国際環境の変化を懸念する本国政府からの圧力を受けるようになるのである。

本章ではこのようなアヘン・麻薬類に対する各地域での政治的動向を念頭に置きつつ、一八八〇年代後半から二〇世紀初頭に至るまでの香港における煙膏の徴税請負制度の展開を検討する。まず主に香港から北米へ向けた煙膏の流れに着目しつつ、北米および豪州における排華運動を概観する。続いて一九世紀末期の香港における煙膏の徴税請負制度の展開と、八〇年代以降の中英関係の変化が同制度の運営に与えた影響を考察する。小結では、本章の論点を簡潔にまとめた上で、二〇世紀以降の展開について問題となる点を摘記したい。

一　排華運動とアヘン吸煙問題

北米や豪州で一九世紀後半に生じた排華運動の進展は、香港や澳門からこれらの地域へ向けたアヘン輸出にも様々な影響を与えていた。アメリカでは、一八六〇年代には既にカリフォルニアで排華運動が開始されていたにも拘らず、連邦政府の共和党政権は移民労働者獲得のために、六八年に清朝政府との間で中美続増条約（いわゆるバーリンゲイム条約）を締結し、さらなる華人労働者の受け入れを促進させた。この結果、華人移民の流入に伴いアメリカの西部から東・南部へ排華運動が飛び火し、七〇年代後半に入ると、連邦議会ではむしろ彼らの制限を求める声が叫ばれるようになった。こうして七八年から翌年にかけて開催された第四五議会では、ついに華人移民制限の法案化が始められたのである。一方で清朝政府はアメリカ政府に対して、琉球の帰属問題をめぐり紛糾していた日本政府との仲介を求める代わりに、華人移民の渡米問題について譲歩する意向を示した。このため一八八〇年にはミシガン大学学長のジェームズ・エンジェル（James B. Angell）が駐華公使に任命され、彼を中心とする使節団が清朝政府との間で移民条約の締結へ向けた交渉を開始した。同年一一月には中美続修条約(1)と中美続約附立条款(2)が締結され、翌年七月には批准書が交換された(3)。

このようにエンジェルらの交渉の眼目はアメリカへの華人移民の制限にあった。だが中美続約附立条款の第二条では、アメリカ国籍を有する者による中国へのアヘン輸入と、清朝の国籍を有する者によるアメリカへのアヘン輸入の禁止も謳われていたのである(4)。以下この条項をめぐり、それぞれの国における状況に照らして検討してみよう。

まずアメリカについて。前章で指摘したように、一八五〇年代の同国におけるアヘン吸煙者は実質的に華人のみだった。ところが六〇年代後半には白人の吸煙者も出現し、七五年までにアングロ・サクソン系アメリカ人の下層階級において、アヘンを吸煙する人々は広く見受けられるようになった。この結果、七六年にはヴァージニア・シティで、七八年にはサンフランシスコで、人々がアヘンを吸煙するために集まる場所（すなわちアヘン窟のこと）を維持したり、訪問したりすることが違法化された。さらに七〇年代後半には、アヘンの吸煙を倫理的堕落と結び付ける考え方を背景として、アヘンの吸煙が白人の上流階級、とりわけ女性に伝播することが社会的に懸念されるようになった(5)。すなわちエンジェル使節団の派遣に先立ち、アメリカ国内では華人のみならず白人によるアヘンの吸煙もまた、社会的問題として認識され始めていたのである。

だがアメリカ国務省文書やエンジェルの個人文書を見る限り、彼自身が中美続約附立条款を締結する際にアメリカ国内におけるアヘン吸煙問題を憂慮していたことを示す証拠は見当たらない。さらにエンジェルはサンフランシスコの中華街を訪問した後に、「新聞が最も高く取り上げている不潔さや非道徳的行為といった問題は、実のところ大して重要ではない」という印象を日記に記している(6)。恐らく彼は華人のアヘン吸煙がアメリカ社会に与える影響についても、それほど懸念してはいなかったものと思われる。

次に中国について。アヘン戦争以後、同国内ではアヘンを吸引する習慣が社会的に蔓延し、国内外の様々な人々からこうした状況を憂慮する声が挙がっていた。ところが管見の限り、アメリカ政府は清朝政府との交渉に先立ち、使節団のメンバーへこの問題に関する明確な指示を与えてはいなかった模様である。一方、エンジェル使節団から国務省へ送付された一八八〇年一一月一七日付の送達文書には、中美続約附立条款の第二条はアヘン貿易をめぐり、イギリスの立場を他の列強から孤立させようと目論んだ清朝政府によって提議されたと記されている(7)。またエンジェルの日記によれば、彼は一一月一三日に元アメリカ駐天津領事で、当時李鴻章の幕府にいたウィリアム・ペティック(William N. Pethick)から、清朝側との交渉でアヘン問題が提起されることを前もって伝えられていた(8)。これより前に、使節団が清朝側へこの問題を取り上げようとしていた形跡は見当たらない。つまりアメリカ側の史料に依拠すれば、中美続約附立条款第二条に関する規定は中国側の求めに応じて挿入されたもの、ということになる。

他方で中国側の史料によれば、李鴻章が一一月一一日付の書簡で総理衙門へ、アメリカの使節団は総理衙門がアヘン貿易を禁止する旨の条項を加えるよう希望した場合、これに賛成する用意があるとの情報をペティックから得たと述べ、この条項を挿入するよう求めている(9)。しかし既に見たとおり、使節団はアヘン貿易をめぐり本国政府から明確な指示を受けておらず、この点をめぐる確固たる方針を抱いていたわけではなかった。そのため、交渉に先立ちエンジェル使節団がアヘン貿易停止について、清朝側へあらかじめ何らかの意向を具体的に示していた可能性はむしろ低いように思われる。

すると、アヘン貿易停止へ向けた両国間の交渉を主導したのは誰か。残念ながら管見の限り史料からこの点を明らかにすることはできないが、少なくともペティックの行動の重要性を指摘することは可能だろう。彼はそもそもプロテスタントの宣教師で、各国による中国へのアヘン貿易には強く反対していたほか、交渉の経緯からも明らかなとおり、両国代表の間でパイプとしての役割を担っていた(10)。彼が交渉に先立ち、独自の立場から両国の代表団へこの問題を協議するよう働きかけていた可能性は十分にあると思われる。

いずれにせよ中美続約附立条款第二条は、主にアメリカ人による中国へのアヘン輸入の規制を念頭に置いたものであり、中国人によるアメリカへのアヘン輸入禁止は、相互主義に立脚した副次的な規定に過ぎなかった。排華法が一八八二年五月に法制化されたのに対して、前記条款第二条を施行するための国内法は制定が遅れ、八七年二月になってようやく成立した(11)。

ところが香港政庁にとってアメリカへのアヘン輸入の禁止は、域内財政に深刻な悪影響をもたらす危険性をはらんでいた。香港の植民地財務官を務めていたラッセルは、一八八一年初頭にロンドンで中美続約附立条款の内容に接し衝撃を受け、植民地省へこの問題が香港政庁の財政にとっていかに重要であるかを指摘した(12)。だが同条款第二条と前述した国内法では、中国国籍の保有者によるアメリカへのアヘン輸入しか禁止されていなかったため、結果としてそれ以外の人による煙膏の輸入はその後も継続して行われた。さらに六〇年代には、隣国カナダを経由してアヘンが密輸されるようになったのである。次に北米における華人の人口動態に即して、この点を検討してみよう。

アメリカへの華人流入者数は、排華法が施行される一八八二年の直前に急激に上昇した後、時期的な増減はあるものの、概ね減少傾向に入った。だがカナダではカナダ太平洋鉄道の建設に伴い、八〇年には三五〇〇人と見積もられていた在住華人数が、八二年には一万二〇〇〇人、八四年には一万七〇〇〇人にまで増大した。当初カナダへ輸入されていた煙膏は、こうした華人の生活空間の拡大に伴い、香港・澳門からアメリカを経由して持ち込まれていたものと考えられる(13)。だがアメリカを経てカナダへ輸入されたアヘンは、やがてアメリカへ再び流入するようになった。

ブリティッシュ・コロンビア植民地（一八七一年にカナダ連邦加入）を経由したアメリカへのアヘン密輸は、遅くとも一八六〇年代には始められた模様である。六五年にはサンフランシスコ税関において、同植民地のヴィクトリアから来訪した船舶により密輸された、五両入りの煙膏二四〇缶が没収されている(14)。さらに七〇年には、サンフランシスコから一度ヴィクトリアへ輸入された煙膏が、サンフランシスコへ再び密輸されるという事件が発生した(15)。このような密輸は、アメリカに輸入される煙膏にかかる関税が一ポンドあたり六米ドルから一〇米ドルにまで引き上げられた八三年七月以降、さらに増加したものと考えられる[16]。またアメリカでは、当時モルヒネの含有量が九パーセント以下の生アヘンの輸入が禁止されており、税関で発見された場合には他の地域へ再輸出することが認められていた。だがこれらは煙膏の原料として、同国の太平洋沿岸地域へ大量に密輸されていたのである。この状況に危機感を抱いた財務長官による上院への提案がきっかけとなり、九〇年にはこうした生アヘンの輸入も認められ、煙膏と同額の関税がかけられることになった。さらに煙膏にかかる税額は、一ポンドあたり一二米ドルにまで引き上げられたのである[17]。

カナダからアメリカへの密輸の背後には、カナダにおける煙膏製造量の増加があった。ブリティッシュ・コロンビアのヴィクトリアでは一八六〇年代以降、煙膏の工場が開設されるようになり、最多時の八九年には一五もの工場が軒を並べた[18]。また、カナダの華人社会史の研究者である黎全恩によれば、七〇年代には同ブリティッシュ・コロンビアからアメリカへ輸出される品目のなかで、アヘンは石炭と毛皮に次ぐ貿易高を占めるまでに至ったという[19]。これらが生アヘンか煙膏かは判然としないが、いずれにせよ大量のアヘンがカナダで鉄道建設に従事していた華人に消費されただけでなく、密輸も含めてアメリカへ流入していった。こうした北米での状況は香港・澳門を拠点として活動していた華人もよく理解しており、八〇年には香港の華商がカナダ自治領政府に対し、香港やシンガポールのような煙膏の徴税請負権がブリティッシュ・コロンビアにも存在するか否かを書簡でたずねている[20]。さらに八五年には、人和公司がカナダのヴィクトリアで支店の営業を始めた。同公司は八〇年代以降も澳門における徴税請負権を一貫して保持していた模様であり、香港の徴税請負人と海外市場をめぐり競争を繰り返していた[21]。

なおアメリカへの密輸は、カナダのみならず香港からも直接行われていた。一八七二年にはアメリカの駐香港領事が本国の国務省へ、香港からカリフォルニアへの煙膏の密輸について注意を促している[22]。一方で財務省も一八九〇年には、バンクーバーを出港したある船舶が香港・カリフォルニア間の密輸に関与しているとの疑念を抱き、国務省に対して目的地である横浜や寄港地となる可能性が高い香港の領事へ連絡し、その動静を監視するよう求めた(23)。これ以降も香港における煙膏の製造が続く限り、同様の密輸は程度の差こそあれ存続したと考えるのが妥当だろう。

こうして香港および澳門から北米へのびる煙膏の供給網は、米中間における新条約の発効にも拘らず存続したのである。ただし各地における排華運動のなかで、華人によるアヘン吸煙は既に白人勢力からの批判の対象となっていた。当時北米や豪州に在住していた白人労働者は華人の倫理的堕落を象徴するものとして、彼らのアヘン吸煙を糾弾した(24)。このような事態を受けて、豪州では現地社会との調和を重視した裕福な華商や華人のキリスト教聖職者もまた、華人によるアヘン吸煙を止めるために活動を始めた(25)。例えばヴィクトリア植民地で活動していたイギリス国教会の宣教師である張卓雄は同地の税関長へ、人和公司が香港から三ヶ月ごとに輸出している煙膏の輸入を禁止するよう陳情した(26)。当時欧米各国では、白人によるアヘン・チンキなどアヘン類を含む薬物の常用癖が社会的な問題として取り上げられ始めており、その販売や処方を規制しようとする動きも広がりつつあった(27)。だが、白人の常用癖の原因は医療目的の摂取にあると考えられていたのに対し、彼らにとって華人によるアヘンの吸煙はこうした目的を欠いた文化的に異質な習慣だったため、非難の対象となったのである(28)。

以上の事情を勘案すれば、煙膏の吸煙を批判する人々が必ずしも医・科学的な立場に立脚していたとは言えない。ともあれアヘン吸煙を問題視する社会的状況は、結果として後述するアヘン・麻薬類の乱用に対する規制を目的とした様々な活動を育む土壌としての役割を果たした。この間、香港における煙膏の徴税請負権をめぐる入札は、東南アジアを中心に活動する華人のさらなる参入を受けて活況を呈していた。

二　一九世紀末における展開

香港では、一八八三年三月に煙膏の販売をめぐり鑑札制度が再び導入されると同時に、煙膏関連法規が改正された。[29]新制度のもとで煙膏を製造・販売するためには、政庁に一ヶ月あたり二五香港ドルの鑑札料に加え、生アヘン一玉あたり二・二五香港ドルを支払わなければならなくなった。さらに煙膏の製造は、西営盤の西安里（Sai On Lane）にある政庁の管理する工場で行うよう定められた。もし大量の煙膏を製造するためにほかの場所を用いる場合には、政庁から特別の許可を得る必要があった。[30]一方、新制度のもとでは人々に煙膏とアヘンを吸引する施設を提供していた煙館[31]についても、煙膏を供するものと、一度吸煙された煙膏の吸い殻である煙灰（opium dross）を再び吸煙可能な状態へ加工したものである二煙（dross opium）を供するものの二種類の区分が初めて正式に設けられた。そして、これらの煙館開設の許認可権については、必要に応じてその片方ないし両方を、徴税請負制度を通じて私人へ請け負わせることができるものとしたのである。従来、煙膏の徴税請負人は、二煙を販売する煙館のみを対象として、それらの開設の許認可権を下請けに出していたが、これはあくまで慣行に過ぎなかった。[32]香港政庁は鑑札制度の導入を機に、この権限を新たに法律に基づいたものへ制度化したのである。[33]

この新制度が導入されたのは、ちょうどアメリカにおいて煙膏にかかる関税額が増加される直前であり、図2―1に見られるとおり、当時同国には香港をはじめとする各地から例年よりも多量の煙膏が輸入されていた。こうした状況を背景として、澳門で徴税権を請け負っていた人和公司が衣替えした和記公司や、ペナンへ活動の拠点を移動させた集成公司もまた、香港を経由してアメリカへ煙膏の輸出を始めた。それゆえ新総督に就任したサー・ジョージ・ボーウェン[34]（Sir George Ferguson Bowen）は、当時植民地相を務めていた第一五代ダービー伯爵（15th Earl of Derby）の植民地政庁によるアヘン貿易との関連は最小限に留めるべきだという意見を受け入れつつも、同制度の運用に楽観的

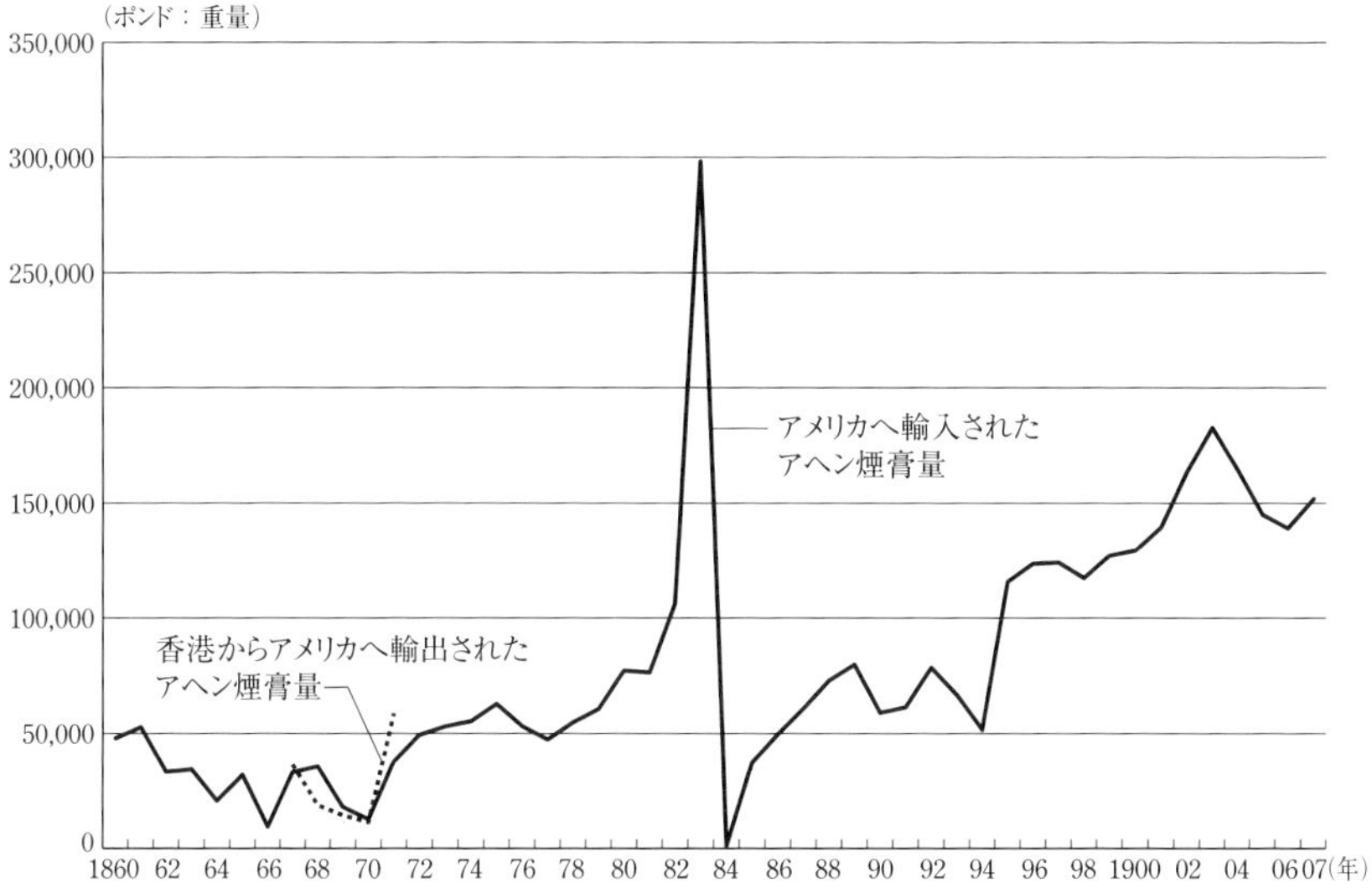

図 2-1　アメリカへ輸入された煙膏量の推移（1860–1907 年）

出典：煙膏量およびその総額；*Report of the International Opium Commission Shanghai*, vol. 2 (Shanghai: North-China Daily News & Herald, 1909), pp. 40–41. 香港からアメリカへ輸出されたアヘン量；Baily to Davis, no. 96, 17 Feb. 1872, Despatches from U. S. Consuls in Hong Kong, vol. 7, RG 59, NAMP, M108, roll. 7, NARA.

注：香港からアメリカへ輸出された煙膏は 1 箱あたり 41.67 ポンド（500 両）として算出.

であり、適当な落札額が提示されない限り、継続させるべきだと考えていたのである。[35] 図1―3（三五頁）から明らかなように、新制度導入後の一年間における煙膏からの徴税額は過去最高額を更新し、香港政庁の施策は再び成功したかに思われた。[36]

しかし、これは一時的なブームに過ぎなかった。イギリス本国の植民地省は、煙膏からの徴税額が過去最高を更新した旨の連絡を受けた時点で、早くも一八八三年九月以降の収益が下落していることを懸念していたが、翌年末までに煙膏からの収益は大きく減少する見込みとなった。[37] 一方、香港政庁は植民地省からの指示に従い、鑑札制度の導入後も徴税請負権をめぐる入札を公示していたが、八五年には人和公司から信頼に足る入札があり、交渉の結果、年間一五万九〇〇〇香港ドルで契約をまとめることに成功した。これは七九年の請負額よりも大幅に低かったが、鑑札制度を継続した場合に予想される年間収入（一一万一〇〇〇香港ド

表 2-1　香港におけるアヘン徴税請負人の変遷（1885–1914 年）

開始（年.月）	終了（年.月）	徴税請負人および徴税請負契約の担保提出者の名前	徴税請負会社	史料
1885.3	1886.2	陳瑞生	人和	※
1886.3	1889.2	Khoo Teong-po　Chea Tek-soon	Hock Taik [東南アジア系]	※
1889.3	1892.2	李慶炎　辜禎善　辜尚達	Cheang Tek [東南アジア系]	
1892.3	1895.2	林倩生　何甘棠　尤栄　盧華紹　何連旺	厚福	
1895.3	1898.2	林倩生　何甘棠	万福	
1898.3	1901.2	許祖　盧華紹　尤栄　陳広	広恵	
1901.3	1904.2	Tan Foo Chin　Tan Eng Ching	振華豊 [東南アジア系]	
1904.3	1907.2	Tan Joo Chin　Seah Eng Kiat	Chin Joo Heng [東南アジア系]	
1904.11	1907.2	陳裕興　佘応禄　陳瑞琪　陸佑（1905 年 9 月–）	裕興 [東南アジア系]	
1907.3	1910.2	陸佑	粤興隆	
1910.3	1913.2	何甘棠　劉鋳伯　梁仁甫　呉理郷　陳啓明　羅長肇	大有	
1913.3	1914.2	何甘棠　劉鋳伯　梁仁甫　呉理郷　陳啓明　羅長肇	Tai On	
1914.3		政庁直轄の専売制度		

※ : *Hong Kong Government Gazette* に掲載された，徴税請負入札の結果を参照した．
上記以外については，各注に記載した史料を参照せよ．

ル）よりは高額だった。さらに香港政庁は七九年の落札額が過当に高く、またこの入札の結果、香港が享受してきた煙膏の輸出港としての地位が、澳門とペナンに脅かされるに至った経緯を認識していた。[38] それゆえ魅力的とは言えない金額でも、契約せざるを得ないと判断したのであろう。こうして八五年三月には人和公司を請負人として、徴税請負制度が再開された。[39]

ところが人和公司は香港における徴税請負権を一年間しか維持することができなかった。翌一八八六年三月から三年間の徴税請負権は、シンガポールを拠点に活動していた Khoo Teong-po および Chea Tek-soon の手に移ったのである。[40] さらに八九年から三年間の請負権は、シンガポールで煙膏からの徴税を請け負っていた李慶炎と、ペナンで船会社を経営していた辜禎善が落札した。[41] 両者が設立させた Cheang Tek 公司には、辜禎善の父親であり、シンガポールで煙膏からの徴税を請け負った経験のある辜尚達もパートナーとして参加した。[42] だが、彼らが香港の出身者ではないことや、同公司が煙膏の密輸防止を目的に徴税管理員[43]（Excise Officer）として マレー人を雇っていることは、香港在住華人による不評の種だった。[44] さらに彼らは澳門や中国大陸から香港へ密輸される煙膏に悩まされ続け、北米や豪州など域外の煙膏市場をめぐる競争では、澳門の徴税請負人に太刀打ちできなかった。この結果、同公司は香港政庁へ契約内容の変更と請負額の削減を陳情せざるを得ない状況に追い込まれたのである。ボーウェンに次いで総督に就任したサー・ジョージ・デ・ヴォー[45]（Sir George William Des Vœux）は、一八九一年五月にこれらの要望を受け入れた。[46]

一八九二年三月から三年間のアヘン徴税請負権は、再び香港と澳門を中心に活動する華商の手に戻った。[47] 請負権を落札した林倩生[48]、何甘棠（何暁生・何啓東）、尤栄、盧華紹[49]（盧九）そして何連旺[50]は、厚福公司を設立して活動を開始した。これらの華商のうち、何甘棠はジャーディン・マセソン商会の買辦を務めていた何東（何棣生・何啓棠）の弟で、自身も著名な商人だった。[51] 他の参加者のうち、林倩生、盧華紹そして何連旺は澳門を中心に活動する華商であり、盧華紹は人和公司の運営に参加していた陳六[52]（陳行・陳瑞生）と商売上の関係を持っていた。[53] 当時人和公司は澳門において煙膏の徴税を請け負っていたが、こうした人的関係を通じて同公司の関係者が厚福公司の運営にも関与していた可能性はあるだろう。さらに何甘棠の兄で何東の弟にあたる何福[54]（何澤生・何啓福）もまた、九一年から九七年まで煙膏の徴税請負に参加した。[55] 他方で徴税請負人が交代した後の九三年に至ってもなお、香港にはシンガポールから大量の煙膏が送られていた。[56] 管見の限り、当時シンガポールを拠点に活動していた華人は香港における煙膏の徴税請負に参加していなかったため、これらは北米などに再輸出されていたものと思われる。

なお何福はアメリカの駐香港領事へ、デ・ヴォーの後任であるサー・ウィリアム・ロビンソン[57]（Sir William Robinson）総督が発給したイギリス臣民（British subject）であることを示す証明書を提出し、自分自身は中美続約附立条款第二条の適用対象者ではないことを理由に、アメリカへの煙膏の輸出を認めるよう求めている。ところがアメリカ法務省は、この証明書をもって何福がイギリス臣民であると見なすことはできないとして、彼の請求を退けた[58]。主に華人により構成されるイギリス領植民地という香港の性格を端的に示す、興味深い出来事と言えよう。

この間、香港は一八九四年五月から腺ペストの流行に襲われ、厚福公司の活動もこの影響を被ったことから、同公司は翌年に香港政庁へ既に支払った請負額の一部を返還するよう陳情した。だがロビンソン総督は、同様の陳情が増加することを懸念してこれを却下した[59]。

一八九四年に開催された、翌年三月から三年間の煙膏の徴税請負権をめぐる入札は、腺ペストの影響から完全に立ち直れずにいた経済状況を反映して、香港政庁にとって思わしい結果にはならなかった。そのため香港政庁は林倩生と何甘棠に接近し、交渉の末に両者が再び万福公司のもとで煙膏からの徴税を担うこととなった[60]。だが九八年から三年間の徴税請負権は、九五年まで徴税を請け負っていた盧華紹、尤栄に加えて、許祖と陳広により構成される広恵公司の手に渡った。同公司は九九年以降、前年にイギリスが新たに清朝から租借した新界での徴税も請け負った[61]。林倩生・何甘棠と尤栄・盧華紹は、厚福公司のもとで共に煙膏からの徴税を請け負っていたため、九五年と九八年の入札は厚福公司を構成していた華商の間で争われたかのように見える。だが、こうした分裂は見せかけに過ぎず、実際には厚福公司に参加した華商が九五年以降も共同でアヘンからの徴税を請け負っていた可能性も否定できない。

このように一八八〇年代から九〇年代にかけて、香港における煙膏の徴税請負制度をめぐる入札は、概ね従来同様の活況を呈していたと言えよう。七〇年代以降、香港と東南アジアを結ぶヒト・モノ・カネの流れがより緊密化したことで、香港以外の場所を拠点に活動する華商は、香港における入札により容易に参加できるようになっていたのである[62]。

ただし、香港で製造された煙膏は北米や豪州の市場で、澳門やペナン、カナダのヴィクトリアなどで製造された煙膏との競争にさらされていた。ことに澳門における煙膏の徴税請負人について、ロビンソンは一八九二年三月に北米や豪州などの輸出市場のほとんどが、彼らの手中にあると指摘している。[63] さらにCheang Tek公司による陳情が示すとおり、澳門からの密輸は香港域内の煙膏市場も食い荒らす恐れがあった。それゆえ同公司や厚福公司が人和公司へ、費用を支払う見返りに澳門製煙膏を香港へ持ち込み再輸出することを認めていたように、香港における徴税請負人は澳門における徴税請負人と、過度の対立関係に陥らないよう苦心したのである。[64] もっともCheang Tek公司が結果として契約条件の見直しと、請負額の削減を求めなければならない事態に陥ったことを考えれば、こうした取り組みが期待した効果を生むか否かは未知数だった。

一方、一八八〇年代中葉から一九世紀末には、アヘン貿易をめぐる両国関係が新しい段階へ入ってゆくなかで、再び香港やイギリス本国において煙膏の徴税請負制度を批判する声が上がるようになっていた。次にこの時期の英中関係の展開が、香港における煙膏の徴税請負制度に与えた影響について検討してみよう。

三　英中関係の影響

(1) 煙台条約続増専条の締結

一八八〇年に自国民によるアヘン貿易を相互に禁止した米清両政府の動きは、未だに大量のインド産アヘンを中国へ輸出していたイギリスにとって衝撃だった。[65] 清朝政府はブラジルおよびロシアとの間で結んだ個々の条約にも、アヘンの持ち込みを相互に禁止する内容の条項を挿入することに成功した。一方アメリカ政府も、八二年に李氏朝鮮との間で結ばれた米朝修好通商条約へ、アヘンの持ち込みを相互に禁止する内容の条項を盛り込んだ。

こうした米清両政府の動きは、英清間で一八七六年に調印されたもののイギリスによる完全な批准が遅れていた中英煙台条約（いわゆる芝罘条約）をめぐる両国の議論を促進させた[66]。そもそも中国への生アヘンの輸入は、六〇年に天津条約の批准書が交換されたことに伴い合法化されていたが、香港で活動する華商はその後も課税を免れるため、洋関・常関のいずれも設置されていない入江などに大量の生アヘンを持ち込んでいたのである。このため両広総督の瑞麟は、六八年に複数の支関・分卡（custom station）を広東省沿海部に設置するなどして税金の取り立てを強化した。さらに七〇年代には粤海関もまた関税の取り立てを強化すべく、独自の徴税事務所を設置した。だが香港を拠点として活動する商人・商社は、こうした清朝側の措置に激しく反発した。

以上のような広東・香港間の対立を解消すべく、一八六九年一〇月に署名された中英新定条約（いわゆるオールコック協定）では、清朝政府が香港に領事を駐在させることが認められた。だがイギリス本国政府はインド政庁やマクドネル香港総督、アヘンを扱う商人・商社などの強硬な反対に遭遇し、批准を断念した。続いて七六年に署名された中英煙台条約においても、この問題を協議するための特別委員会を設置することが定められたが、またしてもアヘン商やインド政庁が同条約のアヘンに関する条項の内容に反発したため、イギリス政府は七八年にこれらの条項を除いた部分的な批准しか果たし得なかった。この間、広東・香港間の関係は徐々に落ち着きを取り戻していったものの、問題の抜本的な解決には至らずにいたのである。

一方イギリス本国では、アヘン貿易に対する批判が日増しに強まっていた。ことにクエーカーを中心に組織されたアヘン貿易反対協会は一八七四年の結成以来、インド・中国間のアヘン貿易を倫理的な観点から批判する運動を議会の内外で主導していた[67]。当時、イギリスに滞在していた華人は北米や豪州に比べるとごく少数に過ぎなかったが、中国大陸をはじめとする各地での華人によるアヘン吸煙を伝えるイギリス国内の新聞・雑誌記事などは六〇年代以降増加しており、アヘンを吸煙する堕落した人々という華人像が、アヘン貿易反対協会の活動で強力な宣伝道具としての役割を果たすようになっていたのである。[68] また新村容子が指摘するとおり、七〇年代に至るまでに、それまでアヘンを売買していたイギリス本国出身の商人・商社がアジア系の人々に取って代わられたことで、イギリス人にとってアヘン貿易との関係が間接的なものに変化していったこともまた、こうした状況に影響を与えたものと考えられる。[69] 北米や豪州では排華運動に伴い華人によるアヘン吸煙が指弾されたのに対して、イギリス本国では右記の要因がアヘン貿易への反対運動を後押ししたと言えよう。

清朝政府とアヘン貿易反対協会との間には、いわば共闘関係が成立していた。同協会はイギリス政府に対し、中国に輸入される生アヘンへの課税額を決定する自由を清朝政府へ保証すべきであると主張しており、一八八三年四月には同協会会員のサー・ジョセフ・ピース（Sir Joseph Whitwell Pease）がイギリス下院で前述した趣旨の動議を提出し、政府へ圧力をかけたのである。[70]

こうした国内外の動向に突き動かされて、イギリス政府は一八八五年七月に清朝政府との間で煙台条約続増専条（いわゆる芝罘条約への追加条款）に署名し、八六年五月には両国政府の間で中英煙台条約の批准書が交換された。この結果、中国へ輸入される生アヘンにかかる関税や釐金は、洋関で一括して徴収されることとなったのである。さらに中英煙台条約、および同条約続増専条で設置が定められた特別委員会では、香港において域内へ一箱未満の生アヘンの輸入禁止や、域内における一箱未満のアヘン販売権を煙膏の徴税請負人のみに付与することなどを定めた法制を施行することが合意された。ただし生アヘン業者からの強い反発を招いたため、八七年に施行された「アヘン輸出入規制法」では、植民地財務官が発給した証明書を所持していれば、輸出を目的として一箱未満のアヘンを所持・売買することが認められた。さらにこの法律により、香港域内のアヘンの輸出入を監督する輸出入監督官（Superintendent of Imports and Exports）というポストが新設された。[71]

清朝政府を代表してこれらの協議に出席していた海関総税務司のサー・ロバート・ハート（Sir Robert Hart）は、

香港における措置が澳門からの密輸増加によって無意味なものにならぬよう、澳門政庁やポルトガル政府とも折衝した。この結果、一八八七年六月には澳門政庁が生アヘンの輸出入に関する規則を公布し、同年一二月には清朝政府とポルトガル政府の間で中葡条約が締結され、両国間に正式な外交関係が成立した。そしてこの条約と共に、澳門から中国へ向けた生アヘン輸出を規定した中葡会議専約も署名されたのである。

一方、香港で臨時総督代理を務めていたウィリアム・マーシュ（William H. Marsh）は前述した特別委員会の会合について、合意された内容の法案が制定されれば中国大陸と香港との間の密輸が阻害され、煙膏からの徴税額が上昇するであろうと期待していた。[72] 実際に一八八八年六月に翌年三月から三年間の煙膏の徴税請負権をめぐる入札が行われると、落札額は前年度までの請負額と比べて二倍以上に増加した。[73] さらに香港政庁はこの徴税請負権をめぐる入札を公示する際に、請負人が煙膏の原料として利用できる生アヘン量をめぐり初めて規定を設け、年間三六〇〇箱以上を利用する場合には一担（ピクル）あたり一六五香港ドルを政庁へ支払うよう定めた。[74] このような規定が設けられた背景としては、前述した煙台条約続増専条の締結によって、香港政庁が中国への煙膏の密輸により敏感になったことが挙げられるだろう。すなわち徴税請負人の活動に一定の枠を設けることで、間接的ながらもその密輸への関与を抑止しようとしたのである。後にこの量は過大であることが判明し、一八九一年に翌年以降の徴税請負権の入札が公布された際には、徴税請負人の使用できる生アヘンは、連続する二ヶ月のうちに三〇〇箱を超えてはならず、また一ヶ月のうちに一七五箱を超えてはならない、それ以上の分量を用いる際には政庁から許可を得る必要があると規定された。[75] つまり徴税請負人が原料として用いることのできる生アヘンの量は、基本的には年間一八〇〇箱と定められたのである。この規定は第三章で述べるとおり、一九〇九年に翌年以降のアヘン徴税請負権をめぐる入札が行われるまで維持された。

このように煙台条約続増専条が締結されたことで、香港および中国では両地域間のアヘンの密輸を防ぐための方策もまた施行された。だが少なくとも香港への密輸防止については、十分な成果が得られなかった模様である。既に述べたように、一八九一年に香港政庁へ請負額の減額を陳情したCheang Tek公司による販売不振の原因の一つは、澳門や中国大陸からの煙膏の密輸にあった[76]。

香港では煙膏の徴税請負人が同地への密輸による被害を政庁へ訴えていた一方で、請負人自身が中国大陸への煙膏の密輸に加担しているという批判も存在した。とりわけ香港・広東・澳門汽船会社（Hong Kong, Canton & Macao Steam-boat Company, Ltd.・省港澳輪船公司）と、中国海運会社（China Navigation Company・太古輪船公司）の代理店を務めていたスワイア商会（Butterfield & Swire・太古股份有限公司）は、アヘン徴税請負人が中国大陸への密輸に関与しているとして、一八八八年以降、香港総商会[77]（Hong Kong General Chamber of Commerce）を介して政庁へ現状の改善を訴えていた[78]。さらにイギリス下院においてもアヘン貿易反対協会の会員であるアルフレッド・ウェッブ（Alfred Webb）が、香港・広東・澳門汽船会社から受け取った書簡をもとに、この問題に関する政府の姿勢を問いただした[79]。報告を求められた香港政庁は、当時導入を検討していたアヘン関連法の改正や、徴税請負人との間で新たに定めた契約条件により、香港からの密輸はより困難なものとなるだろうと回答した[80]。ところが、アヘン煙膏法[81]および生アヘン法[82]が改正され、徴税請負人が交代した後も状況は好転しなかった。そこで香港政庁は九四年に、広州と澳門へ出港する船舶への煙膏の持ち込みを禁止する修正法案を立法評議会へ提出したが、当時のアヘン徴税請負人が権限の侵害を理由に反対したほか、民間人議員の何啓[83]（何汙生）は法制の施行後に煙膏の徴税請負権の落札額が下落する恐れを指摘した。このため同法案は、一人あたり二両までの煙膏の持ち込みを認めるという内容に修正された上で、本国政府が反対しないことが確認された時点で発効するという条件付きで立法評議会を通過した[84]。

一八九〇年代に入ると、イギリス下院では煙膏の徴税請負制度の是非についても議論されるようになった。九一年一月にウェッブは植民地省で政務次官を務めていたヘンリー・ド・ウォームス[85]（Henry de Worms）へ、香港における煙膏の徴税請負制度からの歳入の増加は、域内における消費の増大を反映しているのではないかと問いただした[86]。さらに九一年四月一〇日にサー・ジェームズ・ファーガソン（Sir James Fergusson）外務政務次官は議事のなかで、植民地相ナッツフォード男爵[87]（Baron Knutsford）が煙膏の徴税請負制度を快く思っておらず、植民地政庁へこれに代わる制度を採用する見込みについて報告するよう命じる予定であると述べた[88]。この問題は六月にも下院において言及され、香港と海峡植民地には同制度に代わる徴税手段を検討するよう通達がなされた。ことに植民地省は香港政庁へ以前施行された鑑札制度に言及し、煙膏の販売を現在よりも政庁の直接的な監督下に置く方策を模索するよう求めた[89]。

香港の立法評議会でも、香港総商会から選出された民間人議員のトマス・ホワイトヘッド[90]（Thomas H. Whitehead）が、煙膏の徴税請負制度を倫理的および経済的観点から批判した。さらに彼は同制度の改正法案をめぐり、明確に規定されていない請負期間を二年間に制限するよう修正動議を提出し、すべての民間人議員からの支持を得たのである[91]。もっともホワイトヘッドらによる反対の背景には、香港政庁の官職議員によって掌握されていた香港の政治制度に対する、民間人議員の不満が存在したことも指摘しておく必要があるだろう[92]。

こうした一連の動きに対して、香港政庁は煙膏の徴税請負制度を積極的に擁護した。立法評議会ではすべての官職議員がホワイトヘッドらの動議に反対し、これを否決に追い込んだ[93]。さらにロビンソン総督は本国の植民地省へ、適切に管理された徴税請負制度は煙膏の密輸を阻害するため、不要な問題が生じる恐れを減らすと述べて同制度の維持を正当化した[94]。これを受けて同省は香港政庁へ、同地における煙膏の過剰な消費量を指摘し、この問題を再検討するよう指示したが、総督を翻意させるには至らなかったのである[95]。

(2) 王立アヘン調査委員会

イギリス本国では一八九〇年代前半に、アヘン貿易をめぐる様々な世論が高潮期を迎えていた。前述したピースは九一年四月にイギリス下院へ、インドにおけるアヘンからの収益は倫理的な観点から擁護することができないとする動議を提出し、議会内外で議論を巻き起こした。さらに九三年六月にはウェッブが下院において、インド政庁がアヘンから歳入を得るのをやめることを前提に、インドにおける支出削減や収入減少などへの対処法を調べるために王立委員会を任命すべきである、との動議を提出したのである。これを受けてウィリアム・グラッドストーン（William E. Gladstone）首相は、動議内容を政府にとって受け入れ可能な内容へ修正したものを提出し、可決された。こうしてインドで医学的用途以外のアヘンの生産を停止すべきか否かを検討するため、王立委員会が任命されることになったのである。(96)

王立アヘン調査委員会はイギリスとインドでは聞き取り調査を行ったが、アヘンの主な消費地である中国や、ビルマ以外の東・東南アジアの植民地については、各地の領事や植民地総督などから情報を収集したのみに留まった。香港については、同委員会は登記総監（Registrar General）および華民政務司（Protector of Chinese inhabitants）として政庁の現地華人社会に対する窓口としての役割を果たしており、当時イギリス本国へ一時帰国していたジェームズ・スチュアート＝ロックハートと面談したほか、植民地省を通じて香港政庁へ質問票を送付した。(97)香港政庁はこれを政庁に勤務する役人や医者、アヘンの輸出入に携わる商人など計六一名に送付し、三八名から回答を得た。(98)また前総督のデ・ヴォーも同委員会へ書簡を寄せ、アヘンに関する自身の見解を披歴した。(99)

香港から植民地省へ送られた王立アヘン調査委員会の質問に対する回答は、これらを検討した同省の官僚が指摘しているとおり、相互に矛盾している。(100)例えばデ・ヴォーは、インドからのアヘン輸入が途絶えても香港域内におけるアヘン消費量が影響を受けることはなく、むしろ貿易の停止は総じて悪い結果をもたらす可能性が高いと指摘した。(101)また彼を含む多くの回答者が、過剰に摂取しない限りアヘンを吸煙しても人体に悪影響を及ぼすことはないと考えていた。

だが何啓は、アヘンの害悪は吸煙者の親類など身近な人々の間では明らかであると述べた[102]。また煙膏の徴税請負人だった林倩生も、長年にわたり中毒に陥ることなく、適度にアヘンを吸い続けることは可能であるとしながらも、華人の間の一般的な意見として、アヘンの吸煙は健康を損なうものとして非難されていると述べた[103]。さらにスチュアート＝ロックハートも、香港に住む華人はアヘンの吸煙に反対しているという見解を示している[104]。何啓は香港に住む一般の華人に比べて相当に欧化されていたため、彼の意見を華人一般の見解と見なすことには注意が必要だろう[105]。だが華民政務司だったスチュアート＝ロックハートや、過去三〇年にわたりアヘンを吸煙してきたと述べる林倩生の指摘は示唆的である。一九世紀末の香港における華人社会では、アヘンの吸煙を積極的に批判しないまでも、健康や生活に悪影響を与えるとする捉え方が、程度の差こそあれ共有されつつあったものと思われる。

王立アヘン調査委員会に対する回答は、回答者が実際の見聞などに依拠したものから、彼らが一般に流布していると想定していたことを述べたものに至るまで、それぞれの質に隔たりがあった。それゆえこれらが総体として、アヘンの吸煙に関する客観的な認識を提示しているとは言い難い。一方、ロビンソン総督はこれらを植民地省へ送付する際に、香港政庁の歳入における煙膏からの徴税の重要性を強調した[106]。香港政庁にとってアヘンの吸煙問題は、とりもなおさず政庁財政をめぐる問題だったのである。

最終的に公表された王立アヘン調査委員会の結論は、本国におけるアヘン貿易反対運動に冷や水を浴びせる内容だった。イギリス政府にとって、適度なアヘンの吸煙がもたらす悪影響を否定し、中国においてインドからのアヘン貿易を停止すべきとする一般的な要望は存在しないとする同委員会の見解は、アヘン貿易反対論者の主張に対する強力な反証となったのである。このためイギリス政府は、国内のアヘン貿易反対運動を一時的に鎮静化させることに成功し[107]、インド・中国間のアヘン貿易や香港における煙膏の徴税請負制度は、委員会の報告が公表された後もほとんど変更を受けずに存続した。植民地省は香港政庁に対して、海峡植民地で導入された政策に従い、香港でも煙館の運営を政庁の監督下に置くための方策を検討するよう指示したのみで、徴税請負制度に対する抜本的な変更は求めなかったのである。[108]この結果施行された改正アヘン煙膏法により、香港における煙館の運営者は一八九八年三月以降、政庁から鑑札を受けることとなった。[109]一方、九八年に新界がイギリス領として租借されると、従来新界に設置されていた清朝海関の支関・分卡が撤去されたため、中国へのアヘン密輸を防ぐ方策をとる必要が生じた。[110]このため一九〇〇年にはサー・ヘンリー・ブレーク（Sir Henry Arthur Blake）総督のもとで「生アヘン法」の改正が行われ、生アヘンが香港から中国へ輸出される際には、輸出入監督官が清朝海関へ通達することになった。[111]さらに煙膏の徴税請負人には従来二か所の煙膏工場を設置することが認められていたが、〇一年三月以降はその数が一か所に制限された。[112]

以上のように、一八八〇年代後半から九〇年代中葉に至るまでに、香港における煙膏の徴税請負制度はアヘンをめぐる英中関係の影響を受け、イギリス本国や香港において様々な批判を受けるようになっていた。しかしながら香港政庁は、徴税請負は煙膏消費量の抑制や密輸防止、財源の確保という観点から最も望ましい制度であると主張し、八〇年代前半までの姿とは対照的に、これをほかのものと置き換えることに反対した。また徴税請負権をめぐる入札は、東南アジアから多くの華人が参入するようになったことで、八〇年代以前よりも熱を帯びるようになっていた。これも香港政庁が同制度の維持を求めた大きな理由であろう。

さらに香港政庁はアヘン吸煙への批判が強まるなかで、煙膏からの徴税に直接関与することに対し、従来よりも抵抗を感じるようになっていたのではないかと思われる。早くも一八八三年にはボーウェン総督が、植民地政庁によるアヘン貿易への関与は最小限に留めるべきである、とする植民地相の意見に同意していた。いずれにせよ香港政庁は、煙膏からの徴税活動そのものからは一定の距離を保とうとしていたのである。

最後に一八八〇年代から九〇年代にかけての、香港政庁歳入に占める煙膏からの収入の推移を確認しておこう。再び図1―3（三五頁）を見ると、一八八〇年代を通じて煙膏からの収入は政庁総収入の増加とほぼ並行して推移した

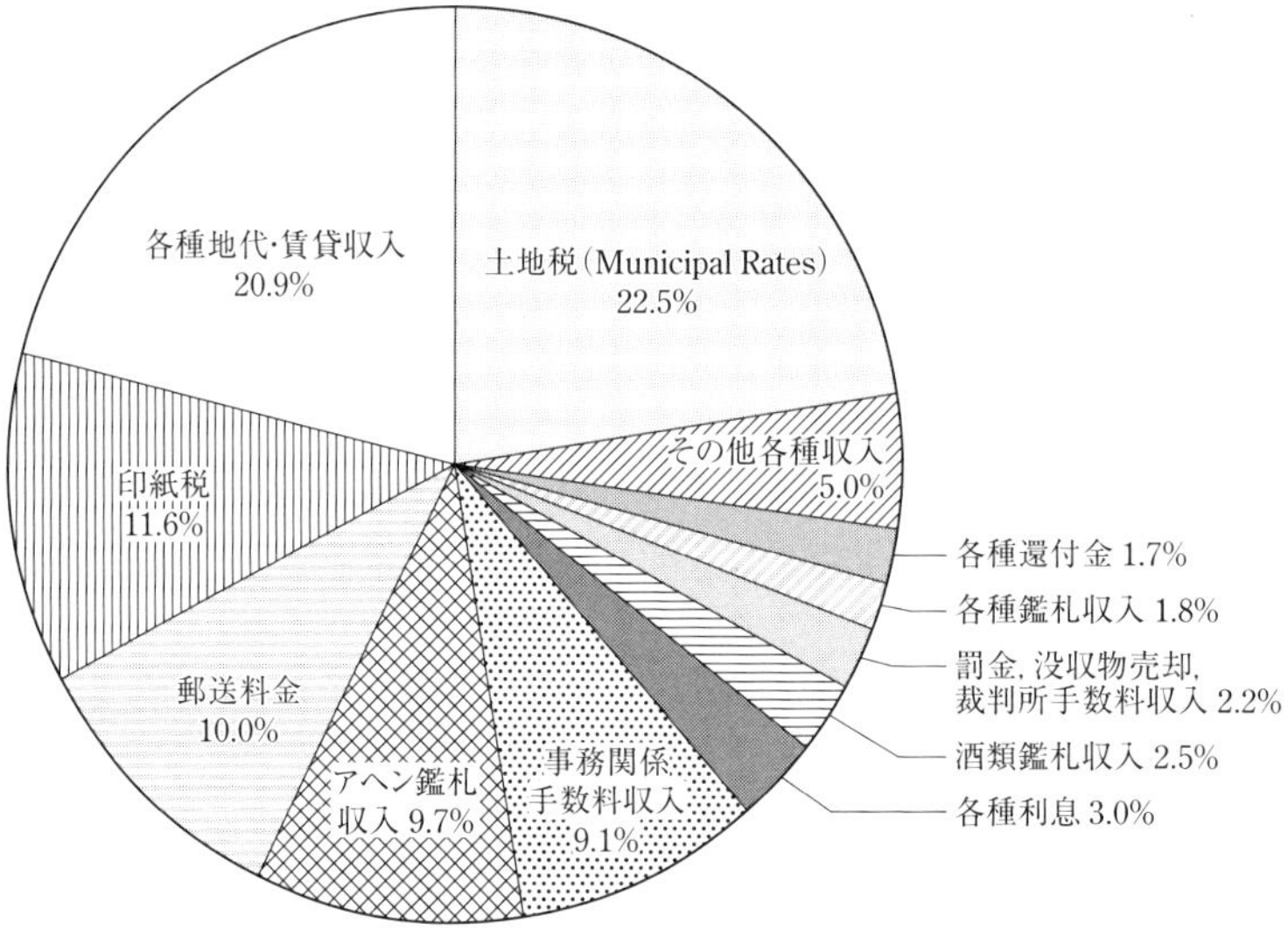

図 2-2　香港政庁歳入の内訳（1884 年）
出典：*Hongkong Blue Book* (CO 133), 1884.

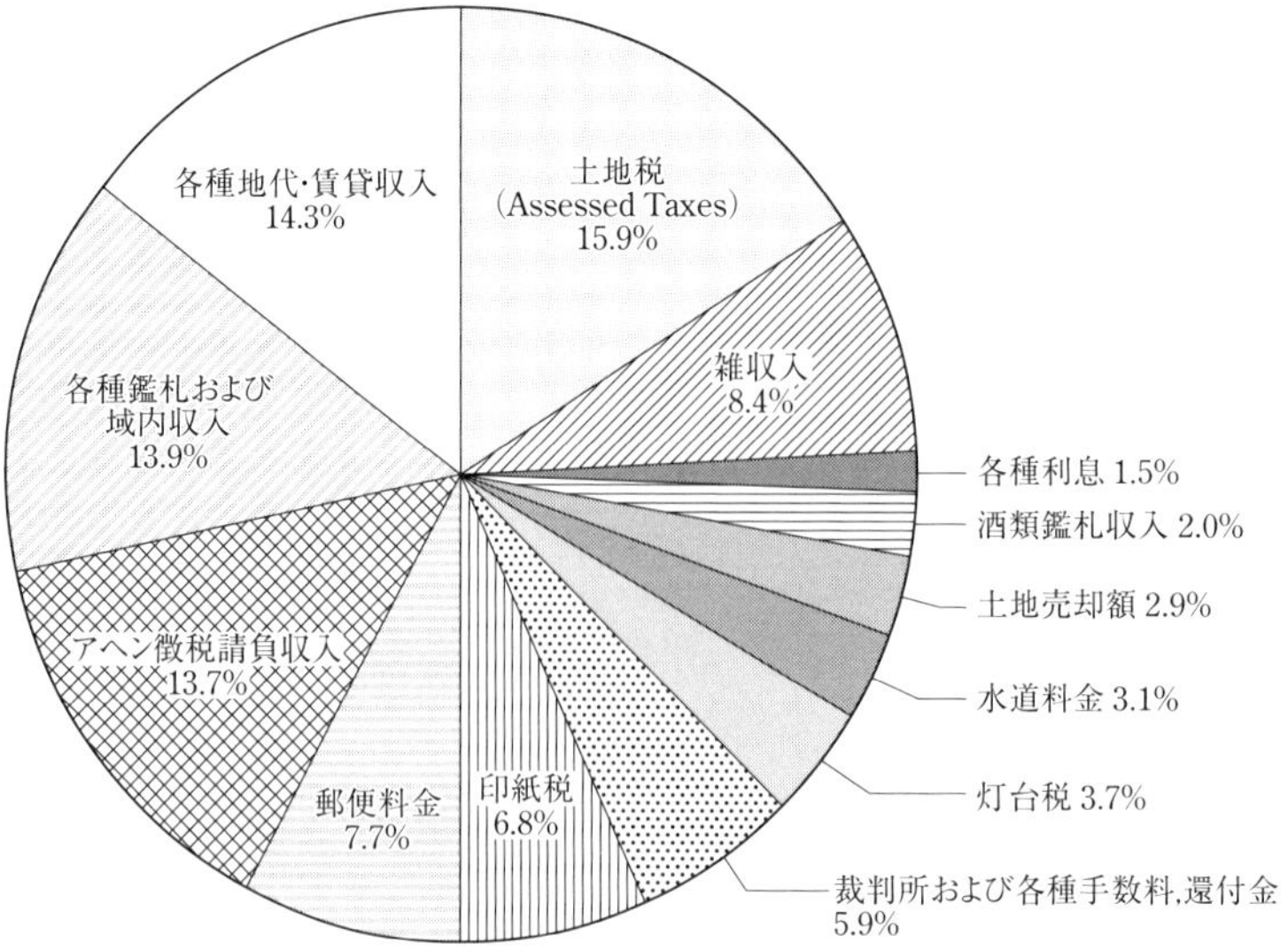

図 2-3　香港政庁歳入の内訳（1894 年）
出典：*Hongkong Blue Book* (CO 133), 1894.

が、九〇年代は必ずしもそうとは言えない。これは腺ペストの影響により大打撃を受けた香港経済が、九〇年代末に向けて急速に回復していったにも拘らず、徴税請負権をめぐる競売が三年ごとにしか開催されなかったために、煙膏からの収入が結果として据え置かれたことによるものであろう。それゆえ、一八九八年から一九〇一年まで煙膏の徴税を請け負った広恵公司は、おそらく煙膏の販売から当初の想定よりも多くの利益を得ることができたものと推測される。

小　結

一八八〇年代から一九世紀末に至るまでの米中および英中関係の変遷は、香港の徴税請負制度に抜本的な変化をもたらすには至らなかった。自国民による相手国へのアヘン輸入を禁止した米中間の協定が締結されたことにより、香港で製造される煙膏の域外市場は縮小する危険性があった。またイギリス国内におけるアヘン貿易への反対運動が高揚したことで、香港における徴税請負制度も見直しを求められるようになった。しかし結果として、香港政庁は徴税請負制度を維持することに成功したのである。

だが、以上の要因が香港における煙膏の徴税請負制度に落とした影を見逃すべきではない。同制度は国際環境の変化に伴い、従来とは別種の批判にさらされるようになっていた。かつて香港における植民地統治官が煙膏の販売制度の運営をめぐり、歳入の確保以外のことを念頭に置く必要性は少なかった。だがアヘンの貿易や吸煙への批判の高まりに伴い、彼らは煙膏の小売販売制度を運営するにあたり、これを倫理的な観点からも擁護する必要に迫られていったのである。

香港政庁はこれら両方の側面から、煙膏の徴税請負制度への批判に反駁したが、一方で直接的に煙膏からの徴税に関与することは避けた。つまり香港政庁にとって煙膏の徴税請負制度は、アヘンの取引との直接的な関与を最小限に食い止めたいという思惑と、煙膏からの税収という安定した財源を維持したいという期待を同時に満たし得る唯一の手段だったのである。

異なる言い方をすれば、香港政庁はもしアヘンの取引との関与を増大させるか、あるいはアヘン以外の財源を拡張させることを厭わなければ、徴税請負制度以外の手段を選択することも可能だった。そして実際に二〇世紀に入ると、国際環境の変化に伴い、これら双方の手段を採用するに至る。

第二部　国際体制からの挑戦

［扉図版］

専売制度の導入後，香港政庁によって販売された金山ブランド煙膏の容器．フローは下記の著作のなかで，同様のラベルが貼付されている容器の写真を提示し，1930年代製と推定している．香港歴史博物館所蔵（Acc. No. E2003.168）．

出典：K. Flow, *The Chinese Encounter with Opium: Dreams of Colored Clouds and Orchid Fragrance* (Taipei: SMC Publishing, 2009), p.54.

第三章　徴税請負制度から専売制度へ

はじめに

一九世紀後半を通じて香港におけるアヘン煙膏の徴税請負制度は、華人移民を通じた同地と北米や豪州、東南アジアの紐帯が強まるに伴い、政庁財政を支える重要な柱となった。だが一八八〇年代以降、正当な医学的理由を持たないアヘンの吸煙は、北米や豪州、欧州などの各地で社会的な批判を受けるようになっていたのである。

アヘンの吸煙をめぐるこのような認識の変化を背景として、一九世紀末から二〇世紀初頭には各国のアヘン政策をめぐり、いくつかの重要な変化が生じた。これらは、⑴東・東南アジア各植民地におけるアヘン徴税請負制度の撤廃と、これに代わる専売制度の設置、⑵英中間のアヘン貿易停止へ向けた合意の成立、⑶アヘン・麻薬類の乱用を禁止することを目的とした、国際的な取り組みの始まり、に要約することができる。

こうした各国におけるアヘン政策の変化は相互に関連する形で展開したのみならず、香港における煙膏の小売制度にも影響を与えた。この結果、従来二国間条約による規制のもとで、域外市場の拡大と共に発展を遂げた香港におけるアヘン徴税請負制度は、一九二〇年代に至るまでに、多国間条約による制約のもとで主に域内市場のみを対象とする政庁直轄の専売制度への転換を遂げた。本章の目的は、各国のアヘン政策の変化がもたらした国際環境の変容に着目しつつ、この転換過程を跡付けていくことにある。

以下第一節では、世紀転換期における東・東南アジアをめぐる国際関係の展開を、アヘン問題に着目しながら概観する。第二節では、英中間のアヘン貿易停止へ向けた合意の成立を背景に、香港で生じた煙館の廃止問題について分析する。第三・四節では、アヘンの規制へ向けた国際協力の萌芽と、煙膏専売制度の設置を考察する。小結では、本章の内容を振り返った上で、煙膏の小売販売制度の転換の意義をまとめる。

一　世紀転換期の東・東南アジア

(1)　各植民地におけるアヘン煙膏専売制度の設置

一九世紀末から二〇世紀初頭にかけて、東アジアでは「中国の分裂」が憂慮されるほど、各国による植民地・租借地の領有が進展した。一八九五年における日本の台湾領有を契機として、中国では列強諸国による角逐が激しさを増し、九八年にはドイツが膠州湾を、ロシアが旅順と大連を、そしてイギリスが新界と威海衛を租借した。さらに翌九九年にはフランスが広州湾を租借するに至る。一方太平洋を隔てて中国の対岸に位置するアメリカは九八年にフィリピンとグアムを領有し、中国市場へ進出するための足がかりを得ると、翌九九年には中国を勢力圏に分割しようとする列強の動きを牽制するため「門戸開放宣言」を発した(1)。

これらの新植民地・租借地の多くにおいても、各宗主国は政庁財政を賄うため煙膏の小売販売制度を創設したが、とりわけ日本政府が台湾の統治をめぐり策定した方針は、各国に反響をもたらした点で注目に値する(2)。日本政府は台湾領有当初、アヘンの吸煙を全面的に禁止する厳禁政策を採用したが、この方針はイギリスのアヘン貿易反対協会か

らの支持を得るなど、諸外国からの関心を集めた。(3)

ところが日本政府は早くも一八九五年末から翌年には、後藤新平の原案に基づく漸禁政策へ方針を変更した。これは煙膏の製造から販売に至るまでを総督府が運営する専売制度の管轄下に置いた上で、アヘンを即座に止めることができないと医師から認定を受けた吸煙者に限り、鑑札を付与して煙膏の購入を許可するという内容だった。(4)

この制度についてイギリス駐台南領事は、従来からのアヘン吸煙者へ実質的に何ら制限を加えるものではなく、また総督府にとってアヘン吸煙量の減少は利益にならないと捉えていた。(5) 実際に鑑札の交付は必ずしも漸禁政策に則って行われていたわけではなく、また鑑札を持たずにアヘンを吸煙する者も存在した。(6) それでもなお、アヘン吸煙の一掃を最終的な目標に掲げた台湾におけるアヘン政策は、アヘン貿易反対協会によって概ね支持され続けたのである。(7)

フィリピン領有によってアジアでの植民地運営に乗り出したアメリカは、こうした日本の政策に着目した。(8) そもそもスペイン統治下のフィリピンでは、煙膏の小売販売は華人の徴税請負人によって担われていた。(9) これに対しアメリカの軍政当局は、当初アヘンへ高額な輸入税を課す方針を採用したが、早くも数年後には密輸の増加や華人以外の住民へのアヘン吸引の伝播が懸念されるようになったのである。このため第二次フィリピン行政委員会は一九〇三年にアメリカ政府へ徴税請負制度の採用を打診したが、アジア各地におけるアヘン禁煙へ向けて積極的に活動していたキリスト教関係の各種団体が反発した。そこでエリフ・ルート（Elihu Root）陸軍長官はフィリピンの初代民政総督を務めていたウィリアム・タフト（William H. Taft）の意見を容れて、煙膏の販売制度を検討するための調査団を日本、イギリス領ビルマ、台湾、オランダ領東インド（ジャワ）へ派遣する決定を下した。(10)

フィリピン・アヘン問題調査委員会（Philippine Opium Investigation Committee, 以下フィリピン調査団と略）は、アメリカ陸軍の軍医であるエドワード・カーター（Edward C. Carter）少佐を中心とした四人のメンバーで構成され、宗教界からもカナダ出身の牧師でフィリピンの米聖公会マニラ地区監督を務めるチャールズ・ブレント（Charles H.

Brent）が参加した。この調査団は一九〇三年八月から翌年二月にかけて、香港、日本、台湾、中国（上海）、フランス領インドシナ、海峡植民地（シンガポール）、イギリス領ビルマ、オランダ領東インド（ジャワ）を歴訪して各地のアヘン販売制度を調査し、六月に報告書の執筆を完了した。[11] 当時、東・東南アジアではオランダ領東インドのジャワなどでも、植民地政庁が域内における行政能力の拡充などを求めて、煙膏の徴税請負制度を政庁直轄の専売制度へ切り替え始めていた。[12] フィリピン調査団は、とりわけ台湾とジャワにおける煙膏の専売制度の成功を認め、フィリピンにおいてもこれらを参考にして専売制度を設置するよう提言した。[13] この結果、フィリピンでは両地域における施策をもとに、華人のアヘン吸煙者に対して登録を義務づける内容の法律が過渡的に施行されることとなったのである。さらにアメリカ連邦議会は、〇八年三月一日以降にフィリピンへのアヘン輸入を禁止する法律を成立させた。[14]

一方、フィリピン調査団の報告書は中国国内で印刷・頒布され、清朝政府のアヘン禁煙政策決定にも影響を与えた。[15] さらにブレントは一九〇六年にセオドア・ローズヴェルト（Theodore Roosevelt）大統領へ書簡を送り、アヘンの禁止へ向けてアメリカが国際的な主導力を発揮すべきであると進言した。[16] かくして台湾やフィリピンで新たに設置されたアヘンの小売専売制度は、二〇世紀初頭に国際的な反響をもたらすに至ったのである。

(2) 英中間でのアヘン貿易停止へ向けた合意の成立

世紀転換期の東アジアをめぐる国際関係の新しい展開は、必然的に中英関係にもその影響を及ぼしていった。こうしたなか、両国はアヘン政策の見直しに着手することになる。[17]

当時、海外から中国へ同国海関を通じて合法的に輸入されていた生アヘンの量は、図3―1が示すとおり減少する傾向にあった。インドで生産された各種アヘンの総輸入量は、煙台条約続増専条が締結された一八八七年以降、概ね低下を続けていた。[18] また、イランやトルコで生産された[19]アヘンは、しばしば様々な異物が混合されているなど品質が

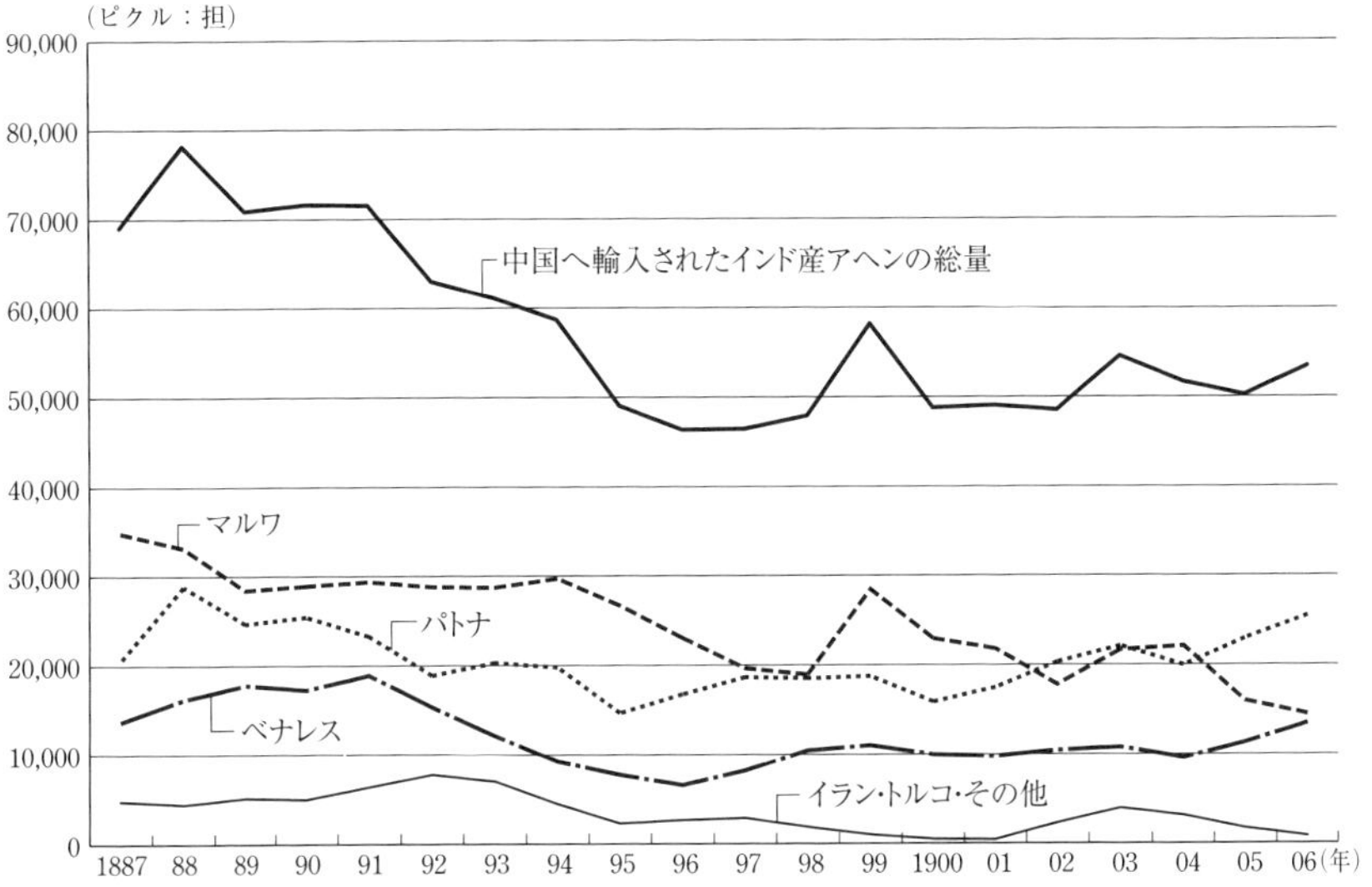

図 3-1　中国へ輸入されたアヘン量の変化（1887–1906 年）

出典：China Imperial Maritime Customs, *Returns of Trade at the Treaty Ports, and Trade Reports*, 1887–1891; CIMC, *Decennial Reports, 1892–1901*, vol. 2, p. xxix table c; CIMC, *Decennial Reports, 1902–1911*, vol. 2, p. 344 table c.

粗悪で、インドで生産されたものに比べて中国市場への浸透度が低かった。例えば、一九〇六年に外国から輸入されたアヘン五万四二二五担のうち九八・五パーセントは、インドで生産されたものだったのである。[20]

一方、中国では一八六〇年代以降、国内で生産されたアヘンが大量に生産・消費されるようになっていた。二〇世紀初頭に中国で生産されたアヘンの量について正確な数字を得ることは困難だが、一九〇八年にイギリスの駐華公使館で作成された文書では、〇六年に中国では三三万担の生アヘンが生産されたとの推計を提示している。[21] また後述する上海アヘン調査委員会において清朝政府代表は、〇六年に中国で生産されたアヘンは控えめに見積もっても五八万四〇〇〇担に上ると報告した。[22] すなわち中国国内では、海外から輸入される量のおよそ六倍から一一倍に上る生アヘンが生産されていると考えられていたのである。そして清朝の中央政府と地方当局にとって、アヘンは莫大な税収を期待することができる貴重な課税対象だった。

一九〇一年以降、中国では光緒新政と呼ばれる一連の政治・社会改革が進められていたが、義和団賠償金や日露戦争後の軍備拡張政策は、日を追うごとに清朝の財政を圧迫していた。そのため清朝政府にとって、それまで各地の督撫が半ば独立した状態で掌握していた各地の財政・軍政を中央に統一することが喫緊の課題となったのである(23)。こうした状況のもとで清朝政府は、アヘンへの課税策の見直しに着手した。一九〇二年に清朝政府は中英続議通商行船条約（いわゆるマッケイ条約）をめぐる交渉において、イギリス政府へインドにおけるアヘン専売制度の中国への導入や、インドから中国へのアヘン輸入量の制限を打診したが、結果として何ら合意には至らなかった(24)。清朝政府は〇四年にもイギリス政府へ輸入アヘンへの課税額見直しを打診したが、やはり拒否されている(25)。このように輸入アヘンへの課税が順調に進まないなか、清朝政府は国内で流通する生アヘンと煙膏に対する地方当局の課税措置に注目するようになった。

日清戦争以後、中国各地の地方当局はアヘンからの税収増加を目的として課税策の整理を進め、次第に相互の協力関係を築いていった。一九〇四年初頭には生アヘンと煙膏への課税をめぐり、湖北省および湖南省の地方当局が新たに両省合同で同一の税率を導入した。これは当初の予想を上回る徴税額を記録し、同年七月からは張之洞による主導のもとで地方当局間の協力関係は江西・安徽両省にも広げられた。同様の措置は〇四年に広東・広西両省の間でも始められ、やはり好成績を上げた。こうした措置に注目した清朝の中央政府は、前述した六省に江蘇・福建を加えた八省の課税額を統一した上で税収を一元的に管理する「八省土膏統捐」と呼ばれる政策に着手した。ところがこの措置は、財源を一括して手中に収めたいと願う清朝の中央政府と、独自の財源を手放すことを懸念する地方当局の齟齬を増大させたのである(26)。

一方で、清朝政府はイギリス国内におけるアヘン貿易反対運動にも注意を払い続けていた。イギリスでは一九〇五年末に、従来からアヘン貿易に反対する姿勢を明確にしていた自由党が新たに内閣を組織し、対華政策の見直しに着手した[27]。さらに〇六年五月三〇日にはアヘン貿易反対協会の会員であるセオドア・テイラー（Theodore C. Taylor）議員が、インド・中国間のアヘン貿易は道義的に擁護できるものではないとする動議を下院に提出し、可決されたのである[28]。こうした展開を好機と捉えた清朝政府は、〇六年六月に外務部右侍郎の唐紹儀を通じてイギリス駐華代理公使へ、国内におけるアヘンの吸煙を禁止するための方策を検討している旨を伝え、同国の協力を要請した[29]。

一九〇六年九月二〇日には中国において、一〇年以内に国内のアヘン生産と吸煙を禁止するよう命ずる上諭が下された[30]。この政策は、専売制度のもとで禁煙政策を実行することにより、財政上の課題を克服しようとするものだった[31]。一方、イギリス外務省はサー・ジョン・ジョーダン（Sir John Newell Jordan）駐華公使へ、現在清朝政府内で検討されている方策がアヘンの生産と消費を削減する上で十分に評価されるべきものであり、さらにインド産アヘンの輸入を不当に妨げるものでなければ、イギリス政府はこれを好意的に検討する旨の回答を与えるよう指示した[32]。これを受けて清朝政府は同年一一月に、〇七年以降のインド産アヘンの輸入量を、中国産アヘンの生産量と並行して一年ごとに一〇分の一ずつ削減することを骨子とする方策を提案した[33]。こうして両国間のアヘン貿易停止をめぐる交渉が本格的に始められたのである。

インド産アヘンの輸出をめぐる中英両国間の交渉は、一九〇八年以降三年間、イギリスが五一〇〇箱ずつインド産アヘンの輸出を削減し、その間中国が国内におけるアヘンの生産と消費を削減させれば取り決めを延長するという内容で、〇七年末には合意に達した[34]。さらにイギリス政府はインド産アヘンの輸入停止措置と並行して、トルコ産アヘンおよびイラン産アヘンの輸入についても停止へ向けた取り決めを行うよう清朝政府へ求め、その同意を得たのである[35]。清朝政府はオスマン帝国およびイランとの外交関係を持たなかったので、両国産アヘンの輸入について独自の制限策を採ることが可能だった[36]。そのため清朝政府は〇九年一月一日から、両国産アヘンの輸入に際して許可証の交付を受けるよう義務づけ、その発給数を九年間にわたり段階的に削減することにより、一七年には輸入を途絶させる旨を決定した。(37)

この間中国では、前述したアヘンへの徴税権をめぐる中央と地方の摩擦が激しさを増していた。(38)そして後者とイギリス領事の間でも、中国で製造された煙膏への課税をめぐる係争が繰り返されていたのである。例えば一九〇二年に広東で生じた事例では、両広総督が煙膏への課税策を導入しようとしたのに対して、イギリス領事が煙台条約続増専条への抵触を理由に反対した。(39)こうした事態を受けて、香港では原料となる生アヘンを扱っていた華人や印僑、中近東系ユダヤ人などのアジア系イギリス帝国臣民である業者をはじめ、香港総商会や中国協会(40)（China Association）といった経済団体、さらにはこれらの突き上げを受けた香港政庁が、この問題をめぐる態度を硬化させていたのである。(41)

イギリス領植民地として成立してから、香港はアヘン貿易の中継地としての地位を保持していた。そのためアヘン貿易の停止は無論のこと、その過程で頻発した英中間の対立もまた、アヘン政策をめぐる香港政庁や香港在住の商人・商社の感情を逆なでした。そしてこれらの要因は、香港におけるアヘン政策をめぐる議論にも少なからず影響を与えることとなる。

二　煙館廃止問題

(1) 二〇世紀初頭における展開

香港では二〇世紀に入ってからも、煙膏の徴税請負権をめぐる東南アジアを拠点とする華人と現地在住華人の間の競争が続いていた。

一九〇一年三月から〇四年二月までの煙膏の徴税請負権は、香港や澳門を中心に活動していた広恵公司の手から、再びシンガポールを拠点とするTan Foo Chin（Tan Joo Chin）、Tan Eng Ching（Tan Eng Cheng）、さらにSeah Eng Keat（Seah Eng Kiat）により構成される振華豊公司の手に渡った。彼らは一八九八年から翌年にかけて、シンガポールとペナンにおける煙膏の徴税請負制度に参加していたが、同地で新しい徴税請負権をめぐる入札が行われた際に、他の請負人との折り合いが悪くなったため、新たに香港で活動を始めたのである。[42]さらに同公司は〇四年三月から〇七年二月までの煙膏からの徴税権も入手し、新たにChin Joo Heng公司のもとでこれを請け負った。[43]この入札は熾烈を極め、彼らはそれまで月額六万二五〇〇香港ドルで徴税を請け負っていたのに対し、翌年以降はその三倍近い一八万五〇〇〇香港ドルを毎月政庁へ納入せねばならなくなった。同公司は煙膏の値上げでこれに対処しようとしたが、十分な利益を上げることに失敗した。そこで請負人らは〇四年九月に弁護士を通じて香港政庁へ納付金の減額を求めたが、当時香港総督を務めていたサー・マシュー・ネイザン[44]（Sir Matthew Nathan）はこれを退けた。結局、これらの請負人のために担保を提供した四名の華人が契約の引き継ぎを申し出たため、香港政庁は彼らと月額一七万香港ドルで新契約を結んだ。[45]

このようにChin Joo Heng公司の落札額は高額に過ぎたものの、図1—3（三五頁）および図3—2が示すように、一九世紀末から二〇世紀初頭に至るまで徴税請負権の落札価格は上昇していた。ところが一九〇六年九月に開催された、翌年三月から一〇年二月までの請負をめぐる入札は様相が一変した。当時、英中両国間ではアヘン貿易の停止へ向けた動きが加速しており、香港政庁は入札に先立ち、インドからの生アヘンの輸出が削減もしくは停止され、徴税請負人の営業に支障をきたしていることが認められた際には、請負額の見直しや契約解消を行う旨を表明していた。[46]こうした先行きの不透明感に加え、重要な輸出先の一つである豪州で〇六年一月に煙膏の輸入が禁止されたことが入札に悪影響を与えた。[47]そのため入札は陸佑[48]による一件のみで、落札額も前回から下落して月額一二万一〇〇〇香港ド

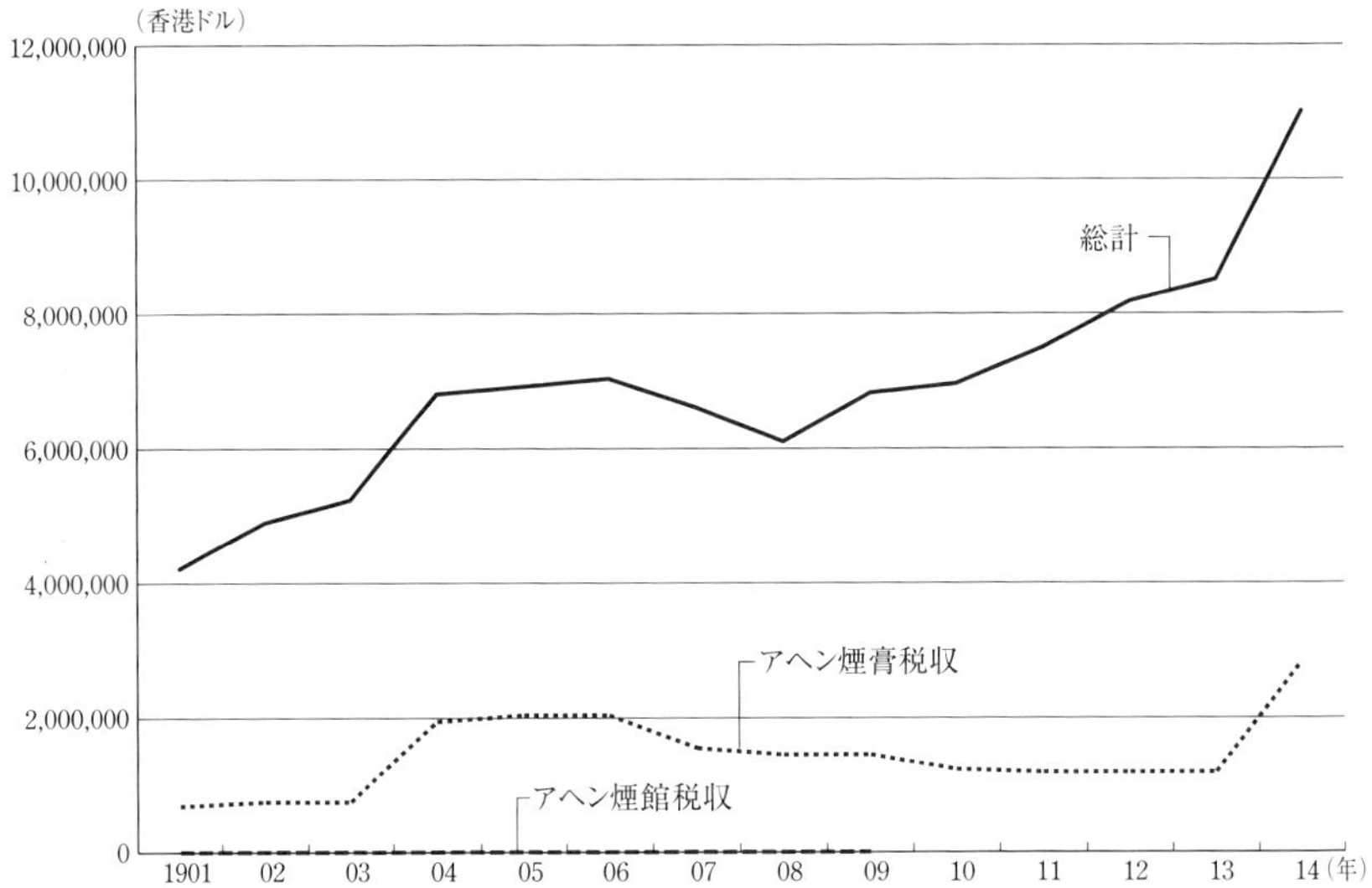

図 3-2　香港政庁歳入に占めるアヘン税収の変化（1901–1914 年）

出典：*Hongkong Blue Book* (CO 133), 1901–1914.

注：図 3-2 における 1914 年のアヘン煙膏税収は，アヘン専売制度を通じて政庁が得た純益を示す．本書で提示したアヘン専売制度の運営費用は，マイナースの算出した値に依拠した．彼は 1914 年に植民地省と防衛省の間で香港駐留部隊の費用負担算出をめぐり結ばれた合意に基づき，生アヘンの購入費とその加工，梱包，小売販売費用を専売制度の運営費用として計算した．香港政庁が国際連盟に送付した年次報告書では，運営費用のなかに密輸取締や中毒者矯正にかかる費用も含まれているため，彼が提示した値とは異なる．Norman Miners, *Hong Kong under Imperial Rule, 1912–1941* (Hong Kong: Oxford University Press, 1987), pp. 232 table 9, 310n50.

ルとなった。

陸佑はイギリス領マラヤを中心に、政庁から様々な徴税を請け負ったことで知られる著名な華人実業家で、既に一九〇五年九月にはChin Joo Heng公司へ出資し、香港におけるアヘン徴税請負に参加していた[49]。彼の設置した粤興隆公司には、かつて共に徴税を請け負った佘応禄も参加した[50]。ただし陸佑はクアラルンプールを拠点に活動していたため、香港では黄達仁が彼の財務代表を担った。さらに同公司の運営は、主に秘書の陳啓明[51](George Bartou Tyson)によって取り仕切られることとなった。

このように香港では、一九〇〇年代に入ってもなお、煙膏の徴税請負制度は政庁財政にとって重要な役割を果たしていた。だがイギリス本国の政治状況をはじめ、アヘン問題をめぐる国際環境は急激に変化しつつあった。このような動向は、国際的にアヘン・麻薬類の規制へ向けた潮流を創り出し、香港における煙膏の徴税請負制度にも圧力を加えていった。そしてその第一波は、香港における煙館の廃止問題という形で現実化することとなったのである。

(2) イギリス本国政府の決定

一九〇六年に英中両国政府間でアヘン貿易の停止へ向けた交渉が開始されると、香港政庁はいら立ちながらその行方を見守った。植民地省が清朝政府のアヘン貿易停止案について意見を求めた際に、香港総督代理のフランシス・メイ(52)（Francis Henry May）から送られてきた回答は、両国政府の決定に対する不満をにじませていた。(53) だがイギリス下院では、東・東南アジア各地におけるアヘン徴税請負制度に対する批判もまた生じていたのである。(54)

こうしたなか一九〇八年五月六日に、イギリス下院では香港、海峡植民地そしてセイロンにおける「アヘン窟」の廃止を求める動議が提出された。これを受けて植民地省のジョン・シーリー(55)（John Edward Bernard Seely）政務次官は、この動議を政府として受け入れる用意があると答えた。このため動議は満場一致で可決されたのである。(56)

ところが本国政府はこの決定を下す前に、各植民地政庁から何ら意見を聴取していなかった。サー・フレデリック・ルガード(57)（Sir Frederick John Dealtry Lugard）香港総督は、植民地省からの五月五日付の電報でこの内容を知ると、政庁財政への悪影響を懸念し、すぐさま現地の状況を伝える送達文書が届くまで議会での発言を控えるよう返電した。(58) だが、この返電が植民地省へ届いたその日に、シーリーは前記のように下院で政府の決定を伝えてしまった。さらに香港の各新聞が七日以降この議事に関する記事・論説を競って掲載したため、煙館閉鎖という本国政府の決定は急速に人口に膾炙していったのである。(59)

煙館における煙膏の販売が合法的な商売である以上、本国政府の独断によりこれらを閉鎖するのであれば、結果として廃業を強いられる煙館の管理者や、損失を受ける可能性がある煙膏の徴税請負人へ補償金を支払う必要が生ずる。そこでルガードは植民地長官補佐を務めるセシル・クレメンティ[60]（Cecil Clementi）らに対し、適切な補償額の査定を指示した。

(3) 煙館閉鎖の財政的影響

当時香港に存在した煙館は、客に煙膏を供する第一等と、煙膏の吸い殻であるアヘン煙灰を加工した二煙のみを供する第二等に大別される[61]。このうち前者には、客がアヘンを吸煙するために横たわるベッドへ課金していた「茶煙局」と、この料金を徴収していない「開灯館」の二種類があった[62]。第一等の煙館に出入りしていたもののなかには、成人のほかに親の目を逃れてアヘンを吸煙する青少年も多かった模様である。これに対して第二等の煙館に出入りしていたものは、大半が力夫や行商人などだった[63]。一九〇七年に政庁が発給した煙館の鑑札数は、合計一九八件（第一等―一〇五件、第二等―九三件）に上った[64]。

ルガードは香港の煙館について、一度に最大で三〇人ほどを収容可能で、清潔で秩序があり、客はアヘンのほかにタバコや茶、果物などをとりながら会話を楽しんでいると述べている[65]。一九三〇年代に広州に存在した高級な煙館も美しくて居心地がよく、アヘンを吸引してくつろぎ、友人と交流するための空間だったことから、ルガードの発言もまた同種の煙館の描写としては妥当性があると考えてよいだろう[66]。

補償額を査定するために、煙膏の徴税請負会社である粤興隆公司の会計簿を調べたクレメンティによる、「一九〇八年五月に行われた、アヘン徴税請負人の帳簿の検討に関する覚書」という報告書によれば、一九〇七年三月から翌年四月末までの間に、請負人が煙膏および二煙の域内販売から得た売上総額（二七五万〇六四〇・一二香港ドル）に占める、第一等および第二等の煙館への販売額の割合は、それぞれ三〇・三七パーセントおよび二二・二〇パーセントに上った。[67]もし煙館が閉鎖されれば、これらの売上に影響が及ぶことは避けられない。一方、彼は「香港におけるアヘン吸煙の蔓延をめぐる算出」という報告書で、香港在住華人に占めるアヘン吸煙者の割合は最大で六・二五パーセント、そのうち煙膏・二煙の吸煙ないし二煙の購入に煙館を利用しているのは三・五七パーセントに上ると推計し、[68]さらに「中国、四川および香港におけるアヘン吸煙者の割合をめぐる算出」という報告書で、煙館を閉鎖してもアヘンの吸煙を止めるのは煙館利用者の半分、ないし四分の一以下に過ぎないだろうとの見解を示した。[69]

なお、粤興隆公司が海外へ輸出した煙膏については、同公司が次期入札への悪影響を懸念したために報告書には公表されなかった。だがクレメンティはこの点についても、開示を許された資料をもとに推計を試みている。香港域内における販売量を示す会計帳簿には、一九〇七年三月から一年の間に域内で製造された金山膏と呼ばれる最高級ブランドの煙膏のうち、一七万〇〇二九・一〇三両が含まれていなかった。このため彼は、これらがすべて海外に輸出されたものと見なした。さらにこの期間には、中国産およびイラン産の生アヘンから製造された白煙というブランドの煙膏もまた、二万四七九三両が海外へ輸出されていた。こうしたデータをもとに、クレメンティは一九〇七年三月から翌年二月までの域内販売および輸出の両方を含む徴税請負人の売上は二六二万七八三九・九六香港ドルであり、そのうち煙館への販売が占める割合は合計で四六・九四パーセント（第一等―二七・二五パーセント／第二等―一九・六九パーセント）に上ると推計した。さらに、もしすべての煙館が閉鎖されれば、煙膏の徴税請負人は一月あたり最大で六万六六二六・二二香港ドルの被害を受ける可能性があると指摘し、その場合に徴税請負人へ支払うべき適切な補償額として、一月あたり三万三三〇〇ドルという値を提示した。[70]

煙館の管理者や煙膏の徴税請負人に支払うべき補償金は、いったい誰が負担すべきか。既にアヘン貿易停止をめぐり揺れ動いていた香港の経済界にとって、本国政府の独断はあまりに衝撃的だった。

(4) 香港社会の反応

香港では煙館閉鎖の決定が伝えられると、様々な方面からこれに反対する声がわき上がった。複数の英字紙が論説において、政庁財政に直接影響を及ぼす決定が現地に住む人々の頭越しに行われたことに対する憤りを露わにした(71)。香港総商会や中国協会香港支部といった経済団体もまた、本国政府の独善的な対応を批判した。とりわけ中国協会香港支部長であり、香港総商会からの推薦で立法評議会の民間人議員を務めていたマレー・スチュアート（Murray Stewart）は、同評議会で本国政府や香港政庁の対応をめぐりルガードを詰問した(72)。さらに政庁内部でもクレメンティが前述した「中国、四川および香港におけるアヘン吸煙者の割合をめぐる算出」という報告書のなかで、アヘン禁煙を目的とした煙館閉鎖の費用対効果や、閉鎖後のアヘン吸煙者の管理等をめぐる問題点を指摘し、本国政府による決定の妥当性に公然と異議を唱えていた(73)。この報告書は香港で複数の英字紙に掲載されたほか、イギリス本国でも香港総督経験者のブレークにより、「反アヘン運動に関心のあるすべての下院議員が持つべき」見解として、『タイムズ』紙にその概要が紹介された(74)。

ところが、こうした見方と対立する意見も存在した。例えば『香港華字日報』に掲載された論説の筆者や、徴税請負人を務めた経験のある馮華川は、煙館の閉鎖が社会的に好ましい影響をもたらすとして好意的に評価していた(75)。このような意見が存在したことの背景には、東・東南アジア各地に在住する華人の間でアヘン禁煙運動が広がりを見せていたことが挙げられる。例えば一八九八年に設立された「戒鴉片煙会」は、当時多くの在日華人が暮らしていた横浜の日本横浜中国大同学校を総会として、東アジア各地でアヘン禁煙活動を推進した。これはいわば加盟者によるアヘン禁煙のための互助会で、当初香港では『香港華字日報』の主筆である潘老蘭などが関与していた(76)。またイギリス本国においてもアヘン貿易反対協会がクレメンティに対して、新聞に掲載された報告書をめぐり痛烈な批判を浴びせた(77)。

一方ルガードは、各方面との交渉を通じて打開案を模索していた。彼は事態の改善を求めて旧知の下院議員へ働きかけると共に、植民地省には煙館の閉鎖よりも徴税請負人が扱える生アヘン量を削減するほうが、域内におけるアヘン吸煙の抑制には有効だと主張した。これを受け同省は、煙館閉鎖を撤回こそしなかったが、結果として現行の徴税請負契約が満了するまでその過半が存続することを認めた。さらに本国政府はルガードの求めに応じ、政庁への補償金の支給を決定した(78)。煙館閉鎖の決定はイギリス本国でも、海峡植民地総督の経験者であるサー・フランク・スウェットナム（Sir Frank Athelstane Swettenham）や香港総督経験者のブレークなどから批判を呼んでおり、政府としてはこうした声を無視し得なかったものと思われる(79)。

本国政府の補償額は、後述する一九〇九年一一月に翌年三月から三年間の徴税請負権をめぐる入札の結果が出たことで、最終的に決定された。落札価格の低下により、一〇年一月から一二年一二月にかけての煙膏からの税収は、それ以前の請負額を基準に算出した場合よりも七六万七一八〇香港ドル減少する見込みとなった(80)。これに煙館の管理者への補償額を加えると、総額七九万五五四〇・二七香港ドルとなる(81)。これに対して植民地省は、税収減少分のおよそ半額を補償するという方針を立て、合計三万三〇〇〇ポンド（一香港ドルあたり一シリング九ペンスとして換算した場合、上記総額の四七・四一パーセント）の支給を決定した(82)。しかし立法評議会やイギリス下院では金額をめぐる不満や、煙館閉鎖のために補償が行われることへの批判などがくすぶり続けた(83)。

なお結果として徴税請負人は、政庁へ煙館閉鎖をめぐる補償を請求しなかった。これは、煙館の過半が現行契約の満了まで存続したことに加え、彼らが次期請負権の獲得を狙っていたため、政庁との無用な軋轢を避けようとしたことによるものと思われる(84)。

このように香港における煙館廃止をめぐる混乱は、なかなか沈静化しなかった。しかもこの間、アヘンをめぐる国際環境は大きな転換点を迎えようとしていた。アメリカの主導により、医科学的な用途以外のアヘンや麻薬類の使用を多国間の協調によって制限しようとする動きが生じていたのである。このような動向は、次期徴税請負契約をめぐる入札に影響を与えたのみならず、香港の煙膏小売制度にも変革へ向けた圧力を加え始めた。

三　国際協力の萌芽

(1)　上海アヘン調査委員会

一九〇五年に出版されたアメリカのフィリピン調査団の報告書は、各国でアヘン貿易反対運動を主導していた人々に大きな反響をもたらした。同調査団に参加したブレントが一九〇六年にローズヴェルト大統領へ、アジアにおけるアヘンの消費をめぐる国際会議の開催を提案したことが契機となり、アメリカ国務省は米中両国に加えてイギリス、フランス、オランダ、日本の代表によりアヘン問題を調査するための国際会議を開催するという案をまとめ、まずは日英両国政府の意向を求めるよう両国駐在大使へ訓令した[85]。日英両国政府はこの提案へ好意的に回答したため、翌年以降会議開催へ向けた各国の動きが本格化し、最終的に一九〇九年二月に上海において、東・東南アジア各地におけるアヘンの吸煙や、麻薬類の乱用を規制する方策を検討するための調査委員会が開催されることとなった。この上海アヘン調査委員会には、アメリカをはじめイギリス、日本、中国、フランス、オランダ、ドイツ、イラン、ロシア、シャム（タイ）、ポルトガル、オーストリア・ハンガリー帝国、イタリアの一三か国が参加し、九条からなる議定書を締結して二月二六日に閉会した[86]。

イギリス政府の上海アヘン調査委員会をめぐる対応については、既に先行研究で詳細に検討されているため、ここでは植民地省内に相当の温度差があったことだけを付言しておきたい。最終的に植民地相のクルー伯爵[87]（Earl of

Crewe）は、各国との意見を交換するための代表を派遣すべきであるとの見解をまとめ、これを外務省へ伝えた。[88]だが、当時同省の事務次官補（Assistant Under Secretary of State）を務めていたレジナルド・アントロバス[89]（Reginald Laurence Antrobus）や、翌年彼の後を継いで同職に就任することになるジョージ・フィデス[90]（George Vandeleur Fiddes）といった高級官僚は、調査委員会がイギリス領植民地の状態を調査することを懸念し、その開催をめぐるアメリカ政府の提案は受け入れられないと考えており、委員会への参加に積極的な姿勢を見せていた政務次官のシーリーとは好対照をなしていた。[91]こうした温度差は、同委員会に参加するイギリス帝国代表の選出にも見ることができる。

イギリス政府は帝国代表として、カナダから参加するウィリアム・マッケンジー＝キング（William L. Mackenzie King）、香港政庁に勤務していたクレメンティの伯父で、海峡植民地総督の経験者であるサー・セシル・クレメンティ＝スミス[92]（Sir Cecil Clementi Smith）をはじめとする三名の官吏と一名の下院議員に加え、シンガポールと香港からも現地事情に精通する者を補佐役として派遣することに決定した。そこでルガードが香港政庁からクレメンティを派遣するよう提案したところ、植民地省の官僚はこれを歓迎したが、シーリーは彼が煙館閉鎖をめぐる政府決定に疑義を差し挟んだことを理由に不快感を示したのである。[93]結果としてこの人選は変更されなかったが、政治家と官僚の意識の相違を際立たせる出来事と言えるだろう。なおクレメンティ＝スミスは調査委員会へ出席した後に、イギリス本国における中国協会の総務委員会で、イギリス政府は「軽率な方法で」香港の煙館閉鎖を決定したことを後悔していると指摘した。[94]

上海アヘン調査委員会では、アヘンや麻薬類の密輸規制が採択されて議定書へ盛り込まれたが、これは参加国に対する拘束力を持ってはいなかった。だが香港では委員会が開催される以前に、既に中国およびフランス領インドシナへ向けた煙膏の輸出が禁止されており、[95]またその閉会後には煙膏とモルヒネ、およびアヘン化合物（compounds of opium）について、これらの輸入を停止した国へ輸出することが禁止された。[96]一方、既に述べたとおり中国向けの生アヘン輸出は、英中両国が合意に則して停止へ向けた努力を進めていた[97]。

ただし、上海アヘン調査委員会の開催が香港における煙膏の小売販売制度に与えた影響としては、このような域内規制の強化よりも、アメリカにおいて煙膏の輸入がついに禁止されたことのほうがより重要であろう。委員会の開催直前にアメリカ代表のハミルトン・ライト（Hamilton Wright）やブレントは、アメリカ本土へのアヘン輸入に関する規制が関税のみであることを問題視し、各方面へ働きかけを行った。この結果、アメリカの連邦議会は一九〇九年二月九日に、医療目的以外のアヘン輸入を禁止する法律を通過させたのである[98]。

カナダおよび豪州では、アメリカに先立ち煙膏の輸入が禁止されていた。カナダでは、一九〇七年九月にバンクーバーで東アジア系移民の排斥を目的とする大規模な暴動が生じ、この事件をめぐる移民への賠償額を査定するために、労働相代理のマッケンジー＝キングが派遣された。この際、彼が執筆したアヘン輸入に関する報告書が契機となり、〇八年七月に医学的用途以外のアヘン輸入を禁止する連邦法が成立した[99]。また豪州連邦政府も、〇六年一月以降煙膏の輸入を禁止していた[100]。同政府は調査委員会に対しては報告書しか提出しなかったが、イギリス政府へアヘン生産の医学的用途への制限と、その私的取引の禁止を同委員会の議題として提案するよう示唆した[101]。このように両連邦政府の姿勢には、アメリカ政府と共通する部分も多く見受けられた。

クレメンティの試算によると、香港のアヘン徴税請負人は一九〇七年三月からの一年間で総販売額の一〇・五パーセントを香港域外の市場における売上から得ていた[102]。第一章で見たように、一八六九年に当時の徴税請負人が北米や豪州へ輸出していた煙膏の量は、香港域内における消費量の四倍に上った。それゆえ一九世紀後半には、域外市場からの売上が総販売額に占める割合はより高かったものと考えられる。こうした域外市場の喪失は香港のアヘン徴税請負人の売上に悪影響を与えたであろうが、それでもなお澳門のアヘン徴税請負人が受けた打撃に比べれば軽微なものに過ぎなかっただろう。輸入禁止措置の直前にアメリカへ合法的に輸入されていた煙膏は、主に澳門で生産されたものだったからである。[103]そのため第六章で詳しく検討するように、当時澳門における煙膏の徴税を請け負っていた三宏公司はアメリカへの煙膏の輸入が禁止された後、契約期間の満了を待たず徴税請負権を手放さざるを得ない事態へ追い込まれてしまったのである。これ以降、澳門のアヘン徴税請負人は、従来にも増して活発な密輸活動を展開し、香港政庁の官僚を悩ませることになる。

(2) 次期徴税請負をめぐる入札

一九〇九年七月二日、煙膏の新規徴税請負契約をめぐる公告が香港政庁の公報に掲載された。第二章で指摘したとおり、煙館が閉鎖される以前には、徴税請負人は年間一八〇〇箱の生アヘンを煙膏の製造に使用することが認められていた。これに対して香港政庁は新規入札条件として、煙館の閉鎖に加えて徴税請負人による生アヘンの使用量を最大九〇〇箱に規定し、これ以上必要な場合には総督の許可を得なければならないとした。[104]これらの新規定に加えて、英中間のアヘン貿易停止が具体的に進展していたにも拘らず、入札の様相は前回から一転し、香港や東南アジアを拠点に活動する華人の間で激しい競争が繰り広げられた。この入札では古耀山、梁建生、呉棉秀らが月額九万八七五〇香港ドルの最高値を提出したが、香港政庁は彼らに煙膏の徴税請負経験がないことや、経済的基盤が強固でないことを理由にこの入札を排除した。このため月額九万八六〇〇香港ドルの値を提示して次点となっていた何甘棠らが徴税請負権を獲得した。[105]

新しい請負契約が締結されたことにより、徴税額の減少幅が概ね確定された。一九一〇年に煙膏の徴税請負人から得ることのできる税額は〇九年に比べて二二万五八六〇香港ドル、同じく翌一一年には二七万〇六六〇香港ドル減少するものと見込まれた。[106]一方、一九〇九年二月末に閉鎖される煙館の管理人には総額一万一六一三香港ドル、翌年二月に閉鎖されるものについては総額一万六七四七・二七香港ドルの賠償金が支払われることとなった。[107]

ここで新しい徴税請負契約の減少額について、クレメンティによる調査結果に依拠しつつ若干の検討を行っておきたい。請負額減少の主な要因としては、(1)煙館の閉鎖、(2)徴税請負人が使用できる生アヘン量の上限の引き下げ、(3)北米へのアヘン輸出の停止、が挙げられる。まず(1)煙館の閉鎖について。既に述べたように、クレメンティは一九〇七年三月から一年の間に、徴税請負人が域内販売および輸出の両方から得た売上総額のうち、煙館への販売から得た割合は合計で四六・九四パーセントに上ると考えていた。もっとも彼は、煙館が閉鎖されたとしても、煙膏の消費量が減少するか否かは疑わしいと考えていた。

次に(2)生アヘン量の上限引き下げについて。ルガードはこの措置により請負額は低下するだろうと考えていた(108)。ところが一九〇一年から〇七年の間の生アヘン使用量は、徴税請負人が経営難に陥った〇六年を除くと、平均して年間八七七・三箱にしか上らなかったのである(109)。そのため、この点をめぐる実際の影響は無視できる程度と考えてよいだろう。

さらに(3)アヘン輸出の停止について。前述したとおりクレメンティは一九〇七年三月から一年の間に輸出された煙膏の総販売額が、この時期の徴税請負人による総販売額の一〇・五パーセントに上ると考えていた。さらに彼が調査を行った〇八年五月の時点で、輸出は増加傾向にあったのである(110)。

以上の点を踏まえて、さしあたり(1)および(3)のみを考慮に入れた場合、クレメンティの試算に基づけば、新しい徴税請負人は最大で売上総額のうち五七・四四パーセントを失う可能性があったことになる。これに対して新規徴税請負額は、それ以前の金額から一八・五一パーセントしか減少しなかった。

新規徴税請負人となったのは、既に煙膏からの徴税を請け負った経験を持つ何甘棠をはじめ、劉鋳伯(111)、梁仁甫(112)そして呉理郷(113)である。劉鋳伯および梁仁甫は既に触れた何甘棠と同様に、それぞれ香港で活動する外国商社の買辦だった。呉理郷は福建系の華人で、東南アジア各地と中国沿海部を結ぶ貿易・為替業などを経営していた。彼らは経済的に強固な地盤を有する一方で、東華医院や保良局の董事、衛生評議会の評議員を務めるなど、香港の華人社会における名望家ばかりだった。さらに先の徴税請負人の秘書を務めていた陳啓明もマネージャーとして参加したほか[114]、遅くとも一九一三年にはジャーディン・マセソン商会の副買辦（Assistant Compradore）を務める羅長肇も徴税請負人に名を連ねた[115]。彼らは大有鴉片煙公司を設立し、一〇年三月から煙膏の徴税請負を開始した[116]。

こうして香港における煙膏の徴税請負制度は、煙館の閉鎖後も運営が続けられることとなった[117]。だが一方で、煙膏の吸煙をめぐる国際環境は、上海アヘン調査委員会を契機として明らかに変化し始めていた。アヘン・麻薬類の乱用を規制しようとする国際的な取り組みは、国際条約の締結を目指すハーグ国際アヘン会議の開催によって新しい時代を迎えることとなる。

(3)　ハーグ国際アヘン会議

上海アヘン調査委員会の終結後、アメリカ政府は採決された議定書の内容をより拡充し、これに拘束力を持たせることを目的として、一九〇九年九月に同委員会へ参加した各国へ宛ててハーグで国際会議を開催するよう提案した[118]。イギリス植民地省ではこうした会議が開催されることに不満はないとの意見が挙げられたが、クレメンティ＝スミスは参加する必要はないと考えており、インド省やインド政庁も否定的だった[119]。このためイギリス政府はアメリカ政府へ、麻薬の製造や貿易についても国際的に厳しい制限を設けるよう示唆する一方で、英中間のアヘン協定をはじめとする二国間条約については、会議の内容から除外することを条件に参加すると伝えた[120]。この間、イギリス政府は清朝政府と、アヘン貿易停止をめぐる二度目の交渉に着手していた。アヘン貿易を批判する国内外の世論の高まりや、中国市場への進出を狙うアメリカをはじめとする各国との競争を考慮し、イギリスの政策決定者は交渉に際して懐柔姿勢をとった[121]。この結果、一九一一年五月には一九〇七年末に成立した英中間の合意内容を七年間継続するという協定が両国政府の間で成立し[122]、一二年一月以降にインド産以外のアヘンの輸入は禁止されることとなった[123]。さらに一三年二月を最後に、インドから中国へ向けたインド産アヘンの輸出は停止された[124]。

一九一一年一二月に開会したハーグ国際アヘン会議にはオーストリア・ハンガリー帝国を除き、上海アヘン調査委員会へ参加したすべての国々が代表を送りこみ、アヘン・麻薬類の取引や使用の規制を目的とした初の多国間条約となる、万国アヘン条約と最終議定書が締結された[125]。同条約案の第二章は締約国に対して煙膏の吸煙を削減させる方策の採用や、その輸出入の禁止を求める内容だったため、イギリス政府は植民地省を通じて香港、セイロン、そして海峡植民地の各植民地政庁の意向を確認した上でこれに署名した[126]。

既に香港では域外への煙膏の輸出が停止されていたので、万国アヘン条約が香港の徴税請負制度へ与えた直接的な影響は軽微なものに過ぎない。だが発効すれば締約国への拘束力を持つことになる国際条約の成立が、イギリスの植民地省や香港政庁の官僚に与えた心理的影響は少なくなかったと考えるべきだろう。ただし、会議に参加しなかった各国による署名・批准は遅々として進まず、一九一二年七月、さらに一四年六月にもハーグでは会議が繰り返されたものの、結局同条約は発効に至らぬまま第一次世界大戦が勃発した[127]。

一方香港では、ついに煙膏の専売制度設置へ向けた準備が始められた。アヘン・麻薬類の国際規制が進展するなか、煙膏の徴税請負制度の廃止はイギリス本国政府にとって、いわば時代の要請となったのである。

四　小売専売制度の設置

(1) 設置へ至る経緯

一九〇九年に香港で煙膏の徴税請負権をめぐる入札が行われると、イギリス下院ではアヘン貿易に反対する人々を中心に、この制度の撤廃を求める声が再び高まりを見せた。[128] 以後イギリス帝国内では海峡植民地とセイロンで一九一〇年に、マラヤ連合州ではその翌年に、植民地政庁が徴税請負制度を廃止し、新設した専売制度のもとで直接煙膏の製造・販売に乗り出した。[129]

ところが香港では一九一二年に至ってもなお、煙膏の徴税請負制度の廃止へ向けた取り組みは始められていなかった。さらに、当時香港には中国大陸から辛亥革命の混乱を逃れた人々が続々と流入しており、煙膏の消費量は増加するものと予想されていた。そのため新総督に就任したメイは、[130] 入札を募る好機と捉えて植民地省へこの点を強く主張した。しかし同省内部では、ルイス・ハーコート[131] (Lewis Harcourt) 大臣をはじめ高級官僚らが、さらに三年間も請負制を存続させることには、万国アヘン条約に具体化された原則に照らして合意できない、海峡植民地のように、政庁が直接運営する煙膏の専売制度の導入を検討すべきだ、との意見で概ね一致していた。なお香港で製造された煙膏は、歴史的に北米や豪州などの域外各地へ輸出されてきたが、万国アヘン条約が発効すれば、イギリスは自国領以外への煙膏の輸出を完全に禁止しなければならなかった。そのため省内には、香港における煙膏製造の停止を検討すべきだ、とする見解もあったのである。[132] このため植民地省は香港政庁へ、一年間の請負契約延長を命じると共に、徴税請負制度の廃止と専売制度の設置を考察するよう指示した。さらに域内で販売する煙膏についても、香港での製造を止めて海峡植民地からの輸入によって代替させることの可否を検討するよう示唆した。[133]

香港では、輸出入監督官を務めるロバート・ハッチソン (Robert O. Hutchison) がこれらの問題を吟味した。彼は一九一三年三月に、香港でも専売制度を設置することが望ましいとする報告書をまとめた上で、海峡植民地の制度を視察し、その実現性をめぐり確信を得た。一方煙膏の輸入案は、製造や梱包などの方法が異なるために見送られ、香港政庁は徴税請負人から主な施設や人員を引き継ぐ形で専売制度を設置することとなった。この計画は植民地省の裁可を受け、メイは一〇月九日の立法評議会で専売制度の設置を正式に表明した(134)。さらに翌年二月六日には、同制度の運営に必要となる法律が制定された(135)。

以上のように、香港政庁は当初徴税請負制度の維持を希望していたが、結果として植民地省の求めに応じ専売制度の創設に踏み切った。だが小売制度の転換は、煙館の閉鎖よりも政庁財政に深刻な影響を与えかねない問題である。香港政庁としても、新制度の運営について相応の見込みがあったと考えるのが自然だろう。そこで次に、同政庁が参考にした海峡植民地における煙膏の専売制度について、設置直後の販売実績を検討してみよう。

海峡植民地で煙膏の専売制度が設置される契機となったのは、同政庁が一九〇七年に任命したアヘン調査委員会の勧告だった。この委員会は報告書において、アヘンの吸煙が原因である様々な問題を一掃するには、煙膏の徴税請負制度を植民地政庁が運営する専売制度と置き換え、政庁がアヘンの使用をより緊密かつ厳格に制限すべきだと結論づけたのである(136)。こうした意向を受けて、同植民地の華民政務司を務めるウォーレン・バーンズ（Warren D. Barnes）は、オランダ領東インドとフランス領インドシナにおける煙膏の専売制度を調査し、同様の制度をシンガポールで運営すれば、税収額は現在の請負額を下回るだろうという見通しを示した(137)。ところが、一九一〇年に専売制度が設置されると税収は急速に増加し、一三年には直接経費を除いた収益が過去最高の徴税請負額を上回ったのである(138)。香港政庁が専売制度の設置に踏み切った最大の理由は、この成果を目の当たりにしたためだろう。

メイは一九一四年三月から一二月にかけての専売制度の総売上を二三七万六〇〇〇香港ドルと試算していたが、実際には三五九万四二八四香港ドルに上った(139)。さらに一四年に煙膏の販売から得た徴税額は、直接経費を差し引いても二八二万七八三三香港ドルと過去最高額を記録した。以後翌年から一九年にかけて、香港政庁は毎年歳入総額のうち三〇パーセント以上を煙膏から得た(140)。こうして香港政庁もまた、専売制度を設置することで煙膏からの徴税額を増加させることに成功したのである。

(2) 成功の要因

香港政庁が成功した理由は何だろうか。以下いくつかの要因について、検討を加えてみたい。

第一に、専売制度が設置された後、域内外における煙膏の販売量が増加した可能性が考えられよう。だが、同制度を通じた煙膏の販売はほぼ域内に限られており、しかもその量は減少していた。香港域内で販売された煙膏・アヘン煙灰の売上量は、徴税請負制度が施行されていた一九〇七年三月から一二月までは七五万五〇〇六・六両だったのに対し、専売制度設置後の一四年三月から一二月までは四二万五六八一・八両に留まったのである。[141] 同制度の設置以降、香港製の煙膏は威海衛やニュージーランドの統治下にある西サモアへも供給されるようになったが、それぞれ年間三六〇両および一二〇〇両に過ぎなかった。[142] 一方中国国内では、英中間のアヘン貿易停止に伴い、アヘンの吸煙は一時期沈静化していたが、各地の軍閥が国内の政治的混乱に乗じて一九一六年前後からアヘンの生産を再開させたため、再び全国に広がった。[143] また第六章で検討するように、香港に隣接する澳門では、徴税請負人が域内消費量を大幅に超える煙膏を製造しており、これらは香港を含む各地へ密輸されていた。それゆえ比較的高額だった香港製煙膏の域外への密輸は、ごく一部の富裕層の需要を満たす量に留まったものと思われる。いずれにせよ徴税額の上昇は、販売量の増加が要因ではない。

第二に、新制度のもとでの販売価格の値上げと、製造コストの引き下げが考えられる。確かに政庁は煙膏の小売価格を基本的には引き上げると共に、各地から輸入した生アヘンに加え政庁が押収した密輸アヘンも原料に用いて、生産コストを抑制していた。[144] だが安価な密輸品の流入が続いていたことを想起すれば、以上の施策そのものよりも、これらが効果を上げ得る条件を整備したことのほうが、専売制度の成功にとってより重要だったのではないか。

すると第三に、おそらく最も肝要な点として、香港政庁が専売制度の設置にあたり、最後の徴税請負人との良好な関係の維持に成功したことが考えられる。徴税請負人は、域内の煙膏販売に関する詳細な情報を握っていたため、もし彼らが専売制度の設置をめぐり政庁と対立すれば、これらの情報を開示しないばかりか、他地域から煙膏を密輸して同制度の利益を損なうことも可能だった。第一・二章で述べたように、一九世紀後半には、香港における煙膏の徴税請負権を握ることに失敗した華商が澳門へ移動し、同地を拠点に煙膏を輸出することで、北米や豪州の市場をめぐり香港の徴税請負人と競合するという事態が発生した。香港に専売制度が設置された際には、その市場はほぼ域内に限定されていたため、輸出をめぐり同様の事態が生じる恐れはなかった。だが、域内市場をめぐり密輸との競争が激化する恐れは十分に存在した。すなわち香港政庁は、専売制度に対する潜在的な脅威であった最後の徴税請負人を味方に引き寄せることで、同制度が失敗するリスクを可能な限り回避し、煙膏の小売価格の値上げや生産コストの引き下げが効果を上げ得る条件を整えたのである。

興味深いことに、香港における煙膏の専売制度の設置は、華人の政治的登用をめぐる政庁の方針転換が行われた時期に重なっていた。鍾宝賢の研究が明らかにしているように、香港政庁は一九一〇年代に入ると、立法評議会への華人登用をめぐる従来の方針を変更した。[145] そもそも一八八〇年にポープ＝ヘネシー総督が初めて華人を立法評議会の民間人議員に任命して以来、香港政庁は宣教師との関係が比較的濃厚な人物を華人社会の代表として政治的に重用してきた。一九一〇年までに立法評議会の議員を務めた四名の華人のうち、伍廷芳（一八八〇―八二年在任）、黄勝（一八八四―九〇年在任）、何啓（一八九〇―一九一四年在任）は宣教師による教育を受けており、残る韋玉（一八九六―一九一七年在任）の父親（韋亜光）も澳門のモリソン教育協会（Morrison Educational Society）の出身者だった。すなわち政庁は欧州人の言語や社会慣習を理解するこれらの華人に対して、域内在住華人との間の架け橋となることを期待したのである。ところが辛亥革命を経て、この方針は変更を余議なくされた。香港では広東省の四邑と呼ばれる地方（新会、新寧（台山）、開平、恩平各県）を自身や父祖の故郷とする人々（四邑人）が、孫文を中心とする革命運動を支援していた。さらに一九一二年七月四日に発生したメイ総督の暗殺未遂事件や、同年末から翌年にかけて発生した路面電車ボイコット運動が象徴するように、革命の余波は香港社会にも動揺をもたらしていたのである[146]。一方、イギリス本国政府は孫文らの革命運動を高く評価しておらず、辛亥革命後は北京政府を中国における正統政府として承認した。しかし当時立法評議会の華人議員だった何啓と韋玉は、香港域内における政庁に敵対的な活動を封じることに失敗していたばかりか、孫文を中心とする革命運動を支持していた。すなわち彼らは、政庁にとってもはや政治的に有用な存在ではなくなっていたのである。このためメイは香港社会における四邑人の勢力を抑えるため、革命運動からは距離を置いていた有力者を政治的に登用する方針へ切り替えた。こうした人々の中心にいたのが、劉鋳伯や何東を中心とする香港出身の買辦経験者や欧亜混血人だったのである。

一九一三年二月に煙膏の徴税請負契約が延長された際に、香港政庁との間で取り交わされた契約書に名前が記載されている請負人は、劉鋳伯、何甘棠、陳啓明、梁仁甫の四名である。既に述べたように、彼らは香港華人社会の名望家であり、また劉鋳伯は四邑人によって構成されるグループとは一線を画していた。何東の弟である何甘棠や欧亜混血人である陳啓明についても、その可能性が高かったと言えるだろう。なお契約の延長に際して、香港域内での消費に供される煙膏の原料となる生アヘンは年間五四〇箱、輸出向けの煙膏は年間一二〇箱に制限された[147]。

彼らの多くは華人の政治的登用をめぐる政庁の方針転換に伴い、親族と共に香港における華人社会の階梯を上りつめていった。劉鋳伯は香港政庁の任命により、一九一三年に立法評議会の民間人議員に就任した。続いて一七年には、何東の弟で何甘棠の兄にあたる何福が同議員に任命され、さらにその翌年には、陳啓明もまた劉鋳伯の代理として一時的にこの役職を務めた[148]。彼らにとって、香港政庁との専売制度の設置へ向けた協力は、より包括的な関係構築へ向けた重要な機会となったと考えられる。

最後に、本章で扱った時期の政庁歳入における煙膏からの収入が占める割合を一瞥しておく。図3―2に明らかな

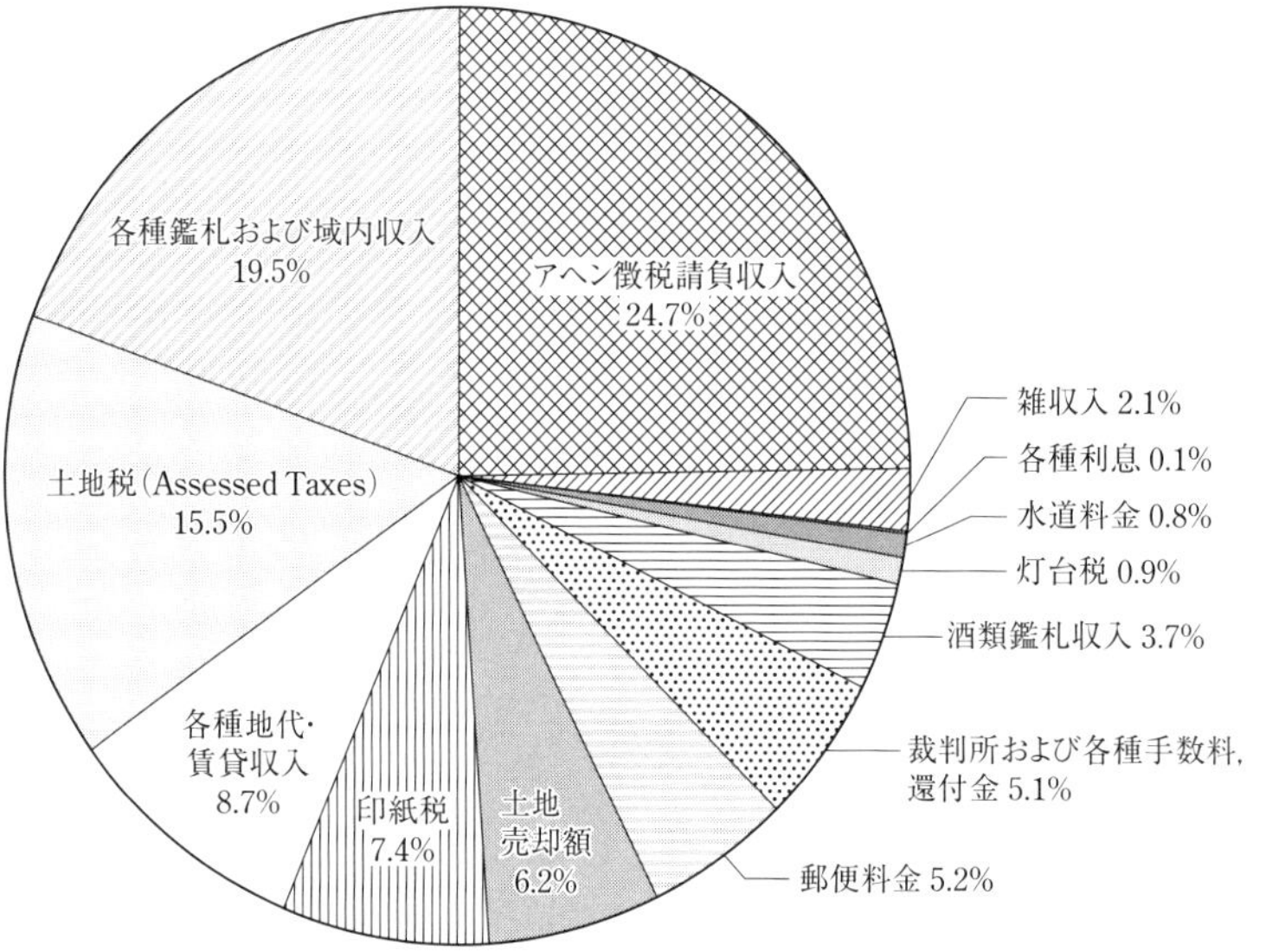

図 3-3　香港政庁歳入の内訳（1904 年）

出典：*Hongkong Blue Book* (CO 133), 1904.

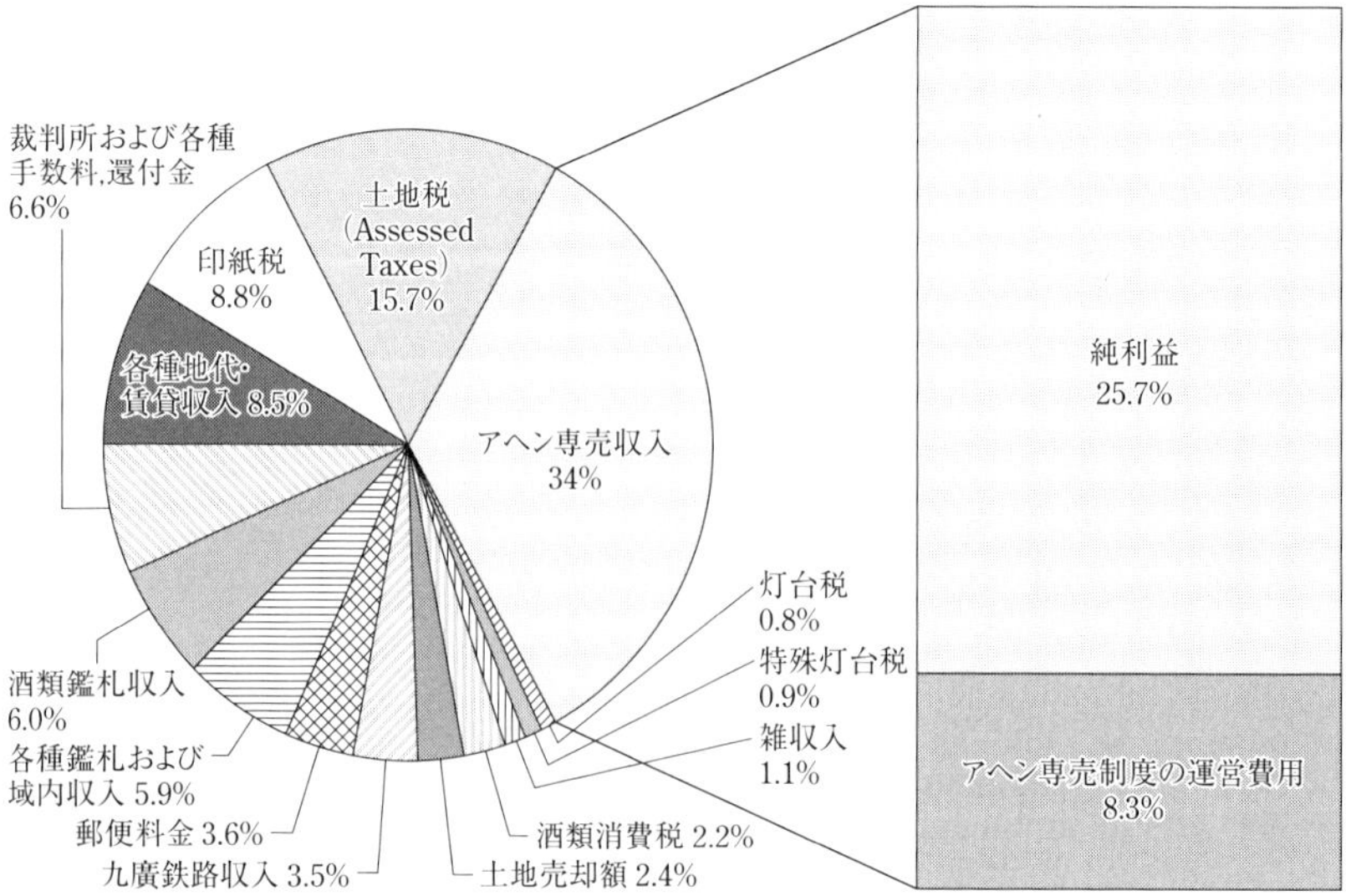

図 3-4　香港政庁歳入の内訳（1914 年）

出典：*Hongkong Blue Book* (CO 133), 1914.

とおり、二〇世紀以降の香港における政庁歳入と煙膏収入の推移は概ね並行して推移し、一九一四年には煙膏の専売制度設置を機に政庁収入は一挙に増加した。なおこの間、一九〇九年には煙館の閉鎖に伴う歳入の減少に対応するため、酒類の消費税が導入された。さらに一六年には、タバコ税も導入されることになる。こうした香港政庁の施策は、将来的に減少することが予想される煙膏からの収入に代わる、新たな財政基盤を獲得しようとする思惑の現れであると言い得よう。ただし次章で検討するように、煙膏からの収入は二〇年代に入ってもなお、政庁財政において重要な位置を占め続けたのである。

小　結

一九世紀末期から二〇世紀初頭にかけての、東・東南アジア各地における煙膏の専売制度の設置、中英間のアヘン貿易停止へ向けた合意、さらにアヘン・麻薬類の規制へ向けた国際的な取り組みは、香港における煙膏の小売制度運営をめぐる環境を激変させた。まず、香港と北米・豪州を結ぶ煙膏の合法的な供給網が切断された。香港における煙膏の徴税請負制度の発展は、同港の持つ華人の移出港という性格に多くを負っていた。ところが一九世紀中葉以降、西洋におけるアヘン観の変化と、華人の移民先である北米と豪州における排華運動の高まりにより、これらの地域におけるアヘン吸煙には批判が集中した。さらに香港における煙膏の徴税請負権をめぐる華人間の競争や、香港政庁の思惑が外れたことにより、香港からこれらの地域への煙膏の輸出は衰退を余儀なくされていった。次に、アヘン・麻薬類の乱用を規制するための国際協力が始まったことにより、香港における煙膏の販売政策もまた、その影響を受けるようになった。これ以降、香港政庁やイギリス政府の植民地省に勤務する官僚は、従来のように香港政庁の利益のみを考えてアヘン政策を立案することはできなくなったのである。

こうした状況のもと、香港では煙膏の徴税請負制度が廃止され、新たに政庁直轄の専売制度が発足した。この制度改変の意義は次の三点に要約される。第一に、本国政府と香港政庁は、徴税請負人による煙膏の販売への関与を禁じることで、徴税請負制度をめぐる批判を回避した。第二に、香港政庁は専売制度の運営を通じ、煙膏からの徴税額を増加させた。第三に、最後の徴税請負人の多くは、専売制度発足をめぐり政庁との関係を強め、さらなる社会的・経済的成功への道を切り開いた。なお香港政庁は、折しも辛亥革命の影響下で生じた香港域内における社会的な混乱に直面し、華人の政治的登用方針を転換していた。このように本国政府、香港政庁、そして最後の徴税請負人の多くは、アヘン吸煙に敵対的な世論や国際関係の動向、さらに辛亥革命の展開といった危機を、むしろ各々の目的を達成するための機会として利用したのである。

従来、イギリスは香港を統治するにあたり、現地華人社会に直接容喙することはなるべく控え、代わりに現地の事情に詳しい華人在住者へ依存する方針を採用してきた。それゆえ香港政庁によるアヘン専売制度の設置は、国際世論の影響下で、政庁が直接煙膏の販売を管理するようになり、さらに税収を増加させることに成功したという点において、いわば統治政策の近代的な再編と捉え得るだろう。

ただし香港政庁にとって、規制を強化するために設置した煙膏の専売制度が従来よりも多額の税収をもたらしたことは、対外的に決して体裁のよいものではなかった。そのためこの問題は第一次世界大戦の終結後に、改めてイギリス本国政府の関心を集めることになるのである。

第四章　連盟外交をめぐるジレンマ

はじめに

二〇世紀初頭に始められた、アヘン・麻薬類の規制を目的とする国際協調は、第一次世界大戦の勃発により一時的に頓挫した。しかし大戦が終結すると、新たに成立した国際連盟のもとには、アヘンおよび危険薬物の取引をめぐる諮問委員会（Advisory Committee on Traffic in Opium and Other Dangerous Drugs、通称 Opium Advisory Committee、以後ＯＡＣと略）が設置され、ついにこの問題をめぐる各国間の協力は国際体制のもとで進められることとなった。この結果、自国領内でアヘンの吸煙が行われていた国々の政府は、国際社会からの批判を引き起こす危険性を顧慮せずにアヘン政策を決定するわけにはいかなくなったのである(1)。

一方、香港をはじめとする東・東南アジアのイギリス領植民地では、未だにアヘンの吸煙が行われていた。このため戦間期には、ＯＡＣを中心にアヘン・麻薬類の規制を推進しようとする国際連盟に対する外交政策と、香港を含む東・東南アジアにおける各植民地でのアヘン政策をいかに連携させるかが、イギリス帝国の運営をめぐり重要な課題となったのである。

本章では戦間期におけるイギリス帝国のアヘン政策を、同国の対連盟外交と香港における施策の相関に着目して検討する。具体的には、一九二九年から翌年にかけて連盟によって派遣された極東アヘン調査委員会をめぐり、その発案から同委員会の勧告を検討したバンコク会議の帰結に至るまでの過程を取り上げる。この調査委員会の原案は香港政庁の官吏によって提起されたもので、実現までの経緯には、イギリス本国政府の対連盟外交や植民地政策をめぐる香港政庁の思惑が濃厚に反映されていた。そのため、前述した論点を検討する上で好例となるが、香港のアヘン政策を扱った先行研究ではこの点をめぐる検討が不十分である(2)。

以下第一節では、第一次世界大戦中のイギリス本国における動向を概観する。第二・三節では、一九二四年から二五年にかけて開催されたジュネーヴ国際アヘン会議の経緯と、その後の状況の変化を確認する。さらに第四・五節では極東アヘン調査委員会の派遣と、その提案を受けて開催されたバンコク会議の議論を検討する。小結では、戦間期におけるアヘン吸煙の規制を目的とした国際協調の意義についてまとめる。

一　第一次世界大戦中の動向

一九一五年四月にリバプールで、ある華人によるアヘンの密輸事件が摘発された。調査の結果、この容疑者はイギリス本国やアメリカなどアヘンの吸煙を禁止した各国、海峡植民地や香港といったイギリス領植民地、さらに中国を結ぶ船舶の華人乗組員を通じて、広範な密輸活動を行っていたことが明らかとなった(3)。一方、リバプールのアルフレッド・ホルト商会（Alfred Holt & Co.）はイギリスの外務省と植民地省へ、同社が代理人を務める会社が所有するイギリス船舶を利用した中国へのアヘン密輸が絶えないと訴え、この問題への対応を促した(4)。

植民地省にとってイギリス国内における法規制は管轄外だったが、省内では海峡植民地や香港での密輸が増加した場合、これらの地域における税収が減少することを危惧する声が挙がった(5)。このため同省は関係各省へ、この問題を検討するための省庁間会議の開催を提案したのである。

一九一六年六月一九日に植民地省で開かれた省庁間会議には、同省をはじめ内務省、外務省、商務省、間接税税務局（Board of Customs and Excise）、枢密院局（Privy Council Office）の代表者が参集した。この会議の要点は内務省を代表して会議に参加した同省の事務次官補を務めるマルコム・デルヴィーン（Malcolm Delevingne）が、イギリス本国からの密輸対策をめぐる同省の主導権を確立したことである。[6] 彼は密輸の摘発を行う警察の権限が内務省の管轄下にあることを理由に、同省が中心となってこの問題への対応を担うべきだと主張した。[7] さらに彼は一九一六年に各方面との協力のもとで、国土保護法（The Defence of the Realm Act）へ国内における麻薬使用を制限するための条項を組み込むことに成功した。これにより一般市民は医師の処方箋にもとづいて薬剤師から購入しない限り、アヘンを含む薬物やコカインなどの麻薬を所持することができなくなったのである。以後彼は戦間期に至るまでおよそ二〇年間にわたり、イギリス帝国におけるアヘン・麻薬類の規制に一貫して主導的な役割を果たすこととなる。[8]

この会議の経緯は、一九二〇年代以降のアヘン問題をめぐるイギリス帝国の対応を考える上で示唆的である。植民地省は主に各地におけるアヘン煙膏の売上への悪影響を懸念していたのに対して、内務省はあくまでも本国におけるアヘン・麻薬類の取り締まりを念頭に置いていた。戦間期に国際連盟が成立し、イギリス帝国内のアヘンをめぐる政策目標をすり合わせる必要性が生じると、このような各省間の意識の相違が個々の問題への対応をめぐり影響を与えることとなった。そして香港におけるアヘン専売制度の運営もまた、このような本国政府内部における省庁間の対立から自由ではいられなくなってゆくのである。

二　ジュネーヴ国際アヘン会議と香港

(1) 会議をめぐる各省の対応

国際連盟は第一次世界大戦後、平和や人道・社会問題をめぐる国際協調を推進させることで、従来の国家間関係を変革する可能性を秘めた組織として成立した。世界各地に版図を広げていたイギリス帝国にとっても、自由貿易の促進や各植民地の経済的発展をはかる上で、国際平和の維持は不可欠の前提だったと言えるだろう。それゆえイギリス本国では多くの政治家や市民が国際連盟の活動に期待を寄せ、積極的な関心を示したのである。

一九一九年に制定された国際連盟規約は、連盟がアヘン・麻薬類の取引をめぐる取り決めについての監視を担うよう定めた。この目的のため理事会の諮問機関としてOACが設置され、アヘン・麻薬問題はここを中心に討議されることとなった。同委員会には連盟側の人員に加えて、東・東南アジアにアヘンの吸煙が行われていた領土を持つ国々、すなわち中国とシャムをはじめ、イギリス、フランス、オランダ、日本、ポルトガルの各代表、さらにアヘンの生産・輸出地であるイギリス領インドの代表としてインド高等文官出身のイギリス人が参加していた(9)。

一方イギリス本国政府内では、アヘンをめぐる政策決定に関与していた主な省庁の姿勢に相当な開きがあった(10)。前述した植民地省とイギリス領インドを管掌するインド省は、アヘン販売からの収益が税源の一部となっていたために、アヘン政策の急激な転換には批判的だった。他方で内務省はデルヴィーンをはじめ、イギリス帝国の内外を問わずアヘン・麻薬類の規制を積極的に推進させる必要があると考えていたのである。彼は第一次世界大戦が終了すると一九二〇年に危険薬物法（The Dangerous Drugs Act）を制定させて、前述した国土保護法における規定を万国アヘン条約で定められた指針に沿う内容へ拡大させることに貢献していた(11)。さらに対連盟外交を担っていた外務省も、この問題が他国との関係に悪影響を与えることを懸念して慎重な態度をとっていた。

こうした各省の態度は、一九二四年一一月から翌年二月にかけてジュネーヴで開催された国際アヘン会議へ至るまでの経緯で明らかとなっていった。この会議に先立ち香港ではメイの後任として香港総督に就任したスタッブスのみならず、彼が任命した植民地長官やその補佐役であるアーサー・フレッチャー（Arthur George Murchison Fletcher）などの政庁官吏、華人を含む行政評議会の民間人議員、そしてロンドン伝道師会の現地代表によって構成される委員会もまた、デルヴィーンが求めていた吸煙者の登録・許可制度の全面的な導入や、政庁による煙膏の供給停止といった政策に否定的な態度を示していた。香港では金山（Kamshan）というブランドの、インド産アヘンから作られた高級煙膏の吸煙者のみを対象とする登録制度が施行されていたが、その管理は困難だった。また隣接する中国の広東省からは、香港の官製品より安価な煙膏が大量に流入しており、その防止は容易ではなかった。さらにフレッチャーはイギリス本国へ一時帰国した際に省庁間会議で、華人は明らかに断固としてアヘンを吸い続けようとしていると指摘し、アヘン規制の過度な厳格化は政庁からの華人民心の離反を招き、香港というイギリス領植民地の喪失につながりかねないと警告した。そして煙膏の供給を絶つ前に吸煙を禁じるのはごまかしに過ぎないと述べ、政府が連盟に対してアヘンが吸煙されている各地へ調査委員会を派遣するよう提案すべきだと力説したのである。

ここで注意すべきは、香港政庁は専売制度の設置以降、従来にも増してその歳入の大きな部分を煙膏からの収入に依存するようになっていたことである。図3—2（八四頁）および図4—1から明らかなように、政庁歳入に占める煙膏からの収入の割合は、専売制度の導入以降急激に増加した。その後一九一九年からは減少傾向に入ったが、それでも前述した省庁間会議が開かれた一九二四年には、政庁歳入のおよそ二一・三パーセント（煙膏の売上高から専売制度の運営費用を差し引いた場合には一八・四パーセント）が煙膏の販売によってもたらされていたのである。香港政庁が政庁財政への悪影響を懸念したがゆえに、従来の方針から逸脱する政策を忌避した可能性は高い。

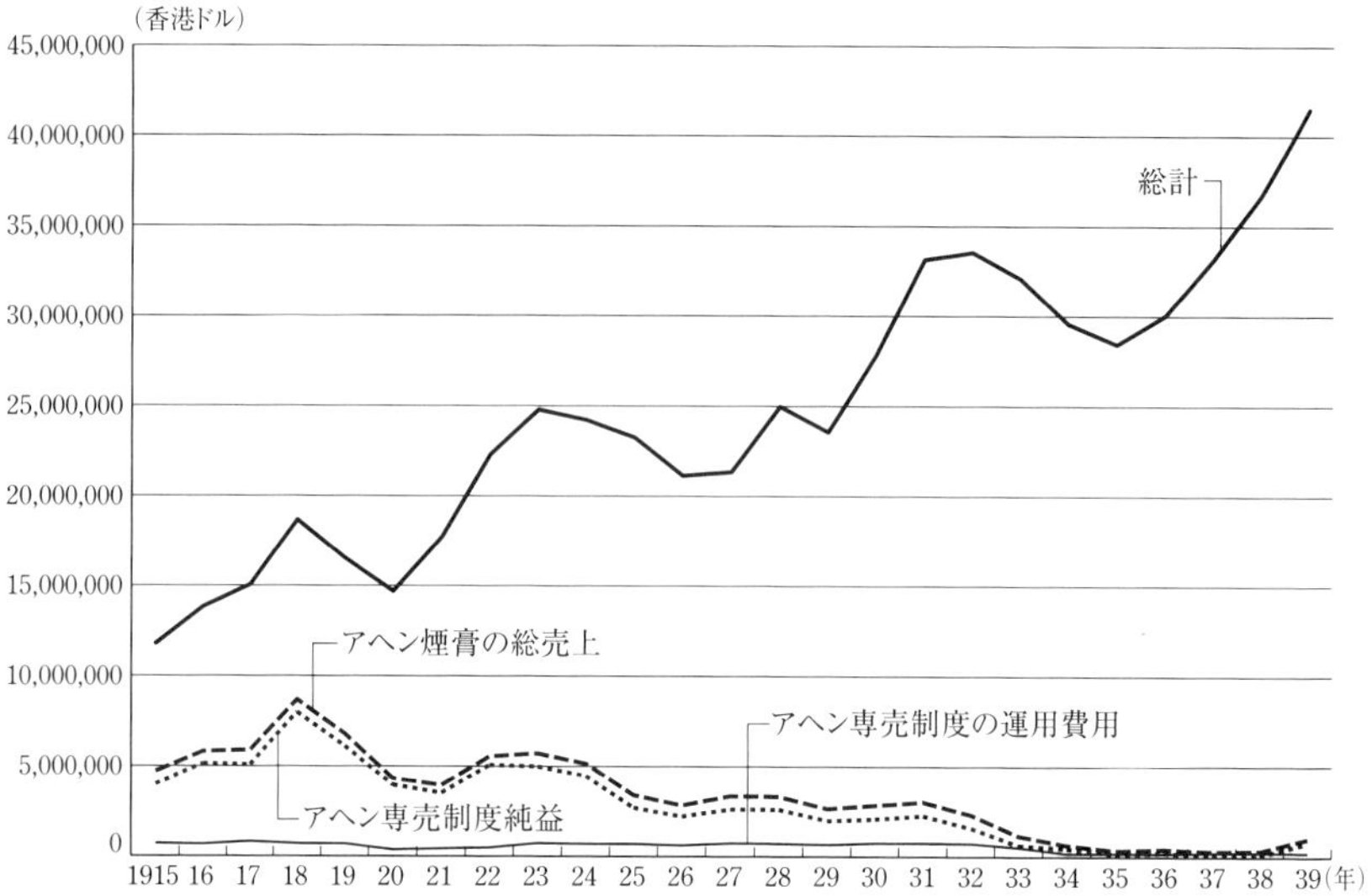

図 4-1　香港政庁歳入に占めるアヘン税収の変化（1915–1939 年）

出典：総収入および煙膏の総売上高（1915–1938 年）；*Hongkong Blue Book* (CO 133), 1915–1938; *Administrative Reports for the Year 1939*, p. 43.／専売制度の運営費用および 1939 年に関する全項目；Norman Miners, *Hong Kong under Imperial Rule, 1912–1941* (Hong Kong: Oxford University Press, 1987), p. 232 table 9. 運営費用については図 3-2 (84 頁) の注も参照せよ．

一方OACではアメリカ代表が、医・科学的用途以外のアヘン使用を禁止するよう強硬に主張していた。そこでデルヴィーンはイギリスの関係各省に、政府が一定の猶予を置いた後でアヘン吸煙を禁絶させると宣言するという案を提示した[18]。だが、香港政庁のみならず海峡植民地政庁も難色を示したので、植民地省で事務次官補を務めるサー・ギルバート・グリンドル (Sir Gilbert Edmund Augustine Grindle) はやむを得ず同省単独で、香港では比較的容易にアヘンに代わる財源を見出すことができるものの、歳入の多くをアヘンに頼っているイギリス領マラヤの状況へ各国の関心を向けないようにするため、これを実施すべきではないとする見解をまとめた。そして、連盟が任命する委員会による各植民地の調査や勧告を受け入れる用意があると述べたのである[19]。外務省もまた、東・東南アジアの各植民地における調査の必要性を主張すべきだと考えていた[20]。それに対し内務省は新たに用意した覚書のなかで、山西省におけるアヘン禁煙政策の成功を引き合いに出し、各

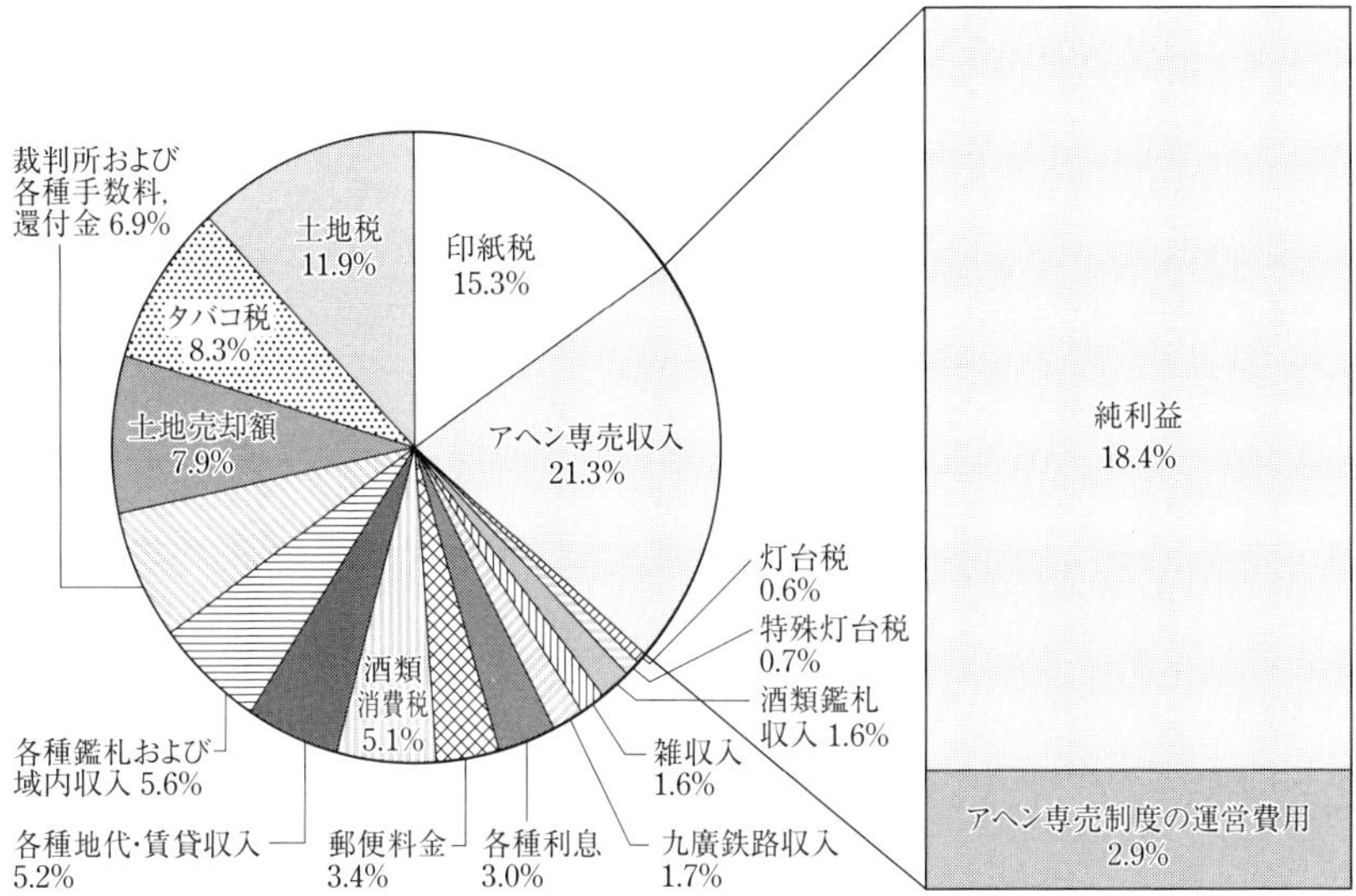

図 4-2　香港政庁歳入の内訳（1924 年）

出典：*Hongkong Blue Book* (CO 133), 1924; Norman Miners, *Hong Kong under Imperial Rule, 1912–1941* (Hong Kong: Oxford University Press, 1987), p. 232 table 9.

植民地総督の見解を批判した[21]。これら各省まちまちの意見は、マクドナルド労働党内閣が突然瓦解したためデルヴィーン、グリンドルおよび外務省の代表によって調整された。そして結果的に私営の煙膏小売業の原則的廃止や、アヘン吸煙が許可されている植民地からのアヘン輸出の禁止等を求める一方、米国人を代表とした、東・東南アジアの各植民地におけるアヘン事情を調査するための委員会の設置を連盟へ提案すべし、とする訓令がまとめられた[22]。

(2) 会議の経過

一九二四年一一月に開幕したジュネーヴ国際アヘン会議は、東・東南アジアにおける植民地でのアヘン吸煙の禁絶を主な目的とする第一会議と、アヘンの生産と麻薬の製造の制限を主な目的とする第二会議で構成されていた。第一会議にはアヘンの吸引が行われている領土を保有するイギリス、フランス、オランダ、日本、ポルトガル、シャムそして中国に加え、インド政庁の代表が参加したのに対し、第二会議には世界各地から四一か国の代表が参加し、それぞれ第一・第二アヘン条約が締結された(23)。

デルヴィーンはこの会議で香港における状況を、中国を批判するための根拠として用いた。彼は第一会議で、香港では中国からの密輸があまりにも多いため、吸煙者の登録制度の施行は難しいと述べて中国政府を非難した。また中国からの密輸が原因で取り締まりが袋小路に陥っているという印象を会議に与えることにより、自国領の規制をめぐる批判を回避しようとしたのである(24)。

さらに前述した調査委員会案は、アメリカから譲歩を引き出すための打開策として提示された。アメリカ代表のスティーヴン・ポーター（Stephen G. Porter）は第二会議において、第一会議がその目的を達成できなかった場合には、煙膏の規制も対象に加えるよう議事内容の変更を提案する旨を声明し、第一会議の参加国に衝撃を与えた(25)。これを受けてイギリス政府は米国務省へ、調査委員会案をめぐる協力を要請した。ところが、この要請は拒否されてしまったのである(26)。

翌二五年一月にイギリス本国政府内では、新たに会議への首席代表に任命されたランカスター公領尚書セシル子爵（1st Viscount Cecil of Chelwood）のもとで、新しい提案内容がまとめられた。これは東・東南アジアの植民地におけるアヘン吸煙を、国際連盟の調査委員会が中国からの密輸の危険性が除去されたと認めてから一五年以内に禁止する、という内容だった(27)。だが第二会議でポーターはこの内容に逐一批判を加えて受け入れを拒否し、中国代表の施肇基も各国に対してアメリカへの同意を促した(28)。各国は折衝を続けたが結局妥協点を見出すことができず、ついに米中両国代表はジュネーヴ国際アヘン会議から脱退した。

最終的に締結された第一・第二アヘン条約は、香港におけるアヘン政策にほとんど影響を与えなかった。だが香港政庁による調査委員会の提案は、形を変えながらも国際条約の一部として具体化されることになった。第一アヘン条約の議定書第三条では、各地においてアヘン吸煙を禁止し得る環境が整ったことを確認するために、連盟の理事会が委員会を任命するよう定めていたのである。[29] 一方会議におけるイギリス帝国のアヘン政策をめぐる批判は、同国政府関係者の心に深く刻まれることとなった。

三　ジュネーヴ会議後の展開

(1) アヘン生産国をめぐる変化

ジュネーヴ国際アヘン会議の閉幕後、生アヘンの生産をめぐり二つの重要な変化が生じた。まず、インド政庁がアヘン政策を抜本的に転換した。会議以前からインド政庁はマハートマ・ガーンディー（Mohandas Karamchand Gandhi, Mahatmaha は偉大なる魂という意味の称号）らのアヘンの禁絶を求める運動に苦慮していた上、イギリス本国政府と共にインド産アヘンの密輸に頭を悩ませていた。[30] さらにインド政庁代表はジュネーヴ国際アヘン会議において、アヘン政策をめぐり各国からの厳しい批判を受けていたのである。こうした要因が重なり、インド政庁は一九二六年七月に、植民地省の強い懸念にも拘らず、生アヘンの輸出量を段階的に削減し、三五年を最後に停止するという決定を下した。[31] 次にこの決定を受けて、国際社会の関心がイランに集まった。当時ＯＡＣでは同国からの密輸が深刻な問題として捉えられており、連盟は二六年三月にイランへアヘン調査委員会を派遣していたのである。[32]

以上の変化は各植民地への生アヘン供給に影響を与えた。当時イギリス領マラヤと海峡植民地ではアヘンの消費量が増えており、イギリスはこれらの地域へ新たに生アヘンを供給する必要があったが、イランからの輸入は外交的に好ましいとは言えなかった。[33] こうした状況を重く見たセシルによる提案が契機となり、一九二七年四月にはスタンレー・ボールドウィン[34]（Stanley Baldwin）首相により、セシル、内相、植民地相、外務省の代表者からなる委員会が任命された。さらにこの委員会からの報告を受けて、内閣は六月に関係省庁の代表者によって構成される常設省庁間諮問委員会（Inter-departmental Opium Committee、以下ＩＤＯＣと略）を設置した。ＩＤＯＣの長にはデルヴィーンが就任した。[35]

後藤春美が指摘するとおり、アヘン吸煙を将来的に禁絶させるというイギリス本国政府の姿勢は、この決定によって明確になったと言い得るだろう。[36] 同政府は伝統的に植民地を統治する上で、総督を中心とする現地駐在者の意見を最大限尊重していた。だがアヘン政策に関しては、これ以降本国からの統制が以前よりも強まりを見せてゆくのである。

(2)　クレメンティによる新政策の頓挫

この間香港では、一九二五年六月から翌年一〇月にかけて発生したストライキ・ボイコット運動（省港大罷工）の影響で、二六年における専売アヘンの販売量が二年前のほぼ七分の四（一九万五二二四両）にまで低下していた。[37] このため新総督に就任したクレメンティ[38]は、独断で新たなアヘン政策の施行に踏み切った。第三章で指摘したように、彼は一九〇〇年代に香港でのアヘン消費をめぐる調査を行っていたほか、上海アヘン調査委員会にも参加しており、この問題をめぐる自らの見識には自信を持っていたのである。

香港政庁は一九二七年一〇月七日付の電報で突如植民地省へ、新政策のもとで煙膏の売上が急増したと伝えた。そもそも香港では前述した金山ブランドが一五香港ドル／両、インド産アヘンと押収されたイラン産アヘンを調合した香港＝ベンガル・ブランドが一四・五香港ドル／両で販売されていたが、香港政庁は同月三日に後者の販売を停止し、インド産アヘンと押収されたアヘンを調合した藍封条（青ラベル）ブランドを八・三三香港ドル／両、押収されたアヘンのみで製造された紅封条（赤ラベル）ブランドを六・六六香港ドル／両で新たに発売した。すると一日あたりの販売量が四倍（二〇〇〇両）に増加したのである。このため同政庁は植民地省へ、イランから一ヶ月あたり四〇箱のアヘンを購入すべく交渉を始めること、かつ一二月一日までにこの供給が受けられない場合には、海峡植民地から八〇箱のイラン産アヘンを借用することを認めるよう求めた。(39)

グリンドルはIDOCでこの政策を密輸対策として試験的に承認するよう求め、また香港政庁は密輸業者との競争や域内の総消費量を抑制することの重要性を強調して新政策を正当化した。(40)だがデルヴィーンは外務省の代表者と共に、さらなる輸入は許可すべきではないと主張し、この問題は閣議へ付託されることとなった。植民地省は閣議へ提出する覚書で、香港政庁が新政策を施行したのは密輸への対抗が目的だったと指摘し、もしこれを継続できなければ「面子」を失うだろうと述べた。(41)一方、デルヴィーンの側は外務省と共同で覚書を作成し、密輸業者を永久に放逐する見込みがないことや、連盟によるイランのアヘン生産削減へ向けた努力と相反することを理由に、この求めを否認するよう主張した。(42)

ボールドウィン内閣は一一月二三日の閣議でこの問題を検討した。外遊中だった植民地相の代理として出席したウィリアム・オームズビー＝ゴア（William George Arthur Ormsby-Gore）政務次官は、一九二八年末までの需要量の購入が認められれば満足だと述べたが、外相と内相を納得させることはできず、新政策は原料不足のために打ち切られる見通しとなった。(43)ただし同時に、国際連盟へ香港におけるアヘン規制がいかに困難かを示す覚書を提出し、アヘン吸煙問題を調査するために、東・東南アジアへ委員会を派遣するよう求めることも決定されたのである。(44)

四　国際連盟極東アヘン調査委員会の派遣

一九二八年一月にイギリス本国政府内ではIDOCが開かれ、アヘン調査委員会の派遣案について関係各国へ事前に連絡することが決められた。連盟への提案には、中国からの密輸が莫大な量に上ることを示す証拠が添付されることとなった(45)。

こうして準備された覚書では、第一アヘン条約締結国の領土における調査が示唆されていた。だが八月に開催された連盟の理事会では、フランス、日本、オランダの各国代表が中国も対象に含めるよう希望したのである(46)。このためイギリス外務省は駐南京総領事を通じ、中国の王正廷外交部長へ連盟に送付した覚書とイギリスの意図を述べた書簡を渡した。こうした動きを受けて、九月八日の連盟理事会で中国代表の王景岐は、中国人の参加や対象範囲を世界中のアヘン・麻薬類の生産国へ拡大することを条件に、調査委員会を受け入れると述べた(47)。しかしながら、結局連盟は総会においてイギリス案に沿う決議を採択し、翌年三月にはスウェーデンの外交官であるエリック・エクストランド(Erik E. Ekstrand)を委員長とする調査団が任命された(48)。

この間イギリス本国では、一時帰国した香港の輸出入監督官を務めるジョン・ロイド(John D. Lloyd)が植民地省へ、香港政庁は実質的に財源を確保するだけのために専売制度を維持していると述べ、密輸への対抗を強調していたクレメンティとは逆の見解を示していた(49)。クレメンティは一月に新政策が打ち切られたことを悔やんでおり、一時帰国の折にIDOCの会合で、裕福な者のみが官製アヘンを吸煙している状況に鑑み、現在の政策は「単なるでため」だと批判した。しかしデルヴィーンは、内閣の決定を再考することはできないと主張して譲らず、結局会議では密輸の規制をめぐり、調査委員会が派遣されるまでは現行策を継続するという暫定的な合意しか成立しなかったのである(50)。

翌年クレメンティは別の計画を植民地省へ伝え、その実施を請願した。これはインド産アヘンの輸入量減少に伴う不足分をイランから購入すると共に、現在販売されているブランドの価格を引き上げ、新たに一〇香港ドル／両の安価な煙膏を発売するという内容だった(51)。ところが植民地省がアヘンの在庫量や密輸の押収予想量などについて細かく質問すると、香港政庁は約二年分の消費を賄うのに十分なインド産アヘンの在庫を抱えており、現在の在庫と予想供給量は予想消費量を上回っていると回答したのである。このため植民地省は、調査委員会の結論が出るまで現在の政策を逸脱することは認められないとクレメンティへ伝えた[52]。彼は翌月改めて煙膏の販路拡張を植民地省へ促したが、同省の反応は冷たかった[53]。

極東アヘン調査委員会は一九二九年九月四日にジュネーヴを出発し、イギリス領ビルマ、イギリス領マラヤ、オランダ領東インド、シャム、フランス領インドシナでの調査を経て翌年一月一一日に香港へ到着すると、澳門と広東への訪問を挟みつつ二月一日まで同地に滞在した。さらに一行はフィリピンに赴いた後、再び香港を経由して台湾、上海、大連、奉天を訪れ、朝鮮半島を縦断して日本へ渡り、四月一二日に横浜から帰途に就いた。香港で同委員会は政庁官吏をはじめ、立法評議会や行政評議会の民間人議員、宗教関係者、財界人、著名な華人、医師、果てはアヘンの小売業者や路上の苦力《クーリー》にまで面会している。その結果、委員会は香港でのアヘン政策について、一九二七年に実施された販売政策をめぐり、政庁は一〜二年間これを継続させて明確な結論を導くべきだという意見で一致していると報告した。さらにすべての訪問先で収集した調査結果をもとに、同委員会は東・東南アジア各地におけるアヘン政策全般をめぐり、⑴各国同様の規制策の採用、⑵アヘン問題をめぐる科学的調査の推進、⑶ケシ栽培の規制をめぐる国際協調、⑷アヘン吸煙に対する反対運動の展開、⑸密輸に対する国際協調、⑹官制アヘンを認識する方策の採用、⑺アヘン貿易の規制、⑻官制煙膏の小売価格の引き下げ、⑼政庁による小売店運営を含む煙膏販売の専売化、⑽煙膏販売の現金による購入のみへの制限、⑾吸煙者の登録・管理制度の整備、⑿二一歳未満の者によるアヘン吸煙の禁止、⒀アヘン吸煙の公共の吸煙所への制限、⒁アヘン吸煙用パイプの管理・消毒、⒂煙灰の管理、⒃アヘン中毒者の治療促進、⒄アヘン収入の特別予算化と、その使途のアヘン関連事業への制限、⒅アヘン吸煙問題への対応を目的とした連盟事務局の設置、⒆アヘン規制をめぐる年次報告書の連盟への提出、⒇万国アヘン条約およびジュネーヴ第一アヘン条約の改正、を骨子とする勧告を行った[54]。

なお調査委員会は、中国におけるアヘン問題についても非公式に情報を収集していた。このためイギリス政府は中国産アヘンのイギリス領植民地への密輸に関する情報を提供したが、東アジアにおける国際関係への悪影響を懸念し、駐日大使と駐華公使には、中国における日本の統治地域と上海の租界に関する情報を渡さないよう命じていたのである[55]。同委員会の報告書が連盟へ提出されると、OACの中国代表である呉凱声は、中国に関する根拠の薄弱な情報を大量に含んでいるとしてその内容を批判した[56]。

五　バンコク会議

一九二九年七月にイギリスは第一アヘン条約の署名国へ、調査委員会の報告書が提出された後に、同条約第一二条で定められた国際会議を開催するよう提案した[57]。翌年シャムがバンコクでの開催を提案すると各国も賛成し、三一年一月の理事会で決議された[58]。

調査委員会の報告書が提出されると、イギリス本国政府内では自国の政策と相反する勧告が論点となった。植民地省は、報告書が全体としてアヘン吸煙の禁止よりも規制を重視している点を評価し、(8)値下げは好意的に受け止めたが、(11)登録・管理体制の整備、(13)吸煙所への制限、(17)アヘン収入をめぐる制限には否定的だった[59]。二月一九日に開かれたIDOCでは、煙膏の値下げについては植民地政庁の報告に基づき政府が結論を出すという方針が合意され、登録・管理制度については香港政庁へ実現に向けて何ができるかを報告するよう求めることとなった。一方公共の吸煙所については、各政庁へ設置費用の支出を強いることになるため植民地省が難色を示し、アヘン収入をめぐる制限についても慎重論が目立った。このほか各省は米中両国代表の会議参加は望ましくないという意見で一致したが、アメリカに関しては外務省がオブザーバーとして招請する可能性を検討することとなった。またデルヴィーンは、香港の煙膏の小売店がほかの品物も扱っているという報告書の記述を指摘し、この点が第一アヘン条約に抵触するという見解を示した(60)。

一方、クレメンティの後任として香港に赴任したサー・ウィリアム・ピール(61)（Sir William Peel）総督は、右記の(8)(11)(13)に加え、(9)小売店の運営を含む専売化が現在の施策とは異なると指摘した。そして値下げには同意したが、現状では赤字に陥ることが避けられないので即時実施はできないと述べ、吸煙所の設置や吸煙者の登録・管理制度の整備についても否定的だった。さらに現行制度のもとでは、政庁から認可を受けた業者が売上に関係なく一定の給与のもとで煙膏の小売に従事しているため、この措置は第一アヘン条約に則ったものだと主張した。一方(17)アヘン収入をめぐる制限については、調査委員会の勧告に賛成した(62)。

七月一七日には、香港政庁から派遣された植民地長官補佐のデーヴィッド・トラットマン（David W. Tratman）を交えてIDOCが開かれた。値下げについては、本国政府や全植民地政庁の意向に反しており、フランスも拒否するものと予想されたことから、反対することが決まった。吸煙者の登録・管理については、海峡植民地で施行されている登録制度以上のものに同意すべきではないことが確認された。吸煙施設の設置は、シャム以外の関係国がすべて反対していたので、ほぼ確実に否決されるものと予想された(63)。さらに同月二八日に開かれたIDOCには、OACでオランダ代表を務めるW・G・ファン＝ウェタム（W. G. Van Wettum）が招かれ、小売価格の引き下げと吸煙所の設置をめぐり、イギリスとオランダは同様の見解を抱いていることが確認された。また吸煙者の登録・管理制度やアヘン収入をめぐる制限についても、双方の見解には大差がないことが明らかとなった(64)。こうした事前協議は、米中代表への対応に苦慮したジュネーヴ国際アヘン会議の経験を教訓とする善後策だったと言えるだろう。

このようにイギリス政府はオランダと並んで煙膏の値下げに反対する意向だったが、当時海峡植民地総督へ転任していたクレメンティは、調査委員会の勧告が公表されるとグリンドルへ、イギリス領マラヤの各植民地政庁はオランダ領東インドとシャムの当局と共に、煙膏の値下げについて協議を始めるべきだと主張していた。[65] さらにこれが却下された後も、シャム、フランス領インドシナ、オランダ領東インドそして香港政庁の専売局長へ、値下げを奨励するつもりでいたのである。[66] だが一〇月一九日にペナンで開かれた、バンコクへ向かうイギリス帝国代表団とイギリス領マラヤ職員の会合で、彼はデルヴィーンらの反論を退けることができなかった。[67]

なお外務省は、イギリス以外の関係国がアメリカと中国も何らかの形で会議へ参加すべきだと考えていたことから、両国の参加は望ましくないとする立場にこだわる必要はないと判断した。[68] 連盟理事会は米中両国政府の招聘を決議し、中国はこれを拒否したが、アメリカはオブザーバーとしての参加を決定した。[69] こうした両国の対応は、会議を目前に控えて満洲事変が勃発したため、結果的に参加各国にとっては議事を円滑に進める上で好都合だったと言えるだろう。

バンコク会議は一九三一年一一月九日に開幕した。[70] デルヴィーンは二日目の演説で、香港については満足な進展を報告することができないことを認め、安価な密輸アヘンで溢れているにも拘らず、官製アヘンの価格は為替相場の影響で引き上げられたと述べた。また一〜二年前までは密輸される生アヘンのほとんどが中国産だったが、最近では一度中国へ輸入された後に持ち込まれるイラン産の押収量が増加していると指摘した。さらに彼の発案で四か国の代表から構成される起草委員会により、各地への密輸が絶えない中国のアヘン状況に関する宣言が作成されることとなった。[71]

調査委員会の勧告をめぐる議論では、小売価格の引き下げは日本代表しか支持せず、吸煙所の設置はシャム代表しか支持しなかったため、いずれも退けられた。吸煙者の登録・管理制度については、デルヴィーンは密輸が深刻ではない地域では、より厳密な制度の適用を検討するよう勧告すべきだと主張した。だがシャムとポルトガルの各代表が現時点では実施できないと述べ、フランス代表も購入量のみを記録するという原則しか受け入れなかったことから、最終議定書での勧告のみに留まった。またデルヴィーンは、アヘン関連収入の純利益と等しい金額が住民の生活向上のために用いられるべきだと述べ、アヘン収入の使途制限をめぐる勧告を原則として支持すると表明した。この勧告はフランス、シャムおよび日本代表も受け入れに賛成で、オランダとポルトガル代表も、アヘン関連の収支を国際連盟に送付する年次報告書に添付することには原則として合意した。イギリス領インドの一部だったビルマの利害を代表して出席したインド政庁代表のみが、予算決定をめぐる法制上の問題を理由に反対を唱えたものの、最終議定書では参加各国がアヘン関連収支を示す特別計算書を連盟に送付するよう定められた。さらにデルヴィーンは、各国の領土内にある煙膏の工場数を最小限に抑えるべきだと提案したほか、政庁官吏が小売販売を担うべきだと主張し、これらも協定のなかに具体化された。こうした取り決めに加えて、最終議定書では各国に対してアヘン吸煙者の矯正についても努めるよう勧告がなされた[72]。

このようにイギリスが懸念した調査委員会の勧告は、ほかの参加国からも受け入れ難いと見なされている場合が多かった。さらにアメリカ代表はフィリピンでの施策を説明しただけで、各国を正面から批判することは避けた。それゆえイギリスは問題となる恐れのある勧告を退けるか、施行可能な形で協定に盛り込むことに成功した。ただしその結果、同協定は現状を抜本的に改善するための具体策に乏しい内容となってしまったのである。このため、第一五回OACでは中国をはじめバンコク会議に参加しなかった各国代表が、その成果について批判を加えた[73]。

一方、香港政庁は会議後のIDOCの決定に従い、政庁官吏が運営する煙膏の小売施設を建設する計画を立てたほか、シンガポールからの煙膏の供給についても準備を進めた[74]。これらの施設は一九三二年一〇月から営業が始められ、シンガポール製の煙膏は翌年一月に発売された[75]。また三二年からは国家医院（Government Civil Hospital）と東華東院で、一定数のベッドがアヘン中毒者の治療に割り当てられた[76]。さらに香港では、会議の結果に沿う形でアヘン関連法規に修正が加えられた[77]。

小　結

国際連盟によるアヘン・麻薬類の規制へ向けた活動は、イギリス本国政府および香港政庁でアヘン政策の決定に関わる人々へ、従来よりも大きな心理的圧力を加えた。イギリスにとって自国のアヘン政策が国際場裏で批判されることは、政治的に望ましいものではなかった。国際連盟へ代表を派遣していた内務省や対外関係を担う外務省は、こうした側面に非常に敏感だった。さらに植民地の統治政策を監督していた植民地省も、現地官僚が本国政府の方針から逸脱することに厳しい目を向けるようになったのである。

こうした状況のもとで香港政庁は、これ以上規制を厳格化させることは難しいと主張し、連盟による現地調査を本国政府へ提案した。さらに極東アヘン調査委員会が派遣された後には、その勧告をめぐる議論を通じ、本国政府へ現状では抜本的な改革を断行することはできないことを認めさせたのである。この結果、イギリスはバンコク会議において、受け入れが難しいと思われた勧告を他国と協力して取り下げるか、もしくは受諾可能な形で協定や最終議定書に盛り込むことに尽力し、成功を収めた。このため同会議の成果は、調査委員会の勧告に比べてあまりに貧弱な内容に留まったのである。

イギリス本国政府は、あくまで各植民地政庁が実施可能と認める範囲での改革しか望まなかった。さらにバンコク会議に参加した各国は、アヘン政策をめぐり同様の利害を概ね共有していた。このため結果としてジュネーヴ国際アヘン会議とバンコク会議は、実質的に香港におけるアヘン政策に大きな影響を与えなかったのである。

ただし、イギリス帝国をはじめとする各植民地帝国に対し、国際体制のもとで自国の政策を正当化させる必要性を認識させた点において、連盟によるアヘン吸煙規制へ向けた活動は画期的なものであったと言い得よう。こうした連盟の活動による圧力は、次章以降で扱う生アヘン業者や澳門におけるアヘン問題への対応をめぐるイギリス本国政府や香港政庁の姿勢にも、明確に映し出されている。香港における生アヘン取引は香港割譲以来綿々と行われてきたものであり、香港のアヘン小売販売制度と澳門における同制度との多面的関係もまた、一八七〇年代以降香港政庁にとって注意すべき問題であり続けてきた。国際体制の展開という新たな状況のもとで、イギリス本国政府や香港政庁は、これらの問題に対して従来とは異なる姿勢での対応を求められるようになったのである。

第三部　専売制度の落陽

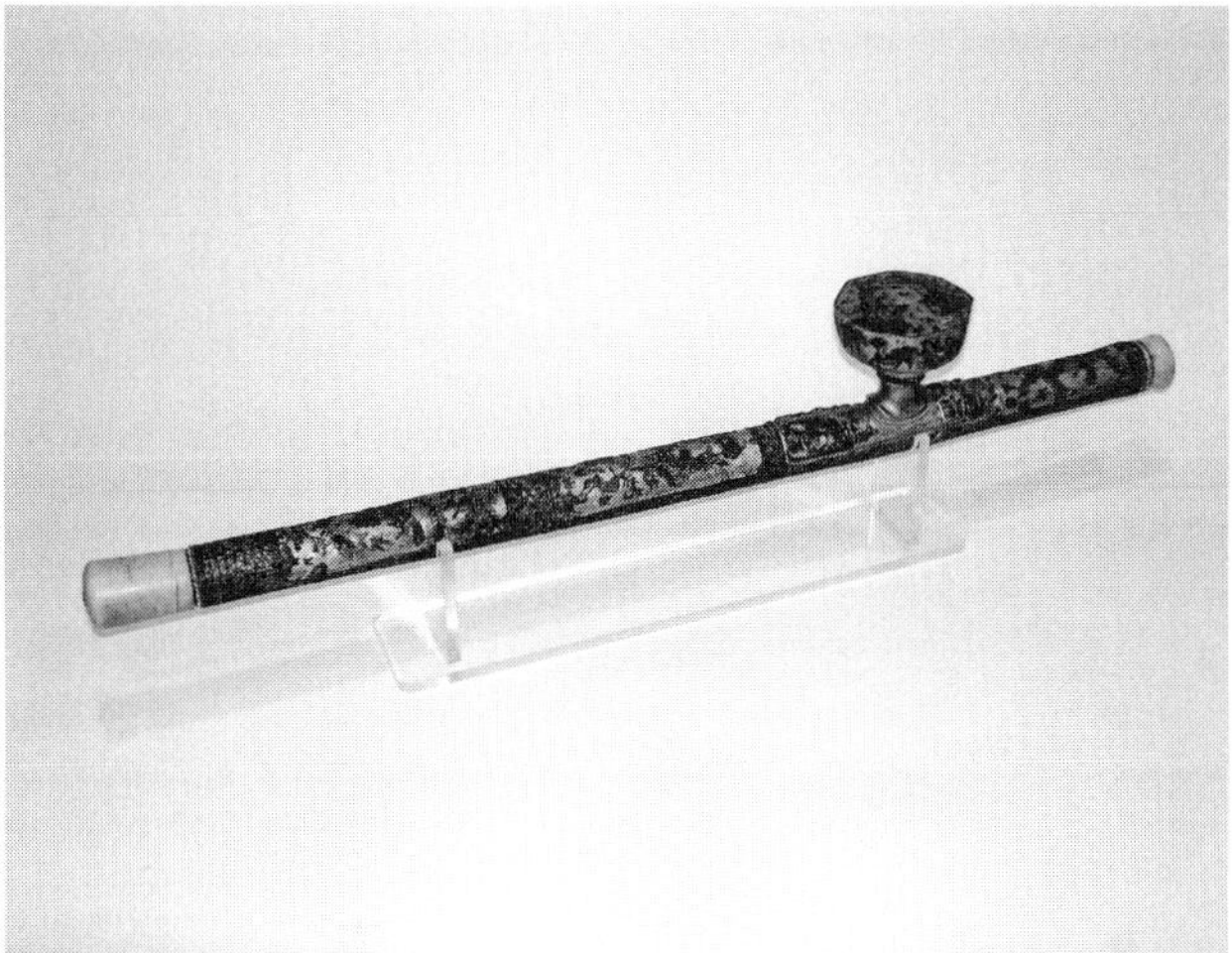

[扉図版]

香港警察により九龍城内で1970年に押収されたアヘン吸煙用のパイプ．19世紀に作られたものと考えられており，表面には跳ね馬や5本の爪をもつ龍の銀細工が施されている．香港警務処警隊博物館所蔵.

第五章　「密輸」をめぐる対立

はじめに

前章では、戦間期の香港におけるアヘン政策を検討するにあたり、主にアヘン煙膏の小売販売制度に着目した。これに対して本章では、煙膏の原料となる生アヘンの取引に焦点を当てることにより、同時期の香港におけるアヘン政策を前章とは異なる視角から検討する。

香港には割譲以降、インドや西アジアから大量の生アヘンが輸入された。これらの生アヘンは域内で製造される煙膏の原料となっただけでなく、東アジア各地へ向けて輸出されていった。そして煙膏の小売販売のみならず、これらの生アヘンの取引もまた、二〇世紀初頭に至るまで、域内経済を支える重要な産業の一部だったのである。

ところが一九世紀後半に世界各地でアヘン・麻薬類の規制を求める動きが高まると、アヘン貿易はイギリスをはじめ欧米各国や中国において非難の対象となっていった。さらに二〇世紀に入ると、英中両国政府の間でインド・中国間のアヘン貿易停止へ向けた協定が成立したほか、一九〇九年に開催された上海アヘン調査委員会を嚆矢とする、アヘン・麻薬類の規制を目的とした国際協調もまた活性化していった。第一次世界大戦後には国際連盟のもとに、アヘンおよび危険薬物の取引をめぐる諮問委員会（以下ＯＡＣと略）が設置され、アヘンの使用を医療または科学的用途のみに制限しようとする取り組みが国際的に組織化された。

このような取り組みは、前章で述べたような各植民地における煙膏の小売販売をめぐる規制強化のみならず、多国間協調によるアヘン・麻薬類の貿易管理もまた目標に据えていた[1]。ところが国際的にアヘン貿易を管理しようとする試みは、香港の繁栄の土台である自由貿易政策とは根本的に矛盾するものだった。そのためイギリス帝国内部では、煙膏の小売販売政策に加えて生アヘンの取引についても、アヘン・麻薬類の国際協調を推進しようとする側と自由貿易政策を堅持しようとする側の間で、政府の対応をめぐり摩擦が生じることとなったのである。

以上の問題関心をもとに、本章では戦間期にアヘン流通の規制を目的とした国際的な秩序が、アジアにおける自由貿易体制下の植民地統治に与えた影響を明らかにする。具体的には香港において、イランで生産されたアヘンの取引に従事していた同国出身のある商人の活動をめぐる、イギリス本国政府内の各省庁や香港政庁の動向に焦点を当てる。これは以下の理由による。

まず、香港には中国以外のアジア各地からも様々な商人が集まり、自由貿易体制のもとで生アヘンの取引に従事していたことが挙げられる[2]。第二章で述べたように、一八七〇年までにはイギリス本国出身者に代わり、アジア系の商人・商社が中国向けのアヘン貿易を担うようになっていた。そして現地の植民地統治官も、彼らがいかに香港経済の活性化に貢献していたかを理解していたのである。それゆえイラン系商人・商社の生アヘン取引をめぐるイギリス本国政府や香港政庁の対応は、前述した問題を検討するにあたり具体的な論点となる。

次に、アヘン貿易におけるイラン産アヘンの重要性を指摘することができる。戦間期には、イランで生産されたアヘンは各地へ向けて大量に密輸されているものと考えられていた。そのためイギリスをはじめ国際連盟のOACへ参加していた各国政府は、イランにおけるアヘンの生産と輸出を制限することが、国際的なアヘン貿易の管理体制を機能させる上で不可欠な課題であると見なしていたのである[3]。この点から見ても、イラン産アヘンを取り扱っていた同国系商人をめぐる対応を検討することの意義は大きい。

以下第一節では、この商人の経歴とイランからのアヘン輸出について確認する。第二節では、アヘン貿易の規制へ向けた国際協調の萌芽について概観する。第三節以降では彼の活動への対応をめぐり、戦間期にイギリス本国政府内の省庁間で生じた対立を中心に検討する。小結では、香港を管轄する植民地官僚が統治政策を遂行する上で、国際連盟のもとで成立したアヘン流通の規制を目的とする国際秩序は、厄介な障害となったことを示す。

なお本章で言及するアヘンの「密輸」とは、あくまでイギリス本国政府が密輸として認識した生アヘンの輸出入を指す。それゆえ、他の観点からは必ずしも密輸として認められない場合もあり得よう。このため厳密には「密輸」と表記すべきだが、煩を避けるため以下では括弧を省略する。また、本章ではイギリス本国政府および各植民地政庁の動向を分析対象としたため、ペルシャ語の史料は参照していないことを予め記しておく。

一　東アジアへの進出

ハージ・モハンマド・ハサン・ナマーズィー（Hajee Mohamed Hassan Nemazee）は、一八五七年にイランのシーラーズで生まれた[4]。彼はボンベイ在住を経て九〇年に香港へ渡来し、自身の名前を冠した「H・M・H・ナマーズィー商会（H. M. H. Nemazee・拈孖治）」の社長を務めた後、一九二二年に引退して故郷のシーラーズへ戻った。英文の商業名鑑における香港の欄には、一八九四年に初めて「商人および仲買人」としてナマーズィーと従業員の名前が掲載されている[5]。彼が死去する前のナマーズィー商会の活動は、中国沿海部とアラビア半島を結ぶ汽船の運航や、アラビア半島へ巡礼に向かうイスラム教徒の輸送等を含む幅広いものだった。またナマーズィーは地主としても著名で、生前には一時期豪商として知られていた[6]。さらに同商会が一九世紀末に上海で設置した店舗（H. M. H. Nemazee &

Co.・拈孖治）は、一九三〇年代にはペルシャ絨毯や茶、絹織物の貿易に携わっていた[7]。

このようにナマーズィーはシーラーズからボンベイ、香港そして上海へ、イギリス帝国に沿って活動範囲を広げ、香港と上海において旅客輸送や貿易、不動産取引などによって経済的な成功を収めた。彼はイギリス帝国の出身者ではなかったにも拘らず、同帝国の自由貿易体制を利用して様々な経済活動を展開した商人だったのである。さらに彼はイランからのアヘン輸出の拡大を背景として、遅くとも一八九八年には香港でこれらの輸出入を手がけるようになった[8]。

イランでは、一六世紀から一八世紀にかけてのサファヴィー朝下で、ケシの栽培とアヘンの消費が共に拡大し[9]、一八世紀末までには同国南部の港湾都市であるブーシェフルよりアヘンの輸出が始められた[10]。以後一九世紀を通じてアヘンの生産と消費はイラン国内で大規模に進展したが、これに伴い一九世紀中葉以降にはアヘンの輸出も格段に増加し、一八八〇年には八四万七〇〇〇ポンドに達した[11]。アヘンの高収益性や、イギリスからの入超に対するバランスを中国へのアヘン輸出で補っていたイランの貿易構造等が、こうした生産と輸出の拡大をもたらした要因だった[12]。これらのアヘンのうち中国市場向けのものは、主に海路を通じて東アジアへ運ばれ、香港で積み替えられたものと考えられる[13]。例えば一八九九年から一九〇一年までの間に、イランにおけるアヘンの主な輸出港だったブーシェフルとバンダレ・アッバースからは、中国へ向けて一万三八二〇・六箱のアヘンが輸出されていた[14]。一方、この間に香港には一万六四〇三・五箱のイラン産アヘンが輸入されていたのである[15]。

残念ながら筆者が参照した史料からは、香港へ渡来するまでのナマーズィーの商業活動や、彼の手がけた様々な商売のなかでアヘン貿易が占めた相対的な重要性については、明らかにすることができない。ただし彼が扱っていた生アヘンの量については、断片的ながら史料が存在する。一八九九年に台湾総督府は香港における生アヘン商を調査し、同地で活動していた一四の商社を取扱高に従い五段階に分類した。このなかでナマーズィーは、他の三商社と共に上から三番目に挙げられている。[16] このため少なくとも一九世紀末の時点では、彼の生アヘン取引量は他の商社と比べてごく微量に留まっていたわけではないものと考えられる。これらの香港における生アヘンの取引は、二〇世紀初頭にアヘン貿易を規制するための様々な取り組みが国際的に始められると、その制約を受けるようになっていった。

二　アヘン貿易規制のはじまり

一九世紀中葉から二〇世紀初頭にかけて、イギリス本国やアメリカなどの欧米諸国では、アヘン使用の規制へ向けた社会的な動きが目立つようになった。これらの国々では、一九世紀前半にはアヘン・チンキなどのアヘンを含む薬品が一般に広く用いられていたが、一九世紀中葉以降、アヘンを含む薬品の無分別な飲用が人体に及ぼす悪影響を懸念する声が高まるにつれ、その販売や処方を規制しようとする動きが広がっていったのである。これに加えてイギリス本国では一八六〇年代以降、アヘンを吸煙する堕落した人々として華人を描いた新聞記事や雑誌記事が増加していった。華人に対するこのような偏見は、一八七四年に結成され、イギリス国会の内外でアヘン貿易の停止を求める運動を主導したアヘン貿易反対協会の活動を後押しした。また北米や豪州では、ゴールド・ラッシュ以降にこれらの地域へ移民した華人によるアヘンの吸煙が、彼らの排斥を目指す白人勢力による糾弾の対象となった。これらの要因が相互に影響を与えた結果、欧米諸国では正当な医療上の目的を欠いたアヘンや麻薬の使用を社会的な悪弊と見なす潮流が形成されていったのである。さらに、こうした西洋諸国におけるアヘンの乱用に対する考え方の変化は、中国においてもアヘンをめぐる認識に影響を与えた。[17]

このような世界各地での人々のアヘンに対する認識の変化を背景として、第三章で述べたように、二〇世紀初頭には英中間で中国向けの生アヘン輸出が見直されることとなった。一九〇七年末には英清両政府の間で、インドから中国へのアヘン輸出の停止についての合意が成立した。さらに清朝政府は〇九年一月一日から、イラン産アヘンおよびトルコ産アヘンの輸入に際して許可証の交付を受けるよう義務づけ、その発給数を九年間にわたり段階的に削減することによって、一七年には輸入を途絶させる旨を決定した。この予定は後に繰り上げられ、一二年一月以降、インド産以外のアヘンの輸入は禁止されることとなった。またインド産アヘンも、一三年二月を最後に中国への輸出が停止された。こうして中国へ向けた合法的な生アヘンの貿易は、完全に禁止されることとなったのである。

ナマーズィーを含む生アヘン貿易業者は、このような中国向けアヘン貿易の停止へ向けた英清両政府の動きに抵抗した。例えば彼は、一九〇七年に南京で両江総督がアヘン専売制度を設置しようとした際に、この件を他のアヘン商社と連名で香港総商会へ提起している[18]。さらにナマーズィーは中国へ輸入するために大量のインド産アヘンを購入していた[19]。

最終的に中国への合法的なアヘン貿易は、辛亥革命を経て成立した中華民国政府がすべての中国向け生アヘンを買い取り上海で焼却したことで、ひとまず終焉を迎えた[20]。だが東・東南アジア各地では、依然として多くの人々がアヘンの吸煙を続けており、その規制についても様々な問題が残されていた。第一に東・東南アジアの各植民地では依然としてアヘンの吸煙が禁止されておらず、ナマーズィーを含め様々な商人・商社が植民地向けのアヘン取引を継続していた[21]。第二に中国への合法的なアヘン貿易が停止されてゆくなかで、こうした植民地からの密輸が英中両国間の懸案となった。例えば本書の第六章で述べるように、香港に隣接していたポルトガル領の植民地である澳門からは、大量のアヘンが中国へ密輸されていた。この状況を危惧したイギリス政府は、一九一三年にポルトガル政府との間で、澳門の域内消費向け、および同地からの輸出向け煙膏の原料となる生アヘンの供給量を定めた協定を成立させた。ところが協定が成立した後も、澳門をめぐるアヘン密輸問題は跡を絶たなかった。第三に中国においても、国内の政治的混乱に伴い、各地の軍閥が一六年前後からアヘンの生産を再開させたため、その吸煙が再び全国に蔓延した[22]。こうして一度は沈静化するかに見えた中国におけるアヘン吸煙問題は再び悪化に転じ、中国への密輸のみならず中国から他地域への密輸も活発に行われるようになったのである。これらの課題を解決するためには、各国が東・東南アジアからアヘンの吸煙を一掃するために一致して協力する必要があった。

第二・四章で検討したように、一九〇七年における英清両政府の合意以降、世界各国の間でアヘン・麻薬類の乱用を制限しようとする動きはより活発になっていた。〇九年にはアメリカの主導により、この問題を討議するための初めての国際会合が、調査委員会という形式で上海において開催された。さらに一一年から三度ハーグで開かれた一連の国際アヘン会議を経て、二〇年には国際連盟のもとにOACが設置され、この問題は国際体制のもとで討議されるようになった。すなわち、アヘン・麻薬類の乱用問題に対応するためには国際的な協力が必要であるとの認識が、多くの国々の政府により共有されるようになっていったのである。

イギリス本国政府もまた、こうした国際協調への参加を強いられていった。当時東・東南アジアにおける植民地において、アヘンは域内経済や植民地財政のなかで依然として重要な役割を果たしていた。だが本国政府としては、アヘン・麻薬類の乱用を規制すべしとする国内外の世論を、もはや無視することができなくなっていたのである。

しかし他方において、アヘン・麻薬類の乱用規制を目的とする国際協調を引き継いだ国際連盟による活動は、従来のイギリス帝国の運営方針を問題視し、その転換を要請するという側面もはらんでいた。すなわち国際協調を通じたアヘン貿易の規制は、香港の統治政策の前提となるイギリス帝国の自由貿易体制へ制限を加えるものだった。それゆえイギリス帝国内部では、こうした国際協調の推進を求める勢力と植民地における統治を重視する勢力との間で、アヘン政策をめぐり対立が生じることとなったのである。そしてナマーズィーによるアヘン取引は、この対立を煽る要因となっていった。

ナマーズィーはアヘン貿易への関与を続ける一方で、様々な社会活動により一九二〇年前後には香港社会でその名が知られるようになっていた。一六年に香港でイギリス臣民に帰化すると[23]、一九年の米不足の際にラングーンからの米の輸送をめぐって香港政庁を支援したのを皮切りに[24]、二一年には香港大学へ[25]、さらに翌年にかけては賛育医院（Western Maternity Hospital）へ多額の寄付を約束した[26]。こうした社会的貢献の結果、彼は二二年に香港政庁から太平紳士に任命された[27]。ナマーズィーは、この名誉職へ就任したことで、香港社会のなかで確固たる地位を確立したと言えるだろう。さらに彼は、二三年には香港で最大規模の事務所ビルを購入するなど、ますます活発な商業活動を展開していた[28]。

三　「密輸」問題の浮上

ところが当時イギリス本国政府内では、ナマーズィーがアヘンの密輸に関与しているのではないかという疑惑が浮上しつつあった。そこで次に、戦間期にイギリス本国政府内でアヘン政策の決定に関与していた省庁を確認した上で、この経緯を跡づけてみよう。

第四章で指摘したように、当時イギリス本国政府内では、内務省が本国におけるアヘン・麻薬類の規制を管掌していた。植民地省とインド省は、それぞれ自国の各植民地政庁およびインド政庁が展開する各地でのアヘン政策を監督していた。このほか自治領省と商務省も、適宜アヘン政策の決定に参与した。さらにアヘンの国際規制をめぐる各国政府や連盟との協議は、外務省によって担われていた。一方、前章で触れたように国際連盟のＯＡＣでは、内務官僚のデルヴィーンがイギリス帝国代表を務めていた。

ＯＡＣの活動に対応するため、各省は帝国域内のアヘン政策をめぐり相互の意向を調整する必要があった。だが各省は政策の決定に際して、大きく異なる前提のもとに立っていたのである。例えば内務省はアヘン・麻薬類を、医療または科学的な用途以外の使用を規制すべき危険な薬物として捉えていた。一方、植民地省の立場はこれと大幅に異なっていた。当時、東・東南アジアのイギリス領植民地では、各政庁が煙膏の販売から多額の税収を得ていた上、生アヘンの貿易も依然として行われていた。このため同省にとってアヘン吸煙の規制は、各植民地の政庁財政や域内経済に直結する問題だったのである。こうした前提の相違は、アヘン政策をめぐる各省庁間の意見の対立として顕在化した。[29] そしてナマーズィー商会の活動をめぐる各省の対応は、この対立を悪化させる要因となったのである。

一九二一年一一月に駐長崎イギリス領事は本国の外務省へ、ナマーズィー商会の所有する船舶が密輸に関与している可能性を指摘した。[30] さらに翌年、イギリス駐イラン公使のサー・パーシー・ロレーヌ（Sir Percy Lyham Loraine）は外務省へ、ナマーズィー商会が澳門へ五〇〇箱のアヘンを供給したという、イランのブーシェフルに駐在する領事からの報告を伝えた。[31] 本書の第六章で検討するように、当時イギリス本国政府は澳門政庁へインド産アヘンの供給を続けていたが、改善の兆しが見えない同地のアヘン管理状態に懸念を抱いていたのである。さらにイギリス外務省は、同商会がインドからウラジオストクへアヘンを輸出しようとしていたことや、イギリス本国を通じて台湾へイラン産アヘンを輸出しようとしていたことについても情報を得た。こうした報告を受けた内務省のデルヴィーンは、ナマーズィー商会がアヘンの密輸に関与しているのは明白であるとして、植民地省で事務次官補を務めていたグリンドルへ[32] 事態の改善を訴えた。デルヴィーンは当時イギリス本国で準備が進められていた「改正危険薬物および毒物法」の原案を範として、香港域内から密輸を指示する者を処罰するための法律を施行するよう勧告したのである。[33]

一方香港政庁もまた、ナマーズィー商会の活動について疑念を抱き始めていた。当時香港政庁はイギリスのペルシャ湾駐在政務官（Political Resident in the Persian Gulf）を通じて、イランから輸出される生アヘンに関する情報を得ていた。ところがある船舶に積載されたアヘンの量に関する同政務官からの情報が、澳門政庁の報告書における記載と食い違っていることに気づいたのである。[34] そしてこの問題について調査を進めるうちに、ナマーズィーがオランダ領東インドのサバンへアヘンを運んでいる船舶の持ち主であることが判明した。[35]さらに香港政庁はある密輸業者とナマーズィーのアヘン取引に関する情報を入手し、前者の摘発に成功したのである。[36]

だがナマーズィーへの対応をめぐり、香港政庁とその意向を汲んだ植民地省は、内務省と大きく異なる見解を抱いていた。[37]植民地省の香港関係文書には、デルヴィーンが同省の極東部に所属していた若手官僚のジェシー・パスキン[38](Jesse John Paskin)へ宛てた一九二三年一一月一三日付の書簡に続いて、「サー・マルコム・デルヴィーンと討議すべき問題について」という題のメモが綴じられている。デルヴィーンの書簡はナマーズィーと取引したアヘン密輸業者の摘発をめぐり、グリンドルを交えた協議を提案する内容だった。また当時パスキンは極東部で上司と共に香港におけるアヘン政策を監督する立場にあり、前述したメモには一一月一七日付の彼のサインが記されていた。そのためこのメモは、パスキンがデルヴィーンから提案された協議のために執筆したものと考えられる。ここで彼はアヘン密輸の規制をめぐり、香港における防止策や密輸商へ資金を供与している香港在住者への対応策について、現状での問題点を指摘している。ことに後者については、主にナマーズィーの取り締まりが念頭に置かれており、極東部の第一線で勤務していた官僚が彼の活動をどのように認識していたのかを知る上で、非常に参考になる。以下この内容を検討してみよう。

当時イギリス本国政府内では、ペルシャ湾岸からのアヘン密輸の削減を目的とした領事館令[39](King's Regulations)の施行へ向けて準備が進められていた。だが、もしナマーズィーが所有する船の船籍をイギリスから他国へ変更してしまえば、彼に対してこの規制を適用することはできなくなる。それゆえパスキンは、この領事館令の施行だけではナマーズィーの活動を抑制することはできない、と考えていた。また香港政庁も、内務省による勧告を受けた植民地省からの指示に従い、イギリス本国の「改正危険薬物および毒物法」を範として、香港域内からアヘンや麻薬の密輸を指示することを訴追の対象とすべく、法令の準備を進めていた。[40]ただしパスキンはこの措置についても、実際の効果についてはは「総じてかなり疑わしいように思われる」と見ていたのである。彼は、当時アヘン密輸への関与が疑われていた人々は「非常に裕福かつ有力であり、驚くほど抜け目がない」と捉えていた。そのため新しい法令が施行されたとしても、現状では彼らを有罪とするに足る証拠はない上、彼らにとって香港以外の場所へ移り、そこから活動を続けることは容易だろうと考えていたのである。

さらにパスキンは、香港総督のスタッブスによる以下の見解に着目していた。スタッブスは、ナマーズィーは中国へアヘンを大量に輸入しているが、「われわれの領土（香港―引用者注）内では何ら違法行為を行っていない様子である」と考えていた。さらに彼は、東洋では政府関係者および宣教師以外の人物が、アヘンの密輸を問題視していないことを強調していた[41]。つまりパスキンは、ナマーズィーを訴追することは困難だと考えていたのである。

これに対して内務省では事務次官のサー・ジョン・アンダーソン[42]（Sir John Anderson）が、前述したナマーズィーの活動をめぐる香港総督の見解に驚き、植民地省に対してスタッブスの姿勢を非難した[43]。さらに外務省もまた、ナマーズィーの訴追に否定的な植民地省と香港政庁に対して非難の眼差しを向けるようになった。当時ナマーズィー自身は、生アヘンの買い付けのためにイランに滞在していた[44]。ところが彼は国籍変更をイラン政府へ伝えていなかったため、入国時にイギリス籍の旅券を没収されていたのである。このような事情に鑑みて駐イラン公使のロレーヌは、イラン政府へイギリス籍の旅券返還を求めるナマーズィーを援助したが、アヘン密輸への関与が疑われている人物を擁護することの妥当性について疑問を抱いていた。そのため外務省の次官補であり主任書記官[45]（Chief Clerk）を務めていたチャールズ・モントゴメリー[46]（Charles Hubert Montgomery）は植民地省へ、「ナマーズィーのような品性の人物（a man of Nemazi's character）がこの種の公職を得ていると、保護や支援といった問題が生じた際に在外公館を当惑させることになる」と指摘して同省を批判したのである[47]。さらに内務省と外務省は、ナマーズィーやその家族、および商社の雇用人へ、彼の活動を助長するような旅行の便宜を与えるべきではなく、また彼の帰化や太平紳士としての地位を取り消すべきだという意見で一致していた[48]。こうして内務・外務両省は植民地省に対して、ナマーズィーへより厳格な対応をとるよう求めたのである。

両省の強硬な姿勢に直面した植民地省は、香港政庁へより積極的にナマーズィーの活動を取り締まるよう圧力をかける必要性を痛感した。そのため同省は翌月スタッブスに対して、ナマーズィーとその家族および雇用人へ旅行の便宜を与えることを禁じ、太平紳士の職を罷免するよう命じると共に、香港でのさらなる法改正を求めた[49]。スタッブスは相変わらず、ナマーズィーを訴追するに足る証拠を得ることは困難だと考えていたが、法改正については前向きに回答した。また太平紳士の職を罷免することについては、香港におけるインド系、ことにムスリムのコミュニティーを刺激する可能性などを懸念し、彼の肩書を一方的に剝奪することに反対した。そして代替案として、彼に辞任を促すよう植民地省へ提案し、同省からの同意を得たのである[50]。他方でナマーズィーの帰化は取り消すことができなかったため、彼自身が希望した場合に限り、香港への往路のみに有効な緊急の証明書が支給されることとなった[51]。このように香港政庁は、植民地省の指示に可能な限り従う意思を示したのである。

イギリス本国政府内でこのような省庁間の対立が生じた背景には、第四章で検討した国際連盟のOACによる活動があった。ことに一九二三年に開催されたOACの第五回会合では、後にジュネーヴ国際アヘン会議として結実することとなる、麻薬の生産と輸入の制限に関する国際会議の招集へ向けた決議がなされていた[52]。そのためOACへイギリス政府代表を送り出していた内務省と対連盟外交を担う外務省は、アヘンをめぐるイギリス帝国の立場を国際会議の場で擁護する必要上、他国による批判の的となる恐れがあるナマーズィーの活動を可能な限り抑制したいと考えていたのである。一方香港政庁は、中継貿易港としての繁栄の維持を目的とした統治政策の一環として、ナマーズィーから体制側への協力を取りつけるために、彼を名誉職へ就任させていた上、彼が法を犯したことを立証するに足る証拠はないと考えていた。植民地省はこのような香港政庁の姿勢に配慮を示し、内務省や外務省とは異なる立場をとったのである。この問題の他にも植民地省とインド省は、イギリス帝国のアヘン政策をめぐり、東・東南アジアの各植民地やイギリス領インドにおける税収を維持しようとする立場から、アヘン・麻薬類の規制をめぐる国際協調を重視していた内務省や外務省との対立を深めていた。

このようにイギリス本国政府内における各省庁の対立は、国際連盟のもとで創成されたアヘンの規制をめぐる新たな国際秩序と、香港における統治政策の間の軋轢を反映していたのである。次に香港を経由した日本の植民地向け生アヘン輸出に着目しながら、香港における生アヘン取引の規制が、ナマーズィーの活動へどのような影響を与えたのかについて検討してみよう。

四　香港でのアヘン積み替え問題

国際連盟の成立に伴い、イギリス本国政府は一九二〇年代に入ると、香港を経由した日本の植民地向けアヘン輸出にも一層の注意を傾けるようになっていた(53)。二二年には香港政庁が、域内への輸入が認められておらず、船荷証券も付随していないトルコ産アヘンの台湾向け再輸出を許可したことが発端となり、イギリス本国政府内で香港経由の台湾向けアヘン輸出の規制をめぐる議論が生じた(54)。この結果、日本総領事と香港政庁の間で、台湾向けアヘンの再輸出には同総領事の発給する許可書を要する旨が合意された(55)。

だが翌一九二三年に、この合意内容へ影響を与える事態が生じた。香港ではナマーズィー商会の活動を懸念する本国政府の求めや、ＯＡＣで検討されていた輸出入証明手続きの厳格化などに応じる形で、同年末に「アヘン関連法」の改正が行われた(56)。この結果、台湾総督府などの日本側当局は、近隣に駐在するイギリス領事から輸入証明書への裏書を受けなければ、発注したアヘンを香港で積み替えさせることができなくなってしまった。そのため駐香港日本総領事は、彼が発給した証明書をイギリス領事による裏書の代わりとして認めるよう香港政庁へ求めたのである。香港政庁はこの件をイギリス本国の植民地省へ照会した(57)。

さらに香港では一九二四年八月にも、植民地省からの求めに応じて「アヘン関連法」が改正され、アヘン貿易に関与する業者は新たに政庁から免許状の交付を受けることが義務づけられた(58)。このため、中国北東部に所在する日本の租借地である関東州向けアヘンの購入を希望していた三井物産とその取引相手であるナマーズィー商会は、香港政庁へ免許状の交付を申請したのである(59)。これを受けて香港政庁は免許状の発給方法と対象について、本国の植民地省へ問い合わせた(60)。

ところが、植民地省がこれらの照会へ回答する前に、香港では新たな動きが生じた。一一月六日にスタッブスは植民地省へ、台湾総督府からアヘン購入を命じられた三井物産が、香港の会社と取引を望んでいると打電した。彼の考えでは、三井物産の取引相手とは明らかにナマーズィー商会だった(61)。この通知を受けた植民地省は同八日に香港政庁へ、日本政府の指示に従い、駐香港総領事が発給した証明書を容認するよう通知した(62)。さらに植民地省は、同一八日にはアヘンの輸入に従事する業者へ発給する免許状について、イギリス国内では「誠実であることが知られている評価の高い」会社へ与えられていると伝え、密輸への関与が疑われている業者を排除すると共に、正当な売買を行っている商社への悪影響を最低限に食い止めるよう指示した(63)。これらの連絡を受けた香港政庁は、日本の高橋清一駐香港総領事へ証明書の発給をめぐる本国政府の決定を伝えると共に、三井物産には免許状を交付したが、密輸への関連が疑われていたナマーズィー商会にはこれを発給しなかった。そのため両者は取引を行うことができなかったのである(64)。

既に見たとおり、香港政庁はナマーズィーを訴追することは難しいと考えていた。だがイギリス本国政府内で外務・内務両省の強硬な姿勢に直面した植民地省から、法改正などの措置を講ずるよう命じられ、さらに改正された「アヘン関連法」の運営についても、密輸への関与が疑われている業者を排除するよう明確な指示を受けた。このため香港政庁は、三井物産とナマーズィー商会の間の取引そのものは合法的なものであったにも拘らず、後者がアヘン取引に関与することを禁じたのである。

一方、一九二〇年代に入り香港政庁が採用した生アヘン取引の規制策は、二四年一一月三日にスイスのジュネーヴで開幕した国際アヘン会議において波乱を巻き起こしていた。この第一会議で一一月一五日、アヘンの輸出入と積み替えに関する条約案をめぐる審議中に、日本代表の杉村陽太郎[65]は香港でアヘンの積み替えに関し「非常に不運な経験をしたことがある」と述べ、同地の積み替え制度や香港政庁による許可書の取り扱いをめぐりイギリス帝国代表を批判して、会議を膠着状態に陥らせてしまったのである[66]。この対立については、後藤春美がその背景や解消へ至る経緯を既に明らかにしているため、ここでは両国代表が最終的に、輸入国政府の中央機関が輸出入証明書を発給した場合に限り、積み替えを認めるという内容で合意したことを確認するに留める[67]。むしろ本書では、香港で実施されたアヘン取引をめぐる規制が、この会議での日英対立へ連繋していった経緯に着目したい。すなわち、ナマーズィー商会の活動を抑制すべく、香港政庁によって採用された生アヘン取引の規制策こそが、結果として会議における日英間の対立を生む直接的な原因となったのである[68]。

イギリス本国政府にとって、香港政庁の採用した生アヘン取引の規制策はあくまで密輸防止策の一部に過ぎず、国際的な対立の原因となることはまさに予想外だった。そのため翌年の一月末に、香港政庁からナマーズィー商会の活動をめぐる疑惑が原因となり、同商会と三井物産の間の日本の植民地向け生アヘン取引が失敗するまでの経緯が植民地省へ伝えられると、同省のグリンドルはこの件が日本政府を再び刺激する可能性を懸念した。このため彼は外務省に対して、免許状がナマーズィー商会に発給されなかった理由を日本側へ説明するよう示唆したのである[69]。五月に駐日イギリス大使館は日本外務省へ、この件について釈明すると共に誤解のないよう求める覚書を提出した[70]。

香港で生アヘンの違法取引を抑制するために採用された方策が、ジュネーヴ国際アヘン会議で日英間の対立を引き起こすまでの経緯には、イギリス帝国の自由貿易政策に立脚した植民地統治と、国際体制によるアヘン規制という二つの論理の交錯を見ることができる。そもそもナマーズィー商会や三井物産は、香港の持つ自由貿易体制下の中継港という特色を利用して、アヘン貿易を含む商業活動を展開していた。だが当時、イギリス本国政府は国際連盟のもとで、アヘン流通の規制を目的とした国際秩序の創成に協力していた。そして自由貿易体制のもとで繁栄を享受してきた香港へ、この国際秩序を適用しようと試みたことにより、日本政府との対立を引き起こしてしまったのである。それゆえ両国の対立は一面において、自由貿易港という性格の維持を前提とした香港における従来の統治政策と、新たに創成されたアヘンの規制をめぐる国際秩序の間の軋轢によって生じたものと言い得るだろう。

国際アヘン会議後も、ナマーズィー商会の訴追をめぐる植民地省と内務省の態度は平行線をたどった。(71)そしてナマーズィーが東アジアへ帰還するという情報を契機に、この問題をめぐる両省間の対立は再び熱を帯びるようになる。

五　対立の再燃

ジュネーヴ国際アヘン会議の終結後、イギリス駐イラン公使のロレーヌおよび同シーラーズ領事のハーバート・チック（Herbert G. Chick）は、それぞれナマーズィー本人および彼の次男と面会する機会を得た。以下、これらの会見の記録をもとに、ナマーズィーの活動をめぐる疑惑について、彼自身とその息子がイギリスの外交官に語った内容に耳を傾けてみよう。

ロレーヌは一九二五年四月にシーラーズを訪問した際、彼を出迎えた同地在住のイギリス臣民のなかにナマーズィーがいることに気づき、一同との歓談後に二人で個別に会見した。この際ロレーヌは、ナマーズィーがアヘンの密輸に関与しているという印象を抱いていると率直に伝えた。ロレーヌによると、これに対してナマーズィーはアヘンの取引について、一年ほど前まで警告を受けたことはなかったと主張した。そして自分は既に商売から引退しており、今や三ヶ月にわたりアヘンの取引には携わっていないと断言したのである。[72]

さらに翌一九二六年五月には、ナマーズィーの次男であるハーッジ・モハンマド・ナマーズィー（Haji Muhammad Namazi）が、以前中国沿海部の汕頭に住む中国人に販売したアヘンの代金取り立てをめぐり、イギリスの在外公館から支援を受けるためにチックを訪問した。チックによれば、この際ナマーズィーの次男は、一九二四年の秋に香港で法令が施行されてから、彼の父親自身も香港の店舗もアヘンの取引には携わっていないと主張した。そして、それ以降のナマーズィー一族によるアヘン取引は、ボンベイにいる長兄とシーラーズにいる親類によって行われていると述べたのである。[73]このように彼もまた、父親に対する疑惑を否定した。

一方イギリス本国政府内では、ナマーズィーによるアヘン取引をめぐる各省の姿勢には依然として温度差があった。そのため彼が香港へ向かったとの情報がイギリス本国政府の各省へ伝えられると、香港で彼に旅行の便宜を与えるか否かをめぐり、省庁間の対立が再燃したのである。

内務省のデルヴィーンは植民地省のグリンドルへ、ナマーズィーとその家族、および商会の雇用人には旅行の便宜を与えるべきではないという従来の主張を繰り返した。[74]だが植民地省のパスキンは、デルヴィーンと正反対の考えを抱いていた。先の決定が下された一九二四年前後には、ナマーズィーは確かに東アジアへアヘンを輸出していた。だが現在、彼や同商会の香港の店舗が、香港の法律に反してアヘン貿易を続けていることを示す証拠はない。また、彼が一族の者によるアヘン売買の責任者であるという証拠は手元に見当たらない様子で、それぞれの店舗は一つの商社の支店としてではなく、別個に活動しているらしい。以上の見解をもとに、パスキンはレオポルド・エイマリー（Leopold S. Amery）植民地相の同意をとりつけた上で、香港総督はナマーズィーによる合法的な商業目的の旅行を阻止すべきではないと反論したのである。[75]さらに、このパスキンによる見解は、一九一二年から二五年にかけて香港政庁の植民地長官を務めた経験を持つサー・クロード・セヴァーン（Sir Claud Severn）の認識とも一致していた。彼はパスキンに宛てた書簡のなかで、「私の感触では、彼（ナマーズィー――引用者注）は既にアヘンの売買から手を引いた」と伝えていたのである。(76)

一方外務省は、かつてナマーズィーへの対応をめぐり内務省と意見を共有していたが、今回はむしろ植民地省寄りの見解を示した。外務省極東部のフランク・アシュトン＝グワトキン(77)（Frank T. A. Ashton-Gwatkin）は、植民地省がナマーズィーによるアヘン貿易への関与を示す証拠を持たない限り、外務省としては彼に旅行の便宜を与えることを拒否できないと感じていたのである。(78)残念ながら筆者は、外務省が態度を変えた具体的な理由が明記されている史料を発見し得なかったが、アシュトン＝グワトキンによる主張に従う限り、ナマーズィーが違法行為を続けている可能性を示唆する証拠がないことが最大の要因だろう。さらに香港政庁からは、ナマーズィーは経済的に困窮した状態にあるものの、彼がアヘン貿易を再開したと疑うに足る証拠はないという見解が伝えられた。(79)このため内務省は譲歩を余儀なくされ、香港政庁には先の決定を取り消す旨が通達された。(80)こうしてナマーズィーらは再び移動の自由を得ることとなったのである。

植民地の円滑な運営を目標とする植民地省にとって、香港における自由貿易を通じた商業の発展を阻害する要因は、可能な限り排除されて然るべきであった。このため同省はナマーズィーに対する疑惑が立証されない限り、アヘンの密輸を規制するために彼の自由を束縛しようとしていた内務省の主張を受け入れ続けることはできなかったのである。そして内務省は、香港政庁を監督する立場にある植民地省が彼の活動を不審に思わない限り、その意向を覆すことはできなかった。

ただし当時、イギリス帝国域内におけるアヘン関連政策は、基本的には国際的なアヘン規制に従う方向へ推移していた。(81)植民地域内のアヘン行政が植民地省独自の判断のみで行われる時代は、既に過ぎ去りつつあったのである。そしてイギリス帝国に沿って東アジアへ活動の場を広げたナマーズィー一族による、イギリス領植民地でのアヘン貿易への関与も、間もなく終焉を迎えることとなる。

六　イギリス領植民地でのアヘン貿易の終焉

管見の限り、イギリスの公文書からは、一九二六年中旬以降のH・M・H・ナマーズィーの活動に関する情報をあまり見出すことができない。ただし、イギリス本国政府は従来同様にナマーズィー一族の動向を注視していた。この時期にイギリス本国政府の注目を集めていたのは、シンガポールに住んでいた彼の親戚によるアヘンの取引である。

シンガポールには太平紳士で市政委員（Municipal Commissioner）の経験者である、モハンマド・アリ・ナマーズィー（Muhammad Ali Namazie）という人物が居住していた。彼には一九二二年に、中国へのアヘン輸出を容易にするためにフランス領インドシナ（以下仏印と略）の税関職員へ贈賄したかどで、仏印警察により二名のフランス人と共に逮捕された経験があった。[82]二六年七月に内務省は、ボンベイでシンガポール向けに積み替えられたイラン産アヘンの輸入者がナマーズィーという名前であることに気づき、この件について植民地省へ問い合わせた。[83]シンガポールの統治を管轄する海峡植民地政庁の回答によれば、M・A・ナマーズィーは香港に住むH・M・H・ナマーズィーの親戚で、後者の運営する船会社の現地代理店を務めていたが、両者の間にはそれ以外に何ら商売上の関係はない様子だった。ところがM・A・ナマーズィーは一二年以降、海峡植民地政庁へ度々イラン産アヘンを供給していたのである。さらに海峡植民地政庁は、今後もM・A・ナマーズィーは同政庁への生アヘンの納入をめぐる入札に参加し続けるだろうと考えていた。[84]これを知った内務省は、海峡植民地政庁によるM・A・ナマーズィーとの取引を批判した。[85]このため植民地省は海峡植民地政庁へ、今後彼の一族とアヘンをめぐる取引をしないよう求めると共に、評判のよいイランの業者から直接アヘンを購入するよう指示した(86)。しかしこの直後に海峡植民地政庁は植民地省へ、既に彼から一〇〇〇箱のイラン産アヘンを購入する契約を結んでいる旨を告げてきたのである(87)。植民地省はこの行為をめぐり、同政庁を叱責した(88)。

これ以降、海峡植民地政庁はM・A・ナマーズィー以外からアヘンを調達するため、イギリス本国の商社へも打診を始めた。一方イギリス本国政府は、彼がかつてシャムとオランダ領東インドへもアヘンを供給していたことを察知し、シャムおよびオランダ両政府へ彼との取引を避けるよう促した(89)。さらにイギリス本国政府は、香港や海峡植民地と同様に煙膏の吸煙が行われている各植民地の政庁が、ナマーズィーと取引する可能性を懸念した。このため植民地省はイギリス北ボルネオ会社とサラワクに対しても、この件について通達した(90)。またインド省はインド政庁へ、この問題をめぐり仏印政庁へ警告すべきか否かを検討するよう示唆した(91)。

だがインド高等文官出身のイギリス人で、当時シャム政府の財政顧問を務めていたサー・エドワード・クック(92)(Sir Edward Mitchener Cook)は、このようなイギリス本国政府の対応に不満を抱いていた。彼はアヘンの商売そのものが「汚い」ものであるにも拘らず、安い価格でアヘンを提供するM・A・ナマーズィーとの取引を禁じて他のユダヤ系商社から購入することは、単なる「ごまかし」に過ぎないと考えていたのである(93)。このようにイギリス本国政府の対応は、東南アジアで活動していたイギリス人の支持を必ずしも得ていたわけではなかった。

一九三一年三月には香港政庁からイギリス本国政府へ、澳門政庁がナマーズィーという商人とのアヘン取引を検討しているという情報がもたらされた(94)。これを契機に内務省は関係各省へ、イギリス本国政府のもとにあるナマーズィー商会の活動に関する情報を更新するよう提議した(95)。イギリス駐イラン公使館からは、彼の一族がイランでアヘン貿易への関与を続けているとの報告が届いた(96)。しかし香港政庁からは、香港では依然としてナマーズィー商会は存在するものの、二六年以降現地の資産をほぼ処分してしまっており、アヘン貿易への関与を示す証拠はないと伝えられた(97)。

さらにシンガポールに住んでいたM・A・ナマーズィーは三一年七月に死去しており[98]、ボンベイにいたH・M・ナマーズィーの長兄は二八年に転居していた[99]。ナマーズィー一族がイギリス領植民地でアヘンの取引に関与することは、既に困難なものとなっていたのである。

H・M・H・ナマーズィー本人については、一九三二年に香港政庁とインド政庁から、二年間の上海生活の後にイランの旅券を用いてシーラーズへ移動した旨が、イギリス本国政府へ伝えられている[100]。彼は三五年に故郷のシーラーズでその生涯を終えた。

小結

この章では生アヘンの流通や販売に関与したナマーズィー一族の活動に着目することによって、戦間期における香港のアヘン政策について前章とは異なる視角から検討を加えた。アヘン・麻薬類の規制をめぐる国際協力や、ある植民地におけるアヘン政策を検討するためには、国際機関や国家の活動を分析することが不可欠である。ただしアヘン・麻薬類の流通や販売には、様々なレベルで一般の商人や商社が介在していた。そして自由貿易体制の実質的な担い手は、こうした無数の商人や商社だったのである。彼らの活動をむやみに抑制することは、イギリス帝国の動脈を阻害することに繋がりかねなかった。

ナマーズィー一族はイランからのアヘン輸出が増加していた時期に、香港においてその取り扱いを始めた。彼らが自由貿易港である香港を活動の拠点とした理由の一端は、イギリス帝国の自由貿易政策の恩恵に浴することにあったと言えるだろう。それゆえ、ナマーズィーの活動をめぐる香港政庁とイギリス植民地省、およびイギリス本国政府内部における各省庁間の対立は、一九世紀型の自由貿易政策と、二〇世紀に新たに生起した国際体制を中心とする国際秩序の軋轢を反映していたと言うことができる。

以下、この章の分析をめぐる限界を指摘し、今後の課題としたい。

第一に本章では、主にイギリスの公文書を用いてナマーズィーの活動を検討した。この結果、一九二〇年代を通じてイギリス本国政府や植民地政庁の規制策が彼の活動を制約し、イギリス領植民地におけるアヘンの取引が、従来よりも困難になったことは明らかにし得たと考える。ただし国際的なアヘン・麻薬類の規制や、イギリス当局側の活動をめぐる彼の真意については、筆者の用いた史料からは判断し得なかった。国際的なアヘン・麻薬類の規制をめぐり、個別の商社がどのような認識を抱いていたのかは重要な論点であり、今後の課題である。

第二に省庁間の関係について。筆者の利用したイギリス本国政府の公文書から、ナマーズィーへの対応をめぐり首相をはじめ各省の大臣が主導力を発揮したという証拠は、特に見出すことができなかった。わずかに植民地省の官僚が同省の見解を内務省へ伝える際に、大臣からの同意を取り付けたことが確認できたのみである[101]。この点についても、今後の課題とする。

第二部において明らかにしたとおり、二〇世紀以降、とりわけ戦間期に国際連盟のもとで構築されたアヘン・麻薬類の乱用規制を目的とする国際秩序は、イギリスの本国政府や帝国域内の各植民地政庁に対して、アヘン政策の施行をめぐり従来よりも大きな心理的圧力を加えた。こうした国際規制を推進させようとする人々は、イギリス帝国の自由貿易体制をめぐり、(1)自由貿易港における財政基盤としての煙膏の販売、および(2)商品としての生アヘンの取引、という二つの側面に制限を加えようと試みたのである。

このような動きをめぐるイギリス当局の対応は以下のようなものであった。まず(1)煙膏の販売については第四章で検討したように、香港政庁は周辺地域からの密輸品の流入が規制を極めて困難なものとしている現状を国際社会に認めさせるべく、イギリス本国政府へ国際連盟に対して調査委員会の派遣を提起するよう求めた。この提案は本国政府の容れるところとなり、結果として極東アヘン調査委員会の派遣が実現した。さらにイギリスは同委員会による勧告を検討したバンコク会議において、受け入れが困難な提案が国際協定に含まれるのを阻止することに成功した。こうして香港における煙膏の小売専売制度の抜本的な改革は、実質的に先送りされたのである。

一方、(2)生アヘンの取引については本章で確認したように、イギリス本国政府は香港政庁へ生アヘンの取引を政庁の管理下に置くよう強く求めた。香港がいわば国際規制の抜け穴として、他地域への密輸に利用される危険性が存在する以上、香港政庁は本国政府の指示に従うよりほかに方法がなかった。しかし自由貿易体制の維持は長年にわたり香港における統治政策の前提となっていたため、結果として、このような施策は従来からの統治方針との間で摩擦を生んだのである。

さらに、こうした自由貿易体制に制限を加えようとする試みは、香港と周辺諸地域との関係にも微妙な影響を与えることとなった。次章では長年にわたり香港におけるアヘン政策に影響を与えてきた澳門との関係に焦点を当て、この問題を掘り下げることとしたい。

第六章　澳門におけるアヘン問題

はじめに

第一・二部において検討したように、一九世紀中葉から二〇世紀初頭にかけて、澳門・香港両地域におけるアヘン煙膏の徴税請負人は、北米や豪州といった域外市場への販売をめぐり競争を繰り広げる一方で、必要に応じて協力することもあった。このように宗主国が異なる隣接した二つの植民地に、個々の領域外（すなわち北米・豪州）を主な市場とする煙膏の徴税請負制度が存在するという事実は、請負権を入手したいと考えていた華商にとって重要な意義を有していた。なぜなら彼らは、たとえいずれかの請負権を入手することに失敗したとしても、もう片方の請負権を掌中に収めていれば、そこから北米や豪州の市場へ煙膏を輸出することが可能だったからである。一方、こうした両地域の関係性ゆえに、一八七〇年代末にポープ＝ヘネシーが試みた請負額をつり上げるための施策は、結果として十分な効果を上げることができなかった。すなわち香港・澳門両地域における煙膏の徴税請負制度は、徴税請負人相互の関係や、各植民地財政への寄与という点では対立する側面を見せつつも、珠江デルタ域外への煙膏の輸出については補完的な関係を維持していたのである。

このような香港・澳門両地域における徴税請負制度間の関係は、二〇世紀に入ると徴税請負人の活動に加えて、域外市場における状況の変化や、アヘン・麻薬類の規制を求める国際的な取り組みにも影響を受けるようになった。とりわけイギリス本国政府および香港政庁は、澳門からのアヘン密輸が自国のアヘン政策に悪影響を与えることを懸念し、その対策を講じる必要に迫られていったのである。

以上の点を念頭に置いて、本章では二〇世紀初頭から戦間期に至るまでの澳門におけるアヘン政策について、イギリス本国政府および香港政庁の認識と対応を中心に検討する(1)。なお香港および澳門の宗主国であるイギリスとポルトガルの間には、一四世紀に緊密な協力関係が結ばれた。その後もこの関係は断続的ながら発展を遂げたが、一八世紀以降ポルトガルのイギリスに対する経済的な従属が深まったことにより、一九世紀にはイギリスが圧倒的な優位に立ち、ポルトガルへ安全保障をはじめとする様々な支援を与えるようになっていた(2)。香港と澳門の植民地統治政策においてアヘンが担ってきた歴史的役割を顧みれば、アヘンをめぐる両地域間の関係は、二〇世紀の新たな国際情勢のなかで植民地統治体制がどのような転換を強いられたのかを検討する上で、好個の題材と見なすことが可能であろう。

以下、本章では第一節において、二〇世紀初頭の澳門における煙膏の徴税請負制度の展開と、アヘン協定の成立過程について述べる。第二節では、澳門の状況に対するイギリス本国政府および香港政庁の見解を中心に、アヘン協定の運用について考察する。第三節では、一九二〇年代における澳門からのアヘン密輸問題をめぐる、イギリス本国政府および香港政庁の対応を論述する。第四節では、インド産アヘンの澳門への供給停止をめぐる問題を検討する。第五節および第六節では、澳門での煙膏の専売制度発足をめぐる香港・澳門関係と、その後に香港で発生した澳門における以前の徴税請負人に対する訴訟を分析する。小結では、本章で述べた内容を振り返り、一九一〇年代から戦間期に至るまでのアヘンをめぐる香港・澳門関係を概括する。

一　イギリス・ポルトガル間のアヘン協定

(1) 二〇世紀初頭の澳門におけるアヘン徴税請負制度

一九世紀中葉に香港がイギリスへ割譲され、自由貿易港として成立すると、それまで澳門が担ってきた東西交易の要衝という役割は、香港に取って代わられていった。このため澳門経済は停滞をきたすようになり、澳門政庁は二〇世紀初頭に至るまでには、賭博と煙膏からの税収に歳入を依存せざるを得ない状況へ陥っていた(3)。

ここで当時の澳門における煙膏の徴税請負制度の展開を確認すると、一九世紀末に澳門における煙膏の徴税請負権を獲得した人和公司の流れを汲む三宏公司が、一九〇三年に徴税請負契約の満了に伴い、改めて政庁と新契約を結ぶことに成功した(4)。だが、〇九年にアメリカが煙膏の輸入を完全に禁止したことで、北米における合法的な市場が閉鎖されると、三宏公司は政庁に対する納税に支障をきたすようになり、契約期間の満了を待たず同年四月に徴税請負権を手放さざるを得なくなった。これを受け、澳門政庁は域内在住の華商である蕭瀛洲(5)（蕭登）に煙膏からの徴税を委託したが、彼もまた同年九月に請負の継続を拒んだため、以後大西洋銀行（Banco Nacional Ultramarino）の副買辦を務めていた華人の手に委ねられることとなった(6)。しかし翌一〇年四月にはこの副買辦による不正が発覚し、ついに政庁自らが煙膏の販売を開始する事態に至ったのである(7)。

一方、澳門政庁は三宏公司が徴税請負契約を放棄してから、条件に見合う煙膏の徴税請負人を求めて競売と入札を繰り返しており、ようやく一九一〇年六月に、呉広および持隆という香港を拠点に活動する二名の華人を見出すことに成功した(8)。だが翌年に入ると、彼らは原料となる生アヘンの供給をめぐる問題に直面する。

第三章および第五章で触れたとおり、一九一一年初頭からインド政庁は中国へ向けて輸出される生アヘンに許可証を発給することにより、中国以外の地域へ輸出される生アヘンと区別した。その結果、香港と澳門では、この許可証の交付を受けた生アヘンとそうでないものが並存することとなった。さらに香港政庁は中国への密輸を防ぐため、許可証の交付を受けていないインド産生アヘンの域内への輸入を、香港における煙膏の徴税請負人へ向けられたものを除き、一一年九月以降原則として禁止した[9]。これを受けて、従来香港の市場で生アヘンを購入してきた澳門の徴税請負人は、香港に代わりシンガポールを経由して生アヘンの輸入を開始した[10]。ところが、彼らが経路を変えて輸入した生アヘンは膨大な量に上った。このためシンガポールを統治していた海峡植民地政庁をはじめ、香港政庁、さらにはイギリス本国政府の懸念を呼び起こしたのである。

(2)　一九一二三年アヘン協定の成立

海峡植民地政庁は、香港政庁が中国向け以外の生アヘンを域内へ輸入することに制限を加えた直後から、シンガポールで販売されている生アヘンが香港と澳門を通じて、中国国内へ密輸されているのではないかと疑っていた[11]。また香港政庁も、澳門に輸入されている生アヘンの量は、澳門から輸出される煙膏の原料分を勘案しても、実際の需要量を大幅に超えているものと考えていた。海峡植民地政庁と香港政庁からの報告を受けて、一九一二年一月にイギリス本国では植民地省が同国の外務省に対し、前年末よりシンガポールから澳門のアヘン徴税請負人宛てに、中国への輸出許可を受けていない生アヘンが大量に送られており、これらが澳門から中国に密輸されている可能性が高いと通知した[12]。

澳門のアヘン徴税請負人が輸入していた中国への輸出が認められていない生アヘンは、表向きには備蓄か、澳門域内外の市場に供される煙膏の製造に充てられるものとされていた[13]。ところが北米や豪州など煙膏の主な輸出先と見なされていた各地では、当時既にその輸入が禁止されていたのである。そこでイギリス本国政府は海峡植民地政庁に命じて、ポルトガル領事により必要であることが証明されない限り、シンガポールから澳門へ生アヘンを輸出することを禁止した(14)。だがこれに対し、澳門の徴税請負人はインドから直接澳門へ生アヘンを輸入することで応じた(15)。一方中国沿海部で活動する商社は、自社の扱う中国向け生アヘンの市場価格が崩されることを恐れ、イギリス外務省と香港政庁に対し、澳門への輸出を削減するよう圧力をかけ始めたのである(16)。しかしイギリス本国のインド省は、インド側での規制は無意味であるとして何ら対策を講じようとする姿勢を見せず、ポルトガルが澳門への生アヘン輸入量を規制すれば、それを援助すると表明するのみであった(17)。そのためイギリス政府は、直接ポルトガル政府と交渉を始める必要に迫られたのである。

以上の経緯を経て、イギリス政府は六月にポルトガル政府へ、中国向けの輸出が認められていない生アヘンの澳門への輸入量を制限するよう求めた(18)。ポルトガル政府は、イギリス側からの数回にわたる申し立ての末にようやく好意的な回答を寄せ(19)、一九一三年一月からロンドンで両国政府間の協議が開始された。この協議でポルトガル側は現行の徴税請負契約満了後、澳門の徴税請負人宛ての、中国への輸出が認められていない生アヘンの年間輸入量を、域内消費向けは二六〇箱、域外市場向けは五〇〇箱に制限すると提案した。これに対してイギリス側は後者すなわち域外市場向けの生アヘンの供給量を、香港の徴税請負人に認められているのと同量の一二〇箱まで削減するよう主張したが、ポルトガル側は次期徴税請負契約の落札額が低下することを恐れ、この数字に難色を示した(20)。結果として双方は、澳門のアヘン徴税請負人が自身の製造する域内市場向け、および域外市場向けの煙膏の原料として、それぞれ年間二六〇箱および二四〇箱までの生アヘンを輸入することを認める。もし煙膏の合法的な輸出に必要となる生アヘンの量がこれを上回ると認められた場合、徴税請負人は澳門政庁へさらに税金を納入して輸入許可を得る、という内容で妥協した(21)。

この合意内容に沿った覚書は、四月にイギリス政府からポルトガル政府に手渡されたが(22)、ポルトガル側が期限付きの協定に発展させるよう望んだため、両国政府間でさらなる討議が進められた[23]。最終的には前述した内容に加えて、中国向けの輸出許可を受けていない生アヘンの香港への輸入量を定めた協定が、一九一三年六月にロンドンで調印された[24]。

なお両国政府間の協議に先立ち、香港政庁もこの件について澳門政庁と接触していた。香港政庁は澳門政庁へ生アヘンの輸入量を削減するよう促しており[25]、両国間の妥協が成立した後においてさえ、合意された量の見直しをイギリス本国の植民地省へ求めていたのである[26]。しかしイギリス外務省は、ようやく到達した合意内容を見直すことは難しいと考えていた[27]。そのため同省は澳門への輸入量が過大であると認められた場合、ポルトガル政府が輸入量の改定を検討する旨を協定に盛り込むことで、香港政庁への配慮を示した[28]。

二　一九一三年アヘン協定の運用

ロンドンでイギリス・ポルトガル両国政府による交渉が進められている間、澳門では一九一三年七月以降の煙膏の徴税請負権をめぐり、当時の請負人が澳門政庁に契約延長を求めていたのをはじめ、複数の華人が様々な請負条件を提案していた[29]。これらの提案を検討した澳門政庁は、現行契約を延長するよりも新契約を結ぶほうが得策であると判断し、アヘン協定が成立すると直ちに公報で次期徴税請負権の入札を告示した[30]。この結果、新たに周成および兆言という華人が徴税請負権を落札した[31]。両者が設立した有成公司はインド産の生アヘンに加えて、台湾総督府に粗製アヘンの供給を求めるなど、活発な活動を展開した[32]。だが澳門からの密輸疑惑は依然として払拭されず、一九一六年六月に香港政庁は、澳門から名目上はメキシコに輸出された煙膏が、実際には中国へ密輸された疑いがあるとイギリス本国の植民地省へ報告している[33]。ところがイギリス本国政府内部では、外務省がこの密輸はイギリスの利益を損なうものではないと判断し、植民地省とインド省も同意したため、ポルトガル政府への抗議は行われなかった。[34]これに先立ちポルトガルは、一九一六年二月に自国の港湾に停泊していたドイツ船を拿捕したことにより、翌月ドイツから宣戦布告を受け、連合国側の一員として第一次世界大戦に参戦していた。[35]そのためイギリス政府の決定には、同盟国への配慮も影響していたものと考えるべきであろう。

一九一七年一二月には、再び翌年以降の徴税請負権をめぐる入札が行われ、周発、福金そして馬江により構成される大成公司がこれを落札し、翌一八年八月から煙膏の販売を始めた。[36]請負権の落札価格は以前の六倍以上に跳ね上がり、港湾の改良といった澳門経済の活性化に不可欠な事業の推進力となることが期待された。[37]しかし香港政庁は、煙膏の販売価格を大幅に引き上げない限り、同公司は落札価格に見合う収入を見込むことができないと予想しており、協定で規定された量を超える生アヘンが澳門へ持ち込まれることを危惧していた。[38]この想定の当否をここで判断することはできないが、いずれにせよ澳門からは依然として大量の煙膏が域外へ持ち出されており、一九年にはチリへの輸出を装った中国への密輸事件が発生している。[39]一方、このような販路維持へ向けた努力にも拘らず、大成公司は営業開始後二年目にして経営困難に陥り、澳門政庁へ納付税額の削減を求めた。澳門政庁はこれに応じたが、二〇年三月に同公司は徴税請負契約を解消し、政庁に担保を没収されている。翌月、徴税請負権は再び競売にかけられたが、その期間は同年四月からの四ヶ月あまりに過ぎず、また落札額も政庁が定めた最低額を大幅に上回るものではなかった。[40]

澳門をめぐる密輸疑惑については、ポルトガル政府も多少は憂慮していた様子である。しかし、一九一三年にポルトガル本国の植民地省からの指示によって開始された、澳門における煙膏の徴税請負契約に関する調査は、結果としてうやむやなままに終わっている。[41]他方で煙膏の徴税請負額は、一〇年代に行われた三度の入札を経て格段に上昇した。この落札額の上昇をもたらした要因の一つには、香港政庁が度々指摘していた澳門から中国への煙膏の密輸が挙げられよう。〇七年に英中間でアヘン貿易の停止へ向けた合意が成立してから、政情が不安定化する一六年前後に至るまで、中国国内ではアヘンの禁煙運動が進展していた[42]。それゆえ、煙膏を澳門から中国へ密かに運び込むことで、密輸業者は大きな利益を得ることができたのである。ただし一六年前後から、中国国内では政治的混乱に伴い、各地の軍閥がケシの栽培を開始した。そのため中国国内における煙膏の希少価値は下がり、これに伴い、澳門における徴税請負権の実質的な価値も下落した。この結果大成公司は、徴税請負額を支払い続けることができない状況へと追い込まれていったのである。

この間、イギリス政府が澳門からの煙膏の密輸をポルトガル政府へ直接提起しなかったのは、協定の規定量を超える生アヘンが澳門へ輸入されていることを示す証拠がない上に、総合的に考えれば自国に重大な悪影響を及ぼす問題であるとは認識しなかったためであろう。交渉が始められた当初、イギリスには中国向けの生アヘン貿易を保護する必要があった。だがインドから中国への合法的なアヘン貿易は、一九一三年二月にボンベイから積み出された生アヘンを最後に、協定の成立に先んじて終焉を迎えていたのである[43]。一方、第三章で述べたように、一四年に香港政庁は煙膏の徴税請負制度に代わり、政庁によって直接運営される専売制度を設置し、香港における煙膏の管理を一段と強化させた。この結果、一三年に締結されたアヘン協定は、実質的に澳門への生アヘン供給を維持するだけの役割しか果たし得なくなってしまったのである。

だがこのような状況は、第一次世界大戦の終結に伴う国際連盟の成立を機に再び転換した。大戦後のパリ講和会議では、ヴェルサイユ条約への批准は一九一二年にハーグで締結されたが発効していなかった万国アヘン条約への批准に等しいと定められた。さらに同会議で創設が決まった国際連盟は社会・人道問題への取り組みの一環として、アヘン・麻薬類の取引の監視を担うこととなったのである。このような状況を前に、インド政庁は生アヘンの取引をめぐる無用な批判を避けるため、主要な輸入国政府や植民地政庁との間で「合法的な需要」に見合う量の生アヘン供給をめぐる契約を結ぶことにより、密輸に対する管理を強化した。さらに新しい国際情勢のもとで、イギリス本国政府と香港政庁はアヘン政策をめぐり、澳門政庁へ従来とは異なる対応を取るようになるのである。

三　一九二〇年代の密輸問題

第一次世界大戦の帰結と国際連盟の設立は、国際的なアヘン問題への対処に新たな局面をもたらすこととなった。連盟内には、アヘンの医・科学的用途以外の使用を禁止することを目標として、アヘンおよび危険薬物の取引をめぐる諮問委員会（以下ＯＡＣと略）が設立された。同委員会にはイギリスおよびポルトガルの両国代表も参加し、アヘン・麻薬類の国際規制へ向けた活動を開始した。

一方、一九一九年以降、澳門・中国間の境界画定に関する紛糾や中国本土における労働運動の高まりを受けて、澳門をめぐる中国とポルトガルの関係は混迷を極めていった。二二年五月にはモザンビーク出身のポルトガル兵と華人婦女との間で発生した紛糾が、華人によるストライキを含む大規模な抗議運動へ発展した[44]。そして澳門におけるこのような状態は、二二年一月に海員ストライキ、二五年から二六年にかけて広東・香港間のストライキ・ボイコット運動（省港大罷工）の打撃を受けた香港の状況と相関していたのである。イギリス外務省内では二二年五月に澳門で生じた問題をめぐり、中国・ポルトガル間の紛糾が香港に悪影響を与える可能性が指摘されていたが[45]、こうした懸念は二〇年代を通じて澳門のアヘン政策をめぐるイギリス側、とりわけ香港政庁の対応の背後にも常に存在したと考えてよいだろう。

さて澳門政庁は一九二〇年四月から五月にかけて、同年八月から三年間の徴税請負権を入札・競売にかけ、利希慎が代表を務める利成公司との契約に成功した[46]。

利希慎は当時香港を中心に活動していた著名な華商である。彼は一八八一年に広東省開平県で生まれ、サンフランシスコと香港で教育を受けた後、香港と東南アジア各地の間の薬剤の貿易などを手がけ、当時は香港を中心に様々な企業等への投資活動を展開していた[47]。

利がいつアヘンの商売に関与し始めたのかについては不明だが、遅くとも一九一二年四月には馬持隆らと共に裕興公司（Yue Hing Company）を設立し、生アヘンの取引へ本格的に参入したことが確認できる。当時香港では、前年五月に中英間で締結されたインド産アヘンの中国への輸入停止へ向けた協定の影響を受けて、生アヘンは投資対象として魅力的な商品となりつつあった。同公司の設立目的もここにあったものと考えられよう。ところが一四年三月に裕興公司の株主の一人が経営方針に不満を持ち、その解散を求める陳情書を香港の裁判所へ提出した。そしてこれがきっかけとなり、利は同公司をめぐり長期にわたる裁判へ巻き込まれてしまったのである。一連の裁判は当時「一〇〇万ドルのアヘン事件」として、香港社会の耳目を集めた[48]。さらに彼は一八年一〇月には澳門政庁からも、Lee Pak の代理としてユニオン商会（Union & Co.）のもとで生アヘンの輸出入を行うことを認可されている[49]。だが澳門政庁は、同地で煙膏からの徴税を請け負っていた大成公司による申し立てを受けて、翌年にはこの認可を撤回した[50]。このように、彼は一九一〇年代にはアヘンの売買を手がけるようになっていた。

澳門政庁と利の運営する利成公司の間の徴税請負契約は、一九二一年一一月に請負金額が年額三九五万パタカから、三〇〇万二〇〇〇パタカへ引き下げられたものの、当初の期限であった一九二三年八月まで続き、その後さらに一二月まで延長された模様である[51]。さらに澳門政庁は同年一一月、翌二四年五月に競売を実施すると事前に布告したが、共に参加者がいなかったことから、競売のたびに利と交渉を行い、契約を更新させた[52]。この結果、利は二四年に新たに立ち上げた裕成公司（Yue Sing Company）のもとで、澳門において煙膏の徴税請負制度が政庁の運営する専売制度へ切り替えられる二七年六月に至るまで、煙膏の小売販売を請け負い続けたのである[53]。

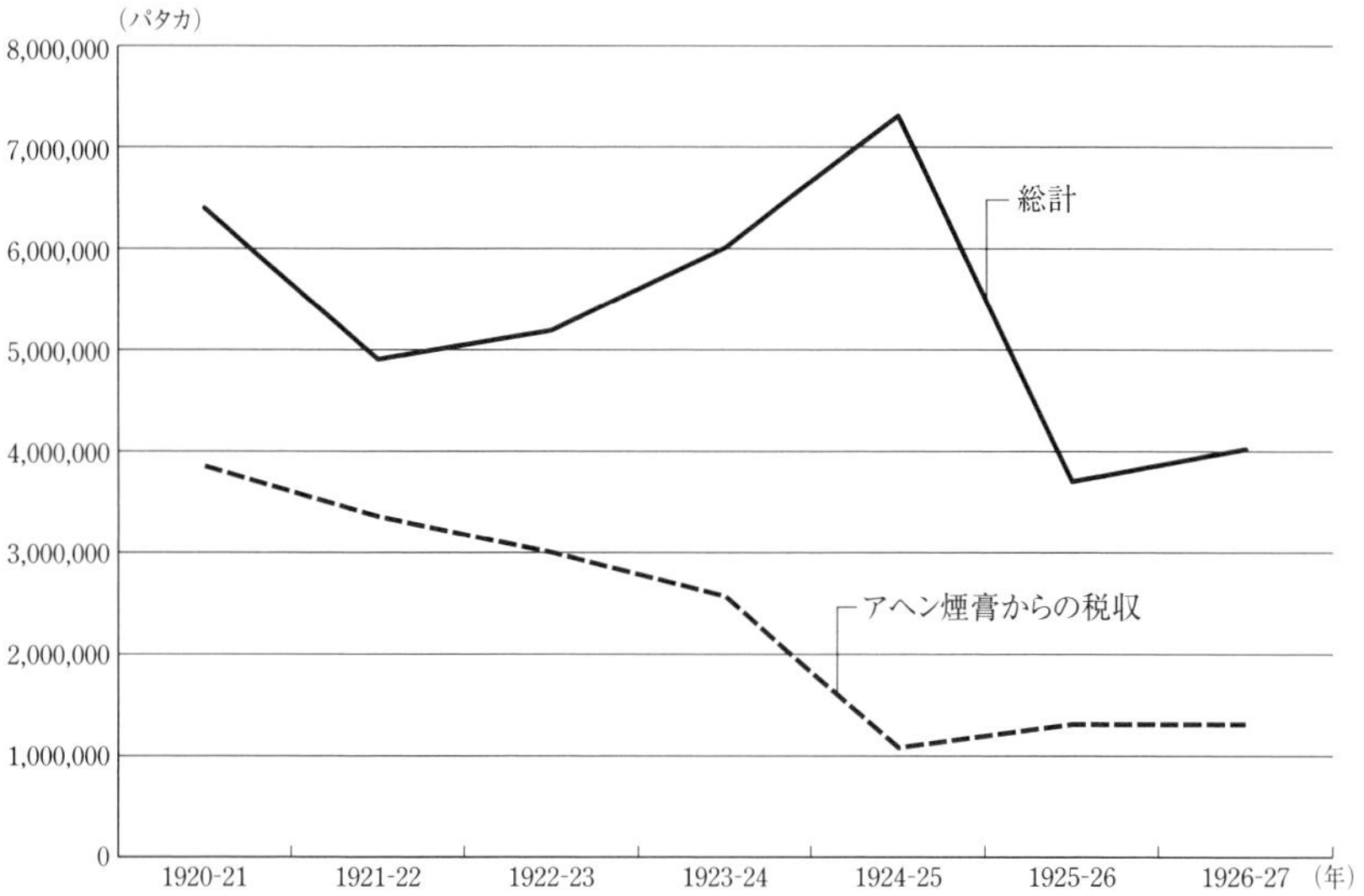

図 6-1　澳門政庁歳入に占める煙膏収入の推移（1920–1927 年）

出典：Breve Resenha Histórica do Regime do Ópio em Macau, por José Bossa, 2 de Agôsto de 1939, AOS/CO/UL-10 A 1, Pt. 4, ANTT.

一方、利がアヘン徴税請負権を獲得してからもなお、澳門をめぐるアヘン密輸に関する情報は後を絶たなかった。一九二一年に拱北海関税務司は、彼が密輸に関与しているとの噂を指摘していたが、後に香港政庁もサンフランシスコへ出帆する船舶から澳門で製造された煙膏を押収し、利に嫌疑を抱き始めた[54]。このほかにもイギリス本国政府には、澳門からの輸出先を偽った密輸や、豪州への密輸に関する情報などが続々と伝えられていた[55]。

さらにイギリス本国政府内では、イランから澳門への生アヘンの輸出も問題視されるようになった。一九二三年にイギリス政府は、ある船舶によるイランから澳門へのアヘン輸出に関してポルトガル政府へ問い合わせたが、満足できる回答を得ることができなかった[56]。以後もイギリス政府は澳門へ輸入された生アヘンに関する照会を続けたが、ポルトガル政府は不十分な対応を繰り返すばかりだった[57]。

以上のような状況が存在した背景には、澳門政庁と利の癒着があった。後年香港の輸出入監督管は裕成公司の帳簿のなかで、利が澳門政庁の官吏へ金品を渡していた事実を確認した[58]。また澳門政庁の報告書も一九二三年に同政庁が仁慈堂[59]（Santa Casa de Misericordia）への寄付と引き換えに、利へアヘンを再輸出する許可を与えていたことを認めている[60]。澳門政庁としては、競売への参加者が減少するなかで財政歳入を維持する必要があり、また利としては煙膏の売買を安全に続けるための公的な後ろ盾が必要であった。最後の契約延長が行われた一九二四年に至るまで、両者の間にはこうした関係を維持させる余地が存在していたのである。

だが、このようなアヘン管理体制の不備が原因となり、澳門政庁は生アヘン供給をめぐる問題に直面することとなる。さらに、この問題は澳門政庁と利の関係にも影響を及ぼし始めた。

四　インド産アヘンの輸出停止措置

一九一九年末にイギリス本国政府内部では、インドから東南アジアや東アジア各地へ輸出されたアヘンが中国へ流入していることを懸念する声が上がった。そこで、中国以外の各地で消費されるアヘンについては、インド政庁と各国政府が直接契約を結んで取引すべきであるとの提議がなされたのである。これを受けてイギリスの外務省はインド省へ、一三年にポルトガルとの間で結ばれたアヘン協定で認められている澳門へのアヘンの輸入量を改定すべきだと伝えた[61]。これにはインド省も同意し、外務省は駐ポルトガル公使へ新協定締結に向けた働きかけを始めるよう指示した[62]。

この打診に対してポルトガルのドミンゴス・レイテ・ペレイラ（Domingos Leite Pereira）外相は、澳門政庁財政における煙膏からの収入の重要性や、域内人口の増加を指摘する一方、代替産業の育成に時間がかかることを挙げ、輸入量の削減に強く反対した[63]。だが澳門からの煙膏の輸出先であるメキシコでは一九一七年にその輸入が禁止されていた上、イギリス本国政府内では澳門域内のアヘン消費はこの協定で認められている量に及ばず、澳門製煙膏の大半は周辺各地へ密輸されているものと捉えられていた(64)。それゆえイギリス外務省はインド省の同意をとりつけた上で、二二年二月にポルトガル政府へアヘン協定の破棄を通告した(65)。これにより同協定は翌年二月に失効することとなり、両国間で新協定へ向けた交渉が本格的に始められたのである。

イギリス側は、澳門政庁が必要とする生アヘンをすべてインドから調達するという条件をはじめ、アヘンの再輸出の停止や、域内消費向け輸入量の上限を年間一〇〇箱に設定して段階的に削減すること、さらにこれらを香港で積み替えるよう義務付けること等を骨子とする案を提示した(66)。これに対してポルトガル側は、域内消費向けおよび輸出向けの生アヘン輸入量の上限を、それぞれ年間二四〇箱および一二〇箱に設定し、両方とも段階的に削減するという内容を逆提案し、香港での積み替えを義務化することには同意できない旨を通知した(67)。これを受けてイギリス本国政府内では、外務省が再輸出向けのアヘン供給は停止するものの、すべての需要をインドから調達することを条件に、積み替えと域内消費量については譲歩するという妥協案を関係各省に内示し、植民地省の同意を得た(68)。だがインド省が域内の需要量について異議を唱えたほか、内務省のデルヴィーンが五月に開かれるOACの結果を待つべきだと主張したため、回答は一時的に持ち越された(69)。

第五章で見たとおり、一九二三年五月に開幕した第五回OACでは、後にジュネーヴ国際アヘン会議として結実する、アヘン・麻薬類の生産および輸入の制限へ向けた国際会議開催を求める決議がなされた。これを受けてイギリス本国政府内では、外務省が関係各省と再協議した結果、積み替えの制限については譲歩するが域内消費量は年間一〇〇箱とし、後に削減するという案を堅持する意向を固め、ポルトガル政府へ通知した(70)。さらにイギリス政府は独断で、新協定が成立するまでインドから澳門への年間輸出量を一〇〇箱に制限したのである(71)。

このようなイギリス側による一方的な輸出制限は、澳門で問題を引き起こした。六月にロドリーゴ・ジョゼー・ロドリーゲス（Rodrigo José Rodrigues）澳門総督[72]は、インド政庁が一〇〇箱以上の生アヘンの澳門向け輸出を許可しなかったため、スタッブス香港総督へ申し立てを行った[73]。さらにロドリーゲスの後を継いで代理総督に就任したジョアキン・アウグスト・ドス・サントス（Joaquim Augusto dos Santos）[74]も、八月にスタッブスへ援助を要請した。澳門政庁は既に徴税請負人へ一五〇箱の生アヘンを輸入する許可を与えており、かつ同地に貯蔵されている生アヘンは底をついていた。ロドリーゲスは政庁から許可を受けたアヘンを得ることができない限り、徴税請負人は納税を拒むものと予想しており、万が一このような事態が生じた場合には、澳門財政は深刻な状態へ陥る危険性があると考えていた。スタッブスはこの見解に同意し、本国の植民地省に対して澳門への輸出許可を与えるよう求めた[75]。

一方ロンドンでは、駐英ポルトガル代理大使に続いて澳門総督までもが外務省を訪問して援助を要請したが、同省は好意的な回答はできないと感じていた[76]。既に国際連盟ではジュネーヴで開催予定の国際アヘン会議の議題が具体化しつつあり、東・東南アジアでのアヘン吸煙に関する問題は第一会議で討議されることとなっていた。そのためデルヴィーンとインド省は、会議が開催されるまでは現状を維持すべきだと考えており、植民地省も異議を差し挟まなかったのである[77]。

だがポルトガル政府は駐英大使を通じて、両国間のアヘン協定の内容をもとに国際アヘン会議開催までの暫定策を逆提案したほか、リスボンでもイギリス大使に対して一年あたり澳門へ二四〇箱、東チモールへ一二〇箱のアヘン輸出を認めるよう要請した[78]。これを受けてイギリス外務省は別個の暫定案を関係各省へ提示したが、内務省とインド省の同意を得ることができなかった[79]。そのため外務省は内務省に対して、この件についてポルトガル代表と協議する権限を、国際アヘン会議に参加するイギリス帝国およびインド政庁の代表へ付与すべきだと提案し、その合意を得た。だが同様に意見を求められたインド省からの返答が遅れ、その間にジュネーヴでは国際アヘン会議が開幕してしまったのである[80]。

一九二四年一一月から開催されたジュネーヴ国際アヘン会議の展開は、この問題をめぐるイギリスのポルトガルへの対応に決定的な影響を与えた。第四章で見たように、イギリスではこの会議を目前にして内閣が倒壊したために、代表への訓令案を閣議で検討することができなかった。さらに会議の展開自体もまた波乱含みだった。煙膏の吸煙制限を議題とする第一会議では、日本代表が香港におけるアヘン積み替えに関する措置をめぐるイギリス政府の対応を批判し、一時は会議が決裂するかに思われた。また麻薬類の製造およびその制限を議題とする第二会議では、アメリカ代表が生アヘンの生産自体を制限するよう主張し、イギリス代表と正面から対立したのである。結果として第一会議は中国代表の脱退、第二会議はアメリカおよび中国代表の脱退を経ながらも、両会議ではそれぞれ第一・第二アヘン条約が調印された。だがアメリカと中国を中心とする各国のイギリスへの批判は、同国政府に衝撃を与えたのである(81)。

他方でポルトガル代表は、さしあたり澳門における問題への対処を先延ばしすることに成功した。第一アヘン会議に参加していたのは中国(北京政府)を除き、アヘン吸煙が合法的に行われていた東・東南アジアにおける各植民地の宗主国だった。これらの宗主国は煙膏からの税収の保全には慎重だったが、日英間の対立などにみられるとおり、相互の利害は必ずしも一致していたわけではなかった。さらにアメリカ代表の姿勢が問題となった第二会議では、ポルトガル代表は共通の利益を見出すことができるイギリス代表へ歩み寄りを見せた。このようにポルトガル代表は、必要に応じて各国間の意見の相違を利用し、自らの立場を維持することに成功したのである(82)。ただし第一アヘン条約は、第一条においてアヘンの売買を政庁の専売制にすべきであるとし、煙膏の製造を速やかに政庁の独占事業へ移行するよう定めており、また第六条第一項では植民地からの生アヘンおよび煙膏の輸出を禁じていた。ポルトガル代表は、澳門政庁と利の間の徴税請負契約が満了していなかったため、最終議定書で上記条項に関する留保を付した上で同条約に調印した(83)。

会議後の一九二五年三月に、ポルトガルは新たな提案をもとにイギリスとの交渉を再開しようとした。[84]だがイギリス側の反応は冷淡だった。とりわけインド省は供給先である澳門からのアヘン密輸や、同地へ大量のイラン産アヘンが輸入されていることに加え、ポルトガルが第一アヘン条約調印に留保を付したことを重く受け止めていた。そのため、ひいてはインド政庁に対する批判を呼び起こす恐れのある澳門への輸出を、完全に停止することにしたのである。[85]この決定は五月にポルトガル政府へ通知されたほか、八月には第七回OACでインド政庁代表により公にされた。[86]だが、その後もインド産アヘンは各地を経由して澳門へ流入し続けたため、以後イギリス政府の対応はその防止に焦点を移すことになるのである。[87]

他方でポルトガル政府にとっては、澳門におけるアヘンからの税収を維持するため、いかにイギリス政府から譲歩を引き出してインドからのアヘン供給を再開させるかが喫緊の課題となった。そしてこの目的を達成するためには、イギリス側へ澳門におけるアヘン制度が抜本的に改革されたという印象を与える必要があったのである。以上のような思惑が、澳門における専売制度設置へ向けた動きを形作ることとなる。

五　専売制度発足をめぐる香港・澳門関係

(1)　インド産アヘンの供給再開へ向けたポルトガル政府の試み

ジュネーヴ国際アヘン会議後のインドから澳門へ向けた生アヘンの輸出停止措置は、インド政庁の抜本的な政策転換の前触れだった。イギリス本国政府内では一九二五年一一月から、インドからのアヘン輸出停止についての検討が始められ、[88]翌二六年二月にインド政庁は、医療目的以外のアヘン輸出を一定期間内に停止すると宣言した。[89]この決定は同年五月に開催された第八回OACにおいても、インド政庁代表によって再度表明された。[90]

一方、このOACではイギリス帝国を代表して出席したデルヴィーンが、澳門への過大な生アヘンの輸入をめぐりポルトガル代表を追及した。イギリスは澳門におけるアヘン行政が未だに改善されていないと考えていたのである。[91]しかし澳門政庁は依然として税収の確保をアヘン政策の中心に据えており、煙膏からの徴税額を増加させるためには、インド産アヘンの供給を受けることが不可欠であると認識していた。そのためインドからの完全なアヘン輸出停止措置は、ポルトガル政府の危機感をさらに強めることとなったのである。[92]新しく澳門総督に任命されたアルトゥール・タマジーニ・ソウザ・バルボーザ[93]（Artur Tamagini Sousa Barbosa）はポルトガルの植民地省へ、同省と外務省の代表をロンドンに派遣し、インドからのアヘン供給再開へ向けた働きかけを行うよう提議し、八月には大西洋銀行の法律顧問を務めるジョゼー・ダウマーダ（José d'Almada）が渡英した。[94]しかしE・D・サッスーン商会（E. D. Sassoon & Co.・新沙遜）をはじめ、イギリスの海外貿易省や内務省、さらに同国の「極東において大きな影響力を持つ政治家」との接触はいずれも不調に終わり、何ら収穫を得ることができなかった。[95]さらにポルトガル政府は翌月、イギリス政府のインド相を務めるバーケンヘッド伯爵（1st Earl of Birkenhead）がポルトガルを来訪した折に、彼の助力を取り付けることに成功した。[96]ところが彼の示唆を受けてイギリス政府に提出した覚書への返答は、またしても否定的なものだった。イギリス本国政府内では内務省に加えて、バーケンヘッド率いるインド省までもがこの求めに反対していたのである。[97]だが翌二七年に入ると、澳門における専売制度設置に伴い、澳門へのアヘン供給問題は異なる様相を帯びるようになる。

一九二七年一月に開幕した第九回OACにおいて、ポルトガル代表は澳門におけるアヘン政策の転換を示す重要な発言を行った。彼は澳門におけるアヘン徴税請負契約が二七年六月三〇日に満了するため、以後徴税請負制度に代わり第一アヘン条約で定められた専売制度を設置すると述べたのである。[98]さらにこの発表の直後にポルトガル本国政府は、バーケンヘッドの歓心を得るべく彼にコインブラ大学の名誉学位を授与する決定を下したほか、再び澳門へのアヘン供給を打診するため、ダウマーダおよび外相と駐英公使の経験者であるアウグスト・デ・ヴァスコンセロス（Augusto de Vasconcelos）の二名をロンドンへ派遣した[99]。このように澳門における専売制度の設置には、第一アヘン条約に定められた義務を果たすという目的と並んで、イギリスの懸念を緩和させてインドからの澳門向けアヘン輸出を再開させるという意図も含まれていた。だがバーケンヘッドはダウマーダらに対して、澳門へアヘンを供給することはできないと告げた[100]。当時イギリス本国政府は、澳門にはフランス領広州湾から大量のインド産アヘンが持ち込まれており、同地からの密輸も何ら改善してはいないとする香港政庁からの通報を受けて、これらのインド産アヘンに関する調査を行っている最中だった[101]。イギリスにとっては、インドからの供給が停止されたはずの澳門へインド産アヘンが流入していることのほうが、はるかに重大な問題だったのである。

(2) 専売制度設置をめぐる澳門の状況

ポルトガル政府がインド産アヘンの供給再開へ向けてイギリス政府へ働きかけを行っている間、澳門ではアヘン徴税請負制度の廃止とそれに代わる専売制度設置をめぐり、新しい状況が生じつつあった。新総督バルボーザの専売制度設置へ向けた行動が、翌年スキャンダルに発展していたのである。香港政庁の輸出入監督官が一九二七年三月付で植民地長官へ伝えたところによれば、澳門に住むポルトガル人の間では、バルボーザが煙膏の徴税請負制度から生じた政庁内部の汚職を一掃しようとしている、という見解が流布しており、実際に澳門水上警察の人員が徴税請負人のアヘン密輸に関する収賄のかどで投獄されたほか、同警察の人員や澳門政庁の植民地長官経験者、港務局長官などが解雇・停職・本国召還等の処分を受けていた。さらに香港の輸出入監督官は、利が政庁から多額の補償金を要求されているという情報を摑んでいた[102]。

四月には澳門の政庁公報において、同年七月以降煙膏の小売を政庁直轄の専売制にするとの決定が公布され、新制度発足に伴う法整備が開始された[103]。だが澳門政庁はアヘン徴税請負人や既得権益を持つ者による反対を憂慮しており、必要となるアヘンが用意できない場合を懸念して、駐香港ポルトガル領事を通じて香港政庁へ数箱のインド産アヘンの借用を要請したのである。クレメンティ香港総督は電報で本国政府へ、澳門政庁を援助するために生アヘンの貸与を促した[104]。イギリス本国政府内では、外務省は政庁の対応に何ら反対せず、また内務省は懸念を表明しながらも、最終的な対応を政庁に任せるという立場をとった[105]。このため香港政庁には内務省の危惧を伝えつつも、最終的な判断は総督に任せる旨が伝えられた[106]。

この間利希慎は、澳門政庁との対決姿勢をますます鮮明にしていた。六月一六日に利は香港の裁判所で、かつて彼の運営する裕成公司に雇用されており、新たに澳門政庁のアヘン専売制度の技術補佐に任命された Lui Kim Butt[107] を相手取り、業務上横領のかどで訴訟を起こしたのである。香港警察は二〇日に澳門警察へ Lui の身柄拘束を求めたが、彼は翌月の専売制度設置へ向けた準備に忙殺されていた。そのため澳門政庁は必要な許可を得て、翌月まで Lui の裁判所出頭を引き延ばしたのである。彼は専売制度発足後の七月一四日に出頭したが、その翌日に裁判所は証拠不十分であるとして、利の訴えを却下した[108]。

澳門政庁は利の頑強な抵抗に対処するため、澳門へのアヘン供給について香港政庁と再び接触した。六月一七日にバルボーザは、澳門を訪問していたクレメンティとこの件について話し合い、その翌週には年間二二五箱の生アヘン供給を内容とする協定を提案したほか、同協定成立までの間五〇箱の生アヘンを貸与するよう要請した。さらに彼は、クレメンティからさしあたり一〇箱の生アヘンを売却する用意があると伝えられると、香港の余剰分を澳門へ供給するよう請願したのである。しかしクレメンティは、澳門政庁の求める需要量は過剰であると考えており、同政府の供給量は一二〇箱にすべきであるという意見と共に、一連の経緯を本国へ伝えた[109]。他方でポルトガル政府は澳門からの情報に基づき、八月一五日にイギリス外務省へ年間一二〇箱の生アヘン供給を求める覚書を提出した。[110]駐英ポルトガル大使はバーケンヘッドへ私信を宛て、彼の助力を求めることも忘れなかった。[111]

八月一四日にバルボーザはクレメンティへ、改めて毎月一〇箱の生アヘン供給を求めたほか、インド産アヘンの在庫が底をついたため、本国政府間の交渉成立が見込まれる八月末までの間に必要となるインド産アヘンを供給するよう請願した。[112]クレメンティは即座に澳門政庁へ四箱の生アヘンを売却したほか、本国政府にはポルトガル側が求める年間一二〇箱の生アヘン供給を支持すると表明した。[113]しかし、イギリス外務省はクレメンティに同情したが、植民地省は彼の求めに応じることに懐疑的であり、内務省のデルヴィーンもさらなる情報なしには同意することができないと考えていた。さらに外務省と内務省は香港からの供給が、アヘンの吸煙が行われている地域からのアヘン輸出を禁じた第一アヘン条約第六条に抵触すると考えていたのである。[114]そのため香港政庁には、インド省が澳門へのアヘン供給停止を再考する見込みはなく、第一アヘン条約に抵触するため要請には応じられないという見解と共に、より詳しい事情を説明するよう求める訓令が送られた。[115]

これに対する香港政庁からの返答は、当時外務省に多少なりとも存在した同情的な雰囲気を吹き払ってしまった。クレメンティによれば、澳門政庁はインド産アヘンがなければ専売制度の運営に必要となる価格で販売可能な品質の煙膏を製造できないと主張しながらも、イランからは好きなだけ生アヘンを得ることができると言明していたのである。さらに澳門政庁に新たに設置されたアヘン行政局では、イラン産アヘンとインド産アヘンを二対一の割合で調合した煙膏を製造していたため、実際の域内需要量は三六〇箱に上っていた。澳門政庁の混乱やアヘンの密輸増加を懸念したクレメンティは、改めてイギリス本国政府へ澳門政庁へのインド産アヘンの供給を促した。[116]だが、澳門の年間総需要量を一二〇箱と想定していた本国政府の対応は冷淡だった。植民地省は条件付きで香港政庁の姿勢を支持する意向だったが、インド省は輸出停止措置を変更するつもりはなかった。[117]さらに内務省のデルヴィーンは、澳門政庁の収入維持のみを目的とした行動が正当化できるのか、と植民地省を詰問した[118]。八月末に関係省庁の間で開かれた会議でも、各省は澳門政庁の求めに応じることに否定的な見解を示した[119]。このため香港から澳門へのアヘン供給やインド政庁の方針転換は、イギリス本国政府による許可を得ることができなかったのである[120]。

こうして、ジュネーヴ国際アヘン会議後から専売制度の設置に至るまでの、ポルトガルによる澳門へのインド産アヘン供給へ向けたイギリスへの働きかけは水泡に帰した。ポルトガルは専売制度を設置することでイギリスからの譲歩を引き出そうとしたが、イギリス内務省およびインド省の態度を転換させることはできなかったのである。

澳門におけるアヘン管理状態を問題視する報告はあまりにも多く、また輸出を停止したはずのインド産アヘンが澳門へ流入しているという事実は、イギリスにとって実に不快なものだった。イギリスとポルトガルの間には長年にわたる同盟関係が存続していたが、インド産アヘンが澳門へ流入しているという状況は、イギリスへの国際的非難をもたらす危険性をはらんでいた。澳門における現状が改善されたことが明白に証明されない限り、イギリス本国政府が澳門へインド産アヘンの供給を再開させる可能性は存在しなかったのである。

他方で香港政庁は、度々澳門政庁のアヘン管理状態を批判していたにも拘らず、澳門における専売制度の設置は支援すべきだと主張した。その背景としては、既に触れた一九二〇年代における澳門・香港両政庁と中国側当局の関係悪化を挙げることができよう。香港政庁はこれ以上澳門の政情が混乱すれば、香港にも悪影響を与えかねないと考えていたものと思われる。さらに当時香港総督を務めていたクレメンティは一九〇〇年代から一〇年代にかけて、香港政庁の官吏として同地のアヘン吸煙問題に取り組んだ経験があり、植民地長官代理として澳門政庁とアヘン問題をめぐる交渉にも関与していた[121]。こうした個人的経験に基づく彼の判断が、香港政庁の澳門政庁支持という方針に影響を与えた可能性は高い。

なおポルトガル政府はイギリス政府との交渉と並行して、フランス領インドシナ（以下仏印と略）からの生アヘン調達へ向けてフランスにも働きかけを行っていた。だが澳門政庁の官吏が六月末から七月上旬にかけて仏印を訪問して調査を進めた結果、同地から直接インド産アヘンの供給を受けることはできないことが判明した(122)。一方、仏印政庁は自身の保有する雲南産の生アヘンなら供給できると答えたため、澳門政庁はその獲得へ向けて交渉を開始したが、九月下旬に至るまでこの件に関する仏印政庁からの正式な回答を受けることができなかった(123)。さらにこれらのアヘンは、後に澳門政庁のアヘン行政官のペドロ・ジョゼー・ローボ(124)が現地で検査した結果、品質があまりにも粗悪でほとんどが使い物にならないことが明らかとなり、両者の交渉は決裂してしまったのである(125)。

このようにポルトガル政府はインド産アヘンの供給をめぐる不安を払拭できないまま、澳門においてアヘン専売制度を発足させざるを得なくなった。さらに以前の徴税請負人であった利希慎は、澳門政庁との対決姿勢を崩してはいなかったのである。そして両者の間で香港において争われた一連の裁判とこれに続く事態の推移は、澳門における専売制度に対するイギリス側の疑念をさらに深めることとなる。

(3)　香港における名誉毀損訴訟

利希慎は香港の裁判所から Lui Kim Butt をめぐる訴えが棄却された後も、澳門政庁への抵抗を続けていた。彼は八月二三日に澳門総督へ、政庁によるアヘン行政の内実を疑問視する内容の陳情書(126)を提出すると共に、これを澳門で活動していた弁護士などへ配布したのである(127)。これに対して陳情書に名前を挙げられたアヘン行政官のローボが、利を相手取り翌九月に香港の裁判所で名誉毀損の訴えを起こした(128)。この裁判の経過は香港および澳門社会の耳目を集め、翌年四月には高等法院によりローボの訴えを退ける判決が下された。

この判決の直後に、利は香港において何者かの手で暗殺されてしまった(129)。結果として犯人が捕まらなかったため、この事件の真相は現在に至るまで闇の中であり、また利が裁判において主張した内容が果たして事実か否かを実証することも難しい。

しかしながらこの裁判の経緯は、澳門におけるアヘン専売制度の内実を検討する上で示唆に富む。特に、裁判後に香港政庁が入手した情報や、澳門政庁内部で作成された文書と照合して考察すると、この裁判で利が主張した内容は事実であった可能性が高い。以下、後年澳門政庁が作成した報告書と当時の新聞記事から、澳門における専売制度の内実に焦点を当てて、この裁判に至るまでの経緯とその内容を検討してみよう。

まず利の主張に着目すると、彼は一九二七年六月中旬に澳門でアヘンを売買する権限が、かつて利の運営する裕成公司で会計を担当していたLui Kim Buttへ譲渡されたとの噂に接した。続いて利はYau Sengという公司が香港にて設置され、澳門政庁からアヘンの徴税を請け負ったとの話を耳にした。[130] そして六月一六日に香港の裁判所へ、Luiを裕成公司に勤務していた際の業務上横領のかどで訴えたのである。利の主張によれば、澳門政庁のアヘン行政局は利の訴訟を受け、彼と共に裕成公司の経営に携わっていた馮作霖[131]へ、Luiが提出した帳簿は正確であったと認めさせた上、Luiに対する訴訟を取り下げなければ利を拘束し、馮と裕成公司の資産を没収すると脅した。さらに澳門政庁は当時利が求めていた徴税請負契約の保証金の払い戻しをめぐり、Luiへの告訴を取り下げない限り保証金は返還しないと裕成公司へ通知した上、煙膏の原料や煙膏の製造に必要となる備品代金の支払いにも抵抗した。[132] この裁判には七月一五日に判決が言い渡され、利の訴えは退けられた。

他方で利は、Yau Seng公司が澳門のアヘン行政局の建物に事務所を構え、Lui Kim Buttの署名が入った株券を発行し、株主へ澳門のアヘン徴税を請け負っていると伝えているという話を耳にした。[133] 後に彼はマーカンタイル銀行(Mercantile Bank of India・有利銀行)の使い走りの手違いから、Yau Seng公司がTim Póへ発行したLuiによる署名入りの株券を受け取ったほか、同銀行の買辦からYau Seng公司が口座を開設し株式を発行しているとの情報に接する。[134]

さらに八月に入ると利は鳳昌という友人から、Yau Seng 公司の発行している株券の購入について相談を受けた。この際に利は株式を購入しないよう伝えると共に、鳳に対して Yau Seng 公司の活動について調べるよう要請した。この依頼に応じて鳳が利へ執筆した書翰によると、同公司は広東、香港、澳門で株（股份）を募集し、亜諾および「新鴉片煙委員」の盧布（ローボを指すものであろう）の人脈を通じて、公開競売以外の方法で煙膏の販売権を獲得していた。煙膏の販売は専売制度を装いながらも、実質的には同公司の活動は条例に拘束されず「羊頭を掛けて狗肉を売る」ものだった。加えて同公司は七万元を亜諾の手を経て保証とし、五万元を盧布の手を経て政庁の財務局へ渡した。(135)

以上の情報をもとに利希慎は八月二三日付で澳門総督へ、アヘン専売制度の内実に疑問を付すと共に、公平な扱いを求める陳情書を提出した。この陳情書には前述した鳳昌の書簡と、Tim Pó へ発行された株券も含まれていた。さらに利はこれを前述したとおり、澳門で活動していた弁護士などへ配布した。

これに対して澳門政庁は馮への脅迫を否定したほか、裕成公司への保証金の払い戻しの遅れを同公司側の書類の不備に帰した。また原料や備品の代金支払いをめぐる問題が生じた理由として、当時馮が澳門警察に拘束されていた上、彼の裕成公司代表という資格に疑念が生じたためであるとした。そして鳳昌の書簡および Tim Pó 宛ての株券については、利によって偽造されたものだと主張した。すなわち、陳情書の内容に含まれた批判には何ら根拠がないという立場をとったのである。(136) さらに澳門政庁は、新しくアヘン行政官に任命されたローボを名指ししながら、アヘン専売制度を疑問視する内容の陳情書が配布された事実を問題視した。そのためローボは利の活動が名誉毀損にあたるとして、香港の裁判所に訴えたのである。

この裁判は香港の高等法院において、一九二八年三月二六日から二九日まで開かれ、四月一七日に判決が言い渡された。裁判で争われた内容は、果たして利の活動がローボの名誉毀損を意図したものか否か、という点だった。判決は、陳情書に含まれている鳳昌の書簡は明らかにローボの名誉を貶める内容だが、これがそれぞれの人物の手に渡った際の状況を勘案すれば、利の行為はいずれも名誉毀損から免責され得るとして、ローボの訴えを退けた。[137]

以上が裁判の概要だが、この過程で利と澳門政庁の双方が主張した澳門におけるアヘン専売制度の実態を、われわれはいかに理解すべきであろうか。利へ澳門のアヘン専売制度の内実を暴露する書簡を提供した鳳昌は、裁判には出廷しなかった。そのため澳門政庁の報告書は、この書簡を利によって偽造されたものとしている。しかし澳門の専売制度の運営をめぐる外部からの評価は、むしろ鳳昌の書簡に描かれたものに近かった。一九二九年に駐香港日本総領事は、利希慎は彼に代わって新たに澳門の徴税請負人となった華人の怨恨によって殺害されたものと一般には信じられていると述べている。[138]これに加えて香港政庁は三一年に、澳門では高可寧[139]の所有する「特殊会社」が煙膏を製造しているとの情報を得た。[140]さらに三二年に澳門では政庁内部の行政委員会（Conselho do Governo）での非公開会議を経て、秘密裏に徴税請負制度が復活した。[141]だがこの情報は香港、澳門、さらにポルトガルの新聞でも報道され、特に香港で発行されている『香港華字日報』は、従来の澳門政庁のアヘン管理人であるPat Lui Kimから新会社へのアヘンの在庫の受け渡しに問題が生じたと伝えたのである。[142]高可寧およびPatの名前は、利の死後に裕成公司の帳簿を検討した香港政庁の輸出入監督官の報告書にも、利希慎および馮作霖の名前と共に公司の経営者として記載されていることから、このPatは前述したLui Kim Buttと同一人物だろうと考えられる。すなわち利と共に裕成公司の経営に携わっていた人々の一部は彼の死後もなお、専売制度の名のもとに私企業を通じてアヘンの取引に関与していたのである。

最後に、この裁判をめぐる香港政庁の姿勢を検討したい。一九二七年九月に第一〇回OACへ出席するためジュネーヴを訪れていたインド政庁代表はポルトガル代表から、澳門における前アヘン徴税請負人が澳門政庁に対して「極めて中傷的な性格の」声明を公表しているが、同政庁は適切に対処していると伝えられた。この情報を受けた植民地省は、香港政庁へこの件について報告するよう訓令した。[143]クレメンティは一連の経緯を説明し、真実を見極めるのは困難だが、バルボーザは利希慎の攻撃を受けていると感じていると述べ、彼の個人的誠意を信頼していると返信した(144)。さらに翌二八年四月には裁判の経過が伝えられ、一一月には裕成公司の帳簿を検討した輸出入監督官の報告書が提出された(145)。

すなわち筆者が確認し得た史料から判断する限り、香港政庁は澳門におけるアヘンの管理体制には一貫して関心を寄せていたにも拘らず、植民地省が訓令を下すまで、利希慎による澳門のアヘン徴税請負制度への関与について何ら詳細な報告を行っていない。香港政庁としては、香港を拠点にしていた有力華商による澳門でのアヘン徴税請負への関与という、自らが批判や圧力を受ける危険性のある情報を、わざわざイギリス本国政府へ積極的に開示したくはなかったのであろう。

小結

二〇世紀に入ると、アヘン・麻薬類の国際規制の展開に伴い、香港・澳門間における煙膏の小売販売制度をめぐる関係もまた変化した。かつての煙膏の輸出先、すなわち北米や豪州でその輸入が禁止されたことや、香港における徴税請負制度が専売制度へ転換したことによって、域外への輸出をめぐる香港・澳門間の相互補完的な従来の関係は一九〇〇年代には解消したと言える。

一九一〇年代から戦間期にかけて、澳門政庁の財政は煙膏の販売や賭博からの徴税に依存していた。イギリスとポルトガルの間で一三年に成立したアヘン協定は、澳門へ安定したインド産の生アヘンの供給をもたらすと同時に、澳門域内で製造される煙膏の量を制限する足かせとなった。こうしたなか、一〇年代に澳門におけるアヘン徴税請負額は段階的に上昇したが、二〇年代に入ると中国との摩擦が主な要因となり、投資環境が低下した。このため澳門政庁は、香港を中心に活動する利希慎との間で長期的な契約を保つことで、域内財政を維持しようとしたのである。

他方でイギリス本国政府は、ポルトガルとの間で一九一三年にアヘン協定を締結した後は、澳門におけるアヘン問題をめぐり同国へ高圧的な態度をとることを避けていた。だが二〇年代に入り国際連盟が成立すると、このような態度を翻したのである。インド産アヘンの輸出先である澳門でのアヘン管理体制の不備は、ＯＡＣにおいてアヘンの供給元であるインド政庁やイギリスへの批判をもたらす危険性をはらんでいた。このためイギリス本国政府は、ポルトガル側へ強硬な姿勢を示すようになり、最終的にはインド産アヘンの澳門への供給を停止するという決断を下した。この方針は、澳門政庁が煙膏の専売制度導入にあたり危機に直面し、イギリス側へ支援を求めてきた際にも堅持された。

これに対して香港政庁は、澳門におけるアヘン管理体制を一貫して問題視していたにも拘らず、澳門政庁が徴税請負制度の撤廃をめぐり混乱に直面した際には、積極的に支援しようとした。香港政庁がこのような判断を下した背景としては、一九二〇年代における華南沿海部の政治的混乱を挙げることができよう。香港政庁は香港に悪影響を与える恐れのある澳門での政情不安に対して敏感だった。さらに香港政庁は、澳門における煙膏からの徴税請負人だった利希慎については、本国政府から指示を受けるまで詳細な報告を伝えようとはしなかったのである。

結果として澳門では、煙膏の専売制度が形式的にはようやく発足したものの、その内実は遅くとも数年後には従来までの徴税請負制度と何ら異なるものではなくなり、同地におけるアヘン管理体制をめぐる疑念は以後も払拭されなかった。さらに、こうした状況に対する抜本的な改革は、一九三〇年代以降の東アジアにおける政治的状況の変動により、当分持ち越されることとなるのである。

第七章　終焉への道程

はじめに

一九三〇年代に至るまでに、国際連盟のもとで組織された医・科学的に正当な理由を持たないアヘン・麻薬類の使用規制を目的とする制度は、徐々にではあるが機能するようになっていた。アヘン煙膏の販売から税収を得ていた植民地の宗主国と、アメリカのようにアヘン・麻薬類の規制へ向けてより積極的な対応を求めていた国々の間では、この問題に対する認識について未だに大きな溝があった。ただし、この問題の解決へ向けた国際協調の必要性は、ＯＡＣの活動や連盟のもとで開催された国際会議を通じて、各国政府の間でより広く共有されるようになっていたのである。

こうした国際協調はＯＡＣに参加していた各国の政策にも反映されていった。第四章で検討した香港政庁によるイギリス本国政府への極東調査委員会派遣案の提起や、第五・六章で検討したナマーズィー商会の活動や澳門におけるアヘン小売制度をめぐるイギリス政府内部の軋轢は、アヘン・麻薬類の乱用規制を目的とした国際体制の展開があったからこそ生じたものと言うことができるだろう。

以上の事例が示すように、アヘン・麻薬問題をめぐる各国政府の対応は決して円滑とは言えなかった。とりわけ香港に関しては、国際体制のもとで成立したアヘン・麻薬類の規制を目的とする制度と、現地での統治政策をめぐる現実との間には大きな齟齬が生じていたのである。図4―1（一一〇頁）が示すとおり、一九二五年から三一年にかけて香港における煙膏の専売収入（純益）は二〇〇万香港ドル前後、平均して政庁歳入全体の九・六パーセントを占めていた。すなわち政庁がすぐに手放すか、あるいは代替可能な財源を見出すことのできるような規模ではなかったのである。そして香港政庁は、周辺地域から大量の煙膏が密輸され続けていたため、専売制度の撤廃は密輸品へ市場を明け渡すことに等しいと捉えていた。このような香港における状況は、海峡植民地や台湾におけるアヘン問題への対応とは好対照をなしている。海峡植民地では一九二八年にはアヘン吸煙者の登録制度が開始されたほか、三〇年代を通じて様々な改革が進められた。(1) また台湾では、二九年には政庁からの経常歳入総額に占めるアヘンからの収入額は三・七パーセントにまで低下していた。(2)

こうしたなか、一九三一年に勃発した満洲事変とそれに続く東・東南アジアをめぐる政情の混乱は、連盟を中心とするアヘン・麻薬類の規制を目的とした国際体制の足下を徐々に蝕んでいった。最終的にこの体制は、太平洋戦争の勃発に伴い、完全に機能不全に陥ることとなる。

本章では、前章までに検討した香港における煙膏の小売専売制度の変遷、澳門におけるアヘン管理制度、さらに煙膏の原料となる生アヘンの貿易といった点に着目し、一九三〇年代から四〇年代前半にかけての香港におけるアヘン政策を概観する。

一　国際協力の頓挫

戦間期におけるアヘン・麻薬類の国際規制の展開において、一九三一年は転換点だった。この年の五月にはジュネーヴで麻薬製造制限会議が開かれ、各国で製造される麻薬の総量を管理するための方策が検討された。さらに第四章で検討したように、一一月には東・東南アジア各地における煙膏の吸煙をめぐりバンコク会議が開催された。ところが同年九月の満洲事変の勃発と、東・東南アジア各地における政局の混迷化は、アヘン・麻薬類の国際規制にも暗い影を落としていった。日本は三二年に「満洲国」（以下「　」を省略）を成立させ、同地域内で煙膏の専売制度を設置したが、その管理は極めて不十分であり、OACで中国をはじめとする各国からの批判を集めた。さらに日本は三三年に国際連盟から脱退し、日中戦争勃発の翌年にあたる三八年には六月に開催された第二三回会合を最後に、それまで出席を続けていたOACへの参加も取りやめた。この間、中国大陸では日本軍が各地で成立させた傀儡政権のもとで、現地におけるアヘン問題への関与を強めていた(3)。

一方、一九三〇年代にはOACに加えて国際労働機関（International Labour Office、以下ILOと略）もまた、東・東南アジアにおける煙膏の吸煙に関心を示した。三二年四月に開かれた国際労働者会議の第一六回会合では、国際連盟や加盟各国の支援を得た上で労働者によるアヘンの吸煙問題をめぐる文献調査を行うべしとする決議が採択された。イギリス政府内では内務省および植民地省が、国際連盟とILOの双方でこの問題が議論されれば混乱が生じると考えていた(4)。だがILOはOACの協力を得て活動を続け、三五年には調査結果を『アヘンと労働』という題名の小冊子にまとめた(5)。さらにこの結論をもとに、三六年六月に開催された国際労働者会議の第二〇会合では、アヘン吸煙が行われている地域での労働環境の改善や、吸煙者の登録制度を導入して五年間にわたり煙膏の販売量を削減し、吸煙者を一掃させる案などが決議されたのである。こうした動きを受けて、OACもまた三七年五月から六月にかけて開催された第二二回会合において、ILO同様にアヘン吸煙の廃止には完全に同意する旨の決議を採択した。ただし、この決議文には「言及されている期間内での実現を阻む可能性のある実質的な問題も考慮に入れる」という文言が差し挟まれており、アヘンの吸煙が継続して行われていた植民地を持つ宗主国の事情にも配慮した内容となっていた(6)。

なおイギリス本国政府内では、三八年二月と一一月に開催された常設省庁間諮問委員会（以下IDOCと略）でこの問題が検討されたが、具体的な対策をめぐる合意は成立しなかった[7]。

このようにバンコク会議の後も、国際連盟やＩＬＯによる活動は続けられたが、いずれも東アジアにおける国際関係の悪化から逃れることはできなかった。そのため各地におけるアヘン吸煙をめぐり、各国政府に対して抜本的な改革を迫るまでには至らなかったのである。

二　一九三〇年代における専売制度の運営

一九三三年末までに、香港ではバンコク国際アヘン条約に則った各種方策が施行されていた。だが住民によるアヘン吸煙を食い止めることはできず、相変わらず密輸も含め大量のアヘンが消費され続けていた。さらに憂慮すべきことに、三三年一月にそれまで販売されてきた香港製の香港＝ベンガル・ブランドに代わり、新たにシンガポール製の煙膏が発売されると、専売制度を通じた煙膏の売上は急激に減少し、同年末には制度設置以来の最低額を記録した[8]。このため翌年四月にピール総督は本国の植民地省へ、状況の悪化に歯止めをかけるため抜本的な対策をとるよう進言した。彼はアヘン関連の罪で訴追された人物があまりに多い上、域内経済の悪化に伴い安価なアヘンの密輸増加が政庁の手に余る状態へ陥りつつあることを嘆く一方で、シンガポール製煙膏は香港の消費者の好みに合わないのではないかと疑っていた。そして、インド産アヘンを原料として製造された最高級の金山ブランドを除く煙膏の専売制度を撤廃するか、もしくはかつてクレメンティが主張したように、政庁の販売する煙膏の価格を密輸と競争できるまで引き下げるよう植民地省へ提起したのである[9]。この問題は、同省での検討を経て一一月に開かれたＩＤＯＣで討議され、煙膏の価格の引き下げや、シンガポールの工場で香港の吸煙者の嗜好に適した煙膏を製造することなどを香港政庁へ示唆することが取り決められた[10]。しかし香港からの回答は遅れ、ようやく三六年一月にピールの後任であるサー・ア

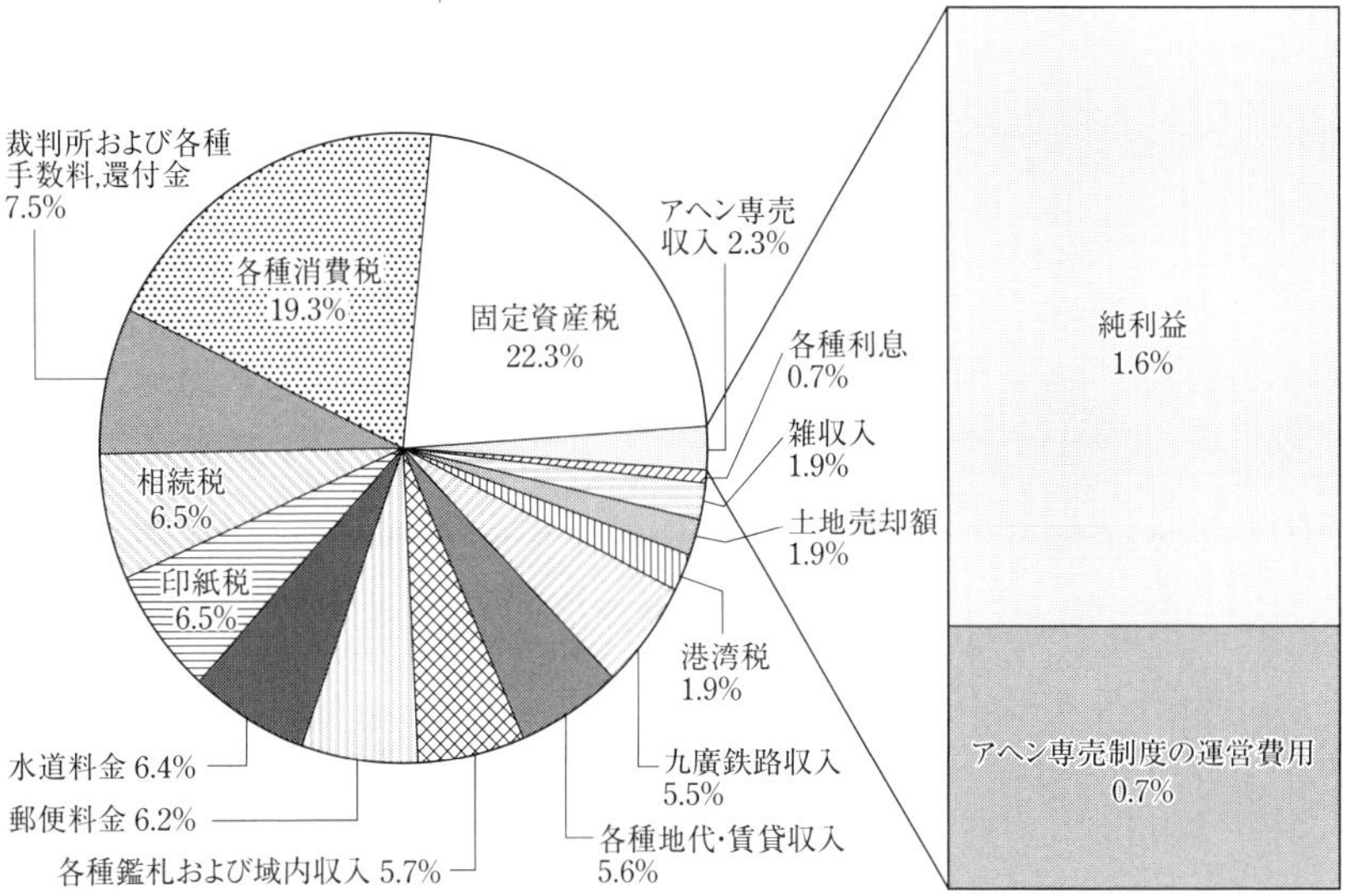

図 7–1　香港政庁歳入の内訳（1934 年）

出典：*Hong Kong Blue Book* (CO 133), 1934; Norman Miners, *Hong Kong under Imperial Rule, 1912–1941* (Hong Kong: Oxford University Press, 1987), p. 232 Table 9.

ンドリュー・カルデコット（Sir Andrew Caldecott）総督[11]は、海峡植民地政庁とこの問題について協議した上で、同地においてインド産アヘンを用いた香港市場向けの特別なブランドの煙膏を製造すること、さらに一両あたり一七香港ドルから一二香港ドルへ値下げすることを植民地省へ提案した[12]。値下げは同年四月に実施された[13]。

この間、図4—1（一一〇頁）に明らかなとおり、香港政庁の歳入に占める煙膏からの収入は下落を続けていた。また香港における煙膏の販売量も減少しており、一九三四年に消費された煙膏は一二〇七キログラムに上ったが、三五年には六五五キログラムに、さらに三六年には五八七キログラムにまで低下した。売上のおよそ半分を、既に在庫の乏しい最高級の金山ブランドの販売から得ていたことも問題だった。同ブランドの製造は香港における煙膏工場の閉鎖に伴い、一九三三年一月に終了していたが、その売上は三五年の売上総額の四九・九パーセントに上っており、翌三六年に入ってもなお四七・九パーセントという高い割合を占めていたのである[14]。こうした専売アヘンの販売量の低下は、相変わらず密輸品が

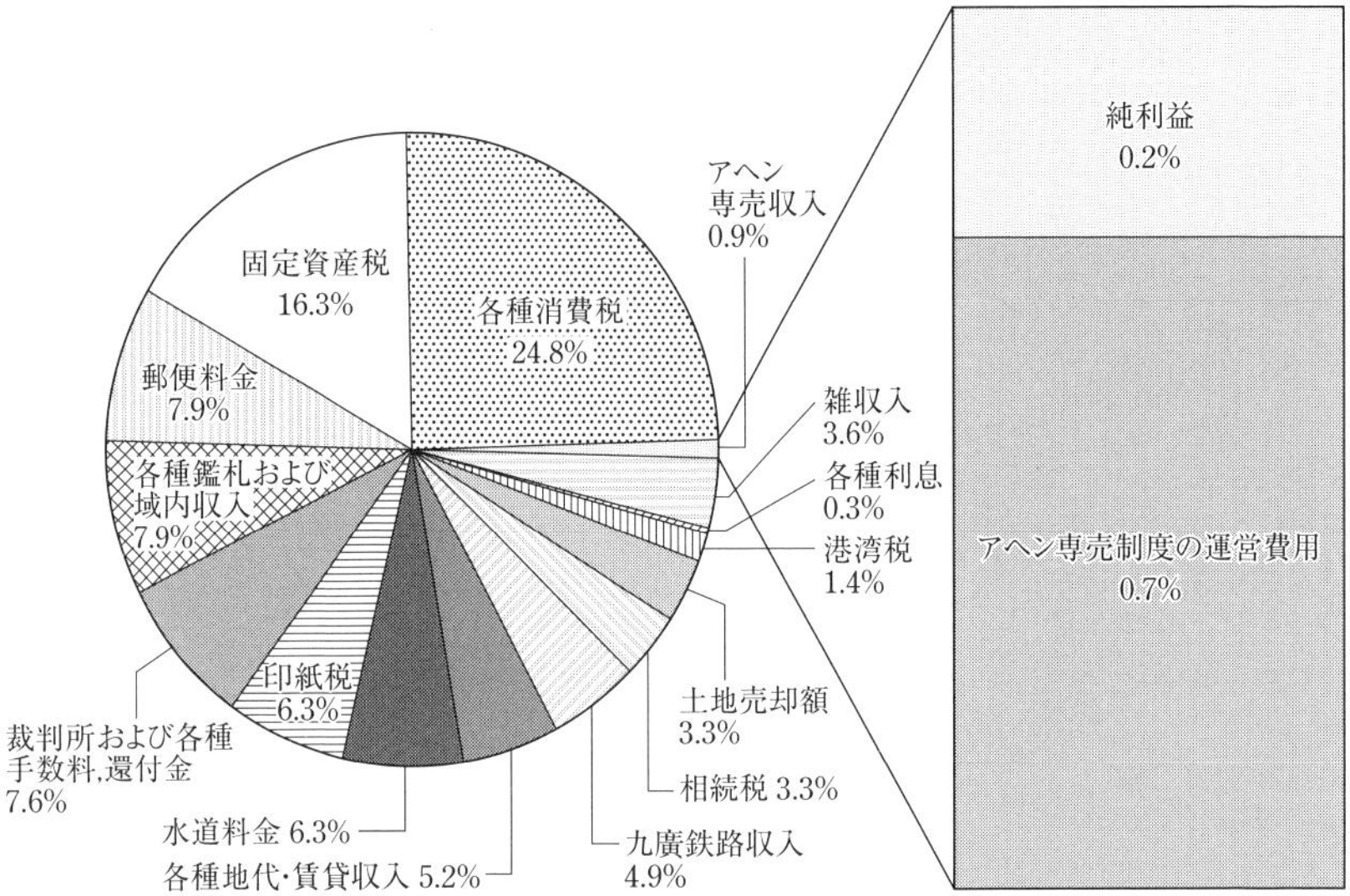

図 7-2　香港政庁歳入の内訳（1938 年）

出典：*Hong Kong Blue Book*（CO 133）, 1938; Norman Miners, *Hong Kong under Imperial Rule, 1912–1941*（Hong Kong: Oxford University Press, 1987）, p. 232 table 9.

大量に流入していたことや、煙膏以外の麻薬の乱用が広がったことが原因であり、アヘン吸煙者数の減少によるものではないと見なされていた(15)。

ところが一九三七年には、専売制度を通じた煙膏の販売量は増加に転じ、前年比四三パーセント増の八四〇キログラムとなった。これには前述した煙膏の値下げや、より香港在住者の嗜好に沿う煙膏の発売なども寄与したものと考えられるが、最大の要因は、同年七月における日中戦争の勃発だった。日中両国が全面的な戦闘へ突入したことにより、官製煙膏の市場を侵食していたアヘン・麻薬類の香港流入が減少する一方、大陸の混乱を避けて香港に避難した人々の数が増加したのである(16)。香港政庁は翌三八年三月の時点では、未だに吸煙者の登録・許可制度を導入できる状況にはなく、またバンコク会議後に始められたアヘン中毒者への治療活動もさしたる効果を挙げていないと伝えていた(17)。ただし中国大陸からのアヘン密輸は減少を続けた上、一一月から一二月にかけて中国大陸と国境を接する新界では、従来とは逆に香港から中国へ向けた煙膏の密輸が摘発された(18)。このため専売アヘンの売上量は増加を続け、一九三八年には九四七キログラム、さらに翌三九年には三一三五キログラムにまで急上昇したのである。[19]一方、翌三九年二月の段階においても、中国大陸における日本軍の占領地域で製造された煙膏が香港に流入していることを示す確たる証拠は存在しなかった。[20]

従来香港政庁は、域内におけるアヘン吸煙の規制が困難であることの主な理由として、中国大陸からのアヘンの流入があまりにも多いことを挙げていた。そのため植民地省は密輸が途絶した状況を好機と捉え、カルデコットの後任であるサー・ジョフリー・ノースコート（Sir Geoffrey Alexander Stafford Northcote）総督[21]へ、現状の改善へ向けて新しい方策を講ずるよう示唆した。[22]これに対してノースコートは、現在の状況は短期的要因により引き起こされたもので、現行の対策は的を射ていると伝えると共に、警察内部で麻薬犯罪に特化した部局を創設するという案を提示した。[23]さらに香港政庁は専売制度を通じて販売された煙膏が転売されることを恐れて、シンガポール製煙膏の価格を引き上げるよう植民地省へ求め、その裁可を受けた。[24]

この間、香港を通じた海外へのアヘン密輸は相変わらず継続して行われていた様子である。一九三九年一月にはＯＡＣでアメリカ代表を務める同国連邦麻薬局（Federal Bureau of Narcotics）のハリー・アンスリンガー（Harry J. Anslinger）長官が、同じくＯＡＣでデルヴィーンの後任としてイギリス帝国代表を務めていた内務省のウィリアム・コールス（William H. Coles）へ、近年アメリカ領内で摘発された主な煙膏はすべて香港からもたらされたものであると述べ、香港には三〇〇〇ものヘロイン窟が存在する、政庁が密輸に対抗するのに十分な資金を持っていない、という情報を挙げ、現地における取り締まりについて懸念を示した。さらに翌月アメリカ政府は国務省を通じて、「香港におけるアヘン取り締まりが崩壊していることを示す証拠に深い危機感を抱いている」と記した覚書をイギリス大使へ手渡したのである。[25]これらの書簡を送付されたノースコート総督は取り締まりの崩壊については否定したが、ヘロイン窟や密輸へ対抗するための資金不足をめぐる言及については、部分的ながらその内容を認めざるを得なかった。[26]

　このように香港では他地域への煙膏の密輸が続く一方で、一九三七年の日中戦争勃発を契機に域内における煙膏の消費も再び増加に転じた。このためイギリスにとって、煙膏の原料となる生アヘンの調達が再び重要な問題として浮上したのである。

三　イラン産アヘンの供給問題

　前述したように一九三三年一月以降、香港ではシンガポールの工場で製造された煙膏が販売されるようになっていた。この工場ではインド産アヘンに加えてイラン産のものも原料として利用されていたが、M・A・ナマーズィーとの取引をめぐり植民地省の叱責を受けてから、海峡植民地政庁は密輸への関与が疑われる会社からは生アヘンを購入しないよう注意を払うようになっていた。

　香港同様に海峡植民地においても、煙膏の消費量は世界恐慌や密輸の影響を受けて一九三一年以降低い水準で推移していた。だが三四年に入ると経済の持ち直しに伴い、煙膏の消費量も増加に転じた。そのため翌三五年に海峡植民地政庁はクラウン・エージェンツ（Crown Agents for the Colonies）を通じて、イギリス系のベレア・アトキンソン商会（Messrs. Bellairs, Atkinson & Co.）から一〇〇〇箱のイラン産アヘンを購入する契約を取り交わし、三八年五月にも再び同商会と同様の契約を結んだ。[27] さらにインド産アヘンの供給減少に伴い、同年二月に海峡植民地政庁はシンガポール製煙膏に含まれるインド産アヘンの比率を徐々に減少させ、これをイラン産のものに置き換えるという決定を下した。[28]

　ところが日中戦争の勃発は、イギリス領植民地へのアヘン供給に対して障害として立ちはだかることとなった。戦争勃発後、日本軍は中国国内の占領地で販売するために、イランから大量のアヘンを輸入しようとした。このためイランでは三井物産と三菱商事が日本軍に供給するための生アヘンの獲得に奔走し、同国のアヘン輸出専売局が販売する品物を大量に買い付けたのである。[29]その影響を受け一九三九年八月には、前年五月に契約が結ばれた海峡植民地向け生アヘンの供給が支障をきたすようになった。[30]

この間、香港では中国大陸からの密輸が途絶したことで、専売制度を通じた煙膏の売上が急増していた。香港政庁は当初、海峡植民地政庁が同地消費分として保有していたイラン産アヘンを借用することで急場を凌いだが、ついに一九四〇年五月には植民地省に対して、H・M・ナマーズィー商会（Messrs. H. M. Nemazee）の香港における代理店であるM・ナマーズィー（M. Nemazee）から、直接三〇〇箱のアヘンを購入するよう提案した。[31]だが本国政府は、かつて密輸へ関与していると思われていたナマーズィー一族から生アヘンを購入することを快く思ってはいなかった。そのためこの提案は却下され、代わりに海峡植民地向けという名目で他の業者に五〇〇箱の生アヘンを発注し、その半分を香港での消費に供すという決定が下された。[32]続いて一九四〇年一一月に植民地省は海峡植民地政庁と香港政庁へ、イラン産アヘン五〇〇箱を共同購入するよう提案し、両政庁からの同意を得た。[33]さらに日本軍による香港侵攻直前の四一年一一月にも、イギリス政府は七五〇箱の生アヘンを購入するための交渉を進めていた。[34]

このようにイギリス本国政府は、植民地における消費の増加に見合うイラン産アヘンの調達に苦慮していたにも拘らず、密輸に関与している業者との売買を避けるという立場を固持し、ナマーズィー一族と再び取引を行おうとはしなかった。一方イギリス本国政府は一九三〇年代以降も、同商会が澳門政庁との取引を続けていたという情報を摑んでいた。澳門製煙膏の香港流入は続いており、香港政庁にとって澳門におけるアヘンの管理制度は未だに重要な関心事だったのである。

四　澳門における状況

香港同様に澳門でもバンコク会議以降、アヘン吸煙の規制は進展していなかった。専売制度の設置後に経済局監督官（Inspector dos Serviços Economicos）に就任したローボは、バンコク会議で政庁内部に煙膏からの歳入の代替を目的とするアヘン基金を設置する意向を示し、澳門への帰還後に政庁内部でこの問題を提起した。[35] これを受けて一九三三年一一月には、ポルトガル本国政府によって基金の設置が指示された。[36] ところがアヘンの吸煙をめぐる規制については進展が見られず、第六章で指摘したとおり、遅くとも三二年には秘密裏に徴税請負制度が復活していたのである。徴税を請け負ったのは、かつて香港で煙膏の徴税を請け負った盧華紹の孫である盧栄傑（João Lu）や、その叔父にあたる盧煊仲などで構成される有利公司だった。盧栄傑は Pat Lui Kim に代わり、新たに澳門政庁におけるアヘン専売局の技術補佐に迎えられた。[37]

アヘン吸煙の規制という観点から見た場合、徴税請負制度の復活は政庁の直接運営する専売制度からの明らかな後退であり、もし公になれば国際的な批判を逃れ得ない。そのためポルトガル政府内では、外務省が一九三三年一月にこの件をめぐり澳門政庁を批判した。[38] ただし抜本的な対応は先送りされ、結果として同制度は三五年六月に廃止されるまで存続した。この際澳門政庁内では、盧栄傑の後任として技術補佐に就任した人物と澳門在住華人一名が、域内でひそかにモルヒネ工場を設置したかどで追放処分を受けた。[39] 澳門政庁の文書に依拠する限り、以後澳門における煙膏の小売販売は再び政庁の直接運営する専売制度のもとで行われるようになった模様だが、具体的な実情についてはさらなる検討を要する。いずれにせよ徴税請負制度の廃止以降も、相変わらず澳門ではアヘンが厳格に管理されていなかった。[40]

香港政庁は、このような澳門におけるアヘン専売制度の展開をほぼ正確に把握していた。一九三二年一二月には香港政庁から植民地省へ、澳門における煙膏の小売販売が徴税請負制度のもとで行われており、盧華紹の孫にあたる人物が中心となって請負会社を運営しているとの情報を伝えている[41]。さらに三四年には、香港政庁は澳門から域内に住む密輸への関与が疑われている人物へ送付された書簡を秘密裏に入手し、澳門政庁へ同地に在住すると思われる三名の密輸シンジケート構成員の摘発を依頼した。これに対して澳門政庁のローボは、香港政庁が提示した人物のうち二名は広州に住んでおり、残り一名については証拠を挙げることができなかったと回答した[42]。ただし彼は、これらの人物が実際には澳門における徴税請負会社の構成員であることも承知していた。さらにローボはこの情報提供を受けて、香港政庁は澳門で徴税請負制度が設置されたことを察知していると捉えたのである[43]。こうした見解が、再び徴税請負制度を廃止させるという決定に影響を与えた可能性は高い。

一方ナマーズィー一族は一九三〇年代に入ってもなお、澳門政庁との取引を継続していた[44]。三二年にはインド在住のあるアヘン商が、澳門政庁へのアヘン販売を企図していたH・M・ナマーズィーへ、ハンブルグに保管されていた生アヘンを販売したかどでインド政庁当局により起訴されている[45]。さらにイギリスのペルシャ湾駐在政務官によれば、四〇年一月に「香港のナマーズィー氏の代理人」がブーシェフルから澳門へ向けて二五〇箱の生アヘンを輸出していた[46]。

五　専売制度の廃止へ向けて

一九四一年一二月八日、日本軍によるマレー半島上陸と共に太平洋戦争が勃発した。同日未明に日本軍は香港領内へも侵入し、イギリス軍との交戦を展開した。既に周辺地域が日本軍によって制圧されていたため、香港の陥落は文字どおり時間の問題だった。同月二五日にサー・マーク・ヤング（Sir Mark Aitchison Young）総督[47]は降伏し、香港は日本の軍政下に置かれることとなった。

香港占領地総督部に勤務していた人物の回顧録によれば、日本軍は香港を占領した際に倉庫に保管されていた大量のアヘンを取得した。そして、これらは軍閥の許崇智によって販売されたという。許は日本軍政下における香港の初代総督に就任した磯谷廉介の友人だった(48)。

一方、総督部は一九四三年一月二三日付で香督令第二号を施行し、基本的には域内住民によるアヘン、煙膏、煙灰の吸食を禁止した。ただし、既にアヘン中毒に陥っていた人々に対しては、同年二月一五日までに総督が認可したアヘン小売人からアヘン購買通帳を受けた者に限り、所定の業者からのアヘンの購買や自宅ないし決められた場所でのアヘンの吸食を認めていた(49)。つまり域内におけるアヘン吸煙は完全に禁止されたわけではなく、アヘンの販売も継続して行われたのである。日本軍政下におけるアヘン政策については収集し得た史料に限界があり、詳細を明らかにすることはできないが、同年には藤田八郎という人物が、香港域内に設置された一九か所の小売店において煙膏を販売していた模様である(50)。また翌四四年には日本人の経営する裕禎公司がこの取引に携わった。かつて香港において煙膏の販売に従事していた徴税請負人と同様に、同公司は慈善団体への巨額寄付者として有名で、その利益の一部は医療機関へ献金されていた(51)。煙膏の製造には澳門出身の華人が従事しており、海外への輸出向けのものも販売されていた。さらに公定価格の二倍の価格を払えば、闇市場でも容易に煙膏が購入可能だった。ただし戦前に使用が懸念されていたヘロイン丸薬は、従来のように容易に手に入れることはできなくなっていた(52)。

一方、従来香港をはじめとする東アジア各地で煙膏の原料として用いられていたイラン産アヘンは、第二次世界大戦の勃発以降入手が極めて困難となった。そのため日本は、対中国政策をめぐる政府中央機関として一九三九年に設置した興亜院のもとで、内モンゴル地域で生産された生アヘンの輸出を計画した。これは日本の傀儡政権として成立した蒙古連合自治政府のもとで生産された生アヘンを、同じく日本の各傀儡政権のもとに置かれていた中国各地へ供給するというもので、四二年には対象地域が「大東亜共栄圏」域内の東南アジア各地にまで拡大された。ただし、結果として同年中に東南アジアへの輸出は行われず、翌年以降の実施についても詳しいことは分からない[53]。香港への供給についても詳細は不明だが、四三年には華北や熱河で生産された生アヘンが用いられていた模様である[54]。さらにイギリス側が得た情報によれば、翌四四年一〇月前後には上海から広州経由で香港へ生アヘンが供給されていた[55]。

香港の陥落後、イギリス政府にとって同地の将来は不透明になっていた。太平洋地域における連合国側の攻勢はアメリカに大きく依存していたが、同国政府はフランクリン・ローズヴェルト（Franklin D. Roosevelt）大統領をはじめ列強による植民地の維持に批判的だった。さらに中国政府もまた、香港をイギリスの手から取り戻すことに意欲を示していた。そのため連合国内部では、香港の将来をめぐる合意が必ずしも形成されてはいなかったのである。だが一九四三年初頭に太平洋での日本軍の優勢が崩れ始めると、イギリス政府内では「解放」後の香港における統治政策などが具体的に議論されるようになった[56]。かつてOACでイギリス帝国代表を務めたデルヴィーンは同年二月に内務省の官僚へ向けて、イギリス政府が戦争終結後に東・東南アジアの植民地でのアヘン吸煙を禁止すると宣言するよう提案した[57]。一方アメリカ政府内では、連邦麻薬局のアンスリンガー長官が、米軍が再占領した各植民地ではアヘン吸煙を禁止するという計画を考案し、同年三月にはイギリス大使館員が同席した会議でその意図を明らかにしていた[58]。さらに同年八月には、当時ロンドンに亡命していたオランダ政府がイギリス政府へ、戦争終結後にオランダ領内における煙膏の吸煙を禁止する決定を下したことを非公式ながら伝えた[59]。

こうした刺激を受けて、イギリス政府内部での戦後の東・東南アジア植民地におけるアヘン政策をめぐる議論は活性化していった。九月には植民地省内部で、かつて一九二〇年代から三〇年代にかけて同省のアヘン政策立案に携わった経験があり、当時は植民地相の個人秘書を務めていたパスキンが、同省の事務次官補佐を務めるジェラルド・ジェント[60]（Gerard Edward James Gent）およびイギリス領マラヤで長期にわたる勤務経験を持つウィリアム・ソログッド（William J. Thorogood）と共にこの問題を入念に検討し、メモランダムを作成した。このなかでパスキンは、イギリス領マラヤとボルネオについてはアヘン吸煙の完全な禁止は困難ではないとし、また香港では密輸などの懸念があるものの、やはり同様の政策を施行すべきであると主張した[61]。かつて煙膏の吸煙を禁止させることに最も慎重な態度をとっていた植民地省が翻意した以上、もはやイギリス政府内部でこうした政策に反対する省庁は存在しなかった。九月七日に五年ぶりに開催されたＩＤＯＣにおいて各省は、現在日本軍の占領下にある植民地が「解放」された後は、これらの地域においてアヘン吸煙を禁止するとイギリス政府が宣言することに同意した[62]。最終的にこの決定は同年一一月一〇日に開かれたイギリス下院における討議のなかで、オリヴァー・スタンレー（Oliver F. G. Stanley）植民地相によって公にされた[63]。同日付でオランダ政府もまた、「解放」後にオランダ領東インドにおけるアヘン吸煙を禁止するという決定を発表した[64]。さらにこの問題は、香港における「解放」後の統治政策を検討するためにイギリス政府内に設置された香港計画ユニット（Hong Kong Planning Unit）内部での検討を経て、四五年一〇月には政庁公報での告示により、ついに香港域内における煙膏の吸煙禁止が公布された[65]。なお終戦時にイギリス軍は香港で、満洲国の熱河地方において生産された四万二〇〇〇両の生アヘンを押収した[66]。

一方煙膏の販売は、戦時下の澳門でも継続して行われていた模様である。米軍の戦略情報局（Office of Strategic Services）が一九四五年七月に作成した報告書によれば、澳門では高田博という人物が経営する高田洋行という会社が満洲国政府の委嘱を受けて、熱河で生産された生アヘンを澳門政庁に供給していた。この際澳門政庁側の窓口となったのはローボだった[67]。澳門におけるアヘン吸煙は、アジア・太平洋戦争終結後の四六年に違法化された[68]。

小　結

こうして香港における医療ないし科学的な用途に供するもの以外のアヘンの販売は、アジア・太平洋戦争後ついに終焉を迎えた。香港で初めて煙膏の徴税請負権が落札されてから、既に一〇〇年の月日が経過していた。

太平洋戦争の勃発に至るまで香港におけるアヘン問題の改革を阻害した要因は、中国大陸と世界各地の間を往来するヒト・モノ・カネの流れの結節点という同地の性格に求めることができよう。また日中戦争の勃発以降、煙膏の流れが従来とは逆向きに変化し、香港製の煙膏が中国大陸へ密輸されるようになった事実は、中国大陸および香港の経済的な相補関係を示している。一方イランでは、日中戦争の勃発によって生アヘン取引にブームが生じ、イギリスはイギリス領植民地への生アヘン供給に支障をきたすようになった。こうした状況は、一九三〇年代後半に連盟を中心とするアヘン・麻薬類の規制を目的とした国際制度が、国際環境の悪化に伴い機能不全に陥ったことを物語っている。

香港と並んで珠江デルタの一角を占める澳門においても、やはり一九三〇年代にはほとんど改革が進まなかった。さらに太平洋戦争の勃発後は、香港のみならず澳門においても、中国内陸部における日本の傀儡政権のもとで製造された煙膏が販売されていた。残念ながら、日本の傀儡政権下で生産された生アヘンがどれほど澳門で販売されたのかについては不明だが、戦時中の澳門の「中立」の一側面を示す事実として興味深い。

日本軍はアジア・太平洋戦争中にその勢力圏のもとで、かつてのイギリス帝国のように傀儡政権下での生アヘンの生産から、各占領地における煙膏の販売までを一貫して取り仕切ることのできるシステムを作り上げようとした。すなわち一九三〇年代末においてもなお、アヘンを植民地帝国の運営に積極的に利用しようとしたわけである。こうした試みがどれほど成功したかについては、史料的制約からほとんど解明が進んでおらず、香港・澳門における状況についても管見した史料からは十分に論証することができなかった。もっとも日本軍の優勢が覆され、「大東亜共栄圏」内の物資輸送に支障をきたすようになると、必然的にこのシステムもまた破綻する運命にあったと言えよう。

結果として、香港においてアヘンの吸煙が禁止されたのは、イギリス軍の手によって「解放」された後のことだった。このような決定が、東・東南アジア情勢にますますコミットすることを余議なくされたアメリカの強い影響下でなされたことは疑い得ない。一世紀にわたり存続した香港における煙膏の小売制度の廃止は、この地域をめぐる英米間の覇権交代を端的に示すものでもあったのである。

終　章　金の卵から疫病神へ

一　香港におけるアヘン政策の歴史的展開

アヘン戦争の結果、イギリスに領有された香港は、植民地として成立した直後から二〇世紀に至るまで、中国向け生アヘンの取引所、あるいは貯蔵所としての役割を果たした。一方で香港は、北米や豪州で華人が吸煙するアヘン煙膏の重要な供給元でもあった。香港ではシンガポールにおける前例をもとに、現地在住華人からの徴税手段の一つとして煙膏の徴税請負制度が設置された。この制度は、煙膏からの徴税額引き上げを求める香港政庁によって二度にわたり鑑札制度へ切り替えられた期間を除き、一九一四年に至るまで一貫して存続した。そして煙膏の販売からの税収は、関税収入を持たない香港政庁にとって貴重な財源の一部だった。すなわち香港において、アヘンはイギリスの自由貿易政策を体現する存在だったのである。

香港において徴税請負制度、あるいは鑑札制度のもとで煙膏の製造・販売を担っていたのは、主として珠江デルタを中心に活動する華人だった。彼らは香港で製造した煙膏を域内で販売するのみならず、ゴールド・ラッシュの影響を受けて多くの華人が移民した北米や豪州へも輸出した。香港を通じた移民の渡航先が北米から東南アジアへ変化すると、東南アジアに拠点を置く華人もまた自らの商権を拡張させるため、香港における煙膏の徴税請負制度へ参加するようになった。こうして香港は生アヘンの取引のみならず、煙膏の販売をめぐっても、アジア・太平洋を結ぶ取引の結節点として重要な役割を果たすようになったのである。さらに珠江デルタと北米・豪州を結ぶ煙膏貿易の結節点という役割は、香港同様に煙膏の徴税請負制度が存在した澳門によって補完されていた。

一方、一九世紀後半に入るとイギリスや北米、豪州などの各地では、アヘン戦争の帰趨や排華運動の展開に影響を受け、アヘンを吸煙する倫理的に堕落した人々という否定的な華人像が様々なメディアを通じて形成され、一般に流布していった。さらに、この時期には欧米諸国において、白人によるアヘンを含む薬品の乱用もまた問題視されるようになっていった。この結果、これらの地域へ移民した華人による煙膏の吸煙をはじめとする、医学的に正当な目的を持たないアヘンの使用を規制しようとする動きが広まっていったのである。アヘン・麻薬類の規制を求める声の高まりに伴い、二〇世紀に入ると西・南アジアと中国の間の生アヘン貿易や、豪州や北米における煙膏の輸入は次々に停止されていった。さらに、アヘン・麻薬類の規制を目的とする国際協調も始められた。

アヘン・麻薬類の規制へ向けた各国間の協力が進むにつれて、国際的なアヘン貿易の結節点という香港の特徴は、経済的繁栄をもたらす要因から、むしろイギリスに対する批判を呼ぶ元凶へ転化していった。イギリス本国政府は香港政庁へ、煙膏の小売販売を民間商人へ委託するため、結果としてその吸煙を促進させる可能性が高い徴税請負制度を撤廃するよう求めた。一方香港政庁は、海峡植民地における煙膏の専売制度の成功を目の当たりにして、同様の制度の導入に踏み切った。しかしその結果、煙膏からの徴税額を増加させることには成功したが、アヘン政策の決定をめぐり、本国政府からのより強い統制のもとに置かれることとなったのである。

第一次世界大戦後には、国際連盟のもとに、アヘンおよび危険薬物の取引をめぐる諮問委員会（ＯＡＣ）が設置され、医・科学的観点から正当な目的を持たないアヘン・麻薬類の使用規制をめぐる各国間の協調が国際体制のもとで推進されるようになった。このような状況下で、植民地政庁が煙膏の販売から税収を確保することが倫理的に改めて正当化される見込みは限りなくゼロに近かった。またイギリス本国政府は、たとえ香港政庁が密輸へ対抗する上で有効だと判断した施策であっても、国内外からの批判を呼ぶ可能性が高い場合にはその実施を認めようとしなかったのである。それゆえ、専売制度を維持するための香港政庁の努力は、死期を迎えた合法的な煙膏の専売制度に対する延命措置以上の意義を持ち得なかった。

一九二〇年代から三〇年代前半にかけて、アヘン・麻薬類の規制を目的とする国際体制は、多くの課題に直面しながらも安定して運営されるようになった。イギリス領植民地においても、この問題をめぐる改革はゆっくりとではあるが前進した。ただし、戦間期に連盟のもとで展開したアヘン・麻薬類の規制を目的とする国際秩序は、自由貿易政策に立脚していた香港における統治政策や現地の実情とあまりに乖離していた。イギリス本国政府や香港政庁に勤務する官僚は、両者の軋轢を克服するよう務めたが、太平洋戦争の勃発に至るまでには十分な成果を上げることができなかった。他方で満洲事変を発端とする国際情勢の混迷は、連盟の活動を徐々に機能不全に陥れると同時に、東・東南アジアではアヘン問題の改革に必要となる社会の安定を突き崩していった。結果として、香港と澳門における煙膏の販売制度は、アジア・太平洋戦争の終結を経てようやく廃止されたのである。

香港におけるアヘン小売販売制度の歴史的意義は、同地を通じて北米や豪州へ移住した華人が香港製の煙膏を吸煙したために、東・東南アジアと北米・豪州におけるアヘン問題を結びつける役割を果たしたことにあると言えよう。このような役割は、北米・豪州の市場をめぐり香港のアヘン徴税請負制度と競合していた、澳門における煙膏の小売販売制度によって補完されていた。さらに後にはカナダのヴィクトリアなど、華人の移民先においても煙膏の製造は行われるようになっていった。こうした北米や豪州におけるアヘン吸煙の拡大は、これらの地域でのアヘン認識の変化に少なからず影響を与え、やがてアヘン・麻薬類の乱用規制を目的とした国際協力をもたらす伏線となった。以上のように香港・澳門は、ヒト・モノ・カネの流れを中継する存在として、東・東南アジアから北米・豪州へ広がるアヘン問題の中心に位置していたのである。

一方、まさしくこのような地域的特性を備えていたがゆえに、二〇世紀に入ると香港におけるアヘン問題の解決は困難な課題として認められるようになった。香港経済の発展の要諦は、同地を自由貿易港として維持し、域内外を通じたヒト・モノ・カネの移動に可能な限り抑制を加えないことにあった。そのため、自由貿易政策といわば真逆の方策をとることによって域内外を通じたアヘンの動きを規制しようとすれば、香港経済に不必要な打撃を与える恐れが存在したのである。第二・三部で取り上げた問題群をめぐるイギリス本国政府や香港政庁の対応は、このことを明白に示していると言えよう。

二　アヘン問題と植民地

長らく欧米諸国では、英中間のアヘン貿易や植民地における煙膏からの徴税に対して、その非倫理性を糾弾する内容の批判が浴びせられてきた。しかしながら一九世紀には、これらの国々においてもアヘンは一般的に流通している様々な薬品に含まれていた。さらに前述したように、イギリスや北米、豪州などの各地でアヘン貿易への批判が社会的な影響力を持ち得た理由の一端は、アヘン戦争の帰趨や排華運動の高揚に伴い、欧米社会のメディアに映し出される華人像が悪化したことにあった。すなわちアヘンの吸煙に反対する論理は、一九世紀に立ち戻って考察してみれば、それ自体が純粋に医・科学的な知見に基づいたものとは言い難いのである。さらにイギリス本国においてアヘン貿易を批判した人々は、決してアジアにおけるイギリス帝国の存在そのものを批判していたわけではない。彼らにとって問題だったのは、イギリス帝国のあり方だった。

以上の前提に立脚した上で、本書では香港のアヘン政策をめぐる議論を検討するにあたり、それぞれの時代ごとにどのような主張が、いかなる理由に基づいてなされたのかに焦点を当てた。この結果、香港におけるアヘン政策がどのような時代的潮流の影響を受けて形成されてきたのかを跡づけることができたと考えている。

一方、植民地であるがゆえに、香港では現地に住む大多数の華人の意見が民主的な手続きを経て直接施政に反映されることはなかった。政策決定は主にイギリス人の植民地官僚の手に握られており、わずかに立法評議会に所属する民間人議員の声が彼らの耳へ届いたに過ぎなかったのである。さらにアヘンの吸煙が人々の身体に与える悪影響をめぐり、依存性の高さをはじめとする様々な問題が議論され始めていたにも拘らず、主な消費者である華人住民の意向を幅広く聴取して政策に反映させようとする努力はほとんど払われなかった。こうして香港政庁は、植民地統治の手段としてアヘンを利用し続けたのである。

二〇世紀におけるアヘン・麻薬類の規制をめぐる国際協力の進展もまた、このような帝国の支配体制に疑問符を付す契機にはなり得なかった。とりわけ第一次世界大戦後の国際連盟による活動は、個々の国家としての境界を越えた協力を積極的に推進した点で画期的なものが多い。しかし、あくまで国家そのものが参加主体であるがゆえに、その統治体制をめぐる根本的な批判は展開され得なかったのである。このため連盟の活動は、イギリス政府に対してアヘン政策の決定をめぐる心理的圧力としての役割は果たしたが、それ以上の変化をもたらすことはできなかった。ここに、国際連盟によるアヘン・麻薬類の規制へ向けた国際協調の意義とその限界を見ることができよう。

三　イギリスの植民地統治と現地社会

香港における煙膏の小売制度は、徴税請負制度から政庁が直接運営する専売制度へ移行した。この変化は、イギリスの香港における統治体制に何らかの変容をもたらしたと言えるのだろうか。

一九世紀中葉の割譲以降、香港では華商をはじめとする、必ずしもイギリス帝国の出身者とは限らない様々な商人がアヘンの取引に関与した。彼らは独自の商習慣を維持する一方で、イギリス人が香港で作り上げた制度のもとで商業活動に従事することに価値を見出していた。こうした商人たちの活動やその基盤となる現地社会なくして、イギリス領植民地香港の経済的繁栄はあり得なかった。すなわち香港の統治体制を維持する立場にある植民地政庁と、同地を拠点として活動した様々な商人は、香港の経済的発展を担う上で相互依存的な協力関係にあったのである。

序章で述べたとおり、華人社会では他人との間で商取引をする際に、相互に知己を持つ人物を介することでリスクを軽減する「包」と呼ばれる人間関係のあり方が幅広く見受けられる。香港政庁は、同地が自由貿易港であるがゆえに関税収入を持っておらず、また設置された当初は人的資源も潤沢とは言い難かった。このため煙膏の販売をめぐり徴税請負制度という華人社会の特性に適した方法を採用することで、統治コストを削減しようとしたのである。他方で華商にとっても香港におけるアヘン徴税請負権を独占的に付与されることは、その商権を拡張させる上で重要な意義を有していた。アヘン徴税請負人と香港政庁との間における協力関係は、こうした条件のもとで成り立っていたのである。

一八七〇年代末には香港在住華人に加えて東南アジア各地を拠点に活動する華人もまた、香港のアヘン徴税請負権をめぐる入札に参加した。このため入札をめぐる競争は熾烈なものとなり、その分落札額は引き上げられた。もっとも、一八八三年に再び鑑札制度が導入されたことからも分かるとおり、香港政庁は落札額に必ずしも満足していたわけではない。むしろ、一九世紀を通じて多いときには政庁の総収入の半分以上を煙膏の販売から得ていたシンガポールの状況と比べて、香港における徴税額はあまりにも乏しかったと言える(1)。一方、八〇年代に入り欧米をはじめとする各地でアヘン吸煙を批判する声が上がり始めると、同政庁はできるだけアヘンの取引と直接的な関係を持つことを忌避するようになった。このため八五年に徴税請負制度が再導入されてからは、一九一四年に至るまで一貫して同制度のもとで煙膏の小売販売が行われたのである。

一九一四年に断行された政庁直轄の専売制度設置は、こうした状況を大きく転換させた。そもそも政庁財政の一部が私人によって請け負われているという事態は、徴税業務の管理という観点から考えれば望ましいとは言い難い。また理論的には、政庁は煙膏の取引に直接関与することで、域内におけるアヘンの吸煙をより密接な統制のもとに置くことができる。さらに最も重要な点として、既に専売制度を導入していた海峡植民地では、その結果煙膏からの徴税額を増加させることに成功していた。これらが、香港において専売制度が導入されるに至った主な理由である。

従来、徴税請負人に依存していた煙膏からの徴税とその管理を、香港政庁自身が担うようになったことは、すなわち香港社会において政庁の果たす役割が増加したことを意味する。さらに香港政庁は海峡植民地と同様に、専売制度の導入により徴税額を引き上げることに成功した。もし仮に植民地における現地社会に対する当局の管理の強化、並びに政庁歳入の拡大を、イギリスの統治体制の深化と捉えるのであれば、これらの事実はその証左として指摘できるように思われる。

しかし、香港におけるアヘン小売販売制度の歴史的変遷、とりわけ同制度をめぐる周辺各地との関係を勘案した上で改めて前述した論点に立ち返ると、イギリスは専売制度を設置したことで統治体制を深化させることに成功したと安易に評価することはできない。なぜなら、香港には専売制度の設置以前から周辺各地より大量の煙膏が密輸されており、香港政庁がこの問題を防遏することはできなかったからである。

香港政庁が専売制度を通じて域内におけるアヘン消費の管理を強化させると共に、煙膏からの徴税額を引き上げるためには、周辺地域からの密輸を可能な限り防ぐ必要があった。ところが香港は結果として、これらの周辺各地からの密輸に悩まされ続けたのである。戦間期に至ってもなお、澳門におけるアヘンの管理体制は十全とは言い難く、また香港に隣接する中国大陸の広東省においても、日中戦争の勃発直前に至るまでアヘンの入手は比較的容易だった。

これらの地域で製造された煙膏は香港へ密輸され続けていたため、アヘン吸煙状況を改善する上でも、煙膏の売上額を引き上げる上でも、専売制度導入の効果は大きく制約されてしまったのである。このため香港でのアヘン専売制度の導入は、長期的には目標の部分的達成しか果たし得なかったと言えるだろう。

四　アヘンと自由貿易

既に述べたように、香港においてアヘンはイギリス帝国の自由貿易政策を体現する存在だった。自由貿易港であるがゆえに関税収入を持たない香港政庁は、煙膏からの税収を拡大すべく前述したような様々な努力を払った。さらに、香港は南・西アジアから東アジア各地へ向けて輸出される生アヘンの中継地としての役割を果たした。

ところが二〇世紀に入ると、アヘン・麻薬類の取引をめぐる国際規制の進展に伴ってこうした状況は急速に変化し、一九二〇年代末に至るまでには香港における生アヘン取引は政庁による厳格な規制のもとに置かれるようになった。ナマーズィーの活動をめぐるイギリス本国政府の各省庁や香港政庁の動向は、このような状況の変化をよく示している。そもそも彼の一族は、イギリス帝国に沿ってその活動範囲を拡張させた。さらに香港における生アヘン取引は、アヘン貿易の結節点という同地の歴史的性格に立脚していたのである。だがイギリス帝国がその自由貿易政策を部分的に改変した結果、ナマーズィーは自身の活動が密輸に関連していると疑われ始めたために、同帝国内における活動を急速に縮小させた。

ただし、その後も彼らはイギリス帝国の外において生アヘンの取引を続けた。たとえイギリス本国政府が帝国内部における生アヘン取引を規制したとしても、同様の政策がグローバルな形で画一的に施行されない限り、こうした施策はイギリス帝国に対する他国からの批判を回避し得る材料を提供する以上の、何ら具体的な成果を生みはしない。

国際連盟のOACによる活動は、まさにこうした普遍的なアヘン・麻薬類の取り締まりを目標としていたが、各国の足並みは必ずしも一致していなかったため、戦間期を通じて世界各地に規制の穴が残されたのである。

こうした各国による足並みの乱れは、アヘンの吸煙が未だに行われていた国や、同様の植民地を保有する宗主国にとって、アヘン専売制度の維持を正当化するための根拠となった。例えば戦間期に開催された国際会議においてイギリス帝国代表は香港における状況を、中国のアヘン政策を批判するために利用した。辛亥革命に続く政治的混乱により中国国内ではアヘン・麻薬類が氾濫し、これらが密輸を通じて香港をはじめとする周辺地域へ大量に流入していた。このため中国からの密輸が改善されない限り、自国領における改革も前進させることは難しいと主張したのである。イギリスにとって、香港はいわば中国の現状を映す鏡としての役割を果たしたと言うことができるだろう。そしてイギリス帝国は、域内における生アヘンの取引については厳格な規制のもとに置いたが、植民地における煙膏からの徴税は維持したため、各政庁は突如として煙膏からの収入を手放さずに済んだのである。

五　アヘン政策決定をめぐる香港政庁の自律性

一九世紀中葉に香港において煙膏の小売販売制度が設置された当初、香港政庁はイギリス本国の植民地省による監督を受けながらも、概ね独自に現地におけるアヘン政策を決定することが可能だった。ところが二〇世紀に入ると、医・科学的に明確な目的を持たないアヘン・麻薬類の使用が国際的に対処すべき課題として認識されるようになったのである。この結果、アヘン政策決定をめぐる植民地省の香港政庁への影響力は増加しただけでなく、本国政府内の関係各省もまたこの問題に関与するようになった。すなわち香港におけるアヘン政策が「地域ごとの」(local) 問題から「帝国大の」(imperial) 問題へ変質するにつれて、その策定をめぐる香港政庁の相対的自律性は徐々に蝕まれていったのである。

このような変化は、香港におけるアヘン煙館の廃止問題や専売制度の導入、さらには国際体制のもとでのアヘン政策決定をめぐる香港政庁と植民地省、あるいはイギリス本国政府内の省庁間における対立などに端的に現れていると言えよう。なかでも、一九二〇年代の澳門におけるアヘン問題への香港政庁の対応は、アヘン・麻薬類の規制をめぐる国際体制からの圧力と、香港現地社会の利益・安全の維持という目標に板挟みにされた同政庁の曖昧な姿勢を映し出す興味深い事例である。

そもそも一九世紀以来、香港における煙膏の徴税請負制度は澳門の同制度と競合ないし補完関係にあったが、二〇世紀に入り、英中間のアヘン貿易が停止されてゆくなかで、澳門からのアヘン密輸問題がイギリス・ポルトガル両国間で問題化した。一九二〇年代に入ると香港政庁は植民地省へ、澳門におけるアヘン管理体制の不備を幾度となく指摘した。ところが当時澳門において煙膏からの徴税を請け負っていたのは、香港にも活動の拠点を持つ著名な華商だったのである。さらに香港政庁は中国国内における革命運動の興隆に触発された、華南および澳門域内における反帝国主義運動の発生を受けて、澳門政庁を政治的に支援する必要性を感じていた。そのため澳門政庁が煙膏の専売制度設置をめぐり援助を要請してきた際には、イギリス本国政府に対して当時輸出が規制されていたインド産アヘンの澳門への供給を認めるよう強く訴えたのである。だが当時のイギリス本国政府にとって、香港政庁が望んでいたようにインド産アヘンの供給を再開させることは、帝国全体のアヘン政策に照らして問題外だった。つまりイギリス本国政府は香港における地域的利害に対して、帝国全体のアヘン政策を優先させたのである。

このように一九二〇年代における澳門でのアヘン問題に対して、香港政庁はときとして相反する対応すら見せた。こうした香港政庁の曖昧な姿に、アヘン問題をめぐる当時の状況が端的に示されていると言い得るだろう。

六　現代香港とアヘン問題

およそ一世紀にわたる香港での合法的なアヘン販売は、一九四五年のイギリスによる再統治を機に終焉を迎えた。ただし今でもなお香港に長期滞在すれば、しばしば域内における違法薬物の摘発をめぐる報道を耳にする。これらの規制は、香港における重要な社会問題であり続けているのである。こうした状況を反映してか、香港の警察博物館（香港警務処警隊博物館）ではアヘン・麻薬類の規制に関する展示に大きなスペースが割かれており、かつて九龍城で押収されたという精巧に銀細工が施されたアヘン吸煙用のパイプが鈍い光を放っている。

香港はアジアにおける中継港という性格を背景として、西・南アジアから東アジア、さらに北米や豪州を結ぶアヘン取引の結節点となった。そして香港における自由貿易体制は、イギリスのアヘン政策によって成立し得たと言っても過言ではない。もし香港がイギリスによる統治下で、自由貿易体制のもとに組み込まれなかったとしたら、恐らく現在われわれが目にする香港もまた存在しなかっただろう。香港は現在においてもなおグローバルなヒト・モノ・カネの流れを結ぶ、重要な中継地としての役割を果たし続けている。

このように現在われわれが知る香港を生み出す母胎となったアヘンが、今では現地社会において害悪として違法化されており、他の違法薬物と共に厳しい規制のもとにあるという事実ほど、香港割譲から現代に至るまでのアヘン・麻薬類の認識の変遷を雄弁に物語るものはない。そして香港におけるアヘン政策の変遷は、アヘンや華人をめぐる人々の認識がいかに変容し、イギリスの植民地統治政策にどのような影響を与えたのかを示している。かつてアヘンはイギリス人のために、彼らが通商を求めてやまなかった中国との取引に用いる金の卵だった。ただし一〇〇年後には、イギリス帝国にとって疫病神に成り下がっていたのである。

あとがき

どんな研究者であれ、この道に入るまでにはいくつかのきっかけがあるものだろうと思う。私にとって最初のきっかけは、父の再婚だった。相手である私の継母は台湾出身であり、その日から父と私、そして弟は中華世界の一端に接続された。そして北関東の一地方都市で、恐らく平均的と呼び得る環境にあった私の家には、以後ありとあらゆる形で中華的・台湾的な文化・慣習が流れ込み、生活の一部を構成するようになった。改めて振り返ってみると、私が植民地という複数の文化が混淆・雑居する世界に興味を抱いたのは、こうした経験によるところが大きいような気がする。

本書は二〇一三年に東京大学大学院総合文化研究科へ提出した博士論文を元にしている。論文の執筆に際しては、二〇〇五年度から〇七年度にかけて独立行政法人日本学術振興会に特別研究員（DC1）として採用して頂いたほか、二〇一二年度には公益財団法人りそなアジア・オセアニア財団から国際交流活動助成金の支援を受けた。さらに本書の出版にあたっては、独立行政法人日本学術振興会「平成二七年度科学研究費補助金　研究成果公開促進費（学術図書）」の助成を受けた。お世話になった関係各位に謝意を表したい。

各論考の初出は以下のとおりだが、博士論文をへて本書にまとめる過程で相当に修正・加筆したために、ほぼ原型を止めていないものもある。

第1章　書き下ろし
第2章　書き下ろし
第3章　「二〇世紀初頭香港政庁のアヘン政策」辛亥革命百周年記念論集編集委員会編『総合研究　辛亥革命』岩

波書店、二〇一二年九月、五〇七―五二五頁。
第4章　「戦間期香港におけるアヘン専売制度の運営――極東アヘン調査委員会を中心に」『国際政治』第一六九号（二〇一二年六月）、一二六―一三八頁。
第5章　「戦間期香港におけるアヘン「密輸」問題――H・M・H・ナマーズィーへのイギリスの対応を中心に」『国際関係論研究』第二九号（二〇一二年九月）、二九―四七頁。
第6章　「澳門からのアヘン密輸問題とイギリス帝国――一九一三年アヘン協定を中心に」木畑洋一・後藤春美編『帝国の長い影――二〇世紀国際秩序の変容』ミネルヴァ書房、二〇一〇年一〇月、一三七―一五四頁。
第7章　書き下ろし
本書の出版を以て、これらの論考における主張はすべて放棄する。
全く意図せざる形で中華世界とのかかわりを持つことになった私に、最初に中国社会のしくみを考えるきっかけを与えて下さったのは、学部時代を過ごした宇都宮大学での恩師である内山雅生先生だった。内山先生は熱のこもった講義やゼミを通じて、紋切り型の議論に陥らぬよう細心の注意を払いながら、中国社会の特徴を丁寧に教えて下さった。今にして思えば、凡庸な学生だった私が内山先生の講義を十分に理解し得た筈がない。しかしそれでもなお、先生の指導を受けるうちに、私は自身の置かれた環境を理解するための手がかりを得ることができたように思う。内山先生は大学院への進学を後押しして下さっただけでなく、進学した後も事あるごとに私のために時間を割き、親身になって様々な相談に乗って下さった。
内山先生のもとで卒業論文に取り組もうと決意した頃だったと思う。何気なく受講した集中講義で木畑洋一先生と出会った。朴訥とした口調で語られるイギリス帝国や帝国主義に関する議論は、植民地という空間に関心を抱き始めていた私にとって、深く考えさせられる内容だった。さらに木畑先生は、それまで日本からしか中華世界を見ることが出来なかった私に対して、イギリスという別の視座を指し示して下さった。集中講義を受講してから数年後、卒業論文を仕上げた私は、木畑先生のもとで研究を続けるべく東京大学の大学院へ進んだ。

私の在学中、木畑先生は教養学部の要職にあったが、学生の指導には激務の合間を縫って少なからぬ時間を割かれていた。さらに成城大学へお移りになられた後もなお研究室でゼミを開かれ、門下生の博士論文の進捗を見守って下さった。

修士課程へ入学後、ほどなくして木畑先生から後藤春美先生がお書きになられた論文を読むよう勧められた。当時私は、卒業論文で扱った東アジアにおけるアヘン問題を掘り下げてみたいと考えていたものの、どのように研究を進めればよいのか頭を悩ませていた。そんな私にとって、日本およびイギリスの対連盟外交に焦点を当て、戦間期におけるアヘン問題を扱った後藤先生の論考は刺激的であり、またイギリスに所蔵されている史料の可能性を感じさせる内容だった。結果として私は、英領香港をめぐる植民地政策と外交政策の相克に着目して修士論文を書き上げ、博士課程へ進んだ。のちに木畑先生に代わり、後藤先生に論文指導を引き継いでいただくことになるとは、夢にも思っていなかった頃のことである。

拙い内容ではあるが、本書を刊行することによって、三人の先生方の学恩に多少なりとも報いることができれば幸いである。

恩師に恵まれたとはいえ、愚鈍な私が博士論文を仕上げるまでには、相当の紆余曲折があったことを認めなければならない。とりわけ二〇一一年三月一一日に遭遇した東日本大震災の記憶は、今なお鮮明である。その日の午後、私は博士論文の提出へ向けた二度目の学内委員会による審査を乗り切り、地震発生時には駒場キャンパス内のレストランで木畑・後藤両先生をはじめ、同門の先輩方と一緒にお茶を飲もうとしていた。もし地震の発生が数時間早かったとしたら、審査にも影響が出ていたことであろう。日没後もなお公共交通機関が麻痺する中、帰宅の目処が全く立たなかった我々門下生を、木畑先生は快くご自宅に泊めて下さった。また震災直後、半ば茫然自失に陥っていた私に向かって、後藤先生は「運が良い」と声をかけて励まして下さった。

博士論文の最終審査では木畑・後藤両先生に加えて、酒井哲哉・川島真・小川浩之各先生のお世話になった。国際関係史研究を牽引なさっている先生方から頂いた懇切丁寧なコメントや批判を、私はどれだけ本書の執筆に活かすことができただろうか。もし積み残した課題が目立つようなら、それはひとえに私の力が及ばなかったためである。

大学院在学中には、幸いにも様々な研究会やゼミなどで多くの先生方や先輩・同学から教えを乞うことができた。以下、お名前を挙げて心からの感謝を申し上げたい（敬称略、姓の五〇音順・アルファベット順）。

青山治世、池田朋子、岡部みどり、祁建民、小池求、黄紹倫、芝崎祐典、田中比呂志、谷垣真理子、田原史起、鄭宏泰、鄭志慧、久末亮一、村上衛、John Carroll、Euan McKay、Xavier Paulès

なお藤原敬士氏には本書の原稿に目を通し、修正が必要となる部分を指摘して頂いた。私のために時間を割いてくださった藤原氏に心から感謝したい。無論、本書の内容に誤りがあるとすれば、その責任はいずれも執筆者である私にある。

現在の勤務先である金沢大学では二〇一三年一〇月の着任以来、恵まれた環境のもとで教育・研究活動に専念させて頂いている。人間社会学域国際学類長の加藤和夫先生、アジア研究の先達である鶴園裕、古畑徹、弁納才一、宋安鍾各先生、さらに同期着任組の佐藤尚平、早川文人各先生をはじめとする、同僚およびスタッフの方々に謝意を表したい。

本書の刊行に際しては、東京大学出版会の山本徹氏に大変お世話になった。山本氏の丁寧かつ行き届いた配慮なくして、本書が形になることはなかったであろう。深く御礼申し上げたい。

最後に、私が研究者の道を進むことに何一つ口を挟まず、支援してくれた家族に感謝する。

本書を早逝した実母に捧げる。

二〇一五年一二月　曇天の金沢にて

古泉達矢

著者略歴
1979年　栃木県生まれ
2003年　宇都宮大学国際学部卒業
2005年　東京大学大学院総合文化研究科修士課程修了
2013年　東京大学大学院総合文化研究科博士過程単位取得満期退学
宇都宮大学非常勤講師をへて
現　在　金沢大学人間社会研究域法学系准教授，博士（学術）

主要論文
"International Dimensions to the Development of the Opium Retail System in Hong Kong, 1845–1943." In *History in British History: Proceedings of the Seventh Anglo-Japanese Conference of Historians, held at Trinity Hall, University of Cambridge, 11–14 September 2012,* edited by Kazuhiko Kondo, pp. 271–284. Tokyo, 2015.

アヘンと香港 1845–1943

2016年2月10日　初　版

［検印廃止］

著　者　古泉達矢《こいずみたつや》

発行所　一般財団法人　東京大学出版会
代表者　古田元夫
153-0041 東京都目黒区駒場 4-5-29
http://www.utp.or.jp/
電話　03-6407-1069　Fax 03-6407-1991
振替　00160-6-59964

印刷所　株式会社理想社
製本所　誠製本株式会社

ISBN 978-4-13-026151-7　Printed in Japan

索　引

あ　行

か 行

さ　行

た　行

な　行

は　行

ま　行

や　行

ら　行

わ　行

欧　文

注で用いた略語一覧

AHD-MNE: Arquivo Histórico-Diplomatico do Ministério dos Negoócios Estrangeiros, Lisboa, Portugal（ポルトガル外務省外交史料館）.

AHM: Arquivo Histórico de Macau, Macau, China（澳門歴史檔案館）.

AHU: Arquivo Histórico Ultramarino, Lisboa, Portugal（ポルトガル海外領土史料館）.

Angell papers: James B. Angell papers, Bentley Historical Library, University of Michigan.

ANTT: Arquivo Nacional da Torre do Tombo, Lisboa, Portugal（トーレ・ド・トンボ国立文書館）.

BO: *Boletim da Provincia de Macau e Timor*. Macau（澳門政庁の官報．時代を経るごとに何度か名前が変更されたが，本書ではすべて *BO* と省略する）.

C&D: *Chronicle & Directory for China, Corea, Japan, The Philippines, Indo China, Straits Settlements, Siam, Borneo, Malay States, & c. for the Year* ... Hong Kong: Daily Press.

CA Papers, SOAS: China Association Papers, School of Oriental and African Studies, University of London.

Clementi's Memorandum on Opium Farmer's Books: C. Clementi, "Memorandum on an Examination of the Opium Farmer's Books in May, 1908," ff. 174–203, Box 45, Clementi papers.

Clementi papers: Sir Cecil Clementi papers, Rhodes House Library, University of Oxford.

CM: *China Mail*.

CO: Colonial Office.

CO List: Mercer, William H., A. E. Collins and A. J. Harding, comp. *The Colonial Office List for* ... London: Waterloo and Sons.

conf.: confidential.

CS: Colonial Secretary.

CSPSdN: Chefe da Secretaria Portuguesa de Sociedade das Nações.

DGCO, MC: Direcção Geral das Colónias do Oriente.

DR: China Maritime Customs. *Decennial Reports on the Trade, Industries, etc. of the Ports Open to Foreign Commerce and on the Condition and Development of the Treaty Port Provinces*. Shanghai: Statistical Department of the Inspectorate General of Customs.

DS: Department of State.

encl.: enclosure[s]/enclosed.

EPL: Embaixador de Portugal em Londres.

FC: *The Friend of China; The Organ of the Society for the Suppression of the Opium Trade*. London: P. S. King, etc..

FO: Foreign Office.

FO List: Members of the Staff of the Foreign Office, ed. (for Godfrey E. P. Hertslet), *The Foreign Office List and Diplomatic and Consular Year Book for ...* London: Harrison and Sons.

G. N.: Government Notification.

Gov: Governor.

Grant to Ban Hap: Opium Farm Grant to Ban Hap, 1 Oct. 1879, HKRS 149-2-902, HKPRO.

HK: Hong Kong.

HKAR: *Hong Kong Administrative Reports.*

HKDP: *Hongkong Daily Press.*

HKGG: *Hongkong Government Gazette.*

HKH: *Hong Kong Hansard.*

HKPRO: Public Records Office of Hong Kong, Hong Kong, China (香港歴史檔案館).

HKT: *Hongkong Telegraph.*

HO: Home Office.

Hong Kong Opium Report ...: *Report of the Government of Hong Kong for the Calendar Year ... on the Traffic in Prepared Opium.* [Hong Kong]: Printing Department, Hong Kong Prison.

IDOC: Inter-departmental Opium Committee (常設省庁間諮問委員会).

ILO: International Labour Office.

incl.: inclosure.

Interview with H. M. H. Namazi: "AIDE-MEMOIRE of interview of Mr. Haji Muhammad Hasan Namazi. J. P. (of Hongkong) with Sir P. Loraine," 19 Apr. 1925, enclosed in Loraine to Chamberlain, No. 222, 6 May 1925, F 1908/20/87, FO 371/10967.

IO: India Office.

IUPBPP: O'Meara, J. J., T. F. Turley and S. Cashman eds. *Irish University Press Area Studies Series, British Parliamentary Papers, China ...* Shannon: Irish University Press, 1971.

Lloyd's Report: "Report on the Examination of Some Account Books relating to the Macau Opium Farm for the Years 1924/27," by Lloyd, 22 Oct. 1928, encl. in Southorn to Amery, conf., 9 Nov. 1928, CO 129/508/7.

LNd: League of Nations documents.

MC: Ministro das Colónias.

MNE: Ministro dos Negócios Estrangeiros.

MP, TB: Morrison Pamphlet, Toyo Bunko (東洋文庫所蔵モリソン・パンフレット).

NAMP: National Archives Microfilm Publications.

OAC: Advisory Committee on Opium and Other Dangerous Drugs, League of Nations.

OAG: Officer Administering the Government.

Ordinaces of LEGCO: Leach, A. J., comp. *The Ordinances of the Legislative Council of the Colony of Hongkong, commencing with the Year 1844.* Hong Kong: Noronha, 1890–1891.

OT: British Foreign Office. *The Opium Trade.* 6 vols. Wilmington, Delaware: Scholarly Resources, 1974.

PD: *Parliamentary Debates.*

Philippine Report: *Report of the Committee Appointed by the Philippine Commission to Investigate the Use of Opium and the Traffic Therein and the Rules, Ordinances and Laws Regulating Such Use and Traffic in Japan, Formosa, Shanghai, Hongkong, Saigon, Singapore, Burmah, Java and the Philippine Islands.* N. p.: Bureau of Insular Affairs, War Department, 1905.

Relatorio, 1927–1928: Relatorio do Ano Economico de 1927–1928, do Colonia de Macau, Inspecção dos Impostos de Consumo, Administração do Ópio, 3.º P., M. 76, A. 28, Proc. 19, Arquivo Histórico-Diplomático do Ministério dos Negócios Estrangeiros, Lisboa, Portugal.

Relatorio, 1932–1935: Relatorio da Exploração do Opio na Colónia de Macau durante o Periodo de 19 de Outubro de 1932 a 5 de Junho de 1935, por Pedro José Lobo, 31 de Dezembro de 1935, N.° 980/DGAPC/3ª Rep/Mç-10/1932–1948/Nota 153/61 de 1960-Estupefacientes/MACAU/1H, Arquivo Histórico Ultramarino, Lisboa, Portugal.

Report of SIE: Report of the Superintendent of Imports and Exports for the Year ...

RGCHKGCC: *Report of the General Committee of the Hongkong General Chamber of Commerce for the Year ...* Hong Kong: Noronha.

ROC, vol. 1: Opium Commission [Royal Commission on Opium]. *First Report of the Royal Commission on Opium*. C. 7313. 1894.

ROC, vol. 5: Royal Commission on Opium. *Proceedings*. Vol. 5. Appendices. C. 7473. 1894.

Russell's Memo.: "Confidential Memorandum on the Hong Kong Opium Revenue," 14 Mar. 1883, by Russell, encl. in Marsh to Derby, conf., 19 Mar. 1883, CO 129/207.

SCMP: *South China Morning Post.*

Shanghai Commission Report: Report of the International Opium Commission, Shanghai, China, February 1 to February 26, 1909, 2 vols. Shanghai: North-China Daily News & Herald, 1909.

SofS: Secretary of State.

SPSdN: Secretaria Portuguesa da Sociedade das Nações.

SS: Straits Settlements.

SS and FMS Opium Reporet: Straits Settlements and Federated Malay States Opium Commission. *Proceedings of the Commission Appointed to Inquire Matters Relating to the Use of Opium in the Straits Settlements and the Federated Malay States*, 3 vols. Singapore: Government Printing Office, 1908.

tel.: telegram.

USofS: Under Secretary of State.

USSL: *United States Statutes at Large*. Washington: Government Printing Office.

『磯谷裁判資料』:『BC 級（中華民国裁判関係）南京裁判・第 19 号事件（1 名）［部分公開］』, 本館-4B 023-00, 平 11 法務-05625-100, 国立公文書館.

煙膏: アヘン煙膏.

『後藤新平文書』: 水沢市立後藤新平記念館編『後藤新平文書』マイクロフィルム: 水沢市立後藤新平記念館, 1980 年.

注

（凡例）

1. 香港において施行された法律（ordinance）に言及する場合には，脚注に制定年，制定時に政庁公報に掲載された際の名称（または略称）および番号を引用した．引用に際しては，利便性を考慮して基本的には『香港政府公報オンライン（Hong Kong Government Reports Online)』で閲覧可能な政庁公報（*Hong Kong Government Gazette*）か，あるいは『香港歴史法令オンライン（Historical Laws of Hong Kong Online)』で閲覧可能な1890年版の法令集（A. J. Leach, comp., *The Ordinances of the Legislative Council of the Colony of Hongkong, commencing with the Year 1844* (Hong Kong: Noronha, 1890–1891)）を用いた．なお，この法令集に掲載されている各法令には政庁公報に掲載された際の番号が付されているが，1901年版以降の法令集では，個々の法令に別の番号が新たに振り直されている．1901年版以降の各法令集が出版された後に，公文書においてこれらの法令が言及される際には，基本的には法令集に記載されている変更後の番号が用いられているため，注意を要する．
2. 注に同じ著者による著作を複数挙げる際には，2度目以降は姓のみを提示した．
3. 同一の著作を再引用する際には，適宜書名を省略したものを記した．

序章注

(1)　E. J. Eitel, *Europe in China: The History of Hongkong from the Beginning to the Year 1882* (1895; repr. Taipei: Ch'eng-wen Publishing, 1968).

(2)　Geoffrey Robley Sayer, *Hong Kong, 1841–1862: Birth, Adolescence and Coming of Age* (1937; repr. Hong Kong: Hong Kong University Press, 1980); Sayer, *Hong Kong, 1862–1919: Years of Discretion* (Hong Kong: Hong Kong University Press, 1975).

(3)　G. B. Endacott, *Government and People in Hong Kong, 1841–1962: An Constitutional History* (Hong Kong: Hong Kong University Press, 1964); Endacott, *The History of Hong Kong*, rev. ed. (Hong Kong: Oxford University Press, 1973).

(4)　Frank Welsh, *A History of Hong Kong*, rev. ed. (London: Harper Collins, 1997).

(5)　余繩武・劉存寛主編『十九世紀的香港』麒麟書業有限公司，1994年，余繩武・劉存寛主編『二十世紀的香港』麒麟書業有限公司，1995年．

(6)　Carl T. Smith, *Chinese Christians: Elites, Middlemen, and the Church in Hong Kong* (1985; new ed. Hong Kong: Hong Kong University Press, 2005).

(7)　Elizabeth Sinn, *Power and Charity: A Chinese Merchant Elite in Colonial Hong Kong* (1989; new ed. Hong Kong: Hong Kong University Press, 2003).

(8)　Chan Wai Kwan, *The Making of Hong Kong Society: Three Studies of Class Formation in Early Hong Kong* (Oxford: Clarendon Press, 1991).

(9)　Tsai Jung-fang, *Hong Kong in Chinese History: Community and Social Unrest in the British Colony, 1842–1913* (New York: Columbia University Press, 1993); 蔡栄芳『香港人之香港史，1841–1945』牛津大学出版社，2001年．

(10)　Christopher Munn, *Anglo-China: Chinese People and British Rule in Hong Kong, 1841–1880* (Richmond: Curzon, 2001).

(11)　Steve Tsang, *A Modern History of Hong Kong* (Hong Kong: Hong Kong University Press, 2004).

(12) John M. Carroll, *Edge of Empires: Chinese Elites and British Colonials in Hong Kong* (Cambridge, Mass.: Harvard University Press, 2005).

(13) 可児弘明『近代中国の苦力と「猪花」』岩波書店，1979 年.

(14) 浜下武志『近代中国の国際的契機——朝貢貿易システムと近代アジア』東京大学出版会，1990 年，浜下『香港——アジアのネットワーク都市』筑摩書房，1996 年.

(15) Elizabeth Sinn, *Pacific Crossing: California Gold, Chinese Migration, and the Making of Hong Kong* (Hong Kong: Hong Kong Unviersity Press, 2013).

(16) 久末亮一『香港——「帝国の時代」のゲートウェイ』名古屋大学出版会，2012 年.

(17) Chan Lau Kit-ching, *China, Britain, and Hong Kong 1895–1945* (Hong Kong: Chinese University Press, 1990).

(18) Norman Miners, *Hong Kong under Imperial Rule, 1912–1941* (Hong Kong: Oxford University Press, 1987).

(19) 戦後日本の歴史学界では，「地域」という概念が「国民国家」などの枠組みを相対化させる上で重要な役割を果たした．古田元夫「地域区分論——つくられる地域，こわされる地域」樺山紘一ほか編『岩波講座 世界歴史 1 世界史へのアプローチ』岩波書店，1998 年，37–53 頁.

(20) 珠江デルタを構成する各地域間の歴史的関係を検討した研究の一例として，次を見よ．鄧開頌・陸暁敏主編『粤港澳近代関係史』広東人民出版社，1996 年.

(21) 香港在住の各種マイノリティによる商業活動については，さしあたり以下の書籍を参照せよ．Caroline Plüss, "Globalizing Ethnicity with Multi-Local Identifications: The Parsee, Indian Muslim and Sephardic Trade Diasporas in Hong Kong," in *Diaspora Entrepreneurial Networks: Four Centuries of History*, ed. Ina Baghdiantz McCabe, Gelina Harlaftis and Ioanna Pepelasis Minoglou (Oxford: Berg, 2005), pp. 245–268; Cindy Yik-yi Chu, ed. *Foreign Communities in Hong Kong* (New York: Palgrave Macmillan, 2005).

(22) 酒井重喜『近代イギリス財政史研究』ミネルヴァ書房，1989 年.

(23) Edgar Kiser, "Markets and Hierarchies in Early Modern Tax Systems: A Principal-Agent Analysis," *Politics & Society* 22, no. 3 (Sept. 1994), pp. 284–315; Ian Copland and Michael R. Godley, "Revenue Farming in Comparative Perspective: Social Structure and Development in the Early-Modern Period," in *The Rise and Fall of Revenue Farming*, ed. John Butcher and Howard Dick (New York: St. Martin's Press, 1993), pp. 45–68.

(24) 永田雄三「後期オスマン帝国の徴税請負制に関する若干の考察——地方名士の権力基盤としての側面を中心に」『駿台史学』第 100 号（1997 年 3 月），75–110 頁.

(25) 谷口晋吉「英領植民地支配前夜の北ベンガル地方のザミンダール——所領支配構造を中心にして」『アジア研究』第 25 巻第 1 号（1978 年 4 月），52–86 頁.

(26) 織田萬編『清国行政法』第 6 巻，臨時台湾旧慣調査会，1913 年（復刻版，天南書局，2001 年），160–196 頁．このほか正式に制度化されたものではないが，明代末期から清代初期にかけて存在した「税糧包攬」と呼ばれる慣行もよく知られている．これは，当時在地地主層に代わり郷村の支配層となった官僚経験者・予備軍である「紳衿」が，農民からの税糧の徴収を肩代わりする慣行であり，紳衿にとって本来であれば国庫へ納められるはずの税糧を横領するための手段となった．そのため清朝は法制上一貫してこれを禁止する

姿勢を取り続けたが，実際には地元の有力者である紳衿の協力なくしては徴税を行い得なかったため，極端なものでない限り必要悪として黙認した．山本英史『清代中国の地域支配』慶應義塾大学出版会，2007年，19–139頁，西村元照「清初の包攬——私徴体制の確立，解禁から徴税請負制へ」『東洋史研究』第35巻第3号（1976年12月），114–174頁．なお二次文献に依拠し，比較政治学の立場からこの問題を扱った研究として，次の論文も参照せよ．Edgar Kiser and Xiaoxi Tong, “Determinants of the Amount and Type of Corruption in State Fiscal Bureaucracies: An Analysis of Late Imperial China,” *Comparative Political Studies* 25, no. 3（Oct. 1992）, pp. 300–331.

(27)　姜抮亜「1930年代中国における徴税請負制度の改革と国家」『歴史学研究』第771号（2003年1月）32–44，61頁．こうした財政の体制を積極的に評価したものとして，岩井茂樹「中華帝国財政の近代化」飯島渉・久保亨・村田雄二郎編『シリーズ20世紀中国史1　中華世界と近代』東京大学出版会，2009年，121–143頁．

(28)　柏祐賢「中国経済社会の「包」的倫理的規律——秩序の個性的自己形成」『経済秩序個性論（II）』人文書林，1948年（『柏祐賢著作集』第4巻，京都産業大学出版会，1985年所収），148–288頁．

(29)　首藤明和『中国の人治社会——もうひとつの文明として』日本経済評論社，2003年，97–141頁．

(30)　加藤弘之「移行期中国の経済制度と「包」の倫理規律——柏祐賢の再発見」中兼和津次編『歴史的視野からみた現代中国経済』東洋文庫，2010年，13–44頁．

(31)　東南アジア各地における徴税請負制度については，以下の注で引用する文献のほかに次の研究も参照せよ．Chantal Desours-Gatin, *Quand l’opium finançait la colonisation en Indochine*（Paris: L’Harmattan, 1992）; James R. Rush, *Opium to Java: Revenue Farming and Chinese Enterprise in Colonial Indonesia, 1860–1910*（Ithaca: Cornell University Press, 1990）.

(32)　Anthony Reid, “The Origins of Revenue Farming in Southeast Asia,” in *The Rise and Fall of Revenue Farming*, ed. John Butcher and Howard Dick（New York: St. Martin’s Press, 1993）, pp. 69–79. 17世紀の東・東南アジア各地におけるオランダ植民地での徴税請負制度については，中村孝志による一連の研究がある．中村孝志「マラッカの徴税請負制度」『南方文化』第1号（1974年6月），79–96頁，中村「バタヴィア華僑の徴税請負制度について」『東洋史研究』第28巻第1号（1969年6月），52–79頁，中村「オランダ治下台湾における地場の諸税について（上・下）」『日本文化』第41号（1963年3月），62–81頁および第42号（1964年3月），1–27頁．

(33)　J. Kathirithamby-Wells, “Pepper and Finance,” in *The British West Sumatran Presidency, 1760–1785: Problems of Early Colonial Enterprise*（Kuala Lumpur: Penerbit Universiti Malaya, 1977）, pp. 180–204.

(34)　K. G. Tregonning, “The Problem of a Revenue,” in *The British in Malaya: The First Forty Years, 1786–1826*（Tuscon: University of Arizona Press, 1965）, pp. 59–73; “Notice of Pinang,” *Journal of Indian Archipelago and Eastern Asia*, ser. 1, vol. 4（1850; repr. Nendeln: Kraus Reprint, 1970）, p. 663.

(35)　Carl A. Trocki, *Opium and Empire: Chinese Society in Colonial Singapore, 1800–1910*（Ithaca: Cornell University Press, 1990）.

(36)　ここでは，香港の統治に関与したイギリス帝国内外の諸主体により構成される体制を

総体として「統治体制」，香港域内に設置された植民地の運営に関与する諸制度を「統治制度」と呼び，両者を区別する．

(37) John W. Cell, *British Colonial Administration in the Mid-Nineteenth Century: The Policy-Making Process* (New Haven: Yale University Press, 1970), p. 45.

(38) Gavin Ure, *Governors, Politics and the Colonial Office: Public Policy in Hong Kong, 1918–58* (Hong Kong: Hong Kong University Press, 2012), p. 43.

(39) 香港における統治制度の成立・発展については，次の文献を見よ．Endacott, *Government and People in Hong Kong*.

(40) John K. Fairbank, "Synarchy under the Treaties," in *Chinese Thought and Institutions*, ed. Fairbank (Chicago: University of Chicago Press, 1957), pp. 204–231; Fairbank, "The Early Treaty System in the Chinese World Order," in *The Chinese World Order: Traditional China's Foreign Relations*, ed. Fairbank (Cambridge, Mass.: Harvard University Press, 1968), pp. 257–275. 近年では村上衛が，清朝による沿海秩序の維持にイギリスが果たした役割に着目している．村上衛『海の近代中国――福建人の活動とイギリス・清朝』名古屋大学出版会，2013 年．

(41) 香港における公衆衛生の管理を主に担った機関であり，1936 年から 1999 年まで存続した．その前身である衛生評議会（Sanitary Board: 1883 年成立）同様に，官職議員と民間人議員によって構成されていた．

(42) 1851 年に建設された広福義祠を前身とする，香港における著名な慈善団体である．当初は東華医院と呼ばれていたが，1931 年に東華・広華両医院の管理を引き継いだことにより，東華三院と呼ばれるようになった．その董事局は主に裕福な華商を中心とした，華人社会の名望家によって構成されており，実質的に同地の行政に参与してきた．以下の文献を参照せよ．Sinn, *Power and Charity*. 帆刈浩之「香港東華医院と広東人ネットワーク――二十世紀初頭における救災活動を中心に」『東洋史研究』第 55 巻第 1 号（1996 年 6 月），75–110 頁，帆刈「香港東華医院と広東幇ネットワーク――民弁華人医院の展開」飯島渉編『華僑・華人史研究の現在』汲古書院，1999 年，229–254 頁，冼玉儀・劉潤和主編『益善行道――東華三院 135 周年記念専題文集』三聯書店（香港），2006 年．

(43) 東華医院から 1878 年に分離することで新たに成立した，主に婦女子の人身保護を目的とする団体である．東華三院同様，主に香港における華人社会の富商が董事に就任し，その運営を担った．

(44) Ambrose Yeo-chi King, "Administrative Absorption of Politics in Hong Kong: Emphasis on the Grass Roots Level," *Asian Survey* 15, no. 5 (May 1975), pp. 422–439.

(45) 1900 年に設置された華商公局（Chinese Commercial Union）を前身とする，華商による商業活動の促進を目的とした団体である．

(46) Ronald Robinson, "Non-European Foundations of European Imperialism: Sketch for a Theory of Collaboration," in *Studies in the Theory of Imperialism*, ed. Roger Owen and Bob Sutcliffe (London: Longman, 1972), pp. 117–142.

(47) アジア域内におけるアヘン貿易を扱った研究は膨大な量に上るが，代表的なものとして以下を参照せよ．新村容子『阿片貿易論争――イギリスと中国』汲古書院，2000 年，杉原薫「19 世紀後半のアヘン貿易」同『アジア間貿易の形成と構造』ミネルヴァ書房，1996 年，55–68 頁，Carl A. Trocki, *Opium, Empire and the Global Political Economy:*

A Study of the Asian Opium Trade 1750–1950 (London: Routledge, 1999); J. Y. Wong, *Deadly Dreams: Opium and the* Arrow *War (1856–1860) in China* (Cambridge: Cambridge University Press, 1998); Yen-p'ing Hao, "The Widening of the Market: The Opium Trade," in *The Commercial Revolution in Nineteenth-Century China: The Rise of Sino-Western Mercantile Capitalism* (Berkeley: University of California Press, 1986), pp. 112–137; W. S. K. Waung, *The Controversy: Opium and Sino-British Relations, 1858–1887* (Hong Kong: Lung Men Press, 1977); Michael Greenberg, *British Trade and the Opening of China 1800–42* (Cambridge: Cambridge University Press, 1951); David Edward Owen, *British Opium Policy in China and India* (1934; repr. N. p.: Archon Books, 1968).

(48) Elizabeth Sinn, "Emigration from Hong Kong before 1941: General Trends," in *Emigration from Hong Kong*, ed. Ronald Skeldon (Hong Kong: Chinese University Press, 1995), pp. 11–34; Sinn, "Emigration from Hong Kong before 1941: Organization and Impact," in *ibid.*, pp. 35–50; 可児『近代中国の苦力と「猪花」』.

(49) Robert G. Lee, *Orientals: Asian Americans in Popular Culture* (Philadelphia: Temple University Press, 1999), pp. 31–32（貴堂嘉之訳『オリエンタルズ——大衆文化のなかのアジア系アメリカ人』岩波書店，2007年，42頁）．引用部分は貴堂訳に依拠した．北米における排華運動とアヘン吸煙の関係については，以下の研究がある．Diana L. Ahmad, *The Opium Debate and Chinese Exclusion Laws in the Nineteenth-Century American West* (Reno: University of Nevada Press, 2007); David Chuenyan Lai, "Chinese Opium Trade and Manufacture in British Columbia, 1858–1908," *Journal of the West* 38, no. 3 (July, 1999), pp. 21–26. 豪州での状況については，次の文献を見よ．Desmond Manderson, "'Disease, Defilement, Depravity': Towards an Aesthetic Analysis of Health, the Case of the Chinese in Nineteenth-Century Australia," in *Migrants, Minorities and Health: Historical and Contemporary Studies*, ed. Lara Marks and Michael Worboys (London: Routledge, 1997), pp. 22–48; Manderson, "A Tentacle of the Octopus," in *From Mr Sin to Mr Big: A History of Australian Drug Laws* (Melbourne: Oxford University Press, 1993), pp. 15–36; C. F. Yong, *The New Gold Mountain: The Chinese in Australia, 1901–1921* (Richmond, S. A.: Raphael Arts, 1977), pp. 179–188.

(50) Ulrike Hillemann, *Asian Empire and British Knowledge: China and the Networks of British Imperial Expansion* (Basingstoke: Palgrave Macmillan, 2009).

(51) Barry Milligan, "The Plague Spreading and Attacking Our Vitals": The Victorian Opium Den and Oriental Contagion," in *Pleasures and Pains: Opium and the Orient in Nineteenth-Century British Culture* (Charlottesville: University Press of Virginia, 1995), pp. 82–102.

(52) Louise Foxcroft, "The Chinese Influence," in *The Making of Addiction: The 'Use and Abuse' of Opium in Nineteenth-Century Britain* (Aldershot: Ashgate, 2007), pp. 61–75.

(53) Paul C. Winther, *Anglo-European Science and the Rhetoric of Empire: Malaria, Opium, and British Rule in India, 1756–1895* (Lanham: Lexington Books, 2003), p. 2.「文明化の使命」に立脚した帝国主義の内実をめぐる批判は，他の事例においても見出す

ことができる．こうしたイギリス帝国の「人道主義」については次を見よ．大澤広晃「長い 19 世紀におけるイギリス帝国と『人道主義』――研究の動向と展望」『アカデミア 人文・自然科学編』第 9 号（2015 年 1 月），115–133 頁．

(54) Jan-Willem Gerritsen, "The Colonial Opium Trade," in *The Control of Fuddle and Flash: A Sociological History of the Regulation of Alcohol and Opiates* (Leiden: Brill, 2000), pp. 57–87; Virginia Berridge, *Opium and the People: Opiate Use and Drug Control Policy in Nineteenth and Early Twentieth Century England*, rev. ed. (London: Free Association Books, 1999); Geoffrey Harding, *Opiate Addiction, Morality and Medicine: From Moral Illness to Pathological Disease* (London: Macmillan, 1988).

(55) Man-houng Lin, "Late Qing Perceptions of Native Opium," *Harvard Journal of Asiatic Studies* 64, no. 1, (June, 2004), pp. 117–144.

(56) 後藤春美『アヘンとイギリス帝国――国際規制の高まり 1906–43 年』山川出版社，2005 年, William B. McAllister, *Drug Diplomacy in the Twentieth Century: An International History* (London: Routledge, 2000), pp. 9–155.

(57) E. J. Eitel, "An Outline History of the Opium Farm of Hongkong," *Friend of China* 1, no. 1 (Mar., 1875), pp. 27–36.

(58) Cheung Tsui Ping, "The Opium Monopoly in Hong Kong, 1844–1887," M. Phil. diss., University of Hong Kong, 1987.

(59) 石楠「略論港英政府的鴉片専売政策」『近代史研究』1992 年第 6 期（総第 72 期）（1992 年 11 月），20–42 頁．

(60) Christopher Munn, "The Hong Kong Opium Revenue, 1845–1885," in *Opium Regimes: China, Britain, and Japan, 1839–1952*, ed. Timothy Brook and Bob Tadashi Wakabayashi (Berkeley: University of California Press, 2000), pp. 105–126.

(61) Elizabeth Sinn, "Preparing Opium for America: Hong Kong and Cultural Consumption in the Chinese Diaspora," *Journal of Chinese Overseas* 1, no. 1 (May 2005), pp. 16–42. これは後に改稿され，以下の書籍に収録された．Elizabeth Sinn, "Preparing Opium for America," in *Pacific Crossing*, pp. 191–218.

(62) Richard Cullen and Kevin K. S. Tso, "Using Opium as a Public Revenue Source - Not as Easy as It Looks: The British Hong Kong Experience," *University of Hong Kong Faculty of Law Research Paper*, no. 2012/035, http://ssrn.com/abstract=2165108.

(63) 井出季和太「香港の阿片事情」『台湾時報』第 30 号（1922 年 11 月），123–134 頁．

(64) Miners, *Hong Kong under Imperial Rule*, pp. 207–277.

(65) Tiziana Salvi, "The Last Fifty Years of Legal Opium in Hong Kong, 1893–1943," M.Phil. diss., University of Hong Kong, 2004.

(66) Harold H. Traver, "Colonial Relations and Opium Control in Hong Kong, 1841–1945," in *Drugs, Law, and the State*, ed. Harold H. Travor and Mark S. Gaylord (New Brunswick: Transaction Publishers, 1992), pp. 135–149; Traver, "Opium to Heroin: Restrictive Opium Legislation and the Rise of Heroin Consumption in Hong Kong," *Journal of Policy History* 4, no. 3 (1992), pp. 307–324.

(67) 鬼丸武士「阿片・秘密結社・自由貿易――19 世紀シンガポール，香港でのイギリス植民地統治の比較研究」『東南アジア研究』第 40 巻第 4 号（2003 年），502–519 頁．

（68）　Alfredo Gomes Dias, *Portugal, Macau e a Internacionalização da Questão do Ópio, 1909–1925*（Macau: Livros do Oriente, 2004).
（69）　香港・澳門の近代史に関する史料については，網羅的なものではないが簡便なガイドとして以下を参照せよ．古泉達矢「香港・澳門の近代史関係史料について」『中国研究月報』第 62 巻第 3 号（721 号），2008 年 3 月，31–42 頁．
（70）　このほかケンブリッジ大学図書館に所蔵されているジャーディン・マセソン商会文書（Jardine Matheson Archive, Cambridge University Library），およびオーストラリア各地の文書館に所蔵されている史料も閲覧・収集したが，本書を執筆するにあたり十分に活用することができなかった．今後の課題としたい．

第一章注

（1）　英中間のアヘン貿易については，序章注 47 に掲げた文献を参照．
（2）　本書では，輸送用に加工された状態のアヘンを「生アヘン」，これをさらに吸煙用に再加工したアヘンを「煙膏」と呼び，必要に応じて両者を区別して論ずる．
（3）　華南からの華人移民については，巻末の文献一覧に掲げた藤村是清，および可児弘明による一連の研究をはじめ，以下の論考を参考にした．杉原薫「華僑の移民ネットワークと東南アジア経済——19 世紀末–1930 年代を中心に」同『アジア間貿易の形成と構造』ミネルヴァ書房，1996 年，297–323 頁, Elizabeth Sinn, "Emigration from Hong Kong before 1941: General Trends," in *Emigration from Hong Kong*, ed. Ronald Skeldon (Hong Kong: Chinese University Press, 1995), pp. 11–34; Sinn, "Emigration from Hong Kong before 1941: Organization and Impact," in *ibid.*, pp. 35–50.
（4）　この問題を東南アジア側から検討したものとして，以下の研究を参照．Carl A. Trocki, "The Internationalization of Chinese Revenue Farming Networks," in *Water Frontier: Commerce and the Chinese in the Lower Mekong Region, 1750–1880*, ed. Nola Cooke and Li Tana (Lanham: Rowman and Littlefield, 2004), pp. 159–173.
（5）　1841 年から香港が直轄植民地となる 43 年まで同地の統治官（Administrator）を，その後 44 年まで初代総督を務めた．
（6）　1844 年から 48 年まで在任した．
（7）　Pottinger to Church, no. 256, 16 Jun. 1843, CO 129/10.
（8）　C. M. Turnbull, *The Straits Settlements, 1826–67: Indian Presidency to Crown Colony* (Kuala Lumpur: Oxford University Press, 1972), pp. 188–189.
（9）　Carl A. Trocki, *Opium and Empire: Chinese Society in Colonial Singapore, 1800–1910* (Ithaca: Cornell University Press, 1990), pp. 72 fig. 2, 76. このほかにもトロッキーは東南アジアを中心に，煙膏の徴税請負制度をめぐる多くの研究を発表している．巻末の文献一覧を参照せよ．
（10）　Davis to Stanley, no. 29, 29 Jun. 1844, CO 129/6.
（11）　Martin to Davis, no. 32, 17 Jun. 1844, encl. in Davis to Stanley, no. 29, 29 Jun. 1844, CO 129/6. 彼の香港観については次も見よ．G. B. Endacott, "Robert Montgomery Martin," in *A Biographical Sketch-Book of Early Hong Kong* (1962; new. ed. Hong Kong: Hong Kong University Press, 2005), pp. 72–78.
（12）　Christopher Munn, "'Anglo-China': The Opium War and the British Acquisition

of Hong Kong," in *Anglo-China: Chinese People and British Rule in Hong Kong, 1841–1880* (Richmond: Curzon, 2001), pp. 21–52.

(13) An Ordinance for Licensing the Sale of Salt, Opium, Bhaang, Ganja, Paun, Betel and Betel Leaf, within the Colony of Hong Kong, and for the Licensing of Pawnbrokers and Auctioneers; with a Table of Fees on Official Licenses and Signatures (No. 21 of 1844), no. 1 in "Ordinances and Regulations for the Sale of Opium within the Colony of Hong Kong," 1847 (347) XL, *Irish University Press Area Studies Series, British Parliamentary Papers, China 24: Correspondence, Dispatches, Reports, Ordinances, Memoranda and Other Papers Relating to the Affairs of Hong Kong, 1846–60*, ed. J. J. O'Meara, T. F. Turley and S. Cashman (Shannon: Irish University Press, 1971), pp. 1–3 [17–19]. 以下同シリーズは *IUPBPP, China* と略し，巻数を付記する．なお巻別の一貫した頁数が付されている場合には [ ] 内に示す．

なお香港政庁はこの法令が施行される以前に，域内在住華人から煙膏の販売をめぐる徴税請負権について申し出を受けていた．Minutes of the Executive Council, 18 Nov. 1844, CO 131/1.

(14) No. 2 in "Ordinances and Regulations for the Sale of Opium within the Colony of Hong Kong," 1847 (347) XL, *IUPBPP, China 24*, pp. 3–4 [19–20].

(15) Davis to Stanley, no. 23, 5 Mar. 1845, CO 129/11; Christopher Munn, "The Hong Kong Opium Revenue, 1845–1885," in *Opium Regimes: China, Britain, and Japan, 1839–1952*, ed. Timothy Brook and Bob Tadashi Wakabayashi (Berkeley: University of California Press, 2000), pp. 112, 124n24.

なおダッデルは後に一定の富を築いて香港を去ったが，マシエソン（アヘン貿易で著名なジャーディン・マセソン商会（Jardine, Matheson & Co.・怡和洋行）とは何ら関係がない）は専売権を手放した直後に死亡した．ダッデルについては次も見よ．Endacott, *A Biographical Sketch-Book*, pp. 152–154.

(16) Davis to Stanley, no. 110, 7 Aug. 1845, CO 129/13; Carl T. Smith, *Chinese Christians: Elites, Middlemen, and the Church in Hong Kong* (1985; new ed. Hong Kong: Hong Kong University Press, 2005), p. 109; Carl T. Smith, *A Sense of History: Studies in the Social and Urban History of Hong Kong* (Hong Kong: Hong Kong Educational Publishing, 1995), p. 39n3; George Smith, *A Narrative of an Exploratory Visit to Each of the Consular Cities of China and to the Islands of Hong Kong and Chusan, Church Missionary Society, in the Years 1844, 1845, 1846* (1847; repr. ed. Taipei: Ch'eng-wen, Publishing, 1972), pp. 82–84; Munn, "The Hong Kong Opium Revenue," pp. 98–103. 次の史料にはアヘン徴税請負人として Ataye の名前が記されているが，これは Fung Attai と同一人物だろう．*Hong Kong Almanack and Directory for 1846, with an Appendix* (Hong Kong: China Mail, 1846), p. 35.

なお太平山には，1844 年には不法居住者が多く住んでいた．カール・スミスはこの地域における女性の数が他の地域に比べて多いことから，売春宿が多く存在した区域ではないかと推測している．ただし同年中市場（Middle Bazaar）の取り壊しに伴い，ここに在住していた華人が太平山へ流入したため，46 年には多少様相が変化していたものと思われる．Smith, *A Sense of History*, pp. 38–49.

(17) An Ordinance to Repeal Ordinance No. 21 of 1844, and to Make Better Proision

for Licensing the Weighing and Brokerage of Salt, and the Sale of Opium, Bhaang, Ganja, Paun, Betel, and Betel-leaf, within the Colony of Hongkong, and for the Licensing of Pawnbrokers and Auctioneers, with a Table of Fees on Official Licenses and Signatures (No. 5 of 1845), pp. 117–120, A. J. Leach, comp., *The Ordinances of the Legislative Council of the Colony of Hongkong, Commencing with the Year 1844* (Hong Kong: Noronha, 1890–1891). 以下，同書は *Ordinances of LEGCO* と略す.

(18) Davis to Stanley, no. 110, 7 Aug. 1845, CO 129/13. ダッデルおよびマセソンの請負額は月額 710 香港ドルだったのに対し，盧亜貴らは月額 1710 香港ドルだった.

(19) Davis to Gladstone, no. 38, 11 Apr. 1846, in *Hong Kong Annual Administrative Reports, 1841–1941*, vol. 1, ed. R. L. Jarman (n.p.: Archive Editions, 1996), p. 73.

(20) No. 3, in "Ordinances and Regulations for the Sale of Opium within the Colony of Hong Kong," 1847 (347) XL, *IUPBPP, China 24*, pp. 4–5 [20–21].

(21) Petition from Chinese Firms and Shops in Hong Kong, Jan. 1847, encl. in Davis to Grey, no. 82, 23 Jul. 1847, CO 129/20.

(22) #683, 696, 705, 831, 835 and others, *IUPBPP, China 38, Report of the Select Committee on Commercial Relations with China, 1847* (Shannon: Irish University Press, 1971), pp. 67–68, 74–75.

(23) 1882 年からはマセソン準男爵としてサーの称号を得た．ジャーディン・マセソン商会との関係については，石井摩耶子『近代中国とイギリス資本――19 世紀後半のジャーディン・マセソン商会を中心に』東京大学出版会，1998 年，36–65 頁を参照.

(24) #1943–1945, 2345, and others, *IUPBPP, China 38*, pp. 158–161, 178–179.

(25) 太平紳士とは元来イギリス本国で発展した治安判事と呼ばれる制度である．東・東南アジアのイギリス領植民地にも導入され，後に名誉職化した．イギリス領マラヤでは「太平局紳」と呼ばれる．現地在住の民間人のなかから，人望の厚い富商などが任用された．可児弘明「太平紳士」可児弘明・斯波義信・游仲勲編『華僑・華人辞典』（弘文堂，2002 年），442–443 頁.

(26) Clause 6 in "Revised Regulations for the Sale of Opium by Retail," encl. in Davis to Stanley, no. 110, 7 Aug. 1845, CO 129/13.

(27) #2054–2055, 2188, 2197–2215, and others, *IUPBPP, China 38*, pp. 166, 171, 172.

(28) #2529, *IUPBPP, China 38*, p. 195; C. M. Turnbull, *A History of Singapore, 1819–1975* (Kuala Lumpur: Oxford University Press, 1977), p. 29.

(29) *IUPBPP, China 38*, pp. viii–ix.

(30) Davis to Grey, no. 82, 23 Jul. 1847, CO 129/20.

(31) これはすなわち，人々に煙膏とアヘンを吸煙する場所を提供していた「煙館」(opium divan) を指すものと思われる．用語一覧を参照せよ.

(32) "Revised Regulations for the Sale of Opium by Retail," encl. in Davis to Grey, no. 82, 23 Jul. 1847, CO 129/20. ちなみに 1 ヶ月あたりの鑑札料金は以下のとおり．生アヘンの小売販売: 30 香港ドル，煙膏の加工，販売: 20 香港ドル，アヘン吸煙施設の営業: 10 香港ドル.

(33) Munn, *Anglo-China*, pp. 56–57.「協力者」については序章注 46 に挙げた文献を見よ.

(34) 日本における華人の対米移民に関する代表的研究には，以下のものがある．貴堂嘉之『アメリカ合衆国と中国人移民――歴史のなかの「移民国家」アメリカ』名古屋大学出版

会，2011年，園田節子『南北アメリカ華民と近代中国——19世紀トランスナショナル・マイグレーション』東京大学出版会，2009年，油井大三郎「一九世紀後半のサンフランシスコ社会と中国人排斥運動」油井大三郎・木畑洋一・伊藤定良・高橋和夫・松野妙子『世紀転換期の世界——帝国主義支配の重層構造』未来社，1989年，19–80頁．

香港から豪州への華人移民については，可児弘明「香港移民統計史料（オセアニア関係）」『CASニューズレター』第50号（1992年9月）1–10頁，が簡潔にまとめている．豪州における華人社会の歴史については，代表的な研究として以下を見よ．藤川隆男「白豪主義の『神話』——オーストラリアにおける中国人移民」谷川稔ほか『規範としての文化——文化統合の近代史』ミネルヴァ書房，2003年（初版: 平凡社，1990年），367–398頁，Sirley Fitzgerald, *Red Tape Gold Scissors: The Story of Sydney's Chinese*, 2nd ed. (Ultimo: Halstead Press, [2008?]); John Fitzgerald, *Big White Lie: Chinese Australians in White Australia* (Sydney: University of New South Wales Press, 2007); Jan Ryan, *Ancestors: Chinese in Colonial Australia* (South Freemantle: Freemantle Arts Centre Press, 1995); Eric Rolls, *Sojourners, Flowers and the Wide Sea: the Epic Story of China's Centuries-Old Relationship with Australia* (St. Lucia, Qld.: University of Queensland Press, 1992); Kathryn Cronin, *Colonial Casualties: Chinese in Early Victoria* (Carlton: Melbourne University Press, 1982); Wang Sing-wu, *The Organization of Chinese Emigration, 1848–1888: With Special Reference to Chinese Emigration to Australia* (San Francisco: Chinese Materials Center, 1978); C. F. Yong, *The New Gold Mountain: The Chinese in Australia, 1901–1921* (Richmond, S. A.: Raphael Arts, 1977); Charles A. Price, *The Great White Walls Are Built: Restrictive Immigration to North America and Australasia, 1836–1888* (Canberra: Australian National University Press, 1974).

(35) Mary Robert Coolidge, *Chinese Immigration* (New York: Henri Holt, 1909), p. 498.

(36) 油井「一九世紀後半のサンフランシスコ社会と中国人排斥運動」21–29頁．

(37) 可児「香港移民統計史料（オセアニア関係）」1–2頁，Wang Sing-wu, *The Organization of Chinese Emigration*, p. 267.

(38) 1848年から54年まで香港総督に在任した．

(39) An Ordinance to Amend Ordinances Nos. 11 of 1844 and 5 of 1845, and to Improve the Regulations for the Sale of Spirituous Liquors by Chinese, and the Regulations for the Retail and Preparation of Opium (No. 4 of 1853), *Hongkong Government Gazette* (以下 *HKGG* と略), 24 Dec. 1853, pp. 59–60. アヘン関連の鑑札料金については特に変更が加えられていない．

(40) 1854年から59年まで在任した．

(41) Philip Bowring, *Free Trade's First Missionary: Sir John Bowring in Europe and Asia* (Hong Kong: Hong Kong University Press, 2014); David Todd, "John Bowring and the Global Dissemination of Free Trade," *Historical Journal* 51, 2 (2008), pp. 373–397.

(42) An Ordinance for Licensing and Regulating the Sale of Prepared Opium (No. 2 of 1858), Ordinance Passed by the Hong Kong Legislative Council Respecting the Licensing and Sale of Opium, 1860 (44) XLVIII, *IUPBPP, China 31*, pp. 1–4 [364–366].

(43)　*Ibid.*, pp. 4–12 [366–374]; Bowring to Labouchere, no. 32, 23 Mar. 1858, CO 129/67. なお，この措置に対して植民地省は何ら反対しなかった．

(44)　Government Notification（以下 G. N. と略）no. 26, *HKGG*, 23 Mar. 1858, p. 5.

(45)　Smith, *Chinese Christians*, pp. 5, 136–137. 和興行は陳に出資する一方，自らも単独で入札に参加していた様子である．"List of Tenders for the Privilege of Selling Prepared Opium," encl. in Bowring to Labouchere, no. 32, 23 Mar. 1858, CO 129/67.

なおクリストファー・マンは，1847年にアヘン徴税請負制度が廃止された際の請負人である盧亜貴と，陳大光の出自の差異について着目している．海賊で売春宿を経営していた盧亜貴と異なり，陳大光は英語での教育を受けたキリスト教徒であり，イギリス人の目には当時香港に在住していた華人のなかで最も尊敬すべき人物の一人として映った．マンはこれが理由となり，経済的な実権がないにも拘らず陳大光が代表として選ばれたのではないかと推測している．Munn, *Anglo-China*, p. 304.

(46)　Power, Acting Colonial Treasurer to Colonial Secretary, Hong Kong, no. 22, 30 Jul. 1860, encl. in Robinson to Newcastle, no. 103, 6 Aug. 1860, CO 129/78.

この贈賄事件の概要は以下のようなものであった．徴税請負権の入札当時，陳大光はW・T・ブリッジス（W. T. Bridges）という弁護士を雇用していた．このブリッジスは香港で法廷弁護士を営む傍ら，当時は臨時植民地長官代理（Acting Colonial Secretary）として香港政庁にも勤務しており，立法評議会と行政評議会にも参加していた．そのため，陳大光によるブリッジスへの費用の支払いは実質的な贈賄にあたるのではないか，という疑惑が持ち上がったのである．

後に調査委員会が設置され，結果的にブリッジスの容疑は晴れたが，その直後に彼は他の政庁官吏をめぐる事件に巻き込まれ，1861年に香港を去った．一方，陳大光は上述した調査委員会の結果が出る前に，香港から退去してしまった．Munn, *Anglo-China*, pp. 302–305; Endacott, *An Biographical Sketch-Book*, pp. 127–129.

なお植民地長官（Colonial Secretary）とは香港政庁内部の総督に次ぐ役職で，中文では輔政司と呼ばれる．

(47)　"Confidential Memorandum on the Hong Kong Opium Revenue," 14 Mar. 1883, by Russell, encl. in Marsh to Derby, confidential（以下 conf. と略）, 19 Mar. 1883, CO 129/207, pp. 7–8. 以下この覚書は *Russell's Memo.* と省略する．

(48)　澳門は1845年に自由港となり，それまで得ていた関税からの収入を失った．このため，以後香港同様に各種の徴税請負制度を通じた「専売」(exclusivo）が導入されることになる．煙膏の小売販売については，1846年前後に同制度が設置された模様である．馬光「近代澳門的鴉片専営業，吸食与禁煙深析」曽軍主編『文史与社会——首届東亜「文史与社会」研究生論壇論文集』上海大学出版社，2011年，91頁．

澳門における各種徴税請負制度の導入・発展については以下を見よ．張廷茂『晩清澳門番攤賭博専営研究』暨南大学出版社，2011年．Maria Teresa Lopes da Silva, *Transição de Macau para a Modernidade: Ferreira do Amaral e a Construção da Soberania Portuguesa* (Lisboa: Fundação Oriente, 2002), pp. 211–214.

(49)　Elizabeth Sinn, *Pacific Crossing: California Gold, Chinese Migration, and the Making of Hong Kong* (Hong Kong: Hong Kong University Press, 2013), pp. 33, 110–113; 東華三院発展史編纂委員会編『東華三院発展史』東華三院庚子年董事局，1961年，1頁．和興行による華人労働者斡旋業への関与については次も参照．Elizabeth Sinn,

"Emigration from Hong Kong before 1941: Organization and Impact," pp. 39–40.

(50)　Sinn, *Pacific Crossing*, pp. 172, 198–99, 205.

(51)　米国への移民増加による香港経済への影響については次を見よ．久末亮一「華南・北米間の華人金融ネットワーク――19 世紀後半から 20 世紀初頭まで」『年報地域文化研究』第 7 号（2003 年），327–345 頁．

(52)　G. N. no. 30, *HKGG*, 19 Mar. 1870, pp. 127–129.

(53)　1859 年から 65 年まで在任した．

(54)　1866 年から 72 年まで在任した．

(55)　Reach and Kane to Cobb, no. 121, 14 Aug. 1857, United States, National Archives, Letters Received by the Secretary of the Treasury from Collectors of Customs, 1833–1869, Series G（National Archives Microfilm Publications, M174, roll 60), General Records of the Department of the Treasury, Record Group 56, National Archives Building, Washington, D. C. 以下アメリカ公文書館の作成したマイクロ史料の番号および巻数については，NAMP, M174, roll 60, RG 56, NARA のように略す．

(56)　*An Act to Prevent the Importation of Adulterated and Spurious Drugs and Medicines*, Jun. 26, 1884, *Statutes at Large and Treaties of the United States of America* 9（1851), pp. 237–239; United States Treasury Department, *General Regulations under the Revenue and Collection Laws of the United States*（Washington, D. C.: A. O. P. Nicholson, 1857), pp. 155–164, Internet Archive, http://archive.org/details/generalregulati00treagoog.

(57)　Tucker to Washington, 6 Aug. 1857, NAMP, M174, roll 60, RG 56, NARA.

(58)　Tucker to Cobb, no. 122, 1 Aug. 1857, NAMP, M174, roll 60, RG 56, NARA.

(59)　Copy of a Memorial by Physicians and Druggists in San Francisco to Cobb, n. d.; Memorial by Physicians and Druggists in San Francisco, no. 125, 7 Aug. 1857, NAMP, M174, roll 60, RG 56, NARA.

(60)　Washington to Cobb, no. 115, 19 Aug. 1857, NAMP, M174, roll 60, RG 56, NARA.

(61)　Rankin to Chase, no. 447a, 28 Dec. 1861, NAMP, M174, roll 69, RG 56, NARA.

(62)　*An Act Increasing, Temporarily, the Duties on Imports, and for Other Purposes*, Jul. 14, 1862, *Statutes at Large and Treaties of the United States of America* 12（1863), p. 548; F. W. Taussig, "The War Tariff," in *The Tariff History of the United States*, 7th ed.（G. P. Putnam's Sons: New York, 1923), pp. 155–170.

(63)　David T. Courtwright, *Dark Paradise: A History of Opiate Addiction in America*, enl. ed.（Cambridge, Mass.: Harvard University Press, 2001), p. 62.

(64)　1872 年から 77 年まで在任した．

(65)　Kennedy to Kimberley, no. 58, 10 Mar. 1873, CO 129/162.

(66)　メイは 1845 年 2 月に香港に赴任した古参官吏で，警察および司法関係の職務に加えて，総督の任命する様々な委員会へ参加した経験があった．さらに彼はかつて売春宿を経営しており，58 年には香港社会を震撼させた政庁官吏の汚職事件に巻き込まれている．こうした経歴から，当時の香港社会を熟知する人物だったと考えられる．Endacott, *Biographical Sketch-Book*, pp. 100–104.

(67)　"Report of the Commission Appointed by His Excellency Sir Arthur Kennedy to Enquire into the Working of the Opium Monopoly, and the Operation of Ordinance

No. 2 of 1858," in G. N. no. 219, *HKGG*, 23 Nov. 1872, pp. 495–498.

(68) Kennedy to Kimberley, no. 149, 4 Dec. 1872; G. N. no. 221, CO 129/159; Kimberley to Kennedy, no. 10, 24 Jan. 1873, CO 129/159.

(69) Kennedy to Kimberley, no. 19, 28 Jan. 1873, CO 129/162.

(70) 早くも同年5月には，煙膏を積載するために澳門へ向けて出帆した船舶をめぐり，船主のジャーディン・マセソン商会と香港政庁の間で紛糾が生じている．Kennedy to Kimberley, no. 175, 29 Aug. 1873; Kennedy to Kimberley, no. 177, 30 Aug. 1873, CO 129/164.

(71) *Russell's Memo.*, pp. 14–18; Translation of Articles of Agreement of the Sun I Company, encl. in Marsh to Derby, conf., 19 Mar. 1883, CO 129/207.

(72) 1877年から82年まで在任した．1880年にはサーの称号を得た．

(73) 彼の孫による以下の伝記を参照．James Pope-Hennessy, *Verandah: Some Episodes in the Crown Colonies, 1867–1889* (London: George Allen and Unwin, 1964).

(74) ラブアンの華人については次を見よ．Nicholas Tarling, "The Entrepôt at Labuan and the Chinese," in *Studies in the Social History of China and South-East Asia: Essays in Memory of Victor Purcell (26 January 1896–2 January 1965)*, ed. Jerome Ch'en and Nicholas Tarling (Cambridge: Cambridge University Press, 1970), pp. 355–373. 東華医院については序章注42を見よ．

(75) Kate Lowe and Eugene McLaughlin, "Sir John Pope Hennessy and the 'Native Race Craze': Colonial Government in Hong Kong, 1877–1882," *Journal of Imperial and Commonwealth History* 20, no. 2 (1992), pp. 223–247; Linda Pomerantz-Zhang, "Hong Kong Barrister 1877–1882," in *Wu Tingfang (1842–1922): Reform and Modernization in Modern Chinese History* (Hong Kong: Hong Kong University Press, 1992), pp. 41–69; David Lambert and Philip Howell, "John Pope Hennessy and the Translation of 'Slavery' between Late Nineteenth-Century Barbados and Hong Kong," *History Workshop Journal* 55 (2003), pp. 1–24; Philip Howell and David Lambert, "Sir John Pope Hennessy and Colonial Government: Humanitarianism and the Translation of Slavery in the Imperial Network," in *Colonial Lives across the British Empire: Imperial Careering in the Long Nineteenth Century*, ed. David Lambert and Alan Lester (Cambridge: Cambridge University Press, 2006), pp. 228–256.

(76) ポープ＝ヘネシーの在任中ラブアンで最も裕福な人物で，広大なサゴの工場などを運営していた．Pope-Hennessy, *Verandah*, p. 93.

(77) "Votes and Proceedings of the Legislative Council of Hongkong, 12 Nov. 1877," *HKGG*, 24 Nov. 1877, pp. 522–524.

(78) Hennessy to Beach, no. 6, Jan. 1879, and its encl., CO 129/184; G. N. no. 12, *HKGG*, 22 Jan. 1879, p. 28.

カール・トロッキーは「班合」という名前を個人名であると同時に商号であるとしているが，筆者が管見した史料では個人名として扱われており，さらなる検討が必要である．なお彼によれば，陳景星は兄弟と共にサイゴンで活動していた．Carl A. Trocki, "Chinese Revenue Farms and Borders in Southeast Asia," *Modern Asian Studies* 43, no. 1 (2009), pp. 356–358; Opium Farm Grant to Ban Hap, 1 Oct. 1879, HKRS 149–2–902, Public Records Office of Hong Kong, Hong Kong (以下HKPROと略). 後者の文書は

以下 Grant to Ban Hap と略す．

(79) An Ordinance to Amend Ordinance No. 2 of 1858 Entitled "An Ordinance for Licensing and Regulating the Sale of Prepared Opium" (No. 1 of 1879), *Ordinances of LEGCO*, pp. 1466–1470; The Excise Ordinance (Opium) 1858–1879, Amendment Ordinance 1879 (No. 7 of 1879), G. N. no. 1, *HKGG*, 10 Dec. 1879, pp. 813–815.

(80) 班合については「植民地香港のヴィクトリア，およびコーチシナのサイゴンに在住する，商人そしてアヘン徴税請負人」，章芳琳については「海峡植民地のシンガポールに在住する，商人そしてアヘン徴税請負人」と記載されている．"Bond to Secure the Fulfilment of Opium Farm License, Messrs Ban Hap and Cheang Hong Lim to Her Majesty the Queen," 28 Feb. 1879, HKRS 149-2-883, HKPRO.

(81) Chantal Descours-Gatin, "La Cochinchine des Amiraux et la ferme de l'opium," en *Quand l'opium finançait la colonisation en Indochine* (Paris: L'Harmattan, 1992), pp. 41–66; Trocki, *Opium and Empire*, p. 179; Trocki, "The Internationalization of Chinese Revenue Farming Networks," pp. 162–164, 169. 章芳琳については次も見よ．「章芳琳」，柯木林主編『新華歴史人物列伝』教育出版私営有限公司，1995 年，166 頁．

(82) Grant to Ban Hap, HKPRO. 柯木林主編『新華歴史人物列伝』の「林発栄」の項（131 頁）には，章芳琳の女婿である林発栄が，香港のアヘン徴税請負公司の運営に当たっていたとする記述が見受けられるが，管見の限り，香港側の史料で彼の名前に直接言及したものは見当たらない．

(83) 1881 年には，2 年後に満了予定であった政庁との契約をさらに 10 年間延長させることに成功し，93 年までの徴税請負権を付与されている．Ofício Cofidential, N.º 2 de 19 de Março de 1881, do Governador da Provincia, Joaquim José da Graça para o Ministro e Secretario d'Estado dos Negocios da Marinha e Ultramar, AHU-ACL-SEMU-DGU-2R-002 Cx 0003, Arquivo Histórico Ultramarino, Lisboa, Portugal; *Boletim da Provincia de Macau e Timor*（澳門政庁の官報．時代を経るごとに何度か名前が変更されたが，すべて *BO* と省略する）, 1881, N.º 28, pp. 182–183; *BO*, 1886, N.º 11, p. 80; *BO*, 1891, N.º 43, p. 330.

(84) *Russell's Memo.*, pp. 20–22, CO 129/207.

(85) ポープ＝ヘネシーは 1879 年 9 月に班合より，ラッセル商会の船舶に積載された煙膏が，澳門からサンフランシスコへ大量に輸入されていると聞いて，駐香港アメリカ領事へ圧力をかけようとしたが，失敗している．Minutes of the Executive Council, 12 Sep. 1879 and 18 Sep. 1879, CO 131/10; Mosby to Seward, 30 Sep. 1879, United States, National Archives, Despatches from United States Consuls in Hong Kong, 1844–1906, vol. 12, NAMP, M108, roll 12, General Records of the Department of State, RG 59, NARA.

(86) *Russell's Memo.*, pp. 23–27; "The Agreement of the Man Wo Sang Company," 9 Mar. 1880, encl. in Marsh to Derby, conf., 19 Mar. 1883, CO 129/207; *Hongkong Daily Press*（以下 *HKDP* と略）, 30 Nov. 1880 and 1 Dec. 1880.

なお，こうした経緯から予想されるとおり，信宜公司の解消は円滑なものではなく，分裂に際して人和公司は海外へ向けた煙膏の輸出を妨害したかどで集成公司を訴えている．また班合も，人和公司との合併に不満を抱く万和風公司の旧経営者の一部から訴訟を受けた．*HKDP*, 5–7 Aug. and 16 Nov. to 9 Dec. 1880.

(87) *Russell's Memo.*, pp. 24–26, CO 129/207; G. N. no. 55, *HKGG*, 11 Feb. 1882, p. 126.

(88) Confidential Memorandum by Stewart, 1 Feb. 1883, encl. in Marsh to Derby, conf., 19 Mar. 1883, CO 129/207.

(89) 油井「一九世紀後半のサンフランシスコ社会と中国人排斥運動」23 頁.

(90) Elizabeth Sinn, "Emigration from Hong Kong before 1941: General Trends," p. 22.

(91) 可児弘明『近代中国の苦力と「猪花」』岩波書店，1979 年，58–80 頁，杉原『アジア間貿易の形成と構造』299–307 頁.

(92) 例えばジャワでは煙膏の徴税請負人が，自身の請負地域における他の商人の影響力を排除するため，同じ地域内における酒類など煙膏以外の徴税権も維持しようとした．James R. Rush, *Opium to Java: Revenue Farming and Chinese Enterprise in Colonial Indonesia, 1860–1910* (Ithaca: Cornell University Press, 1990), pp. 103–104.

(93) 同様の事例として，海峡植民地政庁がオランダ領リアウからシンガポールへの煙膏の密輸を避けるため，19 世紀を通じてリアウとシンガポールの徴税請負権が同一の人物により付与されるよう努めたことが挙げられる．Eric Tagliacozzo, *Secret Trades, Porous Borders: Smuggling and States along a Southeast Asian Frontier, 1865–1915* (New Haven: Yale University Press, 2005), p. 190.

(94) ただし万和風公司の陳景星は同公司にからむ裁判で，香港における煙膏の請負権に入札した際には，澳門にも同様の制度があるとは知らず，またサイゴンおよびシンガポールでは煙膏の輸出は行っていなかったと証言している．"Supreme Court," *HKDP*, 1 Dec. 1880.

(95) 本章注 46 を見よ.

(96) Henry Lethbridge, *Hong Kong: Stability and Change, a Collection of Essays* (Hong Kong: Oxford University Press, 1978), p. 34–35. 香港カデット制度については，次の文献も見よ．Norman Miners, *Hong Kong under Imperial Rule 1912–1941* (Hong Kong: Oxford University Press, 1987), pp. 85–89; Steve Tsang, *Governing Hong Kong: Administrative Officers from the Nineteenth Century to the Handover to China, 1862–1997* (London: I. B. Tarius, 2007).

(97) 香港をはじめ各地で活発な商業活動を繰り広げていた華商で，和興行の李璿とも親交があった．Smith, *A Sense of History*, pp. 50–63.

(98) 彼の経歴については Smith, *Chinese Christians*, p. 166 を参照．ただし同書に表記されている名前は誤りである．以下の文献を見よ．東華三院発展史編纂委員会編『東華三院発展史』3 頁，周佳栄・鍾宝賢・黄文江編『香港中華総商会百年史』香港駐華総商会，2002 年，224 頁.

(99) No. 1, Marsh to Derby, 6 Mar. 1883 in *Correspondence on the Subject of the Consumption of Opium in Hong Kong and the Straits Settlements* (*Eastern No. 63*), CO 882/5/18; *Russell's Memo.*, CO 129/207.

(100) *Historical and Statistical Abstract of the Colony of Hong Kong 1841–1930*, 3rd ed. (Hong Kong: Noronha, 1932), pp. 1–5.

第二章注

(1) “Treaty between the United States and China, concerning Immigration,” Nov. 17, 1880, *United States Statutes at Large*（以下 *USSL* と略）22（1883), pp. 826–827; 田濤主編『清朝条約全集』第 2 巻，黒龍江人民出版社，1999 年，649–650 頁.

(2) “Supplemental Treaty between the United States and China, concerning Commercial Intercourse and Judicial Procedure,” Nov. 17, 1880, *USSL*, 22（1883), pp. 827–830; 田濤主編『清朝条約全集』第 2 巻，650–651 頁.

(3) 貴堂嘉之「連邦政府の中国人移民政策――一八六八年バーリンゲイム条約から一八八二年排華移民法へ」同『アメリカ合衆国と中国人移民――歴史のなかの「移民国家」アメリカ』名古屋大学出版会，2012 年，104–147 頁，Susan A. Capie, “James B. Angell, Minister to China 1880–1881: His Mission and the Chinese Desire for Equal Treaty Rights,”『中央研究院近代史研究所集刊』第 11 期（1982 年 7 月），273–314 頁；Esson M. Gale, “President James Burrill Angell's Diary: As United States Treaty Commissioner and Minister to China, 1880–1881,” *Michigan Alumnus* 49（May 1943), pp. 195–208.

(4) アメリカ人による中国へのアヘン貿易については次の文献を参照. Charles Clarkson Stelle, *Americans and the China Opium Trade in the Nineteenth Century*（1938; repr. New York: Arno Press, 1981).

(5) Diana L. Ahmad, *The Opium Debate and Chinese Exclusion Laws in the Nineteenth-Century American West*（Reno: University of Nevada Press, 2007), pp. 31,41–42, 57; David T. Courtwright, *Dark Paradise: A History of Opiate Addiction in America*, enl. ed.（Cambridge, Mass.: Harvard University Press, 2001), pp. 61–62, 76. ある医師によれば，アメリカで最初の白人アヘン吸煙者は 1868 年にカリフォルニアで現れた．Harry Hubbell Kane, *Opium-Smoking in America and China*（1882; repr. New York: Arno Press, 1976), p. 1.

(6) James B. Angell diary, 19 Jun. 1880, File 545, Box 12, James B. Angell papers, Bentley Historical Library, University of Michigan（以下 Angell papers と略).

(7) Commission to Evarts, no. 14, 17 Nov. 1880, Despatches from United States Ministers to China, 1843–1906, vol. 56（National Archives Microfilm Publications, M92, roll 57), General Records of the Department of State, Record Group 59, National Archives Building, Washington, D. C. 以下アメリカ国立公文書館の作成したマイクロ史料の番号および巻数については，NAMP, M92, roll 57, RG 59, NARA のように略す.

(8) James B. Angell diary, 13 Nov. 1880, File 545, Box 12, Angell papers.

(9) 789「総署収北洋大臣李鴻章函」光緒六年十月初九日（1880 年 11 月 11 日），黄嘉謨主編『中美関係史料 光緒朝一』中央研究院近代史研究所，1988 年，716–717 頁．エンジェル文書に収められた，ペティックの李鴻章宛書簡の複写も参照せよ．William N. Pethick to Li Hung Chang, 30 Nov. 1880, File 55, Box 2, Angell papers.

(10) Pethick to Commission, 22 Nov. 1880, encl. in Angell to Evarts, no. 65, 3 Dec. 1880, NAMP, M92, roll 57, RG 59, NARA.

(11) *An Act to Provide for the Execution of the Provisions of Article Two of the Treaty Concluded between the United States of America and the Emperor of China*

on the Seventeenth Day of November, Eighteen Hundred and Eighty, and Proclaimed by the President of the United States on the Fifth Day of October, Eighteen Hundred and Eighty-one, 49th Cong., 2nd sess., Chap. 210, *USSL* 24 (1887), pp. 409–410.

(12) Russell to Bramston, 18 Jan. 1881, CO 129/196.

(13) Edgar Wickberg, ed., *From China to Canada: A History of the Chinese Communities in Canada* (1982; repr. Toronto: McClelland and Stewart, 1988), p. 296 table 1; 園田節子『南北アメリカ華民と近代中国――19世紀トランスナショナル・マイグレーション』東京大学出版会，2009年，202–203頁．カナダにおける白人と中国人移民の関係については次も見よ．細川道久『「白人」支配のカナダ史――移民・先住民・優生学』彩流社，2012年，117–183頁．

(14) McSewn to McCulloch, 1 Jul. 1865, Letters received by the Secretary of the Treasury from Collectors of Customs, 1833–1869, Series I, NAMP, M174, roll 206, General Records of the Department of the Treasury, Record Group 56, NARA.

(15) Eckstein to Davis, no. 27, 19 Nov. 1870, Despatches from United States Consuls in Victoria, 1862–1906, vol. 2, NAMP, T130, roll 2, RG 59, NARA.

(16) Frederick J. Masters, "The Opium Traffic in California," *Chautauquan* 24, no. 1 (Oct. 1896), p. 57, Internet Archive, http://www.archive.org/details/chautauquanorgan24chauuoft; No. 13, Bowen to Derby, 19 Jul. 1884, *Correspondence on the Subject of the Consumption of Opium in Hong Kong and the Straits Settlements* (Eastern No. 63), CO 882/5/18. サンフランシスコへのアヘン輸入については次も見よ．C. F. Holder, "The Opium Industry in America," *Scientific American*, new ser. 78 (5 Mar. 1898), p. 147.

なおコートライトは，アメリカに輸入されるアヘンへの課税額の変化をまとめた表を作成しているが，個々の関税法が制定もしくは改定された日付を，これらが施行された日付と誤認している．Courtwright, *Dark Paradise*, p. 17 table 3.

(17) U. S. Department of Treasury, *Letter from the Secretary of the Treasury Submitting a Draught and Recommending the Passage of a Bill to Prohibit the Importation of Opium in Certain Forms*, 50th Cong., 1st sess., House Executive Document 79; *An Act to Reduce the Revenue and Equalize Duties on Imports, and for Other Purposes*, 51st Cong., 1st sess., Chap. 1244, *USSL* 26 (1891), pp. 568–569.

(18) Chinese in Northwest America Research Committee, "Opium in the Pacific Northwest 西北角鴉片煙 1850s–1930s," http://www.cinarc.org/Opium.html.

(19) David Chuenyan Lai, "Chinese Opium Trade and Manufacture in British Columbia, 1858–1908," *Journal of the West* 38, no. 3 (July, 1999), p. 22–23. カナダからアメリカへの密輸については次も見よ．William E. Willmott, "Growing Pains: Discrimination and Depression," in *From China to Canada*, ed. Wickberg, p. 68; Sarah M. Griffith, "Border Crossings: Race, Class, and Smuggling in Pacific Coast Chinese Immigrant Society," *Western Historical Quarterly* 35 (Winter 2004), pp. 473–492; Ronald L. De Lorme, "The United States Bureau of Customs and Smuggling on Puget Sound, 1851 to 1913," *Prologue* 5, no. 2 (Summer 1973), pp. 77–88.

ブリティッシュ・コロンビア州ヴィクトリアの中華街については黎全恩による以下の研究を見よ．David Chuenyan Lai, *Chinatowns: Towns within Cities in Canada* (Van-

couver: University of British Columbia Press, 1988), pp. 183–269; Lai, *Chinese Community Leadership: Case Study of Victoria in Canada* (Singapore: World Scientific Publishing, 2010).

(20) "Victoria, British Columbia-opium-a Chinese House in Hong Kong Applies to the Govt [government] for an Exclusive License to Manufacture Opium in British Columbia for Smoking Purposes," series A-2, Volume 1864, File: 1880–226, RG 13, Records of the Department of Justice, Library and Archives Canada. このような制度はブリティッシュ・コロンビア州には存在しない旨が回答されている．

(21) "The Opium Traffic," *Victoria Daily Colonist*, 8 May 1888. 徴税請負業者の名前は "Sing Wo Company" となっているが，記事の内容から人和公司を指すものと思われる．同公司は 1893 年に，澳門における煙膏の徴税請負契約を 1903 年まで 10 年間延長することに成功した．第 1 章注 83 および次の史料を参照．*Boletim Oficial do Governo da Província de Macau e Timor*（澳門政庁の官報．時代を経るごとに何度か名前が変更されたが，本書ではすべて *BO* と省略する), 1893, N.º 10, pp. 109–110.

(22) Baily to Shannon, no. 199, 9 Sept. 1873, encl. in Baily to Davis, no. 206, 9 Sept. 1973, Despatches from United States Consuls in Hong Kong, 1844–1906, vol. 9, NAMP, M108, roll 9, RG 59, NARA. この船舶は香港へ寄港した後に千葉県沖で座礁したが，その際船内からアヘンが発見されて日本の税関に押収された．船主の代理人はアメリカの駐神奈川領事へ，同船の積荷目録などは座礁した際に失われたが，これらのアヘンはカナダのヴィクトリア向けのものだと主張している．Scidmore to Wharton, no. 258, 2 Sep. 1890, Despatches from United States Consuls in Kanagawa, 1861–1897, NAMP, M135, roll 18, RG 59, NARA.

(23) Windon to the Secretary of State, 25 Jan. 1890, Miscellaneous Letters of the Department of State, NAMP, M179, roll 788, RG 59, NARA.

(24) Ahmad, *The Opium Debate*; Willmott, "Growing Pains," pp. 68–69; Desmond Manderson, "'Disease, Defilement, Depravity': Towards an Aesthetic Analysis of Health, the Case of the Chinese in Nineteenth-Century Australia," in *Migrants, Minorities and Health: Historical and Contemporary Studies*, ed. Lara Marks and Michael Worboys (London: Routledge, 1997), pp. 22–48; Manderson, "A Tentacle of the Octopus," in *From Mr Sin to Mr Big: A History of Australian Drug Laws* (Melbourne: Oxford University Press, 1993), pp. 15–36.

(25) 最も著名な例は茶の取引で財をなした梅光達の活動であろう．Manderson, *From Mr Sin to Mr Big*, pp. 44–50; Robert Travers, "The Flowers of Evil," in *Australian Mandarin: The Life and Times of Quong Tart*, 2nd ed. (Kenthurst: Rosenberg, 2004), pp. 103–118.

(26) "Successful Anti-Opium Movement in Australia," *Friend of China* 9, no. 3 (Oct., 1889), pp. 108–110. 彼の経歴については次を見よ．Yong Ching Fatt, "Cheong Cheok Hong (1853?–1928)," *Australian Dictionary of Biography Online Edition*, http://adb.anu.edu.au/biography/cheong-cheok-hong-3198.

(27) Howard Padwa, *Social Poison: The Culture and Politics of Opiate Control in Britain and France, 1821–1926* (Baltimore: Johns Hopkins University Press, 2012); Louise Foxcroft, *The Making of Addiction: The 'Use and Abuse' of Opium in Nine-*

teenth-Century Britain (Aldershot: Ashgate, 2007); Jan-Willem Gerritsen, "Physicians as Suppliers," in *The Control of Fuddle and Flash: A Sociological History of the Regulation of Alcohol and Opiates* (Leiden: Brill, 2000), pp. 117–140; Virginia Berridge, *Opium and the People: Opiate Use and Drug Control Policy in Nineteenth and Early Twentieth Century England*, rev. ed. (London: Free Association Books, 1999), pp. 75–231.

(28) Courtwright, *Dark Paradise*, p. 61.

(29) An Ordinance entitled the Excise Ordinances (Opium) 1858–1879, Amendment Ordinance, 1883 (No. 4 of 1883), Government Notification（以下 G. N. と略）no. 87, *Hongkong Government Gazette*（以下 *HKGG* と略）, 10 Mar. 1883, pp. 210–211.

(30) G. N. no. 67, *HKGG*, 21 Feb. 1883, pp. 122–124.

(31) 本書の用語一覧を参照せよ．

(32) *Hongkong Telegraph*（以下 *HKT* と略）, 8 Mar. 1883.

(33) ほどなく二煙の徴税請負人の利益を保護するための法令もまた制定された．An Ordinance entitled "The Excise Ordinances (Opium) 1858–1879 Amendment Ordinance 1883 (No. 2)" (No. 8 of 1883), G. N. no. 249, *HKGG*, 21 Jul. 1883, pp. 626–627.

(34) 1883 年から 85 年まで在任した．

(35) No. 6, Bowen to Derby, 7 Jun. 1883; no. 7, Bowen to Derby, 28 Aug. 1883, CO 882/5/18.

(36) No. 11, Bowen to Derby, 22 Mar. 1884, CO 882/5/18. 当初人和公司と集成公司には，香港で煙膏を製造することが認められていなかった．No. 13, Bowen to Derby, 19 Jul. 1884, CO 882/5/18.

(37) No. 12, Derby to Bowen, 2 May 1884, CO 882/5/18.

(38) No. 17, Bowen to Derby, 26 Dec. 1884, CO 882/5/18.

(39) Lister to Marsh, 9 Feb. 1885, encl. in Bowen to Derby, no. 71, 10 Feb. 1885, CO 129/220. なお，この間従来のアヘン関連法規を刷新・統合することを主な目的として煙膏関連法規が再度改正され，煙膏の製造・販売や煙館の開設に加えて，二煙の製造・販売をめぐる権限についても明確な規定がなされた．An Ordinance entitled "The Opium Ordinance, 1884" (No. 1 of 1884), G. N. no. 108, *HKGG*, 27 Mar 1884, pp. 221–228.

(40) G. N. no. 462, *HKGG*, 5 Dec. 1885, p. 1054. 残念ながら管見の史料から Khoo Teong-po と Chea Tek-soon の人物像を特定することは難しい．Khoo Teong-po は，1879 年から 82 年までシンガポール，ジョホール，リアウにおけるアヘンと酒類の徴税請負権を担っていた Khoo Teong Poh であろうか．また Chea Tek-soon は，ペナンで 1880 年から 88 年まで Ban Bee という商号のもとで煙膏からの徴税を請け負っていた謝徳順（Cheah Tek Soon）かもしれない．Carl A. Trocki, *Opium and Empire: Chinese Society in Colonial Singapore, 1800–1910* (Ithaca: Cornell University Press, 1990), p. 151 fig. 6; Wu Xiao An, *Chinese Business in the Making of a Malay State, 1882–1941: Kedah and Penang* (London: Routledge, 2003), p. 89 fig. 5.1.

(41) Executive Council, no. 17, 29 Jun. 1888, CO 131/17. なお，この入札では Khoo Oon Keong と Cheah Eu Ghee が最高額を提示していたが，香港政庁はこれを他の入札者に不公平であり，将来の競売に悪影響を与える可能性があるとして退けた．

辜禎善については以下の文献を参照．C. S. Wong, *A Gallery of Chinese Kapitans*

(Singapore: Ministry of Culture, 1963), pp. 17–18; Lee Kam Hing and Chow Mun Seong, "Koh Cheng Sian," in *Biographical Dictionary of the Chinese in Malaysia* (Selangor Darul Ehsan; Pelanduk Publications, 1997), p. 72. ただし上掲のウォンによる著作には，辜禎善が 1899 年に香港のアヘン徴税請負権を得たと書かれているが，これは 1889 年の誤りである．

李慶炎については次を見よ．Trocki, *Opium and Empire*, pp. 179, 194–195; Song Ong Siang, *One Hundred Years' History of the Chinese in Singapore* (1923; repr. ed. Singapore: University of Malaya Press, 1967), pp. 241–242;「李慶炎」何木林主編『新華歴史人物列伝』教育出版私営有限公司，1995 年，43 頁．

(42) *South China Morning Post*, 12. Dec. 1928. Cheang Tek 公司はペナンを中心として活動する 5 人の華商と，シンガポールを中心に活動する 6 人の華商により構成されていた．*HKT*, 7 Mar. 1892. 辜尚達については以下の文献を参照．Lee and Chow, "Koh Seang Tatt," in *Biographical Dictionary of the Chinese in Malaysia*, pp. 74–75; Carl A. Trocki, "Koh Seang Tat and the Asian Opium Farming Business," in *Penang and Its Region: The Story of an Asian Entrepôt*, ed. Yeoh Seng Guan, Loh Wei Leng, Khoo Salma Nasution and Neil Khor (Singapore: NUS Press, 2009), pp. 213–223. 次の書籍では辜尚達が 1899 年から 4 年間香港における煙膏の徴税を請け負ったとしているが，これは 1889 年の誤りである．"Mr. Koh Seang Tat, J. P.," in *Twentieth Century Impressions of British Malaya: Its History, People, Commerce, Industries, and Resources*, ed. Arnold Wright and H. A. Cartwright (London: Lloyd's Greater Britain Publishing, 1908), pp. 755–757.

(43) 煙膏の徴税請負人が利益を保護する目的で雇用していた一種の警備員である．法律により，来航する華人を検査する権限などが付与されていた．

(44) Encl. 4 and 5 in no. 22, "The Daily Press," Hong Kong, 3 Nov. 1891, CO 882/5/18.

(45) 1887 年から 91 年まで在任した．

(46) Des Vœux to Knutsford, no. 130, 1 May 1891, CO 129/249.

(47) Executive Council, no. 2, 29 Jan. 1892, CO 131/20. 辜禎善も入札を行ったが，遅すぎたために行政評議会はこれを却下した．

(48) 以下の史料を参照．*Vida Nova*, 10 de Abril de 1910.

(49) 澳門における番攤からの徴税を請け負うなど，同地を拠点として活動していた富商である．林広志『盧九家族研究』社会科学文献出版社，2013 年．

なお番攤や後述する闈姓は，華南で広く行われていた賭博の一種である．澳門政庁は煙膏の徴税請負権と同様に，各種賭博の独占的な経営権も華商に請け負わせ，徴税を肩代わりさせていた．これらの賭博からの税収もまた，煙膏からの徴税と並んで澳門政庁の重要な財源をなしていた．張廷茂『晩清澳門番攤賭博専営研究』曁南大学出版社，2011 年，趙利峰『尴尬図存——澳門博彩業的建立，興起与発展（1847–1911）』広東人民出版社，2010 年，江口久雄「広東闈姓考——清末の中国財政に関する一考察」『東洋学報』第 59 巻第 3・4 号（1978 年 3 月），61–93 頁．

(50) 以下の史料を参照．『鏡海叢報』(*Echo Macaense*) 1894 年 9 月 26 日（影印本: 澳門基金会・上海科学院出版社，2000 年，23–24 頁）．

(51) 何東はオランダから香港に渡来した父親と広東人の母親を持つ欧亜混血人（eurasian）で，1915 年にはサーの称号を得た．何甘棠は彼の異父兄弟だった．Woo Sing

Lim［呉醒濂］, *Prominent Chinese in Hong Kong*［香港華人名人史略］(Hong Kong: Five Continents Book, 1937), pp. 16–19; 鄭宏泰・黄紹倫『香港大老 何東』三聯書店（香港）, 2007年.

(52) 人和公司の運営に携わったほか，澳門で闈姓からの徴税も請け負った．趙利峰『㺃尬図存』93頁.

(53) 陳六は盧華紹が1885年から86年にかけて澳門における番攤からの徴税を請け負った際に，その保証人となった．また林倩生も陳六と商売上のつながりがあった様子だが，その詳細は不明である．本章注48に掲げた史料および以下の文献を参照．林広志『盧九家族研究』72頁.

(54) 何東と同じ両親のもとで生まれた欧亜混血人で，彼がジャーディン・マセソン商会の買辦から引退すると，その後を継いで同職に就任した．Peter Hall, *In the Web* (Heswall: Peter A. Hall, 1992), pp. 119–121, 181.

(55) *Report of the Committee Appointed by the Philippine Commission to Investigate the Use of Opium and the Traffic Therein and the Rules, Ordinances and Laws Regulating Such Use and Traffic in Japan, Formosa, Shanghai, Hongkong, Saigon, Singapore, Burmah, Java and the Philippine Islands* (n.p.: Bureau of Insular Affairs, War Department, 1905), p. 91.

(56) Royal Commission on Opium, *Proceedings*, vol. 5, C. 7473 (1894), pp. 146–147. 以下*ROC*, vol. 5と省略する.

(57) 1891年から98年まで在任した.

(58) Miller to the Secretary of the Treasury, 19 Jul. 1892, encl. in Wharton to Lyall, no. 27, 31 Dec. 1892, Despatches from Department of State to the Consul of Singapore, vol. 112, RG84, NARA, College Park, MD. もっとも上述したとおり，中国籍以外の商人や商社の手を経れば，中美続約附立条款第2条の制約を受けずにアメリカへアヘンを輸出することは可能だった.

(59) Robinson to Ripon, no. 139, 30 Apr. 1895, CO 129/267.

(60) Executive Council, no. 18, 26 Oct. 1894, and no. 19, 3 Dec. 1894, CO 131/20; Robinson to Ripon, 8 May 1895, CO 129/267; China Imperial Maritime Customs, *Decennial Reports on the Trade, Navigation, Industries, etc., of the Ports Open to Foreign Commerce in China and on the Condition and Development of the Treaty Port Provinces, 1892–1901*, vol. 2 (Shanghai: Statistical Department of the Inspectorate General of Customs, 1906), p. 214.

(61) Executive Council, no. 17, 25 Oct. 1897, CO 131/26; "Grant of Opium Farm in the New Territories up to 28th February 1901," HKRS 149-2-1942 Public Records Office of Hong Kong, Hong Kong（以下HKPROと略）．ただし新界では租借後もしばらくの間，煙膏の密造が広く行われていた模様である．Harrifax to May, 13 Sept. 1900, "Report on the Working of the Opium Farm in the New Territory," HKRS 101-1-4-19 HKPRO.

なお租借直後の新界接収で辣腕を発揮したことで知られる植民地官僚であり，後に威海衛の弁務官（commissioner）を務めたジェームズ・スチュアート＝ロックハート（James Haldane Stewart Lockhart, 1908年にはサーの称号を得た）の個人文書には，新界の租借直後に執筆されたものと思われる，同地におけるアヘン消費に関する調査メモ

が含まれている．この文書によれば，新界における煙膏からの月々の徴税額は 1,374 両に上った．No. 35, "Opium Revenue," Acc. 4138/3/c3, Papers of Sir James Haldane Stewart Lockhart, K.C.M.G. (1858–1947), National Library of Scotland.

なお 1899 年に台湾総督府の職員が行った調査によれば，広恵公司は香港の湾仔に設置した「広恵公司東煙局」という工場で，合計 80 口余りの鍋を用いて煙膏を製造していた．ここで製造された煙膏はクィーンズ街に設置されていた「広恵公司西煙局」に運搬された後，約半月後にサンフランシスコ，豪州，シンガポールなどへ輸出されていった．青木喬・大中太一郎「復命書」1899 年 5 月 3 日，水沢市立後藤新平記念館編『後藤新平文書』マイクロフィルム：水沢市立後藤新平記念館，1980 年，R35-110-1.

(62) 杉原薫『アジア間貿易の形成と構造』ミネルヴァ書房，1996 年，297–307 頁.

(63) Robinson to Knutsford, no. 89, 16 Mar. 1892, CO 129/254.

(64) Russell to Fleming, 16 Oct. 1890, encl. in Des Voeux to Knutsford, no. 130, 1 May 1891, CO 129/249; Robinson to Ripon, no. 155, 25 Jun. 1894, CO 129/263.

(65) Capie, "James B. Angell, Minister to China 1880–1881," pp. 300–301.

(66) 以下のアヘンをめぐる交渉に関する記述は，主に文献目録に列記した目黒克彦による一連の研究，および次の文献に依拠した．新村容子『阿片貿易論争——イギリスと中国』汲古書院，2000 年，W. S. K. Waung [汪瑞炯], *The Controversy: Opium and Sino-British Relations, 1858–1887* (Hong Kong: Lung Men Press, 1977); David Edward Owen, *British Opium Policy in China and India* (1934; repr. N. p.: Archon Books, 1968). 中葡関係については次も見よ．黄慶華「光緒中葡条約」同『中葡関係史（一五一三——九九九）』中冊，黄山書社，2005 年，743–824 頁.

(67) 後に同協会の名前からは "Anglo-Oriental" という言葉が削除された．同協会の活動については以下の文献を参照せよ．新村『アヘン貿易論争』103–146，186–205 頁，Kathleen L. Lodwick, *Crusaders against Opium: Protestant Missionaries in China, 1874–1917* (Lexington: University Press of Kentucky, 1996), pp. 55–66; Geoffrey Harding, *Opiate Addiction, Morality and Medicine: From Moral Illness to Pathological Disease* (London: Macmillan, 1988), pp. 31–55; Bruce D. Johnson, "Righteousness before Revenue: The Forgotten Moral Crusade against the Indo-Chinese Opium Trade," *Journal of Drug Issues* 5, no. 4 (Fall 1975), pp. 304–326; J. B. Brown, "Politics of the Poppy: The Society for the Suppression of the Opium Trade, 1874–1916," *Journal of Contemporary History* 8, no. 3 (Jul. 1973), pp. 97–111.

(68) Louise Foxcroft, "The Chinese Influence," in *The Making of Addiction: The 'Use and Abuse' of Opium in Nineteenth-Century Britain* (Aldershot: Ashgate, 2007), pp. 61–75

(69) 新村『アヘン貿易論争』52–53 頁．ただし直接的な売買から身を引いたとはいえ，イギリス本国出身の商人や彼らの運営する商社がアヘン貿易への関与を一切停止したわけではない．例えば P & O 汽船会社はインドから中国へのアヘン輸出を継続させていた．Freda Harcourt, "Black Gold: P & O and the Opium Trade, 1847–1914," *International Journal of Maritime History* 6, no. 1 (Jun. 1994), pp. 1–83.

(70) 新村『アヘン貿易論争』134–135 頁，*Hansard Parliamentary Debates*, 3rd ser., vol. 277 (1883), cols. 1333–1363.

(71) Waung, *The Controversy*, pp. 163–166; An Ordinance for the Better Regulating

of the Trade in Opium（No. 22 of 1887）, G. N. no. 223, *HKGG*, 28 May 1887, pp. 601–605.

（72）　Marsh to Stanhope, confidential, 10 Oct. 1886, CO 129/228.

（73）　Des Vœux to Knutsford, no. 205, 20 Jul. 1888, CO 129/238.

（74）　G. N. no. 223, 26 May 1888, *HKGG*, pp. 515–516.

（75）　Encl. 6 "Hong Kong Opium Farm," in no. 22, Barker to Knutsford, 7 Dec. 1891; Russell to Robinson, 6 Jan. 1892, encl. in no. 23, Robinson to Knutsford, 22 Jan. 1892, CO 882/5/18.

（76）　Des Vœux to Knutsford, no. 130, 1 May 1891, CO 129/249.

（77）　1861年に香港在住の商人・商社によって設立された，香港の商業に関する公益の促進を目的とした団体である．Arnold Wright and H. A. Cartwright, eds., *Twentieth Century Impressions of Hongkong: History, People, Commerce, Industries, and Resources*（1908; condensed ed. Singapore: Graham Brash, 1990）, pp. 159–160.

（78）　この問題は1889年に香港の立法評議会でも取り上げられている．Appendix K, [Hong Kong General Chamber of Commerce], *Report of the Committee of the Hongkong General Chamber of Commerce for the Year Ending 31st December, 1889*（Hong Kong: Noronha, 1890）, pp. 53–66.

（79）　*Hansard Parliamentary Debates*, 3rd ser., vol. 351（1891）, cols. 121–122; "The Debate in Parliament," *Friend of China* 14, no. 4（Jul., 1893）, p. 119.　ウェッブについては以下の文献も見よ．Marie-Louise Legg, ed., *Alfred Webb: The Auto-Biography of a Quaker Nationalist*（Cork: Cork University Press, 1999）; Jennifer Regan-Lefebvre, *Cosmopolitan Nationalism in the Victorian Empire: Ireland, India and the Politics of Alfred Webb*（Basingstoke: Palgrave Macmillan, 2009）, p. 129.

（80）　Baker to Knutsford, no. 244, 25 Jul. 1891, CO 129/250.

（81）　The Prepared Opium Ordinance, 1891（No. 21 of 1891）, G. N. no. 472, *HKGG*, 21 Nov. 1891, pp. 1047–1055.　この改正によって，広州や澳門へ向かう汽船で押収された船荷目録に記載されていない煙膏は，政庁が自由に処分することができるようになった．また，政庁がアヘン徴税請負人を見出すにあたり，従来同様に競売・入札を開催するほかに，希望者との間で秘密裏に交渉して徴税権を付与することもまた認められた．

（82）　The Raw Opium Amendment Ordinance, 1891（No. 22 of 1891）, G. N. no. 472, *HKGG*, 21 Nov. 1891, pp. 1055–1056.　同法では箱に入っておらず，なおかつ1箱に満たない量の生アヘン輸入をめぐる規制などが強化された．

（83）　香港で牧師の息子として生まれ，イギリスで医師免許および弁護士資格を得た華人である．1890年から1914年まで立法評議会の民間議員を務めた．G. H. Choa, *The Life and Times of Sir Kai Ho Kai*, 2nd ed.（Hong Kong: Chinese University Press, 2000）; John M. Carroll, "Nationalism and Identity: The Case of Ho Kai," in *Edge of Empires: Chinese Elites and British Colonials in Hong Kong*（Cambridge, Mass.: Harvard University Press, 2005）, pp. 108–130.

（84）　*Hong Kong Hansard*, 12 Apr. 1894, pp. 29–32 and 16 Apr. 1894, pp. 32–44; An Ordinance to Amend "The Prepared Opium Ordinance, 1891"（No. 4 of 1894）, G. N. no. 147, *HKGG*, 21 Apr. 1894, p. 319.　香港政庁は6月15日に同法の発効を公布した．Proclamation, no. 5, *HKGG*, 16 Jun. 1894.

(85) 1895年にはピルブライト男爵（1st Baron of Pirbright）となる.

(86) *Hansard Parliamentary Debates*, 3rd ser., vol. 349 (1891), cols. 1279–1280.

(87) 1895年にはナッツフォード子爵（1st Viscount Knutsford）となる.

(88) *Hansard Parliamentary Debates*, 3rd ser., vol. 352 (1891), col. 323.

(89) No. 20, Knutsford to Smith, 18 Aug. 1891; No. 21, Knutsford to Robinson, 31 Oct. 1891, *Correspondence on the Subject of the Consumption of Opium in Hong Kong and Straits Settlements* (*Confidential Print Eastern No. 63*), CO 882/5/18.

(90) チャータード銀行（Chartered Bank of India, Australia and China・渣打銀行）の香港支店の支配人で，1890年から1902年にかけて立法評議会の民間議員を務めた.

(91) 本章注44と同じ.

(92) 彼は1894年に，香港の政治制度改革を求める嘆願書の署名運動を主導した. G. B. Endacott, "The Petition of 1894 for Representative Government," in *Government and People in Hong Kong: A Constitutional History* (Hong Kong: Hong Kong University Press, 1964), pp. 109–125.

(93) 本章注44と同じ.

(94) No. 23, Robinson to Knutsford, 22 Jan. 1892, CO 882/5/18.

(95) No. 28, Robinson to Ripon, 6 Mar. 1893; No. 29, Robinson to Ripon, 11 Mar. 1893, CO 882/5/18.

(96) John F. Richards, "Opium and the British Indian Empire: The Royal Commission of 1895," *Modern Asian Studies* 36, no. 2 (2002), pp. 382–387.

(97) Opium Commission [Royal Commission on Opium], *First Report of the Royal Commission on Opium*, C. 7313 (1894), pp. 99–102 (以下 *ROC*, vol. 1 と略す); No. 30, Bernard to CO, 7 Oct. 1898, CO 882/5/18. スチュアート＝ロックハートについては本章注61を見よ.

(98) Robinson to Ripon, no. 11, 16 Oct. 1894, CO 129/262. なお植民地省のファイルに収められている回答には，添付資料が欠けているものもある. これらは後に出版された報告書第5巻に掲載されているため，以下では必要に応じてこちらも参照する.

(99) *ROC*, vol. 5, pp. 143–145.

(100) Minutes by Johnson, 2 Mar. 1894 on Robinson to Ripon, no. 11, 16 Oct. 1894, CO 129/262.

(101) *ROC*, vol. 5, pp. 143–145. 彼は1893年にグラッドストーンと面会した際にも，こうした見解を披歴していた. G. William Des Vœux, *My Colonial Service in British Guiana, St. Lucia, Trinidad, Fiji, Australia, Newfoundland, and Hong Kong with Interludes*, vol. 2 (London: John Murray, 1903), p. 320.

(102) No. 44, Ho Kai's Answer, 14 Dec. 1893, encl. in Robinson to Ripon, no. 11, 16 Oct. 1894, CO 129/262.

(103) No. 24, Lum Sin Sang's Answer, n. d., encl. in Robinson to Ripon, no. 11, 16 Oct. 1894, CO 129/262.

(104) *ROC*, vol. 1, p. 99, #1380.

(105) 本章注83を見よ.

(106) Robinson to Ripon, no. 11, 16 Oct. 1894, CO 129/262.

(107) Virginia Berridge, *Opium and the People*, p. 188.

(108)　No. 41, Chamberlain to Robinson, 1 Nov. 1895, CO 882/5/18.

(109)　Prepared Opium (Divans) Ordinance, 1897 (No. 15 of 1897), G. N. no. 355, *HKGG*, 4 Sep. 1897, pp. 727–728.

既に述べたとおり，当時香港には煙膏を提供する煙館と，二煙を提供する煙館の 2 種類が存在した．この法令が施行されるまで，煙膏を供する煙館の運営者は煙膏の徴税請負人から，さらに二煙を供する吸煙所の管理者は，煙膏の徴税請負人による許可を受けて二煙を販売していた別の業者から，それぞれ認可を受けていた．Enclosure 1 in no. 44, Report by Lockhart and Thomson, 30 Apr. 1896, CO 882/5/18.

(110)　Peter Wesley-Smith, *Unequal Treaty 1898–1997: China, Great Britain, and Hong Kong's New Territories*, rev. ed. (Hong Kong: Oxford University Press, 1998), pp. 67–70.

(111)　The Raw Opium Amendment Ordinance, 1900 (No. 27 of 1900), G. N. no. 536, *HKGG*, 27 Oct. 1900, p. 1569.

(112)　G. N. no. 513, *HKGG*, 6 Oct. 1900, p. 1476; F. D. Lugard, "Memorandum regarding the Restriction of Opium in Hongkong and China," *Hong Kong Sessional Papers*, no. 3 / 1909, pp. 26–27.

第三章注

(1)　「門戸開放宣言」とアメリカのアヘン問題への外交的対応については，次の論文を見よ．Arnold H. Taylor, "Opium and the Open Door," *South Atlantic Quarterly* 69 (1970), pp. 79–95.

(2)　台湾におけるアヘン小売販売制度の設置については，各注で提示する文献のほかに，次の研究も参照した．栗原純「上海における『国際阿片調査委員会』と日本のアヘン政策――台湾総督府のアヘン専売制度を中心として」『近代日本研究』第 28 巻（2011 年度）（2012 年 2 月），3–50 頁，山田豪一「台湾阿片専売制の展開過程――飛鸞降筆会の廃煙運動，その起源，儀式，波及，異変」『社会科学討究』第 44 巻第 1 号（128 号）（1998 年 9 月），1–37 頁，山田「台湾阿片専売一年目の成績」『社会科学討究』第 42 巻第 1 号（122 号）（1996 年 7 月），139–177 頁，山田「台湾阿片専売史序説――水野遵『台湾阿片処分』と後藤新平「台湾島アヘン制度ニ関スル意見」を中心に」『社会科学討究』第 38 巻第 1 号（110 号）（1992 年 8 月），31–68 頁，森久男「台湾阿片処分問題（I）」『アジア経済』第 19 巻第 11 号（1978 年 11 月），2–20 頁．

(3)　松下芳三郎『台湾阿片志』台湾総督府専売局，1926 年，54–56 頁．

(4)　劉明修（伊藤潔）『台湾統治と阿片問題』山川出版社，1983 年，34–60 頁，栗原純「『台湾総督府公文類纂』にみる『台湾阿片令』の制定過程について」『東京女子大学比較文化研究所紀要』第 64 号（2003 年），47–59 頁．漸禁政策の詳細については，劉明修『台湾統治と阿片問題』33–166 頁のほか，本章注 2 に掲げた各論文を見よ．

なお領有直後に総督府の民政局長を務めた水野遵は，専売制度採用をめぐりイギリス領ビルマにおける政策が参照されたと述べている．水野遵『台湾阿片処分』水野遵（私家版），1898 年，23–24 頁．ビルマにおけるアヘン政策については以下を見よ．Ashley Wright, *Opium and Empire in Southeast Asia: Regulating Consumption in British Burma* (Basingstoke: Palgrave Macmillan, 2014).

(5) Kenny to Satow, no. 23, Mar. 18, 1897, FO 262/773.

(6) 劉明修『台湾統治と阿片問題』91-113 頁.

(7) *Friend of China*（以後 *FC* と省略）16, no. 3（Jul. 1896), pp. 77–78, 103; *FC* 16, no. 4（Oct. 1896), p. 105; *FC* 17, no. 1（Jan. 1897), p. 31; *FC* 17, no. 2（Apr. 1897), pp. 35, 42–45.

(8) フィリピンにおけるアヘン政策については，次の論考を参照せよ．Daniel J. P. Wertz, "Idealism, Imperialism, and Internationalism: Opium Politics in the Colonial Philippines, 1898–1925," *Modern Asian Studies* 47, no. 2（2013), pp. 467–499; Ian Tyrrell, "Opium and the Fashioning of the American Moral Empire," in *Reforming the World: The Creation of America's Moral Empire*（Princeton: Princeton University Press, 2010), pp. 146–165; Anne L. Foster, "Prohibiting Opium in the Philippines and the United States: The Creation of an Interventionist State," in *Colonial Crucible: Empire in the Making of the Modern American State*, ed. Alfred W. McCoy and Francisco A. Scarno（Madison: University of Wisconsin Press, 2009), pp. 95–105; Foster, "Models for Governing: Opium and Colonial Policies in Southeast Asia, 1898–1910," in *The American Colonial State in the Philippines: Global Perspective*, eds. Julian Go and Anne L. Foster（Durham: Duke University Press, 2003), pp. 92–117; Foster, "Prohibition as Superiority: Policing Opium in South-East Asia, 1898–1925," *International History Review* 22, no. 2（June 2000), pp. 253–273.

(9) Edgar Wickberg, *The Chinese in Philippine Life, 1850–1898*（New Haven: Yale University Press, 1965), pp. 113–119.

(10) Foster, "Models for Governing," pp. 96–101; 笠原陽子「フィリピン・レポートと中国の禁煙運動」『人間文化論叢』第 9 巻（2006 年），142–143 頁.

(11) *Report of the Committee Appointed by the Philippine Commission to Investigate the Use of Opium and the Traffic Therein and the Rules, Ordinances and Laws Regulating Such Use and Traffic in Japan, Formosa, Shanghai, Hongkong, Saigon, Singapore, Burmah, Java and the Philippine Islands*（n.p.: Bureau of Insular Affairs, War Department, 1905)（以下 *Philippine Report* と略記), pp. 1–9.

(12) James R. Rush, *Opium to Java: Revenue Farming and Chinese Enterprise in Colonial Indonesia, 1860–1910*（Ithaca: Cornell University Press,1990), pp. 213–214; John Butcher, "Revenue Farming and the Changing State in Southeast Asia," in *The Rise and Fall of Revenue Farming: Business Elites and the Emergence of the Modern State in Southeast Asia*, ed. John Butcher and Howard Dick（New York: St. Martin's Press, 1993), pp. 36–38; Butcher, "The Demise of the Revenue Farm System in the Federated Malay States," *Modern Asian Studies* 17, no. 3（1983), pp. 387–412.

(13) *Philippine Report*, pp. 45–49.

(14) *An Act to Revise and Amend the Tariff Laws of the Philippine Islands, and for Other Purposes*, Public Act 141, *United States Statutes at Large*（以下 *USSL* と略）33, pt. 1（1905), pp. 928–977; Foster, "Models for Governing," pp. 109–110.

(15) 笠原「フィリピン・レポートと中国の禁煙運動」145–147 頁.

(16) Brent to Roosevelt, 24 Jul. 1906, *Papers Relating to the Foreign Relations of the United States*, 1906, pt. 1（Washington, D. C.: Government Printing Office, 1909)

（以下*FRUS*と略し，当該年度を付記），pp. 361–362.

(17)　この問題については，以下の注に提示した文献のほかに次の研究も参照した．新村容子「一九〇七年中英禁煙協定について」『就実女子大学史学論集』第16号（2001年12月），159–189頁，Thomas D. Reins, “Reform, Nationalism and Internationalism: The Opium Suppression Movement in China and the Anglo-American Influence, 1900–1908,” *Modern Asian Studies* 25, no. 1（1991），pp. 101–142; 王樹槐「鴉片毒害——光緒二十三年問巻調査分析」『中央研究院近代史研究所集刊』第9期（1980年7月），183–200頁，David Edward Owen, *British Opium Policy in China and India*（1934; repr. N. p.: Archon Books, 1968）.

(18)　杉原薫「19世紀後半のアヘン貿易」同『アジア間貿易の形成と構造』ミネルヴァ書房，1996年，55–68頁.

(19)　本書ではオスマン帝国で産出されたアヘンをトルコ産アヘン（Turkish opium）と呼ぶ．これらは，19世紀の中国市場ではしばしばイラン産アヘンと混同された．松井真子「オスマン帝国の専売制と一八三八年通商条約——トルコ・アヘンの専売制（一八二八–一八三九年）を事例として」『社会経済史学』第64巻第3号，1998年9月，49頁，注9.

(20)　Ernest Watson, *The Principal Articles of Chinese Commerce*, 2nd ed.（Shanghai: Inspectorate General of Customs, 1930），pp. 404–405; China Maritime Customs, *Decennial Reports on the Trade, Navigation, Industries, etc., of the Ports Open to Foreign Commerce in China and on the Condition and Development of the Treaty Port Provinces, 1902–1911*, vol. 2（Shanghai: Inspectorate General of Customs, 1913），p. 344 table c.

(21)　Inclosure in no. 6, “General Report on Opium,” by Leech, Councillor of British Legation at Peking, FO 881/9443.

(22)　*Report of the International Opium Commission, Shanghai, China, February 1 to February 26, 1909*, vol. 1（Shanghai: North-China Daily News & Herald, 1909），p. 67. 以後*Shanghai Commission Report*と略し，巻号および頁数を付す.

(23)　以下の内容については劉増合『鴉片税収与清末新政』三聯書店，2005年に多くを拠った.

(24)　No. 1, Mackay to Lansdowne, 14 May 1902, FO 881/7931; *Treaty between the United Kingdom and China Respecting Commercial Relations, & c., signed at Shanghae, September 5, 1902*, Cd. 1834（1904）; 田濤主編『清朝条約全集』第2巻，黒龍江人民出版社，1999年，1187–1197頁.

(25)　No. 11, Chang Ta-jên to Lansdowne, 27 Jul. 1904; No. 56, Lansdowne to Chang Ta-Jên, 23 Sept. 1904, FO 881/8568.

(26)　劉増合『鴉片税収与清末新政』54–65頁.

(27)　自由党内閣の動向については，M. J. B. C. Lim, “Britain and the Termination of the Indo-China Opium Trade, 1905–1913,” Ph. D. diss., University of London, 1969が詳しい．英中間の交渉については次を見よ．後藤春美『アヘンとイギリス帝国——国際規制の高まり1906–43年』山川出版社，2005年，22–28，41–42頁，R. K. Newman, “India and the Anglo-Chinese Opium Agreements, 1907–14,” *Modern Asian Studies* 23, no. 3（1989），pp. 525–560.

(28)　*Parliamentary Debates*（以下*PD*と略），4th ser., vol. 158（1906），cols. 494–515.

(29) No. 86, Carnegie to Grey, confidential（以下 conf. と略), 21 Jul. 1906, FO 881/9015.

(30) No. 93, Jordan to Grey, tel., 20 Sept. 1906; No. 110, Jordan to Grey, 30 Sept. 1906, FO 881/9015.

(31) 劉増合『鴉片税収与清末新政』114–116 頁.

(32) No. 103, Grey to Jordan, tel., 24 Oct. 1906, FO 881/9015.

(33) No. 121, Jordan to Grey, tel., 30 Nov. 1906, FO 881/9015; No. 11, Jordan to Grey, 12 Dec. 1906, FO 881/9233.

(34) Inclosure in no. 16, Wai-wu Pu to Jordan, 2 Dec. 1907, FO 881/9443; 後藤『アヘンとイギリス帝国』28 頁.

(35) Inclosure 1 in no. 174, Jordan to Wai-wu Pu, 12 August 1907, FO 881/9233; Inclosure in no. 16, Wai-wu Pu to Jordan, 2 December 1907, FO 881/9443.

(36) No. 47, Jordan to Grey, tel. 27 Feb. 1908; Inclosure 2 in no. 80, Wai-wu Pu to Jordan, 26 Feb. 1908; Inclosure 1 in no. 99, 'Anti-opium Regulations', FO 881/9443.

(37) Inclosure in no. 100, Prince Ch'ing to Jordan, 26 Mar. 1908; Inclosure in no. 150, "Chinese Customs Notification respecting Non-Indian Opium," by Clarke, 11 Jun. 1908, FO 881/9443.

(38) 劉増合『鴉片税収与清末新政』86–116 頁.

(39) Cecil Clementi, *Memorandum on Attempts Made by the Canton Government to Impose Additional Taxation on Foreign Opium*, Noronha, 1910, pp. 1–5, Box 45, MSS Ind Ocn s 352, Sir Cecil Clementi papers, Rhodes House Library, University of Oxford（以下 Clementi papers と略).

(40) 対華貿易に携わるイギリス商人・商社を中心として 1889 年にロンドンで設立された圧力団体である．香港には支部が置かれていた．

(41) 本章注 39 の文献および以下を参照．C. Clementi, "Summary of Correspondence Relating to the Attempt Made by the Canton Government in 1910 to Impose Additional Taxation on Foreign Opium," Box 45, ff. 297–392 Clementi papers; 劉増合『鴉片税収与清末新政』40–42，101 頁，王宏斌「清末広東禁煙運動与中英外交争執」『近代史研究』2003 年第 6 期，139–168 頁.

(42) Executive Council, no. 29, 27 Nov. 1900, CO 131/31; China Imperial Maritime Customs, *Decennial Reports on the Trade, Navigation, Industries, etc., of the Ports Open to Foreign Commerce in China and the Condition and Development of the Treaty Port Provinces, 1892–1901, with Maps, Diagrams, and Plans*, vol. 2（Shanghai: Inspectorate General of Customs, 1906), p. 214; *Hongkong Daily Press*（以下 *HKDP* と略), 1 Sep. 1903; *Hongkong Telegraph*（以下 *HKT* と略), 4 Sept. 1903; Carl A. Trocki, *Opium and Empire: Chinese Society in Colonial Singapore, 1800–1910*（Ithaca: Cornell University Press, 1990), p. 198.

トロッキー（Carl A. Trocki）の著書（192 頁，表 7）に挙げられている Tan Joo Chin と Tan Eng Cheng は，上掲した行政評議会（Executive Council）の史料に記載されている Tan Foo Chin および Tan Eng Ching とそれぞれ同一人物だろう．Trocki, *Opium and Empire*, p. 192 fig. 7; C. S. O. no. 5613/1903, HKRS No. 58–1–22–13, Public Records Office, of Hong Kong, Hong Kong.

(43)　アヘン徴税請負人として名前が挙げられているのは，Tan Joo Chin および Seah Eng Kiat の 2 人である．何甘棠は入札の際に落札者の手続きには不備があったと指摘し，次点となった彼自身に徴税権を受け渡すよう香港政庁へ訴えたが，却下されている．*HKDP*, 1 and 5 Sep. 1903, 1 Mar. 1904; *HKT*, 4 Sep. 1903.

(44)　1904 年から 07 年まで香港総督として在任した．彼の生涯については，次の伝記がある．Anthony P. Haydon, *Sir Matthew Nathan: British Colonial Governor and Civil Servant* (St. Lucia, Qld.: University of Queensland Press, 1976).

(45)　May to Lyttelton, no. 576, 16 Dec. 1903, CO129/320; Nathan to Lyttelton, no. 418, 12 Dec. 1904, CO 129/324. これに先立ち海峡植民地では，煙膏の徴税請負人へ納付額の減額が認められていた．ネイザンは，当時イギリス本国の植民地省に勤務しており，後に 1919 年から 25 年まで香港総督を務めることになるレジナルド・スタッブス（Reginald Stubbs, 1919 年にはサーの称号を得た）へ宛てた書簡のなかで，この前例に対する不満をもらしている．Nathan to Stubbs, 30 Dec. 1904, MS Nathan 328, pp. 66–68, Sir Matthew Nathan papers, Rhodes House Library, University of Oxford.

Tan Joo Chin および Seah Eng Kiat からアヘン徴税請負権を引き継いだ華人のうちの 3 名は，恐らく陳裕興，余応禄そして陳瑞琪であろうと推察される．彼らは 1905 年 9 月の時点で，裕興公司のもとで煙膏の徴税を請け負っていた．C. Clementi, "Memorandum on an Examination of the Opium Farmer's Books in May, 1908," p. i, ff. 174–203, Box 45, Clementi papers（以下 *Clementi's Memorandum on Opium Farmer's Books* と略）.

(46)　Government Notification（以下 G. N. と略）no. 710, *Hong Kong Government Gazette*（以下 *HKGG* と略）, 18 Aug. 1906, p. 1479.

(47)　"Proclamation," dated 29th Dec. 1905, *Commonwealth of Australia Gazette*, 30 Dec. 1905（No. 64 of 1905）, p. 1003.

オーストラリアにおけるアヘン輸入禁止については，以下の文献も見よ．Desmond Manderson, *From Mr Sin to Mr Big: A History of Australian Drug Laws*（Melbourne: Oxford University Press, 1993）, p. 54–55; *FC* 24, no. 5, May 1906, p. 67; Parliament of the Commonwealth of Australia, "Opium: Report by the Comptroller-general of Customs（Dated 10th March, 1908）," no. 164-F. 3688, P-Ⅲ-c-464; "Commonwealth of Australia, Prohibition of the Importation of Opium for Smoking Purposes," P-Ⅲ-c-466, Morrison Pamphlet, Toyo Bunko（東洋文庫モリソンパンフレット，以下 MP, TB と略）.

(48)　陸佑の商業活動については，次の文献を参照せよ．John Butcher, "Loke Yew," in *The Rise and Fall of Revenue Farming: Business Elites and the Emergence of the Modern State in Southeast Asia*, ed. John Butcher and Howard Dick（New York: St. Martin's Press, 1993）, pp. 255–261; 内田直作「華僑資本の前期的性格――マレーの陸佑財閥を中心として」『東洋文化』第 7 号（1951 年 11 月）, 27–51 頁.

(49)　*Clementi's Memorandum on Opium Farmer's Books*, p. I; *South China Morning Post*（以下 *SCMP* と略）, 4 Sept. 1906. なおクレメンティは彼の名前を Luk Yau（陸裕）と表記しているが，これは広東語の表音であり，漢字についても陸佑の誤記である．

(50)　*HKT*, 5 Oct. 1909.

(51)　アメリカ人の商人を父親に持つ欧亜混血児（Eurasian）だった．Peter Hall, *In the*

Web（Heswall: Peter A. Hall, 1992), pp. 32, 119; “Chan Kai Ming,” in *Present Day Impressions of The Far East and Prominent & Progressive Chinese at Home and Abroad: The History, People, Commerce, Industries and Resources of China Hong Kong, Indo-China, Malaya and Netherlands India*, ed. W. Feldwick（London: Globe Encyclopedia, 1917), pp. 581–582.

(52) 香港カデット制度の出身者で，後に1912年から19年まで香港総督を務めた．1909年にはサーの称号を得た．

(53) May to Elgin, conf., 15 May 1907, CO 129/340.

(54) *PD*, 4th ser., vol. 160（1906), cols. 1326–1327; *PD*, 4th ser., vol. 161（1906), cols. 388–389; *PD*, 4th ser., vol. 171（1907), cols. 519–526.

(55) 1933年にはモッティストーン男爵（1st Baron Mottistone）となった．

(56) *PD*, 4th ser., vol. 188（1908), cols. 339–380.

(57) 1907年から12年まで在任．なおマージョリー・パーハムも彼の伝記で香港におけるアヘン問題への対応を検討している．Margery Perham, “Opium,” in *Lugard: The Years of Authority 1898–1945*（London: Collins, 1960), pp. 319–336. 彼の香港における事績については次を参照．Bernard Mellor, *Lugard in Hong Kong: Empires, Education and a Governor at Work, 1907–1912*（Hong Kong: Hong Kong University Press, 1992).

(58) Crewe to Governor, Hong Kong（以下Gov, HKと略), tel., 5 May 1908, CO 129/354; Lugard to Secretary of State（以下SofSと略), CO, tel., 6 May 1908, CO 129/347.

(59) “Hongkong Finances Threatened,” *China Mail*（以下*CM*と略), 7 May 1908, p. 4;「封禁煙館」『香港華字日報』1908年5月8日．*CM*の記事は4月7日付となっているが，5月7日付の誤りだろう．

(60) 中国文化等の研究者としても著名で，後に1925年から30年まで香港総督を務めた．1926年にはサーの称号が与えられた．

(61) G. N. no. 89, *HKGG*, 1 Mar. 1898, pp. 207–208.

(62) *Clementi's Memorandum on Opium Farmer's Books*, p. XI.

(63)「論香港禁煙之利害」『香港華字日報』1908年5月12日．

(64) *Clementi's Memorandum on Opium Farmer's Books*, pp. 35–41.

(65) F. Lugard, *Memorandum regarding the Restriction of Opium in Hongkong and China*, Noronha, 1908, p. 10, encl. in Lugard to British Minister in Peking, no. 3446/08, conf., 12 Nov. 1908, FO 228/2423.

(66) Xavier Paulès, “High-Class Opium Houses in Canton during the 1930s,” *Journal of the Royal Asiatic Society Hong Kong Branch* 45（2005), pp. 145–152.

(67) *Clementi's Memorandum on Opium Farmer's Books*, pp. 16–17をもとに算出．

(68) Enclosure 4, Cecil Clementi, “Calculations as to Prevalence of Opium Smoking in Hongkong,” in Lugard to Crewe, conf., 13 Jun. 1908, CO129/347.

(69) Cecil Clementi, “Calculation of the Percentages of Opium Smokers in China, Ssuchuan and Hongkong,” pp. 3–5, in Box 45, ff. 174–202, Clementi papers. なお，この文書は東洋文庫のモリソン・パンフレットにも収められている．P-Ⅲ-c-132, MP, TB.

(70) *Clementi's Memorandum on Opium Farmer's Books*, pp. Ⅳ, Ⅵ, Ⅶ, 16 table Ⅱ, 43 table XXⅣをもとに算出．なお金山膏の輸出量について，Ⅳ頁には170,029.103両とある

が，44頁の表26には170,021両とある．クレメンティは前者の数字に基づいて売上を算出しているため，本書もこれに準じた．

(71)　例えば以下を見よ．"The Opium Trade," *CM*, 9 May 1908, p. 4; "The Opium Question," *HKT*, 11 May 1908.

(72)　*Hong Kong Hansard*（以下*HKH*と略），14 May 1908, p. 44.

(73)　注69と同じ．

(74)　"The Opium Question," *HKT*, 18 Jun. 1908, p. 4; "Opium Smokers of China," *CM*, 18 Jun. 1908, p. 5; "The Opium Trouble," *CM*, 19 Jun. 1908, p. 4; H. A. Blake, "Hongkong," *The Times*, 3 Aug. 1908, p. 6.

(75)　本章注63に挙げた史料，および馮華川の意見については次を見よ．"The Opium Question," *South China Morning Post*, 20 May 1908, p. 7.

(76)　徐勤「戒鴉片煙会序」『知新報』第51冊，光緒二十四年閏三月十一日，影印本第1巻，澳門基金会・上海社会科学院出版社，1996年，653–654頁，「香港戒鴉片煙会章程」同上，第61冊，光緒二十四年六月二十一日，影印本第1巻，821–822頁．

(77)　"The Shanghai Commission," *FC* 26, no. 1（Jan. 1909), pp. 8–9.

(78)　Perham, *Lugard*, p. 326; CO to Lugard, conf., tel., 28 Dec. 1908, CO 129/349; "Memorandum: The Opium Question in Hong Kong," conf., 15 Dec. 1908, 1908 no. 167, CAB 37/96/167.

ルガードが植民地省政務次官から商務省長官へ異動したウィンストン・チャーチル（Winston Leonard Spencer Churchill, 1953年にサーの称号を得た）に宛てた次の私信も見よ．Lugard to Churchill, 19 Oct. 1908, CHAR 2/35/51–52, Papers of Sir Winston Churchill, Churchill Archives Centre, Cambridge.

(79)　F. Swettenham, "Our Morals and Other People's Money," *The Times*, 13 May 1908, p. 10; H. A. Blake, "Morals and Revenue," *The Times*, 19 May 1908, p. 18.

(80)　Lugard to Crewe, no. 333, 11 Nov. 1909, CO 129/358.

(81)　*HKH*, 1 Apr. 1909, p. 14; *HKH*, 10 Mar. 1910, p. 14.

(82)　"Memorandum: Opium Question in Hong Kong," conf., 28125/10, 4 Oct. 1910, CAB 37/103/42; Memorandum on Opium in no. 11801, CO 129/386をもとに算出．

(83)　*HKH*, 16 Mar. 1911, pp. 30–32; *HKH*, 9 Nov. 1911, pp, 211–218; *PD*, Commons, 5th ser.,vol. 8（1909), cols. 1097–1099; *PD*, Commons, 5th ser., vol. 28（1911), cols. 1353–1356.

(84)　徴税請負人の陸佑とその秘書である陳啓明は，各々1910年3月以降の請負権をめぐる入札に参加していた．本章注80に挙げた史料を参照．

(85)　Adee to Reid, 27 Sep. 1906, *FRUS*, 1906, pt. 1, pp. 360–362.

(86)　上海アヘン調査委員会については，以下の研究を参照した．後藤『アヘンとイギリス帝国』21–54頁，蘇智良・劉效紅『全球禁毒的開端——1909年上海万国禁煙会』上海三聯書店，2009年，Alfredo Gomes Dias, "A presença de Portugal em Shanghai," em *Portugal, Macau e a Internacionalização da Questão do Ópio*（*1909–1925*）(Macau: Livros do Oriente, 2004), pp. 66–69; William B. McAllister, "Drugs through the Ages to 1920," in *Drug Diplomacy in the Twentieth Century: An International History*（London: Routledge, 2000), pp. 9–39; S. D. Stein, *International Diplomacy, State Administrators and Narcotics Control: The Origin of a Social Problem*（Aldershot: Gower,

1985); Arnold. H. Taylor, “The Genesis of the International Movement,” in *American Diplomacy and the Narcotics Traffic, 1900–1939* (Durham: Duke University Press, 1969), pp. 20–46; Peter D. Lowes, *The Genesis of International Narcotics Control* (Genève: Librairie Droz, 1966).

(87) 1911年以降はクルー侯爵（1st Marquess of Crewe）となる.

(88) Minutes by Crewe, 7 Jun. 1908 on Langley to Under Secretary of State (以下USofSと略), CO 19 May 1908; Hopwood to USofS, FO, 22 Jun. 1908, CO 129/351.

(89) 1911年にはサーの称号を得た.

(90) 1912年にはサーの称号を得た.

(91) Minutes by Fiddes, 26 May, by Antrobus, 29 May, by Hopwood, 29 May, by Seely, 6 Apr. on Langley to USofS, CO, 19 May 1908, CO 129/351. なお上述したスウェットナムも，上海アヘン調査委員会の必要性を疑問視していた. *The Times*, 8 and 16 Feb. 1909.

(92) 香港カデット制度の出身者で，1887年から89年に至るまで海峡植民地総督を務めた.

(93) Lugard to SofS, CO, tel., 19 Nov. 1908 and Minutes on it by Fiddes, 19 & 24 Nov. and by Hopwood, 20 Nov., CO 129/349.

(94) Minutes of a Meeting of the General Committee, 8 Jun. 1909, CHAS/MCP/4, pp. 174–175, China Association Collection, Archives and Special Collections, Library, School of Oriental and African Studies, University of London.

(95) The Prepared Opium Amendment Ordinance, 1908 (No. 13 of 1908), G. N. no. 454, *HKGG*, 3 Jul. 1908, p. 805.

(96) The Opium Ordinance, 1909 (No. 23 of 1909), G. N. no. 538, *HKGG*, 3 Sep. 1909, pp. 633–653.

(97) ただし，中国向け以外の生アヘン輸出については，必ずしも厳格に規制されていたわけではなかった. 第5章を参照せよ.

(98) *An Act to Prohibit the Importation and Use of Opium for Other than Medicinal Purposes*, Public Act 221, *USSL* 35, pt. 1 (1909), p. 614; Foster, “Prohibiting Opium ...,” pp. 101–102; Taylor, *American Diplomacy and the Narcotics Traffic*, pp. 58–60.

(99) W. L. Mackenzie King, *The Need for the Suppression of the Opium Traffic in Canada* (Ottawa: S. E. Dawson, 1908), Internet Archive, http://www.archive.org/details/reportbywlmacken00canarich; *An Act to Prohibit the Importation, Manufacture and Sale of Opium for Other than Medicinal Purposes*, 7–8 Edw. Ⅶ, c. 50, *Acts of the Parliament of the Dominion of Canada 1908*, vol. 1 (Ottawa: Samuel Edward Dawson, 1908), p. 441.

カナダにおけるアヘン・麻薬類の規制については，次の論文を参照せよ. Daniel J. Malleck, “‘Its Baneful Influences Are Too Well Known’: Debates over Drug Use in Canada, 1867–1908,” *Canadian Bulletin of Medical History* 14, no. 2 (1997), pp. 263–288; Michael Green, “A History of Canadian Narcotics Control: The Formative Years,” *University of Toronto Faculty of Law Review* 42 (1979), pp. 42–79; Shirley J. Cook, “Canadian Narcotics Legislation, 1908–1923: A Conflict Model Interpretation,” *Canadian Review of Sociology and Anthropology* 6, no. 1 (Feb. 1969), pp. 36–46.

(100) “Proclamation,” dated 29th Dec. 1905, *Commonwealth of Australia Gazette*, 30

Dec. 1905（No. 64 of 1905）, p. 1003.

（101） Incl. in no. 119, Dudley to Crewe, tel., received 15 Oct. 1908, FO881/9517.
なお北米や豪州同様に，19 世紀後半に金鉱山への華人労働者の流入が白人による排華運動を引き起こしていたニュージーランドでは，1901 年に華人によるアヘンの輸入が禁止されていた．しかし 20 世紀初頭に金鉱山への華人労働者の導入が行われた南アフリカでは，アヘンの吸煙は禁じられてはいなかった模様である．*An Act to Prohibit the Importation or Smoking of Opium*, 1 Edw. Ⅶ, 1901, No. 26, *The Statutes of New Zealand, 1901*（Wellington: Government Printer, 1901）, pp. 45–46; 後藤『アヘンとイギリス帝国』34 頁.

（102） *Clementi's Memorandum on Opium Farmer's Books*, p. Ⅳ.

（103） *Shanghai Commission Report*, vol. 2, p. 7.

（104） G. N. no. 401, *HKGG*, 2 Jul. 1909, pp. 432–434.

（105） Lugard to Crewe, no. 333, 11 Nov. 1909, CO129/359;「開投鴉片餉碼」『香港華字日報』1909 年 10 月 1 日.

（106） *HKH*, 1 Apr. 1909, p. 14.

（107） *HKH*, 10 Mar. 1910, p. 14.

（108） Lugard to Crewe, conf., 19 Apr. 1909, CO129/356.

（109） 1906 年に当時の徴税請負人は経営難に陥り，煙膏の製造を 2 ヶ月ほど停止した上，煙灰の利用を増加したため，生アヘンの使用量は 497 箱に留まった．Lugard to Crewe, conf., 27 Oct. 1908, CO129/349.

（110） *Clementi's Memorandum on Opium Farmer's Books*, p. Ⅳ.

（111） 広東省の宝安（新安）県に原籍を持つ，香港生まれの華商である．A・S・ワトソン商会（A. S. Watson & Co., Ltd.・屈臣氏大薬房）の買辦などを務めていた．“The Hon. Mr. Lau Chu Pak, J. P., M. L. C.,” in *Present Day Impressions of The Far East*, ed. Feldwick, pp. 573–575; Woo Sing Lim（呉醒濂）, *Prominent Chinese in Hong Kong*（香港華人名人史略）（Hong Kong: Five Continents Book, 1937）, pp. 5–6.

（112） ギブ・リビングストン商会（Messrs. Gibb, Livingston & Co.・劫行）の買辦などを務めた.

（113） 福建省出身の華人で，シンガポール在住を経て香港に渡来し，香港・マニラ間の輸出・金融業務を行う源盛公司の経営などに携わった．“Mr Goh Li Hing,” in *Twentieth Century Impressions of Hongkong, Shanghai and other Treaty Ports of China*, ed. Arnold Wright and H. A. Cartwright（London: Lloyd's Greater Britain Publishing, 1908）, p. 186; *SCMP*, 6 Dec. 1913,『香港華字日報』1907 年 3 月 1 日.

（114） 第 1 章注 41 を見よ.

（115） “Report of the Superintendent of Imports and Exports for the Year 1914,”（以下 Report of SIE と略）*Hong Kong Administrative Reports*（以下 *HKAR* と略）, 1914, p. D(1) 2.

（116） 何甘棠らと同様の欧亜混血人（eurasian）だった．Hall, *In the Web*, pp. 110–117; “Lo Cheung Shiu,” in *Twentieth Century Impressions*, ed. Wright and Cartwright, p. 178.

（117）『香港華字日報』1910 年 3 月 1 日.

（118） Adee to Diplomatic Officers of the United States Accredited to the Govern-

ments Which Were Represented in the Shanghai International Opium Commission, 1 Sep. 1909, *FRUS*, 1909, pt. 1, pp. 107–111. なお本章注 86 に掲げた先行研究は，蘇智良・劉效紅の著作を除いて一連のハーグ国際アヘン会議に関しても検討を加えている.

(119) Minutes by Robinson, 21 Oct. on USofS, FO to USofS, CO, 7 Oct. 1909, CO129/362; Clementi Smith to USofS, CO, conf., 2 Dec. 1909, CO 129/364; No. 3, Montagu, IO to FO, 1 Jul. 1910, British Foreign Office, *The Opium Trade* (Wilmington, Delaware: Scholarly Resources, 1974), vol. 1, pt. 2. 同シリーズは，イギリス国立公文書館に所蔵されている FO415 の影印本（facsimile edition）である．以下 *OT* と略し巻号を付記する.

(120) No. 80, Grey to Reid, 17 Sep. 1910, *OT*, vol. 1, pt. 2.

(121) 後藤『アヘンとイギリス帝国』42 頁.

(122) Enclosure 1 in no. 183, "Agreement Relating to Opium, 1911," dated 8 May 1911, *OT*, vol. 1, pt. 3.

(123) Enclosure in no. 52, Prince Ch'ing to Jordan, 17 Jul. 1911, *OT*, vol. 1, pt. 4.

(124) Newman, "India and the Anglo-Chinese Opium Agreements," p. 556.

(125) 同会議の様子については，後藤『アヘンとイギリス帝国』43–45 頁を参照せよ.

(126) CO to Governors of Ceylon, Hong Kong and Straits Settlements, tel., 3 Jan. 1912, CO 129/385.

(127) 後藤『アヘンとイギリス帝国』50 頁.

(128) *PD*, Commons, 5th ser., vol. 8 (1909), col. 1105; *PD*, Commons, 5th ser., vol. 28 (1911), cols. 1380–1384.

(129) Derek Mackay, *Eastern Customs: The Customs Service in British Malaya and the Opium Trade* (London: Radcliffe Press, 2005), p. 132; 向井梅次『マライ政治経済論』千倉書房，1943 年，301 頁，*Colonial Reports-Annual. No. 716. Ceylon. Report for 1910–11*, Cd. 6007–16 (1912–13), p. 29.

(130) 本章注 52 を見よ.

(131) 1916 年にはハーコート子爵（1st Viscount Harcourt）となった.

(132) Minutes by Stubbs, 15 Jul., by Collins, 16 Jul., by Anderson, 16 Jul., by Emmott, 18 Jul., and by Harcourt, 18 Jul. 1912, on Gov., HK to SofS, CO, tel., 12 Jul. 1912, CO 129/391.

(133) CO to May, conf., 20 Jul. 1912, CO 129/391.

(134) May to Harcourt, conf., 5 Jun. 1913; CO to May, conf., 18 Jul. 1913, CO 129/401; *HKH*, 9 Oct. 1913, pp. 70–71.

(135) The Opium Ordinance, 1914 (No. 4 of 1914), *HKGG*, 6 Feb. 1914, pp. 36–51.

(136) Straits Settlements and Federated Malay States Opium Commission, *Proceedings of the Commission Appointed to Inquire Matters Relating to the Use of Opium in the Straits Settlements and the Federated Malay States*, vol. 1 (Singapore: Government Printing Office, 1908), p. 46.

(137) *Proceedings of the Legislative Council of the Straits Settlements for the Year 1909* (Singapore: Government Printing Office, 1910), p. C43.

(138) Trocki, *Opium and Empire*, pp. 188 table 7, 214.

(139) 本章注 130 に挙げた史料および "Report of SIE, 1914," *HKAR*, 1914, p. D(1) 3.

(140)　Norman Miners, *Hong Kong under Imperial Rule 1912–1941* (Hong Kong: Oxford University Press, 1987), p. 232 table 9 および *Hongkong Blue Book for the Year 1914* (Hong Kong: Noronha, 1915), pp. C8-C9 をもとに算出.

(141)　*Clementi's Memorandum on Opium Farmer's Books*, p. 17 table Ⅲ, Clementi papers; "Sales of Prepared Opium etc., during the Year 1914 from 1st. March to 31st. December Inclusive," encl. in May to Harcourt, conf., 6 Mar. 1915, CO129/421 をもとに算出.

(142)　Miners, *Hong Kong under Imperial Rule*, pp. 233–234.

(143)　Alan Baumler, *The Chinese and Opium under the Republic: Worse than Floods and Wild Beasts* (New York: State University of New York Press, 2007), p. 84.

(144)　Miners, *Hong Kong under Imperial Rule*, pp. 229–233.

(145)　Stephanie Po-yin Chung, "Hong Kong Merchants in New China, 1900–11," in *Chinese Business Groups in Hong Kong and Political Change in South China, 1900–25* (Basingstoke: Macmillan, 1998), pp. 35–57. ただし同書 54–55 頁のアヘン徴税請負権の授与をめぐる記述には，時期等に関する事実誤認がある．また韋玉は 48 頁にあるように 1914 年ではなく，1917 年まで行政評議会の民間人議員を務めた.

(146)　辛亥革命が香港社会にもたらした影響については，次を参照せよ．Tsai Jung-fang, *Hong Kong in Chinese History: Community and Social Unrest in the British Colony, 1842–1913* (New York: Columbia University Press, 1993), pp. 238–287.

(147)　Copy of the Contract dated 26 Feb. 1913, encl. in May to Harcourt, no. 159, 9 May 1913, CO 129/401.

(148)　G. B. Endacott, *Government and People in Hong Kong* (Hong Kong: Hong Kong University Press, 1964), pp. 251–252.

第四章注

(1)　20 世紀前半におけるイギリス帝国のアヘン政策については，後藤春美『アヘンとイギリス帝国――国際規制の高まり 1906–43 年』山川出版社，2005 年が，外交およびシンガポール，ペナン，マラッカ等で構成される海峡植民地での施策に着目して詳細に扱っている．国際的なアヘン規制については次も見よ．William B. McAllister, *Drug Diplomacy in the Twentieth Century: An International History* (London: Routledge, 2000), pp. 9–133.

(2)　Tiziana Salvi, "Opium as a Political and Economic Issue in Hong Kong," in "The Last Fifty Years of Legal Opium in Hong Kong, 1893–1943," M.Phil. diss., University of Hong Kong, 2004, pp. 111–168; Norman Miners, "The Control of Opium, 1919 to 1941," in *Hong Kong under Imperial Rule 1912–1941* (Hong Kong: Oxford University Press, 1987), pp. 240–277.

(3)　Blackwell to Under Secretary of State (以下 USofS と略), CO, 2 Jun. 1915, CO 129/428.

(4)　Alfred Holt and Company to USofS, FO, 22 Oct. 1915, enclosed in USofS, FO to USofS, CO, 28 Oct. 1915, CO 129/427; Alfred Holt and Co. to USofS, CO, 29 Feb. 1916, CO 129/440.

(5) Minutes by Robinson, 2 Mar. 1916, on Alfred Holt and Co. to USofS, CO, 29 Feb. 1916, CO 129/440.

(6) イギリス内務省の官僚であり，1921 年から 34 年にかけて OAC でイギリス帝国代表を務めた．さらに 1934 年から 48 年まで，後述するジュネーヴ国際アヘン会議の第 2 会議にて設立が決定したアヘン中央委員会（Permanent Central Opium Board）においても活躍した．なお 1919 年にはバス勲章 2 等を受勲し，サーの称号を得た．Kathryn Mayer and Terry Parssinen, *Webs of Smoke: Smugglers, Spies, and the History of the International Drug Trade* (Lanham: Rowman & Littlefield, 2002), pp. 24–25; McAllister, *Drug Diplomacy*, p. 51; Jill Pellew, *The Home Office 1848–1914: From Clerks to Bureaucrats* (London: Heinemann Educational Books, 1982), p. 208; *The Times*, 1 and 8 Dec. 1950.

(7) Minute of an Inter-Departmental Conference on 19 Jun. 1916(B), CO 129/439.

(8) Virginia Berridge, *Opium and the People: Opiate Use and Drug Control Policy in Nineteenth and Early Twentieth Century England*, rev. ed. (Chadlington: Free Association Books, 1999), pp. 248–253.

(9) 後藤『アヘンとイギリス帝国』56–66 頁．

(10) 後藤『アヘンとイギリス帝国』112 頁，William B. McAllister, "'Wolf by the Ears': The Dilemmas of Imperial Opium Policymaking in the Twentieth Century," in *Drugs and Empires: Essays in Modern Imperialism and Intoxication, c. 1500-c. 1930*, ed. James H. Mills and Patricia Barton (Basingstoke: Palgrave Macmillan, 2007), pp. 204–219.

(11) Terry M. Parssinen, *Secret Passions, Secret Remedies: Narcotic Drugs in British Society, 1820–1930* (Manchester: Manchester University Press, 1983), pp. 136–137.

(12) 第 3 章注 45 を参照せよ．

(13) 1929 年にはサーの称号を得た．

(14) Governor, Hong Kong（以下 Gov, HK と略）to Secretary of State（以下 SofS と略), CO, tel., 11 May 1923, CO 129/480; Report of the Committee, 1 Mar. 1924, enclosed（以下 encl. と略）in Stubbs to Thomas, confidential（以下 conf. と略), 6 Mar. 1924, CO 129/484.

なお香港では 1923 年に，第 1 次世界大戦後に発効した万国アヘン条約の規定に沿う形で，麻薬の規制を目的とする「危険薬物の輸出入，生産，販売，および使用に関する法律」が法制化された．The Dangerous Drugs Ordinance, 1923 (No. 22 of 1923), Government Notification（以下 G. N. と略）no. 421, *Hongkong Government Gazette*（以下 *HKGG* と略), 5 Oct. 1923, pp. 359–366. さらに同年末には，イギリス本国で 1923 年 5 月 17 日に成立した「改正危険薬物および毒物法」(Dangerous Drugs and Poisons (Amendment) Act, 1923, 13 & 14 Geo. 5, c. 5.) を模範として，「アヘン関連法」も刷新された．The Opium Ordinance, 1923 (No. 30 of 1923), G. N. no. 551, *HKGG*, 21 Dec. 1923, pp. 477–494.

(15) "Report of the Superintendent of Imports and Exports for the Year 1924," *Hong Kong Administrative Reports, 1924*, p. E6.

(16) 広東省の状況については，広州に着目した研究として次を参照．Xavier Paulès, *Histoire d'une drogue en sursis. L'Opium à Canton, 1906–1936* (Paris: Éd de l'EHESS,

2010).

(17) Note of a Conference on 2 Jun. 1924, CO 129/486.

(18) Delevingne to Grindle, conf., 1 Jul. 1924, CO 129/487.

(19) Opium Policy, Colonial Office Memorandum, n. d., CO 129/487. 海峡植民地の状況については，後藤『アヘンとイギリス帝国』99 頁，表 2 を参照せよ．

(20) Waterlow to Delevingne, 1 Aug. 1924, encl. in Waterlow to Grindle, private, 1 Aug. 1924, CO 129/487.

(21) Further Memorandum by the Home Secretary, 11 Oct. 1924, C. P. 463(24), F3452/20/87, FO 371/10327. 次も参照．内田知行「1910–30 年代における閻錫山政権のアヘン管理政策」『現代中国』第 73 号（1999 年 10 月），112–127 頁．

(22) No. 41, Memorandum by Waterlow, Oct. 1924, CO 882/11/12.

(23) 後藤『アヘンとイギリス帝国』81–93 頁，McAllister, *Drug Diplomacy in the Twentieth Century*, pp. 67–77.

(24) C. 684. M. 244. 1924. XI., *First Opium Conference, Minutes and Annexes*, pp. 26, 40–43, 51–52, in League of Nations, *League of Nations Documents and Publications, 1919–1946, Category XI: Traffic in Opium and Other Dangerous Drugs*（New Haven: Research Publications, 1970–1972）. 以下国際連盟の文書は LNd と略し，番号を付記する．

(25) LNd, C. 760. M. 260. 1924. XI., *Records of the Second Opium Conference*, vol. 1, p. 15.

(26) Department of State（以下 DS と略）to British Embassy, 12 Dec. 1924, *Papers Relating to the Foreign Relations of the United States*（以下 *FRUS* と略）, 1924, vol. 1, pp. 118–119.

(27) No.1, Record of Inter-Departmental Conference on 14 Jan. 1925, by Waterlow, 16 Jan. 1925, British Foreign Office, *The Opium Trade*（Wilmington, Delaware: Scholarly Resources, 1974）, vol. 5, pt. 22. 以後 *OT* と略記する．

(28) LNd, C. 760. M. 260. 1924. XI., vol. 1, pp. 147–174.

(29) LNd, C. 684. M. 244. 1924. XI., p. 163.

(30) M. Emdad-ul Haq, *Drugs in South Asia: From the Opium Trade to the Present Day*（London: Macmillan, 2000）, pp. 86–95. 密輸については澳門の例が挙げられる．第 6 章を見よ．

(31) No. 11, IO to FO, 21 Jul. 1926, *OT*, vol. 5, pt. 23.

(32) LNd, C. 580. M.219. 1926. XI., *Commission of Enquiry into the Production of Opium in Persia, Report to the Council*.

(33) 後藤『アヘンとイギリス帝国』110–111 頁．

(34) 1937 年にはボールドウィン伯爵（1st Earl Baldwin of Bewdley）となった．

(35) No. 78, FO to CO, 9 Nov. 1926, CO 882/11/12; Report of the Opium Policy Committee, 10 Jun. 1927, C. P. 175(27), CAB27/344; Private Secretary, CO to Maxwell, 4 Jul. 1927, CO 825/2/8.

(36) 後藤『アヘンとイギリス帝国』116 頁．

(37) Miners, *Hong Kong under Imperial Rule*, p. 232 table 9. ボイコットについては次を見よ．John H. Carroll, "Preserving Hong Kong: The Strike-Boycott of 1925–1926,"

in *Edge of Empires: Chinese Elites and British Colonials in Hong Kong* (Cambridge, Mass.: Harvard University Press, 2005), pp. 131–158.

(38) 第3章注60を参照.

(39) Gov, HK to SofS, CO, conf., tel., 7 Oct. 1927; Southorn to Amery, secret, 6 Oct. 1927, CO 129/506/3.

(40) Minutes of the 2nd IDOC on 11 Oct. 1927; Officer Administering the Government, HK to SofS, CO, conf., tel., 23 Oct. 1927, CO 129/506/3.

(41) Memorandum by the Acting Secretary of State for the Colonies, 18 Nov. 1927, C. P. 284(27), CO 129/506/3.

(42) Joint Memorandum by the Secretary of State for Foreign Affairs and the Home Department, C. P. 291(27), 22 Nov. 1927, CO 129/506/3.

(43) 1938年にはハーレック男爵（4th Baron Harlech）となった.

(44) Extract from Conclusions of a Meeting of the Cabinet held on 23 Nov. 1927, CABINET (57) (27), CO 129/506/3.

(45) No. 206, Minutes of the 4th IDOC on 5 Jan. 1928, CO 882/11/12.

(46) LNd, C. 386. 1928. XI.

(47) Hewlett to Lampson, tel., 13 Sep. 1928, FO 228/3886; LNd, A. 40(a) 1928. XI.

(48) LNd, C. 635. M. 254. 1930. XI., *Commission of Enquiry into the Control of Opium-smoking in the Far East. Report to the Council*, vol. 1, pp. 10, 12（『極東阿片問題――国際連盟極東阿片調査委員会報告書』国際連盟協会，1933年，2，5頁）.

(49) No. 101, SofS, CO to Gov, HK, conf., 18 Feb. 1928, CO 882/11/12.

(50) Clementi to Amery, secret, 7 May 1928; Minutes of the 6th IDOC on 9 Jul. 1928, CO 129/510/8.

(51) Clementi to Amery, secret, 25 Feb. 1929, CO 129/516/5.

(52) CO to Gov, HK, secret, tel., 2 May 1929, CO 129/516/5.

(53) Clementi to Amery, secret, 10 May 1929, CO 129/516/5.

(54) LNd, C. 635. M. 254. 1930. XI., vol. 1, pp. 12, 92–93, 137–147; Southorn to Passfield, conf., 11 Feb. 1930, CO 825/5/7.

(55) FO to Tilley, tel., no. 28(R), 13 Feb. 1930, encl. in FO to CO, 15 Feb. 1930, CO 825/5/7; Henderson to Lampson, tel., no. 53, 2 Mar. 1930, FO 228/4290.

(56) LNd, C. 81. 1931. XI.

(57) Mounsey to Tyrrell, Osborne, Russell, Tilley, Lampson, and Wingfield, 19 Jul. 1929, encl. in FO to CO, 23 Jul. 1929, CO 825/4/10.

(58) LNd, C. 84. 1931. XI.; 後藤『アヘンとイギリス帝国』141頁.

(59) Minutes on no. 8 by Martin, 14 Feb. 1931 and by Campbell, 17 Feb. 1931, CO 825/9/8.

(60) Revised Minutes of the 12th IDOC on 19 Feb., CO 825/9/8.

(61) 1930年から35年まで在任した.

(62) Peel to Passfield, no. 229, 13 May 1931, CO 825/9/9.

(63) Minutes of the 15th IDOC on 17 Jul. 1931, CO 825/11/1.

(64) Minutes of the 16th IDOC on 28 Jul. 1931, CO 825/11/1.

(65) Clementi to Grindle, 30 Jan. 1931, CO 825/9/8.

（66）Clementi to Passfield, conf., 20 Aug. 1931, CO 825/9/9.

（67）Note of the Conference at the Residency, Penang, 29 Oct. 1931, CO 825/11/3.

（68）FO to H. M.'s Consul, Geneva, tel., no. 33, 15 May 1931, F 2668/172/87, FO371/15527.

（69）LNd, C. 390. 1931. XI.; 張力『国際合作在中国――国際連盟角色的考察，1919–1946』中央研究院近代史研究所，1999 年，230 頁，SofS, DS to Caldwell, 14 Sep. 1931, *FRUS*, 1931, vol. 1, pp. 700–701.

（70）会議の経緯については次の文献も参照せよ．後藤『アヘンとイギリス帝国』142–145 頁，McAllister, *Drug Diplomacy in the Twentieth Century*, p. 106.

（71）LNd, C. 577. M. 284. 1932. XI., *Conference on the Suppression of Opium-Smoking. Minutes of the Meetings and Documents Submitted to the Conference*, pp. 14–15, 31–38.

（72）*Ibid.*, pp. 11, 26, 47–73, 90–101; LNd, C. 70. M. 36. 1932. XI., *Conference on the Suppression of Opium-Smoking. Agreement and Final Act*, pp. 8–10.

（73）LNd, C.575. M. 282. 1932. XI., OAC, *Minutes of the 15th Session*, pp. 36–53, 91, 94.

（74）Southorn to Cunliffe-Lister, conf., 19 May 1932; Southorn to Cunliffe-Lister, no. 395, 18 Aug. 1932, CO 825/14/3.

（75）No. 50, Peel to Cunliffe-Lister, conf., 20 Apr. 1933, CO 882/12/5.

（76）No. 56, Peel to Cunliffe-Lister, 25 Aug. 1933, CO 882/12/5.

（77）The Opium Ordinance, 1932（No. 7 of 1932）, G. N. no. 209, *HKGG*, 8 Apr. 1932, pp. 276–294.

第五章注

（1）20 世紀以降の植民地へのアヘン供給について検討したものとして，次の研究がある．Jan Schmidt, "The Final Years of Large-Scale Opium Exports from the Levant and Persia," in *From Anatolia to Indonesia: Opium Trade and the Dutch Community of Izmir, 1820–1940*（Istanbul: Nederlands Historisch-Archaeologisch Instituut, 1998）, pp. 169–187.

（2）こうした商人に着目した研究として，次を参照．Caroline Plüss, "Globalizing Ethnicity with Multi-Local Identifications: The Parsee, Indian Muslim and Sephardic Trade Diasporas in Hong Kong," in *Diaspora Entrepreneurial Networks: Four Centuries of History*, ed. Ina Baghdiantz McCabe, Gelina Harlaftis and Ioanna Pepelasis Minoglou（Oxford: Berg, 2005）, pp. 245–268.

（3）戦間期のイランにおけるアヘンの生産と輸出については，以下の文献を参照．Bradley Hansen, "Learning to Tax: The Political Economy of the Opium Trade in Iran, 1921–1941," *Journal of Economic History* 61, no. 1（Mar. 2001）, pp. 95–113; Elizabeth P. MacCallum, *Twenty Years of Persian Opium*（*1908–1928*）（New York: Foreign Policy Association, 1928）, reprinted in Gerald N. Grob, ed., *Narcotic Addiction and American Foreign Policy: Seven Studies, 1924–1938*（New York: Arno Press, 1981）; A. R. Neligan, *The Opium Question, with Special Reference to Persia*（London: John Bale, Sons & Danielsson, 1927）.

(4) ナマーズィーの経歴については，*Hongkong Daily Press*（以下 *HKDP* と略）および *South China Morning Post*（以下 *SCMP* と略）に掲載された彼の訃報と，イギリス駐イラン公使が 1925 年に彼と会談した際に作成された覚書に依拠した．*HKDP*, 16 Aug. 1935; *SCMP*, 16 Aug. 1935; "Death of Former Race Horse Owner" and "Late Mr. Nemazee," *SCMP*, 17 Aug. 1935; "Aide-memoire of Interview of Mr. Haji Muhammad Hasan Namazi. J. P.（of Hongkong）with Sir P. Loraine," 19 Apr. 1925, enclosed in Loraine to Chamberlain, no. 222, 6 May 1925, F 1908/20/87, FO 371/10967. 最後に引用した覚書は，以後 *Interview with H. M. H. Namazi* と省略する．なお名前の綴りは彼が 1922 年に太平紳士へ任命された際の，香港政庁の官報における告示に依拠したが，Namazi, Nemazi 等と綴られる場合もある．Government Notification（以下 G. N. と略）no. 228, *Hongkong Government Gazette*（以下 *HKGG* と略），19 May 1922, p. 190. 太平紳士については，第 1 章注 25 を参照せよ．

(5) *Chronicle & Directory for China, Corea, Japan, the Philippines, Indo China, Straits Settlements, Siam, Borneo, Malay States, & c. for the Year 1894*（Hong Kong: Daily Press, 1894）, p. 245. 以後 *C&D* と略し，刊行年を付記する．なおナマーズィーによれば，彼の叔父および祖父もまた，イギリスによる領有以来香港に在住した経験があった．*Interview with H. M. H. Namazi*, FO 371/10967.

(6) "Late Mr. Nemazee," *SCMP*, 17 Aug. 1935.

(7) 根岸佶監修，天海謙三郎編纂『中華民国実業名鑑』東亜同文会研究編纂部，1934 年，454 頁．この記事では店舗の名前が Memazee & Co. H. M. H. と誤って記されている．次の史料も参照せよ．Arnold Wright and H. A. Cartwright, eds., *Twentieth Century Impressions of Hongkong, Shanghai, and Other Treaty Ports of China: Their History, People, Commerce, Industries, and Resources*（London: Lloyd's Greater Britain Publishing, 1908）, p. 654; *C&D for 1898*, p. 162.

ところでナマーズィー商会に関する記述には，各地の店舗を支店と述べている例が散見される．後述するとおり 1920 年代にイギリス本国政府内では，H. M. H. ナマーズィーが彼の親族等により運営されている他の店舗の取引を監督する立場にあるのか否かが論点となった．だがこの問題については，残念ながら管見した史料からは明確な回答を引き出すことができない．

(8) 飯澤耿介「復命書」明治 31 年 4 月 22 日，『台湾総督府公文類纂』（台湾，国史館台湾文献館所蔵），請求番号 262-38. この復命書は後に『台湾総督府製薬所事業第二年報』（台湾総督府製薬所，1899 年）の附録として公刊されている．

(9) Rudi Matthee, "The Opium Smoking in Safavid Iran: The Assimilated Drug," in *The Pursuit of Pleasure: Drugs and Stimulants in Iranian History, 1500–1900*（Washington, D. C.: Mage Publishers, 2005）, pp. 97–116.

(10) J. B. Kelly, *Britain and the Persian Gulf, 1795–1880*（Oxford: Oxford University Press, 1968）, p. 44.

(11) 後藤晃『中東の農業社会と国家』御茶の水書房，2002 年，220 頁.

(12) 後藤晃『中東の農業社会と国家』220–221 頁，岡崎正孝「19 世紀イランにおけるケシ作の進展」『経済研究』第 31 巻第 1 号（1980 年 1 月），76 頁，Matthee, *The Pursuit of Pleasure*, p. 216; Ahmad Seyf, "Commercialization of Agriculture: Production and Trade of Opium in Persia, 1850–1906," *International Journal of Middle East Studies*

16, no. 2 (May, 1984), pp. 233–250; Gad G. Gilbar, “Persian Agriculture in the Late Qājār Period, 1860–1906: Some Economic and Social Aspects,” *Asian and African Studies* 12, no. 3 (Nov. 1978), pp. 326–327.

(13) 輸送経路については次を見よ．Matthee, *The Pursuit of Pleasure*, pp. 213–214.

(14) J. A. Saldanha, *Précis on Commerce and Communication in the Persian Gulf, 1801–1905* (Calcutta, 1906), reprinted in J. A. Saldanha, *The Persian Gulf Précis*, vol. 8 (Gerrards Cross: Archive Editions, 1986), p. 64. 1901 年にブーシェフルから輸出されたアヘンの量（530,110 ポンド）は，1 箱あたり 136.5 ポンドとして箱数に換算した．

(15) これは香港に輸入された全アヘンの 12.9 パーセントに相当する．*Supplement to the Hongkong Government Gazette*, 3 Apr. 1908, p. 64.

なおナマーズィーが手がけていたイラン産アヘンは，シーラーズに住む彼の兄によって輸出されたものである可能性が高い．次の史料における，シーラーズ在住の「Haji Mahomed Hassen Nemazee ハジー，マホメッド，ハッサン，ネマジー」に関する記述を参照せよ．窪田四郎「波斯出張報告　阿片関係」（明治 34 年 12 月），水沢市立後藤新平記念館編『後藤新平文書』マイクロフィルム: 水沢市立後藤新平記念館，1980 年，R36–112. 以下『後藤新平文書』と略し，文書番号を付す．

(16) 青木喬・大中太一郎「復命書」1899 年 5 月 3 日，『後藤新平文書』R35–110–1.

(17) 前章までの内容，および次の文献を参照せよ．Lin, Man-houng, “Late Qing Perceptions of Native Opium,” *Harvard Journal of Asiatic Studies* 64, no. 1 (June, 2004), p. 141.

(18) H. M. H. ナマーズィーは遅くとも 1903 年には香港総商会に加盟している．彼の抗議を受けて同商会はイギリス駐華公使と香港政庁へ，清朝政府への抗議を要請した．[Hong Kong General Chamber of Commerce], *Report of the Committee of the Hongkong General Chamber of Commerce for the Year Ending 31st December, 1902* (Hong Kong: Noronha, 1903), p. 5（以後 *RCHKGCC* と略し，刊行年を付記する）; Appendix A, *RCHKGCC for 1907*, pp. 3–22.

(19) Enclosure 4 in no. 1, “Memorandum of Agreement,” British Foreign Office, *The Opium Trade* (Wilmington, Delaware: Scholarly Resources, 1974), vol. 3, pt. 10. 以下 *OT* と略し，巻号を付す．

(20) Alan Baumler, *The Chinese and Opium under the Republic: Worse than Floods and Wild Beasts* (New York: State University of New York Press, 2007), pp. 1–2.

(21) Enclosure 7 in no. 96, table II, “Raw Persian Opium Exported by Different Firms and Its Destination, January to June, 1912,” *OT*, vol. 2, pt. 6.

(22) Baumler, *The Chinese and Opium under the Republic*, p. 84.

(23) Clementi to British Resident and Consul-General, Bushire, confidential（以下 conf. と略), 25 May 1926, in FO to CO, conf., 23 Jul. 1926, CO 129/498/18.

(24) *Papers laid before the Legislative Council of Hongkong* (Hong Kong Legislative Council Sessional Papers), 1920, no. 1/1920, p. 4.

(25) *Hong Kong Administrative Reports*（以下 *HKAR* と略), 1921, p. 25. この結果 1923 年には香港大学役員会の終生委員に就任している．G. N. no. 27, *HKGG*, 19 Jan. 1923, p. 15.

(26) *HKAR*, 1922, p. C31.

（27）　第 1 章注 25 および本章注 4 を参照.

（28）　*Hongkong Telegraph*, 3 Jan. 1923.

（29）　William B. McAllister, "'Wolf by the Ears': The Dilemmas of Imperial Opium Policymaking in the Twentieth Century," in *Drugs and Empires: Essays in Modern Imperialism and Intoxication, c. 1500-c. 1930*, ed. James H. Mills and Patricia Barton（Basingstoke: Palgrave Macmillan, 2007）, pp. 205–207; 後藤春美『アヘンとイギリス帝国――国際規制の高まり 1906–43 年』山川出版社，2005 年，55–175 頁.

（30）　White to Eliot, no. 29, 26 Nov. 1921, enclosed in Delevingne to Grindle, 11 Jan. 1922, CO 129/478.

（31）　Loraine to Curzon, no. 132, 15 Mar. 1922, F 1673/224/10, FO 371/8013.

（32）　当時はもう 1 人の次官補と共に，「植民地および保護領局（Colonies and Protectorates Division）」を統括する立場にあった．William H. Mercer, A. E. Collins and A. J. Harding, comp., *The Colonial Office List for 1922*（London: Waterloo and Sons, 1922）, p. xvii．以下 *CO List* と略し年号を付記する.

（33）　Delevingne to Grindle, 1 Mar. 1923; Delevingne to Grindle, 17 May 1923, CO 129/482.「改正危険薬物および毒物法」は 1923 年 5 月 17 日に法制化された．第 4 章注 14 を見よ.

（34）　Enclosure 1 in no. 34, Stubbs to Devonshire, conf., 6 Mar. 1923; Enclosure 2 in no. 34, Law to Colonial Secretary, Hong Kong（以下 CS, HK と略）, 11 Jan. 1923, *OT*, vol. 5, pt. 19.

（35）　サバンの港長によれば，同港へ持ち込まれたアヘンの最終目的地として申告されていたのは，ウラジオストック，大連，基隆そして澳門だった．Veldkemp to Governor of Acheen and Its Dependencies at Koeta Radja, 26 Oct. 1922, enclosed in Stubbs to Devonshire, conf., 7 Jun. 1923, CO 129/480.

（36）　Stubbs to Devonshire, conf., 16 Aug. 1923, CO 129/481.

（37）　植民地省と香港政庁の関係については，次の研究を参照せよ．Gavin Ure, *Governors, Politics and the Colonial Office: Public Policy in Hong Kong*（Hong Kong: Hong Kong University Press, 2012）, pp. 13–65; Norman Miners, "The Colonial Office," in *Hong Kong under Imperial Rule 1912–1941*（Hong Kong: Oxford University Press, 1987）, pp. 28–42.

（38）　当時の階級は主席補（Assistant Principal）だった．*CO List for 1923*, p. 700. 1954 年にはサーの称号を得た.

（39）　枢密院令のもとでイギリスの領事裁判権が規定されている主な国や地域において，現地に駐在する公使・総領事が域内のイギリス帝国臣民の活動を管理し，条約の取り決めを施行するために制定・公布する命令のこと．Alexander Pulling, "Foreign Jurisdiction," in *Encyclopaedia of the Laws of England with Forms and Precedents by the Most Eminent Legal Authorities*, ed. A. Wood Renton and Max A. Robertson. 2nd ed., vol. 6（Edinburgh: William Green & Sons, 1907）, p. 185.

（40）　第 4 章注 14 を見よ.

（41）　"Matters for Discussion with Sir Malcolm Delevingne," by Paskin, 17 Nov., CO 129/483．スタッブスの見解については次も参照せよ．Stubbs to Devonshire, secret, 3 Nov. 1923, CO 129/481; Stubbs to Thomas, secret, 12 Mar. 1924, CO 129/484.

(42)　1952年にはウェイヴァリー伯爵（1st Viscount Waverley）となった．

(43)　Anderson to Under Secretary of State（以下USofSと略）, CO, 15 Jan. 1924, CO 129/486.

(44)　“Extracts from Annual Report on Persia for 1924,” enclosed in Loraine to FO, no. 278, 2 May 1925, F 5138/20/87, FO 371/10967.

(45)　外務省本省において，会計や外交官の任用などを統括する役職である．

(46)　Members of the Staff of the Foreign Office, ed. (for Godfrey E. P. Hertslet), *The Foreign Office List and Diplomatic and Consular Year Book for 1924* (London: Harrison and Sons, 1924), p. 1. 以下*FO List*と略して年度を付記する．1927年にはサーの称号を得た．

(47)　Montgomery to USofS, CO, 30 Apr. 1924, CO 129/486.

(48)　Anderson to USofS, CO, secret, 16 May 1924, CO 537/763; Newton to USofS, CO, 28 May 1924, CO 129/486.

(49)　Thomas to Governor, Hong Kong（以下Gov, HKと略), secret, 19 Jun. 1924, CO 537/763.

(50)　スタッブスによれば，政庁内部では当初インド系コミュニティーからの太平紳士登用が検討されていた．だがふさわしい人物を見出すことができなかったため，代わりに彼らとの交際が密接で，活発な慈善活動を行っていたナマーズィーが任命されたのである．

彼の太平紳士としての肩書を一方的に剝奪することで，インド系コミュニティーを刺激する恐れが実際に存在したのか否かについては，残念ながら管見の史料からは不明である．Stubbs to Thomas, secret, 7 Aug. 1924, in Grindle to USofS, FO, 1 Oct. 1924, F 3294/41/87, FO 371/10333; Secretary of State（以下SofSと略), CO to Gov, HK, tel., 27 Oct. 1924, CO 129/486.

(51)　FO to Ovey, tel., no. 64(R), 6 Jun. 1924, in FO to CO, 11 Jun. 1924, CO 129/486; FO to Ovey, tel., no. 127(R), 12 Sept. 1924, F 2950/41/87, FO 371/10332.

(52)　後藤春美『アヘンとイギリス帝国』72頁．

(53)　後藤春美『アヘンとイギリス帝国』62–70頁．

(54)　Wellesley to USofS, CO, 16 Dec. 1922; Read to USofS, FO, conf., 28 Dec. 1922, CO 129/477.

(55)　Enclosure 1, Fletcher to Consul General of Japan, Hong Kong, 18 Oct. 1922 and Enclosure 2, Takahashi to CS, HK, 19 Oct. 1922 in Stubbs to Devonshire, conf., 25 Jan. 1923, CO 129/479.

(56)　第4章注14を見よ．

(57)　Stubbs to Thomas, conf., 22 Aug. 1924, CO 129/485. 大正13年8月20日付在香港高橋清一総領事より幣原喜重郎外務大臣宛機密公第30号公信，4. 2. 4. 1–3–2–2，外務省外交史料館．

(58)　The Opium Amendmendt Ordinance, 1924 (No. 7 of 1924), G. N. no. 489, *HKGG*, 29 Aug. 1924, pp. 456–460. 日本の高橋清一駐香港総領事は，この変更を日本の外務省へ通知している．大正13年9月1日発在香港高橋総領事より幣原外務大臣宛第94号電報，4. 2. 4. 1–3–2–2，外務省外交史料館．

(59)　Enclosure 1, H. M. H. Nemazee to CS HK, 19 Sept. 1924; Enclosure 2, Sugiura, Mitsui Bussan Kaisha to Severn, 19 Sept. 1924 in Stubbs to Thomas, secret (2), 20

Oct. 1924, F 4104/205/87, FO 371/10340.

(60) Gov, HK to SofS, CO, tel., secret, 25 Sept. 1924, encl. in Grindle to USofS, FO, 1 Oct. 1924, F 3295/205/87, FO 371/10340.

(61) Gov, HK to SofS, CO, tel., 6 Nov. 1924, F 3855/205/87, FO 371/10340. 日本の外務省も台湾総督府内で煙膏の製造・販売を担っていた専売局から，三井物産へ 200 箱のイラン産アヘンの購入を指示した旨の通知を受けていた．大正 13 年 10 月 28 日発台湾総督府専売局長より佐分利貞男通商局長宛電報，4. 2. 4. 1–5–3，外務省外交史料館．

(62) Amery to Gov, HK, tel., 8 Nov. 1924, F 3855/205/87, FO 371/10340.

(63) Amery to Gov, HK, tel., secret, 18 Nov. 1924, F 3900/205/87, FO 371/10340.

(64) 1924 年 11 月 22 日発在香港高橋総領事より幣原外務大臣宛第 130 号電報，4. 2. 4. 1–3–2–2，外務省外交史料館，Stubbs to Amery, secret, 23 Dec. 1924, CO 129/485.

(65) 日本の外交官であり，当時は駐フランス大使館に勤務していた．

(66) League of Nations, C. 684 M. 244. 1924. XI., *First Opium Conference, Geneva, November 3rd, 1924–Feburary 11th, 1925. Minutes and Annexes*, pp. 81–89. 以下国際連盟の文書を引用する際には LNd と表記し，文書番号を付記する．

(67) 後藤春美『アヘンとイギリス帝国』81–93 頁，Delevingne to Paskin, 25 Nov. 1924; Delevingne to Paskin, 6 Dec. 1924, CO 129/487.

(68) Memorandum by Paskin, 14 Feb. 1925, CO 129/485.

(69) Grindle, CO to USofS, FO, 6 Mar. 1925, CO 129/485. 高橋総領事は，香港政庁がナマーズィー商会のアヘン取引をめぐる違法行為を突き止めたため，同商会へ免許状を交付しなかったものと推測していた．大正 13 年 12 月 29 日付在香港高橋総領事より幣原外務大臣宛機密公第 41 号公信，4. 2. 4. 1–5–3，外務省外交史料館．

(70) Aide Mémoire by British Embassy, Tokyo, 12 May 1925, 4. 2. 4. 1–5–3，外務省外交史料館．三井物産の史料からも，同香港支店がナマーズィーとの取引を禁じられたことが確認できる．「支店長会議参考資料（大正 15 年 6 月，台北支店長）」物産 383（三井文庫所蔵），128 頁．

(71) デルヴィーンは再度植民地省に彼の訴追を示唆したが，拒否されている．Delevingne to USofS, CO, 12 Mar. 1925; Grindle to USofS, HO, 27 Mar. 1925, CO 129/491.

(72) *Interview with H. M. H. Namazi*, FO 371/10967.

(73) "Notes of Conversation with Mr. Haji Muhammad Namazi: May 5th, 1926," by Chick, in FO to CO, 30 Jun. 1926, CO 129/498/18. イラン国内におけるナマーズィー一族のアヘン売買をめぐる活動については，以下の史料も見よ．Loraine to Chamberlain, no. 264, conf., 18 May 1925, F 2126/20/87; Loraine to Chamberlain, no. 371, 10 Jul. 1925, F 3642/20/87; Loraine to Chamberlain, no. 612, 20 Nov. 1925, F 5883/20/87, FO 371/10967.

(74) Delevingne to Grindle, 23 Jul. 1926, CO 129/498/18.

(75) Minutes on no. 5, Delevingne to Grindle, 23 Jul. 1926; Paskin to Delevingne, 9 Aug. 1926, CO 129/498/18.

(76) Severn to Paskin, 20 Aug. 1926, CO 129/498/18.

(77) 当時の肩書は 1 等書記官（First Secretary）だった．*FO List for 1926*, pp. 11, 157.

(78) Ashton-Gwatkin, to Paskin, 22 Feb. 1927; Ashton-Gwatkin, to Paskin, 18 Mar. 1927, CO 129/502/9.

(79)　SofS, CO to Gov, HK, tel., conf., 12 Apr. 1927; Gov, HK to SofS, CO, tel., conf., 5 May 1927, CO 129/502/9.

(80)　Amery to Gov, HK, secret, 28 May 1927, CO 129/502/9.

(81)　ボールドウィン内閣は1927年6月の閣議で，先に任命していたアヘン政策委員会の勧告に沿った決定を下した．後藤春美はこれによって，イギリス帝国内部のアヘン吸煙を禁止させる方向に向かうという政府の方針が，明確なものとなったと評価している．後藤春美『アヘンとイギリス帝国』114–116頁．

(82)　ただしM. A. ナマーズィーに対する嫌疑は裁判で立証されなかった．Enclosure 2, Hogg to CS, HK, conf., 16 Mar. 1923, in Eagleston to FO, 10 Aug. 1923, F 2399/352/87, FO 371/9247．彼の経歴については次の文書も参照せよ．"Secret: A Note of the Namazie Family of Singapore," 24 Jul. 1931, Enclosure no. 1 in Clementi to Passfield, conf., 3 Aug. 1931, CO 825/11/2．なおM. A. ナマーズィーとH. M. H. ナマーズィーの関係について，前者の史料は従兄弟としているが，後者の史料は2人の祖父同士が兄弟であると述べている．海峡植民地のアヘン専売制度については，後藤春美『アヘンとイギリス帝国』104–121頁を参照.

(83)　Delevingne to USofS, CO, urgent, 17 Jul. 1926, CO 54/882/4.

(84)　Governor, Straits Settlements（以下Gov, SSと略）to SofS, CO, tel., conf., 23 Jul. 1926, CO 54/882/4.

(85)　Delevingne to USofS, CO, 4 Aug. 1926, CO 54/882/4.

(86)　Amery to Gov, SS, tel., conf., 18 Aug. 1926; Amery to Gullimard, conf., 21 Aug. 1926, CO 54/882/4.

(87)　Gov, SS to SofS, CO, tel., conf., 24 Aug. 1926, CO 54/882/4.

(88)　Amery to Gov, SS, tel., conf., 30 Aug. 1926, CO 54/882/4.

(89)　Enclosure no. 2, Delevingne to van der Wettum, 12 May 1927, in Crosby to Chamberlain, no. 120, conf., 2 Sept. 1927, F 7881/7881/87, FO 371/12533; Delevingne to Prince Charoon, 12 Jan. 1927, in FO to CO, 22 Jun. 1927, CO 129/502/9．なお前者の史料ではM. A. Namazieの名前がA. M. Namazieと誤って記されている．

(90)　Paskin to Worth, conf., 12 Aug. 1927; Ormsby-Gore to Gov, SS, conf., 12 Aug. 1927, CO 129/502/9.

(91)　Walton to Secretary, Government of India, 8 Aug. 1927, enclosed in Walton, IO to Paskin, 16 Aug. 1927, CO 129/502/9.

(92)　クックのシャム政府における活動については次を参照．Richard J. Aldrich, *The Key to the South: Britain, the United States, and Thailand during the Approach of the Pacific War, 1929–1942* (Kuala Lumpur: Oxford University Press, 1993), pp. 51–53.

(93)　Cook to Waterlow, conf., 10 Sept. 1927, in FO to CO, 24 Oct. 1927, CO 129/502/9.

(94)　Peel to Passfield, conf., 4 Mar. 1931, CO 825/10/13.

(95)　Delevingne to USofS, FO, 4 May 1931, enclosed in Delevingne to USofS, CO, 4 May 1931, CO 825/11/2．彼はナマーズィーが上海へ移動したものと考えていたが，その根拠は明らかにしていない．ただし駐イラン公使が作成した年次報告には，ナマーズィーの上海でのアヘン取引に関する記述がある．"Persia: Annual Report, 1930," p. 78, FO 416/113.

(96)　"Memorandum by Mr. Lingeman on the Subject of Persian Opum," 26 Jun. 1931, in FO to CO, 20 Jul. 1931, CO 825/11/2. なお 1931 年には M. ナマーズィーという人物が，イランのアヘン輸出専売会社の代表としてシンガポールの専売局を訪れている. Memorandum by Cator, 18 Jun. 1931, Enclosure no. 2 in Clementi to Passfield, conf., 3 Aug. 1931, CO 825/11/2.

(97)　Peel to Passfield, conf., 27 Aug. 1931, CO 825/11/2.

(98)　Clementi to Passfield, 3 Aug. 1931, CO 825/11/2. 以下の訃報も参照. *Straits Times*, 27 Jul. 1931.

(99)　Lloyd to USofS, IO, 7 Nov. 1931, in IO to CO, 4 Dec. 1931, CO 825/11/2.

(100)　Peel to Cunliffe-Lister, secret, 6 Apr. 1932, CO 825/11/2; Secretary, Government of Bombay, Political Department to the Governor of India, Foreign and Political Department, conf., 29 Jun. 1932, in IO to CO, 19 Jul. 1932, CO 825/15/11.

(101)　筆者はケンブリッジ大学チャーチル・カレッジ内に設置されているチャーチル・アーカイブス・センター所蔵のエイマリー文書も閲覧したが，残念ながらこの問題をめぐる有益な情報を見出すことはできなかった.

第六章注

(1)　本章の扱うアヘン協定をはじめ，澳門におけるアヘン問題についてはアウフレード・ゴメス・ディーアスがポルトガル側の史料を用いて論じている. ただし彼はイギリス側の史料を参照しておらず，香港・澳門間の関係についても検討の余地を残している. 一方ジョフリー・ガンも澳門の歴史を扱った研究書のなかでこの問題に触れているが，概要の提示のみに留まっている. Alfredo Gomes Dias, *Portugal, Macau e a Internacionalização da Questão do Ópio (1909–1925)* (Macau: Livros do Oriente, 2004); Geoffrey C. Gunn, *Encountering Macau: A Portuguese City-State on the Periphery of China, 1557–1999* (1996; repr. Macao: Geoffrey C. Gunn, 2005), pp. 83–87.

(2)　20 世紀前半におけるイギリスのポルトガルとの同盟に対する姿勢については，グリン・ストーンによる以下の研究を見よ. Glyn A. Stone, "The Official British Attitude to the Anglo-Portuguese Alliance, 1910–45," *Journal of Contemporary History*, 10, no. 4, (Oct. 1975), pp. 729–746; Stone, "No Way to Treat an Ancient Ally: Britain and the Portuguese Connection, 1919–1933," in *Peacemaking, Peacemakers and Diplomacy, 1880–1939: Essays in Honour of Professor Alan Sharp*, ed. Gaynor Johnson, pp. 223–252 (Newcastle upon Tyne: Cambridge Scholars Publications, 2010).

(3)　Fox to Jordan, 11 Sep. 1908, FO 228/2363. 澳門政庁の 1908/09 年の会計年度において，賭博と煙膏からの歳入は，それぞれ全体の 50 パーセントおよび 18 パーセントに達していた. *Boletim Official do Governo da Provincia de Macau* (澳門政庁の官報. 時代を経るごとに何度か名前が変更されたが，本書ではすべて *BO* と省略する), 1910, N.º 48, p. 416.

(4)　*BO*, 1893, N.º 10, p. 109–110; *BO*, 1903 N.º 20, pp. 161–163; *BO*, 1904, N.º 46, p. 386; "The Fook Lung Firm v. The Lai Yuen Firm and Others," O. J. No. 6 of 1910, *Hong Kong Law Reports* 7 (1912; repr. Hong Kong: Government Printer, 1960), pp. 150–169. 澳門における人和公司の活動については，第 2 章注 21 を参照.

(5)　澳門において，闈姓をはじめとする各種賭博からの徴税を請け負ったことで知られる．胡根『澳門早期博彩業』三聯書店（香港），2011年，66頁．

(6)　Ofício N.º 836 de 11 de Setembro de 1909, do Inspector de Fazenda para o Secretaria Geral do Governo, AH/AC/P-02319, Arquivo Histórico de Macau, Macau（以下AHMと略）.

(7)　Ofício N.º 336, de 21 de Abril de 1910, do Oficial, servindo de Inspector de Fazenda para o Secretario Geral do Governo; Ofício de 21 de Abril de 1910, do Gerente do Banco Nacional Ultramarino, Macau, para o Oficial, servindo de Inspector de Fazenda, AH/AC/P-02579, AHM; *Hongkong Daily Press*（以下*HKDP*と略）, Apr. 23, 1910.

(8)　*BO*, 1909, N.º 21, pp. 211–213, N.º 30, pp. 309–311 and N.º 41, pp. 430–433; *BO*, 1910, N.º 5, pp. 27–30, N.º 25, pp. 207–210 and N.º 31, p. 271; China Maritime Customs, *Decennial Reports on the Trade, Industries, etc. of the Ports Open to Foreign Commerce and on the Condition and Development of the Treaty Port Provinces, 1902–11*, vol. 2 (Shanghai: Statistical Department of the Inspectorate General of Customs, 1913)（以下*DR*と略）, p. 172. 年間請負額は148,750パタカだった．

(9)　Lugard to Harcourt, no. 315, 6 Sep. 1911, with enclosures（以下encls.と略）, CO 129/379.

(10)　澳門政庁は香港政庁へ，澳門のアヘン徴税請負人宛の生アヘンについて積み替えの便宜をはかるよう求めたが，受け入れられなかった．Barnes to Secretary General, Macao, no. 66 in 144/11, 4 Sep. 1911, AH/AC/P-03217, AHM.

(11)　Jamieson to d'Assumpcao, 12 Sep. 1911, AH/AC/P-03238, AHM.

(12)　No. 42, Fiddes, CO to FO, 31 Jan. 1912, British Foreign Office, *The Opium Trade* (Wilmington, Delaware: Scholarly Resources, 1974), vol. 2, pt. 5（以下*OT*と略）.

(13)　Encl. in no. 69, Vasconcellos to Hardinge, 5 Mar. 1912, *OT*, vol. 2, pt. 5.

(14)　No. 66, Memorandum to Gomes, 22 Mar. 1912, *OT*, vol. 2, pt. 5.

(15)　Encl. 6 in no. 80, Governor, Straits Settlements to Harcourt, tel., 12 Apr. 1912, *OT*, vol. 2 pt. 5.

(16)　No. 96, Messrs. E. D. and Messrs. D. Sassoon and Co. to FO, 23 May 1912, *OT*, vol. 2, pt. 5; Severn to Harcourt, confidential（以下conf.と略）, 12 Jun. 1912, CO 129/390.

(17)　No. 93, Abrahams, IO to FO, 21 May 1912, *OT*, vol. 2, pt. 5.

(18)　No. 138, Grey to Hardinge, 28 Jun. 1912, *OT*, vol. 2, pt. 5. 後に中華民国政府（北京政府）も，この件についてイギリス政府へ協力を要請している．No. 78, Jordan to Grey, 14 Sep. 1912, *OT*, vol. 2, pt. 6.

(19)　Encl. in no. 133, Vasconcellos to Hardinge, 4 Dec. 1912, *OT*, vol. 2, pt. 6.

(20)　No. 17, Minutes of a Meeting on 13 Jan. 1913; No. 36, Minutes of a Meeting on 27 Jan. 1913; No. 39, Memorandum to Fonseca, 31 Jan. 1913, *OT*, vol. 3, pt. 7.

(21)　No. 53, Minutes of the Third Meeting on 12 Feb. 1913, *OT*, vol. 3, pt. 7.

(22)　No. 92*, Grey to Portuguese Minister, 17 Apr. 1913, *OT*, vol. 3, pt. 7.

(23)　No. 102, Mallet, FO to IO, 2 May 1913, *OT*, vol. 3, pt. 7.

(24)　No. 125*, Tovar to Grey, 3 Jun. 1913, *OT*, vol. 3, pt. 7; No. 56, Memorandum by FO, 21 Mar. 1921, *OT*, vol. 4, pt. 15.

(25) Severn to Harcourt, conf., 12 Jun. 1912, CO 129/390; May to Harcourt, conf., 15 Oct. 1912; May to Harcourt, conf., 22 Oct. 1912, CO 129/392.

(26) Governor, Hong Kong to Secretary of State（以下 SofS と略），CO, tel., 7 Mar. 1913, CO 129/400.

(27) Encl. 1 in no. 89, Harcourt to May, tel., 29 Mar. 1913, *OT*, vol. 3, pt. 7.

(28) No. 87*, Minutes by B. A., 29 Mar. 1913, *OT*, vol. 3, pt. 7.

(29) 以下のファイルに納められた複数の請願を参照．AH/AC/P-03175, AHM.

(30) *BO*, 1913, N.º 24, pp. 261–264.

(31) Requerimento de 30 de Outubro de 1913 de Chao-seng e Sio-in para o Governador de Macau, AH/AC/P-04241, AHM; *BO*, 1914, N.º17, p. 190.

(32) 有成公司の代表には龐偉廷が就任した．なお同公司の年間請負額は 1,056,660 パタカだった．松下芳三郎『台湾阿片志』台湾総督府専売局，1926 年，325–327 頁，May to Harcourt, conf.,11 Aug. 1913, with encls., CO 129/403. なお同公司には蕭瀛洲も参加していた模様である．胡『澳門早期博彩業』66 頁.

(33) May to Law, conf., 26 Jul. 1916, with encls., CO 129/434.

(34) Langley, FO to Under Secretary of State（以下 USofS と略），CO, 20 Sep. 1916; Langley, FO to USofS, CO, 3 Nov. 1916; Grindle to USofS, FO, 13 Nov. 1916, CO 129/437; Kershaw, IO to USofS, CO, 10 Oct. 1916, CO 129/438.

(35) John Vincent-Smith, “Britain, Portugal and the First World War, 1914–16,” *European Studies Review* 4, no. 3（1974）, p. 236.

(36) *South China Morning Post*（以下 *SCMP* と略），7 Dec. 1917; Requerimento de 22 de Dezembro de 1917, de Sio-fat, Foc-chün e Má-kong para o Governador de Macau, AH/AC/P-06263, AHM. 年間請負額は 6,676,000 パタカだった.

(37) *SCMP*, 16 Feb. 1918.

(38) May to Long, conf., 25 Feb. 1918, with encl., CO 129/447.

(39) Stubbs to Milner, conf., 10 Dec. 1919, CO 129/456.

(40) *DR, 1912–1921*, vol. 2, p. 251; *BO*, 1920, Supplemento ao N.º 13, p. 241–242; *HKDP*, Apr. 10, 1920.

(41) *BO*, 1913, N.º 48, p. 591; Ofício N.º 1583, de 11 de Setembro de 1914, do Governador de Macau para o Juiz Sindicante, AH/AC/P-03175, AHM.

(42) Alan Baumler, *The Chinese and Opium under the Republic: Worse than Floods and Wild Beasts*（Albany: State University of New York Press, 2007）, pp. 75, 84.

(43) R. K. Newman, “India and the Anglo-Chinese Opium Agreements, 1907–14,” *Modern Asian Studies* 23, no. 3（1989）, p. 556.

(44) Gunn, *Encountering Macau*, pp. 105–109；譚志強『澳門主権問題始末（1553–1993）』永業出版社，1994 年，212–217 頁，鄧開頌・陸暁敏主編『粤港澳近代関係史』広東人民出版社，1996 年，219–223 頁，呉志良『生存之道——論澳門政治制度与政治発展』澳門成人教育学会，1998 年，226–237 頁，黄慶華『中葡関係史』下冊，黄山書社，2006 年，977–1009 頁.

(45) Minutes by Ashton-Gwatkin and Wellesley, both on Sep. 1, 1922, on Clive to Balfour, no. 411, 12 Jul. 1922, F 2792/6/10, FO 371/7972.

(46) *BO*, 1920, Supplemento ao N.º 14, pp. 259–261; *BO*, Supplemento ao N.º 16, pp. 313

–315; *SCMP*, 24 May 1920.

(47)　Vivienne Poy［利徳蕙］, *A River Named Lee*［利氏長流］(Scarborough, Ontario: Calyan Publishing, 1995), pp. 9–11, 29–34（7–8, 21–25 頁）．著者は利希慎の孫である．以下の文献も参照せよ．Poy, *Building Bridges: The Life & Times of Richard Charles Lee, Hong Kong: 1905–1983*［築橋——利銘沢的生平与時代，香港：一九零五年至一九八三年］(Scarborough: Calyan Publishing, 1998); Poy, *Profit, Victory and Sharpness: The Lees of Hong Kong*（Toronto: York Centre for Asian Research, York University, 2006); 何文翔「利希慎家族」同『香港家族史』明報出版社，1992 年，115–173 頁，鄭宏泰・黄紹倫『一代煙王 利希慎』三聯書店（香港），2011 年．

(48)　*SCMP*, 1 May 1928; Poy, *A River Named Lee*, pp. 34–35（26 頁）．裕興公司の董事には，澳門の煙膏を請け負った経験のある Leung Kin Sang も参加していた．*Hong Kong Law Reports* 11（1916), p. 61.

(49)　Requerimento de Lee Pak, de 23 de Outubro de 1918, Acompanhado de uma Publica Forma, AH/AC/P-6824, AHM.

(50)　Requerimento de Ung-ming-sao, de 30 de Outubro de 1918; Portaria Provincial de 12 de Novembro de 1918, AH/AC/P-6824, AHM.
　なお，香港で繰り返し発生した疫病のために，利の一家は 1910 年から 1918 年まで澳門に在住していた．Poy, *A River Named Lee*, p. 47（35 頁）．

(51)　*DR, 1912–1921*, vol. 2, p. 251; "Report on the Examination of Some Account Books Relating to the Macau Opium Farm for the Years 1924/27," by Lloyd, 22 Oct. 1928, p. 1, enclosed in Southorn to Amery, conf., 9 Nov. 1928, CO 129/508/7. 後者の報告書は，利の死後に香港政庁の不動産税監督官（Estate Duty Commissioner）へ提出された裕成公司の帳簿をめぐり，同政庁の輸出入監督官であるＪ・Ｄ・ロイド（J. D. Lloyd）が執筆したものである．以後 *Lloyd's Report* と略し，頁数と文書番号を付す．なお，鄭宏泰と黄紹倫はこの報告書の内容をもとに，利によるアヘン徴税請負会社の運営を精査している．鄭・黄『一代煙王』105–139 頁．

(52)　*BO*, 1923, N.º 7, pp. 106–107, 110–112; Stubbs to Thomas, conf., May 10, 1924, F 2143/259/87, FO 371/10341; *Lloyd's Report*, p. 1, CO 129/508/7.

(53)　*Lloyd's Report*, pp. 1–3, CO 129/508/7. ロイドは 1924 年に成立したアヘン徴税請負会社の名前を裕興公司としているが，後述する 1928 年に生じた利希慎をめぐる名誉毀損訴訟で明らかになった情報から判断するに，これは裕成公司の誤記であろうと考えられる．

(54)　Encl. 5 in no. 69, Bell to Aglen, 14 Jun. 1921, *OT*, vol. 4, pt. 16; Encl. in no. 7, Stubbs to Churchill, conf., 1 Jun. 1922, *OT*, vol. 5, pt. 18.

(55)　Memorandum by HO, 22 Sep. 1924, F 3216/259/87, FO 371/10341; No. 27, Bateman to Curzon, 29 Sep. 1922, *OT*, vol. 5, pt. 18; Severn to Cabendish, conf., 14 Nov. 1922, F106/50/87; Delevingne to USofS, FO, 15 Mar. 1923, F 776/50/87, FO 371/9243; Paris to Secretary of State（以下 SofS と略), FO, 23 Jun. 1923, F 2195/50/87, F 371/9244; No. 3, Macleay to Curzon, 11 Jun. 11; No. 4, Stubbs to Devonshire, conf., 29 May 1923, *OT*, vol. 5, pt. 20.

(56)　Encl. 1 in no. 34, Stubbs to Devonshire, conf., 6 Mar. 1923, *OT*, vol. 5, pt. 19; Carnegie to Curzon, 31 May 1923; Wellesley to USofS, HO, 11 Jun. 1923, F 1698/50/87; Wellesley to Carnegie, 14 Jul. 1923, F 1900/50/87, FO 371/9243.

(57) Carnegie to Curzon, 29 Nov. 1923, F 3524/50/87, FO 371/9244; Delevingne to USofS, FO, 2 Feb. 1924; Collier to Carnegie, no. 42, 5 Feb. 1924, F354/41/87; Carnegie to Macdonald, no. 32, 14 Feb. 1924, F 509/41/87, FO 371/10331.

(58) *Lloyd's Report*, pp. 15–18, CO 129/508/7.

(59) 澳門にあるキリスト教系の慈善団体．貧者のための病院や孤児院などを運営していた．

(60) Relatorio do Ano Economico de 1927–1928, da Colonia de Macau, Inspecção dos Impostos de Consumo, Administração do Ópio, p. 35, 3.º P., M. 76, A. 28, Proc. 19, Arquivo Histórico-Diplomático do Ministério dos Negócios Estrangeiros（以後 AHD-MNE と略), Lisboa, Portugal. 同文書は澳門政庁によって準備された，アヘン行政に関する長文の報告書である．以後 *Relatorio, 1927–1928* と省略し，頁数と文書番号を付す．なお執筆者の 1 人であるアヘン行政官（Administrador do Ópio）のペドロ・ジョゼー・ローボ（Pedro José Lobo）は，後述するように利希慎に対して名誉毀損訴訟を起こした．利による仁慈堂への寄付については次も見よ．*SCMP*, 27 Mar. 1923.

(61) No. 24, Tilley to IO, 2 Dec. 1919, *OT*, vol. 4, pt. 13.

(62) No. 7, Kershaw to FO, 5 Jan. 1920; No. 9, Curzon to Carnegie, 21 Jan. 1920, *OT*, vol. 4, pt. 14.

(63) No. 13, Carnegie to Curzon, 10 Jan. 1921, *OT*, vol. 4, pt. 15.

(64) No. 124, Cunnings to Curzon, tel., 24 May 1921; No. 140, Cummings to Curzon, 24 May 1921; No. 31, Wellesley to IO, 12 Aug. 1921; Encl. 1 in no. 55, Stubbs to Churchill, conf., 17 May 1921, *OT*, vol. 4, pt. 15; No. 69, Alston to Curzon, conf., 1 Aug. 1921, *OT*, vol 4, pt. 16.

(65) No. 7, Curzon to Carnegie, 16 Jan. 1922; No. 11, Carnegie to Curzon, 4 Feb. 1922, *OT*, vol. 5, pt. 17.

(66) No. 22, Curzon to Carnegie, Oct. 30, 1922, *OT*, vol. 5, pt. 18.

(67) No. 8, Carnegie to Curzon, 23 Jan. 1923, *OT*, vol. 5, pt. 19.

(68) Wellesley to USofS, HO, 24 Feb. 1923, F 321/50/87; Grindle to USofS, FO, 23 Mar. 1923, F 885/50/87, FO 371/9243.

(69) Kershaw to USofS, FO, 22 Mar. 1923, F 878/50/87; Delevingne to USofS, FO, 24 Mar. 1923, F 892/50/87; Newton to USofS, IO, 10 Apr. 1923; Newton to USofS, CO, 10 Apr. 1923, F897/50/87, FO 371/9243; No. 38, Curzon to Grant Watson, conf., 26 Apr. 1923, *OT*, vol. 5, pt. 19.

(70) Wellesley to USofS, HO, 29 Aug. 1923, F 1988/50/87; Grindle to USofS, FO, 11 Sep. 1923, F 2715/50/87; Kershaw to USofS, FO, 13 Sep. 1923, F 2733/50/87; Eagleton to USofS, FO, 8 Oct. 1923, F 2978/50/87, FO 371/9244; No. 12, Curzon to Carnegie, 17 Oct. 1923, *OT*, vol. 5, pt. 20.

(71) Walton to USofS, FO, 22 Jul. 1924; Waterlow to USofS, IO, 28 Jul. 1924, F 2475/259/87, FO 371/10341.

(72) 1923 年から 24 年まで在任した．

(73) Rodrigues to Governor, Hong Kong（以下 Gov, HK と略), 5 Jun. 1924, encl. in Stubbs to Thomas, secret, 14 Jun. 1924, F 2655/259/87, FO 371/10341.

(74) 1924 年から 25 年まで在任した．

(75) Stubbs to SofS, CO, tel., Aug. 7, 1924, F 2765/259/87, FO 371/10341.

(76) Newton to USofS, HO, 27 Aug. 1924, F 2773/259/87; Minutes by Collier, 22 Sep. 1924 and 23 Sep. 1924, on Walton to USofS, FO, 18 Sep. 1924, F 3151/259/87; Waterlow to Bianchi, 27 Aug. 1924, F 2773/259/87, FO 371/10341.

(77) Delevingne to Waterlow, 24 Aug. 1924, F 2895/259/87; Turner to USofS, FO, 2 Sep. 1924, F 3008/259/87; Walton to USofS, FO, 18 Sep. 1924, F 3151/259/87; Grindle to USofS, 10 Sep. 1924, F 3071/259/87, FO 371/10341.

(78) Memorandum encl. in Norton de Matos to MacDonald, 29 Sep. 29, 1924, F 3275/259/87; Carnegie to MacDonald, 29 Sep. 1924, F 3345/259/87, FO 371/10341. 後にイギリス外務省は東チモールへのアヘン輸出についても，提示された数字が過大であるとの情報を得ている．H. M. Consul General, Batavia to FO, tel., 27 Oct. 1924, F 3589/259/87; Crosby to Macdonald, 28 Oct. 1924, F 4040/259/87; Gov, HK to SofS, CO, tel., 30 Oct. 1924, FO 3663/259/87, FO 371/10341.

(79) Waterlow to USofS, HO, IO & CO, 15 Oct. 1924, F 3275/259/87; Delevingne to USofS, FO, 21 Oct. 1924, F 3528/259/87; Turner to USofS, FO, 4 Nov. 1924, F 3707/259/87, FO 371/10341.

(80) Waterlow to USofS, HO, 24 Oct. 1924, F 3528/259/87; Delevingne to USofS, FO, 13 Oct. 1924, F 3427/259/87; Turner to USofS, FO, 11 Nov. 1924, F 3780/259/87, FO 371/10341.

(81) 第4・5章および後藤『アヘンとイギリス帝国』73–77, 81–93頁を参照.

(82) Dias, *Portugal, Macau e a Internacionalização da Questão do Ópio*, pp. 128–144.

(83) League of Nations, C. 684. M. 244. 1924. XI., *First Opium Conference, Geneva, November 3rd, 1924-February 11th, 1925. Minutes and Annexes*, pp. 160–161, 166. 以下国際連盟の文書を引用する際にはLNdと表記し，文書番号を付記する．

(84) Dias, *Portugal, Macau e a Internacionalização da Questão do Ópio*, pp. 201–203.

(85) Encl. 1 in no. 10, Kershaw to FO, 18 Apr. 1925, *OT*, vol. 5, pt. 22.

(86) No. 10, Chamberlain to Carnegie, 4 May 1925, *OT*, vol. 5, pt. 22; LNd, C. 602. M. 192. 1925. XI., p. 21.

(87) ジュネーヴ国際アヘン会議の開催以前から，香港政庁はインド以外の地域からインド産アヘンが澳門へ供給されていることを察知していた．Lloyd to Colonial Secretary, Hong Kong（以下CS, HKと略), 11 Oct. 1924, encl. in Stubbs to Thomas, conf., 16 Oct. 1924, F 3935/259/87, FO 371/10341.

(88) 後藤『アヘンとイギリス帝国』100–101頁.

(89) No. 5, Turner to FO, Feb. 12, 1926, and its encls., *OT*, vol. 5, pt. 23.

(90) LNd, C. 393. M. 136. 1926. XI., pp. 36–38.

(91) *Ibid.*, pp. 23–25, 61–68, 122–124, 228–229.

(92) Encl. 1-A, "Translation of an Extract from the Proceedings of the Conselho Legislative [sic] of Macao in April 1925," in Stubbs to Amery, conf., 15 Nov. 1926, F 310/310/87, FO 371/12529.

(93) 1918年から19年まで，さらに1926年から31年まで在任した．バルボーザの澳門総督就任は2度目だったため，当時既に同政庁財政におけるアヘン収入の重要性を理解していたものと考えられる．

(94) Ofício confidencial de 16 de Julho de 1926, do Arthur Tamagini Barbosa, para o

Ministro das Colónias（以下 MC と略），em ofício confidential de 16 de Julho de 1926, do MC, para o Ministro dos Negócios Estrangeiros（以下 MNE と略），António Maria de Bettencourt Rodrigues, 3.º P., M. 79, A. 28, Proc. 19; Telegrama N.º 13, de 7 de Agosto de 1926, do MNE para o Embaixador de Portugal em Londres（以下 EPL と略），Norton de Mattos, Arq. Emb./ Leg. Londres, M. 162, AHD-MNE.

(95) Relatorio de 25 de Agosto de 1926, por José d'Almada, 3.º P., M. 79, A. 28, Proc. 19, AHD-MNE; Crowe to d'Almada, very conf., 18 Aug. 1926, F 3405/3383/87, FO 371/11715.

(96) Ofício confidencial reservado N.º 48, de 14 de Setembro de 1926, do MNE, António Óscar Fragoso Carmona, para o EPL, Th. A. Garcia Rosado, Arq. Leg./Emb Londres, M. 162, AHD-MNE.

(97) No. 15, Turner to FO, 18 Oct. 1926; No. 16, Chamberlain to Carnegie, 16 Nov. 1923, *OT*, vol. 5, pt. 23; Delevingne to USofS, FO, 3 Nov. 1926, F 4654/3383/87, FO 371/11715.

(98) LNd, C. 86. M. 35. 1927. XI., p. 72.

(99) Telegrama N.º 69, de 7 de Março de 1927, do MNE, António Maria de Bettencourt Rodrigues, para o EPL, Th. A. Garcia Rosado, Arq. Leg./Emb. Londres, M. 162, AHD-MNE; Rosado to Wellesley, 28 Mar. 1928, F 2900/310/87, FO 371/12529.

(100) Ofício N.º 349, de 19 de Abril de 1927, do EPL, Th. A. Garcia Rosado, para o MNE, António Maria de Bettencourt Rodrigues, Arq. Leg./Emb. Londres, M. 162, AHD-MNE.

なおヴァスコンセロスはロンドン滞在中に罹病したため，実際にバーケンヘッドと面会したのはダウマーダと駐英ポルトガル大使だった．彼らはエイマリー植民地相とも会談したが，澳門をめぐる問題については協議していない．Rosado to Amery, 4 Apr. 1927, Arq. Leg./Emb. Londres, M. 162, AHD-MNE.

(101) Mounsey to Carnegie, 7 Apr. 1927, F 3023/310/87, FO 371/12529. 澳門には実際に 1924 年 7 月から 26 年 6 月までの間に，サイゴン，ブーシェフル，フランス領広州湾の各地から総計 428 箱のインド産アヘンが輸入されていた．Relatorio de 28 de Julho de 1927, pelo Encarregado das Averiguações, José Mendes Silvestre, communicado com Ofício N.º 179, de 4 de Outubro de 1927, do Sub Director Geral, Direcção Geral das Colónias do Oriente, Ministério das Colónias（以下 DGCO, MC と略），2ª Repartição（以下 2ª Rep. と略），2ª Secção（以下 2ª Sec. と略），para o Chefe, Secretaria Portuguesa da Sociedade das Nações（以下 SPSdN と略），MNE, 3.º P, M. 79, A. 28, Proc. 19, AHD-MNE.

フランス領広州湾のアヘン問題については，以下の文献を参照．蔡進光「広州湾専営鴉片的三有公司」文史精華編輯部編『近代中国煙毒写真』上巻，河北人民出版社，1997 年，623–629 頁，Philippe Le Failler, *Monopole et prohibition de l'opium en Indochine. Le pilori des chimères*（Paris: L'Harmattan, 2001），pp. 206–208, 275–284.

(102) Lloyd to CS, HK, 10 Mar. 1927, encl. in Clementi to Amery, conf., 14 Mar. 1927; Lloyd to CS, HK, 28 Feb. 1927, encl. in Clementi to Amery, conf., Mar. 8, 1927, CO 129/502/10.

(103) "Extract from Macau Gazette of 9th April, 1927," encl. in Clementi to Amery,

conf., 2 May 1927, CO 129/502/10; *BO*, 1927, N.º 31, pp. 598–599.

(104) Gov, HK to SofS, CO, conf., tel., 13 Jun. 1927; Clementi to SofS, CO., conf., 22 Jul. 1927, CO 129/502/10.

(105) Beckett to Delevingne and Mounsey, 25 Jun. 1927; Ashton-Gwatkin to Paskin, 4 Jul. 1927; Delevingne to Paskin, 29 Jun. 1927, CO 129/502/10; Ashton-Gwatkin to Beckett, 28 Jun. 1927, F 5810/310/87, FO 371/12529.

(106) SofS, CO to Gov, HK, tel., conf., 29 Jun. 1927, CO 129/502/10.

(107) ヴィヴィアン・ポイは彼の名前を呂検畢と表記しているが，同時代文献を管見する限り正確な漢字表記は不明である．Lui の名前のアルファベット表記は *Relatorio, 1927–1928*, M. 76, A. 28, Proc. 19, AHD-MNE に従った．Poy, *A River Named Lee*, p. 60（45頁）．

なお呉志良・湯開建・金国平は，澳門においてアヘン専売局の経理を務めた経験がある人物として畢侶検を挙げているが，これも Lui Kim Butt と同一人物である可能性が高い．呉らによれば，畢はビルマの富商を父に持つ華人で，帰国後に救国公債勧募集委員会澳門分会主任，澳門中華総商会値理や政庁の要職を務めたが，日中戦争期に押収した密輸アヘンから私利を得たほか，日本側の傀儡政権と協力して投機を行ったために，戦後中国政府によって「漢奸」と認定された．ただし 1998 年に澳門中華総商会が刊行した書籍に掲載されている同会値理のリストには，彼の名前は記載されていない．*Lloyd's Report*, p. 4, CO 129/508/7; 呉志良・湯開建・金国平主編『澳門編年史』第 5 巻，広東人民出版社，2009 年，2480 頁，澳門中華総商会『澳門中華総商会八五——1913–1998』澳門中華総商会，1998 年，55–62 頁．

(108) *Relatorio, 1927–1928*, pp. 3–5, 7, Apenso A, 3.º P., M. 76, A. 28, Proc. 19, AHD-MNE.

(109) *Hongkong Telegraph*, 17 and 18 Jun. 1927; Clementi to SofS, CO, and its encls., conf., 22 Jul. 1927, CO 129/502/10.

(110) Ofício N.º 43, de 5 de Agosto de 1927, do MNE, António Maria de Bettencourt Rodrigues, para o EPL, Th. A. Garcia Rosado, Arq. Leg./Emb. Londres, M. 162, AHD-MNE; Th. A. Garcia Rosado to Chamberlain, 15 Aug. 1927, F 6936/310/87, FO 371/12529.

(111) Th. A. Garcia Rosado to Lord Birkenhead, personal, 15 Aug. 1927, Arq. Leg./Emb. Londres, M. 162, AHD-MNE.

(112) Clementi to Amery, conf., 17 Aug. 1927, CO 129/502/10.

(113) Gov, HK to SofS, CO, tel., 15 Aug. 1927, CO 129/502/10.

(114) Minutes by Paskin, 16 Aug. 1927, on Gov, HK to SofS, CO, tel., 15 Aug. 1927; Minutes by Paskin, 19 Aug. 1927, on "Notes as to the Permits to be Brought out in the Telegram to H. K.," by Paskin, 19 Aug. 1927, CO 129/502/10; Minutes by Johnstone, Nicholas, and Mounsey on 18–20 Aug. 1927, on F 6938/310/87, FO 371/12529.

(115) SofS, CO to Gov, HK, tel., 19 Aug. 1927, CO 129/502/10.

(116) Gov, HK to SofS, CO, tel., 26 Aug. 1927, CO 129/502/10.

(117) Paskin to Delevingne, 29 Aug. 1927; Turner to USofS, CO, 26 Aug. 1927, CO 129/502/10; Turner to USofS, FO, 26 Aug. 1927, F 7145/310/87, FO 371/12529.

(118) Delevingne to Paskin, 30 Aug. 1927, CO 129/502/10.

(119) Minutes by Paskin, 6 Sep. 1927 on FO to USofS, IO, 3 Sep. 1927, CO 129/502/10; Minutes by Nichols, 2 Sep. 1927 on F 7175/310/87, FO 371/12529.

(120) Paskin to Nichols, 8 Sep. 1927; Ashton-Gwatkin to Carnegie, 13 Sep. 1927, F 7429/310/97, FO 371/12529; SofS to Gov, HK, tel., conf., 12 Sep. 1927, CO 129/502/10; Ashton-Gwatkin to F. Q. de Olivieira Bastos, 10 Sep. 1927, Arq. Leg./Emb. Londres, M. 162, AHD-MNE.

(121) 第3章および以下の文書を参照. Encl. 2 (no. 1), Clementi to Secretary General, Macao, 2 May 1912, in Severn to Harcourt, 12 Jun. 1912, conf., CO 129/390.

(122) Relatorio de 20 de Julho de 1927, pelo Chefe da Repartição do Gabinete, Tito Afonso da Silva Poiares, communicado com Ofício N.º 208, do DG, DGCO, MC, 2ª Rep., 2ª Sec., para o Chefe, SPSdN, MNE, 3.º P, M. 79, A. 28, Proc. 19, AHD-MNE.

(123) Telegrama, de 3 de Outubro de 1927, do Consul de Portugal em Hanoi, para o Governador de Macau, communicado com Ofício N.º 208, do DG, DGCO, MC, 2ª Rep., 2ª Sec., para o Chefe, SPSdN, MNE, 3.º P, M. 79, A. 28, Proc. 19, AHD-MNE.

(124) 本章注60を見よ.

(125) Relatorio de 30 de Abril de 1928, pelo Administrador de Opio, Pedro José Lobo, communicado com Ofício N.º 105 de 3 de Julho de 1928, do DG, DGCO, MC, 2ª Rep., 2ª Sec., para o Chefe, SPSdN, MNE, 3.º P., M. 79, A. 28, Proc. 19, AHD-MNE.

(126) 筆者は現在に至るまで，陳情書の原本を発見し得ていない．以下の陳情書に関する記述は澳門政庁の報告書と，裁判の経緯を報道した新聞記事に拠った．

(127) *Relatorio, 1927–1928*, p. 5, Apenso P, 3.º P., M. 76, A. 28, Proc. 19, AHD-MNE. なお史料には「澳門における立法委員会のメンバー（Members of the Legislative Council of Macao)」にも配られたと記載されているが，専売制度の設置に先立ち1927年1月に同委員会は解散し，代わって政務委員会（Conselho do Governo）が発足している．そのため，この部分はかつて立法委員会に所属していたメンバーか，あるいは政務委員のメンバーを指すものと推測される．呉志良『生存之道』，216–217頁，施白蒂（金国平訳）『澳門編年史 二十世紀 1900–1949』澳門基金会，1999年，206頁.

(128) *Relatorio, 1927–1928*, Apenso O, 3.º P., M. 76, A. 28, Proc. 19, AHD-MNE.

(129) Poy, *A River Named Lee*, pp. 1–2, 63–65（1–2, 48–50頁).

(130) *Relatorio, 1927–1928*, Apenso P, p. 2, 3.º P., M. 76, A. 28, Proc. 19, AHD-MNE.

(131) 澳門における著名な華商であり，澳門中華総商会の副理および総理の経験者だった．澳門中華総商会『澳門中華総商会八五』55–58頁.

(132) *Relatorio, 1927–1928*, pp. 10–15, Apenso A, 3.º P., M. 76, A. 28, Proc. 19, AHD-MNE.

(133) *SCMP*, 29 Mar. 1928.

(134) *Relatorio, 1927–1928*, pp. 31–32; Apenso P, p. 2, 3.º P., M. 76, A. 28, Proc. 19, AHD-MNE.

(135) *Relatorio, 1927–1928*, Apenso S, 3.º P., M. 76, A. 28, Proc. 19, AHD-MNE. 澳門政庁の報告書の附録に掲載されている鳳昌の書簡（中文）では，「Yau Seng 公司」に「裕成公司」の文字が当てられているが，これは利希慎が携わっていた裕成公司とは別のものである．

(136) *Relatorio, 1927–1928*, pp. 9–34, 3.º P., M. 76, A. 28, Proc. 19, AHD-MNE.

(137)　*Relatorio, 1927–1928*, Apenso P, 3.º P., M. 76, A. 28, Proc. 19, AHD-MNE.
(138)　「澳門ニ於ケル阿片取締ノ現状ニ関スル調査報告」（昭和4年5月1日 在香港村上総領事報告），『各国ニ於ケル阿片取引状況』外務省条約局，1929年8月，251頁.
(139)　澳門の著名な華商である．賭博からの徴税を請け負っていたほか，後に1940年代には澳門中華総商会の值理（主席）を歴任した．Peter Haberzettl e Roderich Ptak, "Vectores da Economia e das Finanças," in A. H. de Oliveira Marques, dir., *História dos Portugueses no Extremo Oriente*, vol. 4 (Lisboa: Fundação Oriente, 2003), pp. 233–234, 澳門中華総商会『澳門中華総商会八五』57–58頁.
(140)　"Note on Opium in Macao," by Taylor, 28 May 1931, CO 825/10/13. 1931年に開催されたバンコク会議で，イギリス代表のデルヴィーンはポルトガル代表として出席したローボに対し，澳門の専売制度のもとで華人が雇用されていることを挙げ，同制度の内実に疑問を呈している．LNd, C. 577. M. 284. 1932. XI., pp. 55–58.
(141)　Acta da sessão secreta do Conselho do Govêrno, realizada em 6 de Outubro de 1932, communicado com Ofício N.º 2, de 4 de Janeiro de 1933, do Director Geral, DGCO, MC, para o Director Geral, SPSdN, MNE, 3.º P, M. 840, A. 1, Proc. 19, AHD-MNE.
(142)　Peel to Cunliffe-Lister, conf., 2 Dec. 1932, CO 825/15/10; *Echo Macaense*, 17 de Outubro de 1932.
(143)　Delevingne to Grindle, 28 Sep. 1927; SofS, CO to Gov, HK, tel., 4 Oct. 1927, CO 129/502/10.
(144)　Clementi to Amery, secret, 12 Dec. 1927, CO 129/508/7.
(145)　Clementi to Amery, secret, 20 Apr. 1928; Southorn to Amery, conf., 9 Nov. 1928, CO 129/508/7.

第七章注

(1)　後藤春美『アヘンとイギリス帝国——国際規制の高まり 1906–43年』山川出版社，2005年，153頁.
(2)　劉明修（伊藤潔）『台湾統治と阿片問題』山川出版社，1983年，185頁.
(3)　後藤『アヘンとイギリス帝国』148–175頁．満洲国および日本の傀儡政権によるアヘン政策については，次を参照せよ．小林元裕『近代中国の日本居留民と阿片』吉川弘文館，2012年，倉橋正直『阿片帝国・日本』共栄書房，2008年，倉橋「外地における阿片戦略」同『日本のアヘン戦略——隠された国家犯罪』共栄書房，1996年，145–172頁，山田豪一『満洲国の阿片専売——「わが満蒙の特殊権益」の研究』汲古書院，2002年，江口圭一『日中アヘン戦争』岩波書店，1988年，John M. Jennings, *The Opium Empire: Japanese Imperialism and Drug Trafficking in Asia, 1895–1945* (Westport: Praeger, 1997), pp. 77–103.
(4)　Delevingne to Shuckburgh, 8 Sep. 1932; Paskin to Delevingne, 20 Sept. 1932, CO 825/15/8.
(5)　International Labour Office, *Opium and Labour: Being a Report on a Documentary Investigation into the Extent and Effects of Opium-Smoking among Workers* (London: P. S. King & Son, 1935).

(6) "Resolution concerning Opium Smoking by Workers adopted by the International Labour Conference in June 1936," C. L. 198. 1937. XI. (3 Nov. 1937), CO 825/23/5.

(7) Minutes of the 31st IDOC, on 23 Feb. 1938, CO 825/24/5.

(8) "Report of the Superintendent of Imports and Exports for the Year 1933," p. E4, *Hong Kong Administrative Report 1933*. 以下，"Report of ..." は "Report of SIE", *Hong Kong ...* は *HKAR* と略し，年度を付す．

(9) Peel to Cunliffe-Lister, no. 220, 5 Apr. 1934, CO 825/18/16.

(10) Minutes of the 28th Meeting of the IDOC, held at HO, 1 Nov. 1934, CO 825/18/16.

(11) 1935年から37年まで在任した．

(12) Governor, Hong Kong（以下 Gov, HK と略）to Secretary of State（以下 SofS と略）, CO, tel., no. 10, 14 Jan. 1936, CO 825/20/2.

(13) *Report of the Government of Hong Kong for the Calendar Year 1936 on the Traffic in Prepared Opium*（[Hong Kong]: Printing Department, Hong Kong Prison, [1937?]）, p. 7, CO 825/22/3. 以下同リポートは *Hong Kong Opium Report* と略し，年度とファイル番号を付す．

(14) *Hong Kong Opium Report 1934*, p. 9, CO 825/19/4; *Hong Kong Opium Report 1935*, pp. 6, 10, CO 825/20/4; *Hong Kong Opium Report 1936*, pp. 7, 13, CO 825/22/3.

(15) "Report of SIE, 1936," p. E3, *HKAR 1936*.

(16) Report by Taylor, 13 Oct. 1937, encl. in Smith, Officer Administering the Government, Hong Kong（以下 OAG, HK と略）to Ormsby-Gore, no. 653, 18 Oct. 1937, CO 825/22/2; *Hong Kong Opium Report*, 1937, pp. 5, 10, CO 825/24/3; "Report of SIE, 1937," p. E3, *HKAR 1937*.

(17) No. 25, Northcote to SofS, CO, 2 Mar. 1938, CO 882/18.

(18) "Report of SIE, 1938," pp. E3, E5, *HKAR 1938*.

(19) *Hong Kong Opium Report 1938*, p. 11, CO 825/27/1; "Report of SIE, 1939," p. E2, *HKAR 1939*.

(20) Gov, HK to SofS, CO, tel., no. 35, 24 Jan. 1939, encl. in Farmer to Henniker-Major, no. 3707/16/39, 3 Feb. 1939, FO 371/23576.

(21) 1937年から40年まで在任した．

(22) Gent, CO to Northcote, semi-official, 2 Dec. 1939, CO 825/27/1.

(23) Northcote to Gent, 13 Jan. 1940, CO 825/29/1.

(24) Gov, HK to SofS, CO, tel., no. 382, 5 Jul. 1940; SofS, CO to Gov, HK, tel., no. 383, 19 Jul. 1940, CO 825/29/5.

(25) Anslinger to Coles, 6 Jan. 1939, encl. in Coles to Henniker-Major, no. 850, 298/20, 18 Jan. 1939, FO 371/23578; Aide Mémoire from Department of State, 16 Feb. 1939, encl. in Mallet to Halifax, no. 197, 16 Feb. 1939, FO 371/23576.

(26) Northcote to MacDonald, confidential（以下 conf. と略）, 26 Jun. 1939, encl. in Clauson to Under Secretary of State（以下 USofS と略）, FO, no. 3707/2/39, 27 Jul. 1939, FO 371/23577.

(27) Lamont to USofS, CO, 12 Jul. 1935, CO 825/19/5; Blomfield to USofS, CO, 30 May 1938, CO 825/24/5.

(28) Report of the Committee, 16 Feb. 1935, encl. in Caldecott, Governor's Deputy to

Cunliffe-Lister, conf., 3 Apr. 1935, CO 825/19/8.

(29) 三井物産と三菱商事はイラン産アヘンの輸入をめぐり互いに抗争していたが，日本外務省の勧奨により，1939 年 10 月には両者の間でイラン産アヘンの買付組合設立に関する協定が成立した．江口『日中アヘン戦争』98–104 頁．

(30) Blomfield to Colonial Secretary, Straits Settlements, conf., 8 Aug. 1939, encl. in Blomfield to USofS, CO, conf., 8 Aug. 1939, CO 825/27/4.

(31) Gov, HK to SofS, CO, conf., tel., no. 268, 11 May 1940; Northcote to OAG, SS, conf., 15 May 1940, encl. in Smith to Blaxter, conf., 18 May 1940, CO 825/29/2.

(32) SofS, CO to Officer Administering the Government, Straits Settlements（以下 OAG, SS と略）, secret, tel., no. 608 (repeated to Gov, HK, no. 282), 14 Jul. 1940, CO 825/29/2.

(33) OAG, HK to SofS, CO, conf., tel., no. 761, 26 Nov. 1940; OAG, SS to SofS, CO, conf., tel., no. 915, 30 Nov. 1940, CO 825/29/3.

(34) Norman Miners, *Hong Kong under Imperial Rule, 1912–1941* (Hong Kong: Oxford University Press, 1987), p. 274.

(35) LNd, C. 577. M. 284. 1932. XI., *Conference on the Suppression of Opium-Smoking. Minutes of the Meetings and Documents Submitted to the Conference*, p. 100; 'Parecer, Reserva do Opio' de Pedro José Lobo, 15 de Março de 1933, 3.º P, M. 884, A. 1, Proc. 19, Arquivo Histórico-Diplomatico do Ministério dos Negócios Estrangeiros（以後 AHD-MNE と略）, Lisboa, Portugal.

(36) Decreto N.º 23:070, *Boletim Oficial de Macau*, N.º 44, 4 Nov. 1933, p. 1223.

(37) Relatorio da Exploração do Opio na Colónia de Macau durante o Periodo de 19 de Outubro de 1932 a 5 de Junho de 1935, por Pedro José Lobo, 31 de Dezembro de 1935（以下 *Relatorio, 1932–1935* と略）, p. 5, N.º 980/DGAPC/3ª Rep/Mç-10/1932–1948/Nota 153/61 de 1960-Estupefacientes/MACAU/1H, Arquivo Histórico Ultramarino（以下 AHU と略）, Lisboa, Portugal; Acta da Sessão Secreta do Conselho do Govêrno da Colónia de Macau, 6 de Outubro de 1932, em Ofício confidencial de 4 de Janeiro de 1933, do Director Geral das Colónias do Oriente para o Director Geral da Secretaria Portuguesa da Sociedade das Nações, 3.º P, M. 840, A1, Proc. 19, AHD-MNE. なお前者の海外領土史料館所蔵史料には，後者のポルトガル外交史料館に所蔵されている文書とほぼ同じものも収められている（Apenso N.º 12)．盧栄傑については次も参照．Woo Sing Lim［呉醒濂］, *Prominent Chinese in Hong Kong*［香港華人名人史略］(Hong Kong: Five Continents Book, 1937), p. 80.

(38) Ofício confidencial de 4 de Janeiro de 1933, do Ministro dos Negócios Estrangeiros, Cesar de Sousa Mendes para o Ministro das Colónias, 3.º P, M. 840, A1, Proc. 19, AHD-MNE.

(39) Relatorio do Inquerito aos Serviços do Opio, por Pedro José Lobo, 12 de Fevereiro de 1936, N.º 980/DGAPC/3ª Rep/Mç-10/1932–1948/Nota 153/61 de 1960-Estupefacientes/ MACAU/1H, AHU.

(40) Caldecott to Ormsby-Gore, conf., 13 Jul. 1936, CO 825/21/11.

(41) Peel to Cunliffe-Lister, conf., 2 Dec. 1932, CO 825/15/10.

(42) Report by Lobo, n. d., encl. in Peel to Cunliffe-Lister, conf. (2), 27 Aug. 1934, CO

825/18/22.

(43) *Relatorio, 1932–1935*, p. 5, N.º 980/DGAPC/3ª Rep/Mç-10/1932–1948/Nota 153/61 de 1960-Estupefacientes/MACAU/1H, AHU.

(44) 'Gerencia de 19 de outubro de 1934 a 5 de junho de 1935,' 27 de julho de 1935, Apenso N.º 39, N.º 980/DGAPC/3ª Rep/Mç-10/1932–1948/Nota 153/61 de 1960-Estupefacientes/MACAU/1H, AHU.

(45) Dibdin to USofS, HO, conf., 6 Jul. 1932, encl. in IO to CO, conf., 6 Jul. 1932, CO 825/15/10.

(46) Prior to Halifax, no. 7 (80/1), 6 Mar. 1940, F3209/702/87, FO 371/24748.

(47) 1941年から47年まで在任したが，香港が陥落してからアジア・太平洋戦争が終結するまでの間は日本軍によって抑留された.

(48) 平野茂「香港占領地総督部」日本中国友好協会中国帰還者連絡会編『私の戦争体験記 侵略——従軍兵士の証言』日本青年出版社，1970年，168頁．磯谷廉介と許崇智は陸軍士官学校の同期で，両者は戦時下の香港においても頻繁に交流していた．『BC級（中華民国裁判関係）南京裁判・第19号事件（1名）[部分公開]』本館-4B 023-00，平11法務-05625-100，国立公文書館，179–180頁．この文書は磯谷廉介の戦犯裁判関係文書の複写である．以下『磯谷裁判資料』と略す.

(49) 「香港令第二号」『香港日報』1943年1月24日，3頁.

(50) 1942年12月31日「広東省政府報告」および1943年11月4日「中央調査統計局報告」（ともに曹大臣・朱慶葆『刺刀下的毒禍——日本侵華期間的鴉片毒化活動』福建人民出版社，2005年，271頁より再引）．なお磯谷廉介の戦犯裁判における弁護側資料として，彼の香港総督在任中のアヘン政策に関して提出された小笠原清元陸軍中佐（磯谷の香港総督在任中は陸軍省軍務局課員）の証言によれば，この政策は域内におけるアヘン吸煙を縮小させるための漸禁政策だったという．小笠原清「香港総督府ニ於ケル阿片工作ニ就テ」（民国36年1月15日）『磯谷裁判資料』44–46頁.

(51) 柴田善雅「軍政下の庶民生活への影響」小林英夫・柴田善雅『日本軍政下の香港』社会評論社，1996年，274頁.

(52) "Extract from Fortnightly Intelligence Report No. 20. Period: October 16th–31st, 1944," CO 825/39/2.

(53) 江口『日中アヘン戦争』142–169頁.

(54) 本章注50および謝永光『戦時日軍在香港暴行』明報出版社，1991年，117頁（森幹夫訳『日本軍は香港で何をしたか』社会評論社，1993年，141頁)．上掲の小笠原元陸軍中佐によれば，香港側に割り振られた数量は10,000,000両程度だったという.

(55) 本章注52と同じ.

(56) Andrew J. Whitfield, *Hong Kong, Empire and the Anglo-American Alliance at War, 1941–45* (Hong Kong: Hong Kong University Press, 2001), pp. 5–124.

(57) Delevingne to Harris, 8 Feb. 1943, encl. in Harris to Gater, 23 Mar. 1943, CO 825/30/2.

(58) H. M.'s Ambassador, Washington to Eden, no. 318, 26 Apr. 1943, encl. in Roberts, FO to USofS, CO, conf., 15 Jun. 1943, CO 825/30/2.

(59) Harris to Gater, 10 Aug. 1943, CO 825/30/2.

(60) 1946年にはサーの称号を得た.

(61) Minutes by Paskin, 27 Aug. 1943, encl. in Paskin to McKerron, 2 Sep. 1943, CO 825/30/2.

(62) Minutes of the 33rd IDOC on 7th Sept. 1943, encl. in Thornton to Paskin, 16 Oct. 1943, CO 825/30/2.

(63) *Parliamentary Debates*, 5th ser. vol. 393 (1943), cols. 1167–1168w.

(64) "Abolition of Opium Monopoly," Extract from Netherlands Press Agency, 10 Nov. 1943, CO 825/30/2.

(65) Proclamation no. 13, "Opium," in *Hong Kong* (*British Military Administration*) *Gazette*, vol. 1, no. 1, (12 Oct. 1945).

(66) "Report on the Opium Situation," by S. I. E., 15 Oct. 1946, HKRS41-1-1033-1, Public Records Office of Hong Kong, Hong Kong.

(67) Office of Strategic Service, "Macao: Counter-espionage Summary," 14 Jul. 1945, pp. 6, 14（山本武利編『第 2 次世界大戦期 日本の諜報機関分析』第 5 巻，柏書房，2000 年所収）.

(68) 施白蒂（金国平訳）『澳門編年史 二十世紀 1900–1949』澳門基金会，1999 年，299 頁.

終章注

(1) Carl A. Trocki, *Opium and Empire: Chinese Society in Colonial Singapore, 1800–1910* (Ithaca: Cornell University Press, 1990), pp. 96–97.

図表一覧

史料・文献

欧文と中文の両方で執筆された書籍に関しては，欧文書名に従って列記し，中文書名を付記した．

データベースを用いて閲覧した場合にはその旨を摘記した上で，「オンライン・リソース」欄にURLを一括して掲げた．

未公刊史料

アメリカ

国立公文書館カレッジパーク分館（National Archive, College Park, Maryland）
General Records of the Department of Treasury, 1789–1990, Record Group 56.
General Records of the Department of State, 1756–1993, Record Group 59.
Records of the Foreign Service Posts of the Department of State, 1788–1990, Record Group 84.
ミシガン大学ベントレー歴史図書館（Bentley Historical Library, University of Michigan, Ann Arbor, Michigan）
James B. Angell papers

イギリス

国立公文書館（National Archives, Kew, England）
Cabinet Papers（内閣文書）: CAB 27
Colonial office Papers（植民地省文書）: CO 54, CO 129, CO 131, CO 273, CO 323, CO 537, CO 825, CO 882
Foreign office Papers（外務省文書）: FO 228, FO 262, FO 371, FO 416, FO 881
イギリス国立公文書館所蔵の香港関係の植民地省文書および極東関係の外務省文書は，香港歴史檔案館，香港大学，東京大学総合図書館，横浜開港資料館などにマイクロ形態の複写が所蔵されている．本書の執筆に際してはオリジナルに加え，これらの図書館や文書館に所蔵されている複写も利用した．
スコットランド国立図書館（National Library of Scotland, Edinburgh, Scotland）
Papers of Sir James Haldane Stewart Lockhart, K.C.M.G.（1858–1947）
大英図書館（British Library, London, England）
India Office Records（インド省文書）: IOR/L/E/7/1275, IOR/L/PO/1/9
チャーチル・アーカイブス・センター（Churchill Archives Centre, Churchill College, Cambridge, England）
Papers of Leopold Amery
Papers of Sir Winston Churchill
ローズ・ハウス図書館（Bodleian Library of Commonwealth and African Studies at Rhodes House, Oxford, England）
Sir Cecil Clementi papers

Sir Matthew Nathan papers
ロンドン大学東洋アフリカ学院図書館（Archives and Special Collections, Library, School of Oriental and African Studies, University of London, London, England）
The China Association collection

カナダ

カナダ国立公文書館（Library and Archives Canada, Ottawa）
Records of the Department of Justice

台湾

国史館台湾文献館
『台湾総督府公文類纂』

中華人民共和国

香港特別行政区
香港歴史檔案館（Public Records Office of Hong Kong）
HKMS 147-1; 147-2
HKRS 41-1-9629; 41-1-1033-1
HKRS 58-1-12-60; 58-1-22-13
HKRS 62-2-162
HKRS 101-1-4-19; 101-1-4-20
HKRS 114-6-174; 114-6-796
HKRS 149-2-427; 149-2-455; 149-2-507; 149-2-544; 149-2-579; 149-2-611; 149-2-639; 149-2-655; 149-2-659; 149-2-694; 149-2-805; 149-2-806; 149-2-883; 149-2-902; 149-2-979; 149-2-1074; 149-2-1076; 149-2-1079; 149-2-1233; 149-2-1424; 149-2-1545; 149-2-1624; 149-2-1942; 149-2-2502; 149-2-2572
HKRS 290-2-3880
澳門特別行政区
澳門歴史檔案館（Arquivo Histórico de Macau）
AH/AC, Administração Civil. AH/LS, Leal Senado. AH/F, Finanças

日本

外務省外交史料館
4. 2. 4. 1-3-2-2『阿片其他毒劇薬及吸食器具取締雑件，政策及法規，外国ノ部 別冊　英国』
4. 2. 4. 1-5-1『阿片其他毒劇薬及吸食器具取締雑件，輸入証明，関東庁ノ部』
4. 2. 4. 1-5-3『阿片其他毒劇薬及吸食器具取締雑件，輸入証明，台湾総督府ノ部』
4. 2. 4. 1-7-1『阿片其他毒劇薬及吸食器具取締雑件，別冊，阿片等麻薬類生産及取引状況調査，第三巻』
国立公文書館
本館-4B 023-00，平 11 法務-05625-100『BC 級（中華民国裁判関係）南京裁判・第 19 号事件（1 名）［部分公開］』

三井文庫
物産 383『支店長会議参考資料』大正十五年六月，台北支店長

ポルトガル

外務省外交史料館（Arquivo Histórico-Diplomatico do Ministério dos Negócios Estrangeiros, Lisboa）
Sociedade das Nações. P° 19. Ópio
3° P., A. 28, M 76, Proc. 19. 3° P., A. 28, M 77, Proc. 19. 3° P., A. 28, M 79, Proc. 19
3° P., A. 28, M 81, Proc. 19. 3° P., A. 28, M 82, Proc. 19. 3° P., A. 28, M 84, Proc. 19
3° P., A. 1, M 541, Proc. 19. 3° P., A. 1, M 838, Proc. 19. 3° P., A. 1, M 840, Proc. 19
3° P., A. 1, M 844, Proc. 19
3° P., A. 2, M 994, Proc. 19. 3° P., A. 2, M 995 & 996, Proc. 19
Repartição dos Organismos Políticos Internacionais
P. O. I. M 24, Proc. 936
Embaixada de Portugal em Londres
Arq. Leg./Emb. Londres, M. 173-B
Arq. Leg./Emb. Londres, M. 162
トーレ・ド・トンボ国立文書館（Arquivo Nacional da Torre do Tombo, Lisboa）
AOS/CO/UL-10 A 1, Pt. 4.
Ministério do Interior, Gabinete do Ministro, Mç. 456, pt. 6/1
海外領土史料館（Arquivo Histórico Ultramarino, Lisboa）
AHU-ACL-SEMU-DGU-2R-002 Cx 0003
N° 980/DGAPC/3ª Rep/Mç-10/1932-1948/Nota 153/61 de 1960-Estupefacientes/MACAU/1H

各国政府，植民地政庁，国際組織関係の公刊資料

（邦文）
江口圭一編著『資料日中戦争期阿片政策——蒙疆政権資料を中心に』岩波書店，1985 年.
岡田芳政・多田井喜生・高橋正衛編『続現代史資料 12 阿片問題』みすず書房，1986 年.
『極東阿片問題——国際連盟極東阿片調査委員会報告書』国際連盟協会，1933 年.
外務省条約局『各国ニ於ケル阿片取引状況』，1929 年 8 月.
———『第一阿片会議協定及議定書』条約集第七輯第一巻（122），1929 年.
———『第二阿片会議条約及議定書』条約集第七輯第二巻（123），1929 年.
———『阿片吸食防止ニ関スル協定』条約集第十五輯第十六巻（432），1937 年.
———『現行条約集覧——多数国間条約（文化・社会 II）』1957 年.
台湾総督官房調査課『新嘉坡阿片，印度阿片（阿片調査其一）』1928 年.
台湾総督官房調査課『波斯阿片，土耳古阿片（阿片調査其二）』1928 年.
『台湾総督府製薬所事業第二年報』台湾総督府製薬所，1899 年.

（中文）
広東省檔案館編『広東澳門檔案史料選編』中国檔案出版社，1999 年.

黄鴻釗編『中葡澳門交渉史料』全 2 巻，澳門基金会，1998 年.
黄嘉謨主編『中美関係史料 光緒朝一』中央研究院近代史研究所，1988 年.
馬模貞『中国禁毒史史料 1729 年–1949 年』天津人民出版社，1998 年.
湯開建・呉志良主編『澳門憲報中文資料輯録 1850–1911』澳門基金会，2002 年.
田濤主編『清朝条約全集』全 3 巻，黒龍江人民出版社，1999 年.
中央研究院近代史研究所編『澳門専檔』全 4 巻，中央研究院近代史研究所，1992–1996 年.
朱文原編『国民政府禁煙史料』全 2 巻，国史館，2003–2004 年.

（欧文）

アメリカ

Office of Strategic Service. "Macao: Counter-Espionage Summary," 14 Jul. 1945. 山本武利編『第 2 次世界大戦期 日本の諜報機関分析』第 5 巻，柏書房，2000 年所収.

Report of the Committee Appointed by the Philippine Commission to Investigate the Use of Opium and the Traffic Therein and the Rules, Ordinances and Laws Regulating Such Use and Traffic in Japan, Formosa, Shanghai, Hongkong, Saigon, Singapore, Burmah, Java and the Philipine Islands. N. p.: Bureau of Insular Affairs, War Department, 1905.

Statutes at Large and Treaties of the United States of America. Boston: Charles C. Little and James Brown.

United States Statutes at Large. Washington, D. C.: Government Printing Office.

United States Department of State, ed. *Papers relating to the Foreign Relations of the United States*. Washington, D. C.: Government Printing Office.

United States Department of Treasury. *Letter from the Secretary of the Treasury Submitting a Draught and Recommending the Passage of a Bill to Prohibit the Importation of Opium in Certain Forms*. 50th cong., 1st sess., House Executive Document 79.

United States Treasury Department. *General Regulations under the Revenue and Collection Laws of the United States*. Washington, D. C.: A. O. P. Nicholson, 1857. Internet Archive, http://archive.org/details/generalregulati00treagoog.

イギリス

British Foreign Office. *The Opium Trade*. 6 vols. Wilmington, Delaware Scholarly Resources, 1974.

Colonial Reports-Annual. No. 716. Ceylon. Report for 1910–11, Cd. 6007–16. 1912–13.

Hansard Parliamentary Debates. 3rd series.

Members of the Staff of the Foreign Office, ed.（for Godfrey E. P. Hertslet）*The Foreign Office List and Diplomatic and Consular Year Book for* ... London: Harrison and Sons.

Mercer, William H., A. E. Collins and A. J. Harding, comp. *The Colonial Office List for* ... London: Waterlow and Sons.

O'Meara, J. J., T. F. Turley and S. Cashman, eds. *Irish University Press Area Studies Series, British Parliamentary Papers, China 24: Correspondence, Dispatches, Reports, Ordinances, Memoranda and Other Papers Relating to the Affairs of Hong Kong, 1846–60*. Shannon: Irish University Press, 1971.

———. *Irish University Press Area Studies Series, British Parliamentary Papers, Chi-*

na 38: Report of the Select Committee on Commercial Relations with China, 1847. Shannon: Irish University Press, 1971.

Opium Commission [Royal Commission on Opium]. *First Report of the Royal Commission on Opium*. C. 7313. 1894.

Parliamentary Debates. 4th series.

Parliamentary Debates. Commons, 5th series.

Royal Commission on Opium. *Proceedings*. Vol. 5. Appendices. C. 7473. 1894.

Treaty between the United Kingdom and China Respecting Commercial Relations, & c., signed at Shanghae, September 5, 1902, Cd. 1834. 1904.

インド政庁

Saldanha, J. A. *Précis on Commerce and Communication in the Persian Gulf, 1801–1905*. Calcutta, 1906. Reprinted in J. A. Saldanha, *The Persian Gulf Précis*, vol. 8. Gerrards Cross: Archive Editions, 1986.

オーストラリア

Commonwealth of Australia Gazette. Melbourne.

海峡植民地政庁

Proceedings of the Legislative Council of the Straits Settlements for the Year 1909. Singapore: Government Printing Office, 1910.

Straits Settlements and Federated Malay States Opium Commission. *Proceedings of the Commission Appointed to Inquire Matters relating to the Use of Opium in the Straits Settlements and the Federated Malay States*. 3 vols. Singapore: Government Printing Office, 1908.

カナダ

Acts of the Parliament of the Dominion of Canada. Ottawa: Samuel Edward Dawson.

Mackenzie King, W. L. *The Need for the Suppression of the Opium Traffic in Canada*. Ottawa: S. E. Dawson, 1908. Internet Archive, http://www.archive.org/details/reportbywlmacken00canarich.

国際連盟

League of Nations. *League of Nations Documents and Publications, 1919–1946, Category XI: Traffic in Opium and Other Dangerous Drugs*. Microfilm. New Haven: Research Publications, 1970–1972.

国際労働機関

International Labour Office. *Opium and Labour: Being a Report on a Documentary Investigation into the Extent and Effects of Opium-Smoking among Workers*. London: P. S. King & Son, 1935.

中国

China (Imperial) Maritime Customs. *Returns of Trade at the Treaty Ports, and Trade Reports*. Shanghai: Statistical Department of the Inspectorate General of Customs.

———. *Decennial Reports*. Shanghai: Statistical Department of the Inspectorate General of Customs.

Watson, Ernest. *The Principal Articles of Chinese Commerce*, 2nd ed. Shanghai: Inspectorate General of Customs, 1930.

中国海関の刊行物は各図書館に所蔵されている印刷物に加え，Center for Chinese Research Materials, Washington, DC の作成したマイクロフィルムを閲覧した．

ニュージーランド

The Statutes of New Zealand, 1901. Wellington: Government Printer, 1901.

ポルトガル

Saldanha, Antonio Vasconcelos de（薩安東), ed. *Colecção de Fontes Documentais para a História das Relações entre Portugal e a China*（葡中関係史資料彙編), vol. 4–6; Serie Especial, vol. 3–4. Macau: Fundação Macau et al., 1997–2000.

———, ed. *A Guerra Vista de Cantão: Os relatórios de Vasco Martins Morgado, Cônsul-Geral de Portugal em Cantão, sobre a Guerra Sino-Japonesa*. Macau: Libros do Oriente, 1998.

香港政庁

Correspondence relating to the Proposed Appointment of a Chinese Consul at Hongkong. Hong Kong: Noronha, 1908.

Historical and Statistical Abstract of the Colony of Hong Kong 1841–1930, 3rd ed. Hong Kong: Noronha, 1932.

**Hong Kong Administrative Reports*. Hong Kong.

Hongkong Blue Book. Hong Kong.（CO 133）

Hong Kong（*British Miliary Administration*）*Gazette*. Hong Kong.

**Hongkong Government Gazette*. Hong Kong.

**Hong Kong Hansard*. Hong Kong.

Hong Kong Law Reports. Hong Kong.

**Hong Kong Sessional Papers*. Hong Kong.

Jarman, R. L., ed. *Hong Kong Annual Administrative Reports, 1841–1941*. Vol. 1. N. p.: Archive Editions, 1996.

+Leach, A. J. comp. *The Ordinances of the Legislative Council of the Colony of Hongkong, commencing with the Year 1844*. Hong Kong: Noronha, 1890–1891.

Report of the Government of Hong Kong for the Calendar Year ... on the Traffic in Prepared Opium. [Hong Kong]: Printing Department, Hong Kong Prison.

*および+のついた刊行物については，主に以下のデータベースを利用して閲覧した．

* *Hong Kong Government Reports Online*

\+ *Historical Laws of Hong Kong Online*

澳門政庁

Boletim Oficial do Governo da Provincia de Macau e Timor. Macau.

澳門政庁の公報である．時代ごとにタイトルが変化したが，本書ではいずれも *BO* の略語を用いた．

新聞・定期刊行物

イギリス

Friend of China. London.

The Times. London.

カナダ
Victoria Daily Colonist. Victoria, BC.
ブリティッシュ・コロニストのオンライン版（*The British Colonist Online Edition: 1858–1910*）を閲覧した.
シンガポール（新嘉坡）
（欧文）
Straits Times.
（中文）
『叻報』
『天南日報』
ペナン（檳城）
（中文）
『檳城新報』
香港
（欧文）
China Directory for ... Hong Kong: A. Shortrede.
China Mail.
Chronicle & Directory for China, Corea, Japan, the Philippines, Indo China, Straits Settlements, Siam, Borneo, Malay States, & c. for the Year ... Hong Kong: Daily Press.
Hong Kong Almanack and Directory for 1846, with an Appendix. Hong Kong: China Mail, 1846.
Hongkong Daily Press.
Hongkong Telegraph.
Hong Kong Weekly Press.
South China Morning Post.
（中文）
『循環日報』
『香港華字日報』
『工商日報』
（和文）
『香港日報』
香港で刊行されていた新聞のうち，香港公共図書館（Hong Kong Public Library）の提供するオンライン・データベース，マルチメディア・インフォメーション・システム（Multimedia Information System）で閲覧可能なものは，適宜これを利用した.
澳門
（欧文）
Echo Macaense［鏡海叢報］.
同紙の一部は影印本として刊行されている（澳門基金会・上海科学院出版社，2000 年）.
O Macaense.
O Progresso.
Vida Nova.
A Voz de Macau.

（中文）

『知新報』

同紙の閲覧には影印本（澳門基金会・上海社会科学院出版社，1996 年）を利用した．

文献・論文

（和文）

秋田茂編『イギリス帝国と 20 世紀 第 1 巻　パクス・ブリタニカとイギリス帝国』ミネルヴァ書房，2004 年．

飯島渉「『裁釐加税』問題と清末中国財政――1902 年中英マッケイ条約交渉の歴史的位置」『史学雑誌』第 102 編第 11 号（1993 年 11 月），1–32 頁．

――――編『華僑・華人史研究の現在』汲古書院，1999 年．

飯島渉・久保亨・村田雄二郎編『シリーズ 20 世紀中国史 1　中華世界と近代』東京大学出版会，2009 年．

石井摩耶子『近代中国とイギリス資本――19 世紀後半のジャーディン・マセソン商会を中心に』東京大学出版会，1998 年．

井出季和太「香港の阿片事情」『台湾時報』第 30 号（1922 年 1 月），123–134 頁．

井上裕正『清代アヘン政策史の研究』京都大学出版会，2004 年．

岩井茂樹「中華帝国財政の近代化」飯島渉・久保亨・村田雄二郎編『シリーズ 20 世紀中国史 1　中華世界と近代』東京大学出版会，2009 年，121–142 頁．

内田直作「華僑資本の前期的性格――マレーの陸佑財閥を中心として」『東洋文化』第 7 号（1951 年 11 月），27–51 頁．

内田知行「1910–30 年代における閻錫山政権のアヘン管理政策」『現代中国』第 73 号（1999 年 10 月），112–127 頁．

江口圭一『日中アヘン戦争』岩波書店，1988 年．

――――編，及川勝三・丹羽郁也『証言・日中アヘン戦争』岩波書店，1991 年．

江口久雄「広東闈生考――清末の中国財政に関する一考察」『東洋学報』第 59 巻第 3・4 号（1978 年 3 月），61–93 頁．

大澤広晃「長い 19 世紀におけるイギリス帝国と『人道主義』――研究の動向と展望」『アカデミア　人文・自然科学編』第 9 号（2015 年 1 月），115–133 頁．

岡崎正孝「19 世紀イランにおけるケシ作の進展」『経済研究』第 31 巻第 1 号（1980 年 1 月），72–80 頁．

――――「カージャール朝下におけるケシ栽培と 1870–71 年大飢饉」『西南アジア研究』第 31 号（1989 年），38–55 頁．

岡本隆司『近代中国と海関』名古屋大学出版会，1999 年．

織田萬編『清国行政法』臨時台湾旧慣調査会，1913 年（復刻版：天南書局，2001 年）．

鬼丸武士「阿片・秘密結社・自由貿易――19 世紀シンガポール，香港でのイギリス植民地統治の比較研究」『東南アジア研究』第 40 巻第 4 号（2003 年），502–519 頁．

霍啓昌「香港の商業ネットワーク――宗族結合とビジネス・パートナーシップ」杉山伸也・リンダ・グローブ編『近代アジアの流通ネットワーク』創文社，1999 年，179–194 頁．

籠谷直人「イギリス帝国支配秩序とアジアの商人ネットワーク」秋田茂編『イギリス帝国と 20 世紀 第 1 巻　パクス・ブリタニカとイギリス帝国』ミネルヴァ書房，2004 年，249–277

頁.
籠谷直人・脇村孝平編『帝国とアジア・ネットワーク――長期の19世紀』世界思想社，2009年.
笠原陽子「中華国民拒毒会についての一考察――1920年代より30年代初頭に至る中国の阿片問題」『近きに在りて』第29号（1996年5月），2–16頁.
――――「中国の禁煙運動――中英阿片協定満期からパリ講和会議期を中心に」『お茶の水女子大学人間文化研究年報』第24号（2001年3月），17–24頁.
――――「フィリピン・レポートと中国の禁煙運動」『人間文化論叢』第9号（2006年），141–150頁.
――――「近代中国における禁煙運動と国際関係――清朝末期から国民政府期まで」お茶の水女子大学博士論文，2007年.
柏祐賢『経済秩序個性論（II）』人文書林，1948年（『柏祐賢著作集』第4巻，京都産業大学出版会，1985年所収）.
加藤弘之「移行期中国の経済制度と『包』の倫理規律――柏祐賢の再発見」中兼和津次編『歴史的視野からみた現代中国経済』東洋文庫，2010年，13–44頁.
加藤祐三『イギリスとアジア』岩波書店，1980年.
可児弘明『近代中国の苦力と「猪花」』岩波書店，1979年.
――――「香港移民統計史料（オセアニア関係）」『CASニューズレター』第50号（1992年9月），1–10頁.
――――「香港移民統計史料（東南アジア・インド洋方面関係）」『CASニューズレター』第55号（1993年4月），1–10頁.
――――「太平紳士」可児弘明・斯波義信・游仲勲編『華僑・華人辞典』弘文堂，2002年，442–443頁.
可児弘明・斯波義信・游仲勲編『華僑・華人辞典』弘文堂，2002年.
金田真滋「香港市場に見る東アジア開港の意味」『史学雑誌』第109編第10号（2000年10月），1–34頁.
――――「香港における初期株式会社と華人投資」『歴史学研究』第799号（2005年3月），39–48，58頁.
樺山紘一ほか編『岩波講座 世界歴史1 世界史へのアプローチ』岩波書店，1998年.
川島真『中国近代外交の形成』名古屋大学出版会，2004年.
川村朋貴「世紀転換期における植民地総督とイギリス帝国」西川長夫・渡辺公三編『世紀転換期の国際秩序と国民文化の形成』柏書房，1999年，387–410頁.
關禮雄（林道生訳，小林英夫解題）『日本占領下の香港』お茶の水書房，1995年.
姜抮亜「1930年代中国における徴税請負制度の改革と国家」『歴史学研究』第771号（2003年1月），32–44，61頁.
貴堂嘉之『アメリカ合衆国と中国人移民――歴史のなかの「移民国家」アメリカ』名古屋大学出版会，2011年.
久保洋一「ヴィクトリア期イギリスにおけるアヘン――医学・薬学雑誌に見るアヘン認識の変遷」『西洋史学』第211号（2003年12月），44–62頁.
倉橋正直『日本のアヘン戦略――隠された国家犯罪』共栄書房，1996年.
――――『阿片帝国・日本』共栄書房，2008年.
栗原純「『台湾総督府公文類纂』にみる『台湾阿片令』の制定過程について」『東京女子大学比

較文化研究所紀要』第64巻（2003年），41-63頁.
――――「上海における『国際阿片調査委員会』と日本のアヘン政策――台湾総督府のアヘン専売制度を中心として」『近代日本研究』第28巻（2011年度）（2012年2月），3-50頁.
古泉達矢「香港・澳門の近代史関係史料について」『中国研究月報』第62巻第3号（721号），2008年3月，31-42頁.
後藤晃『中東の農業社会と国家』御茶の水書房，2002年.
後藤春美『アヘンとイギリス帝国――国際規制の高まり 1906-43年』山川出版社，2005年.
――――「国際連合創設期の英米によるビルマのアヘン規制構想」『東北学院大学オープン・リサーチ・センター平成19年度〜平成23年度私立大学学術研究高度化推進事業「オープン・リサーチ・センター整備事業」研究成果報告書　ヨーロピアン・グローバリゼーションと諸文化圏の変容に関する研究』2012年3月，381-401頁.
小林英夫・柴田善雅『日本軍政下の香港』社会評論社，1996年.
小林元裕『近代中国の日本居留民と阿片』吉川弘文館，2012年.
古山隆志「一九二〇〜二二年香港労働者の闘い」『歴史評論』第328号（1977年8月），43-60頁.
酒井重喜「徴税請負1」川北稔ほか編『歴史学事典』第1巻，弘文堂，1994年，561-565頁.
――――『近代イギリス財政史研究』ミネルヴァ書房，1989年.
坂本雅子『財閥と帝国主義――三井物産と中国』ミネルヴァ書房，2003年.
柴田三千雄ほか編『シリーズ世界史への問い9 世界の構造化』岩波書店，1991年.
柴田善雅「軍政下の庶民生活への影響」小林英夫・柴田善雅『日本軍政下の香港』社会評論社，1996年，265-307頁.
首藤明和『中国の人治社会――もうひとつの文明として』日本経済評論社，2003年.
杉原薫『アジア間貿易の形成と構造』ミネルヴァ書房，1996年.
杉山伸也／リンダ・グローブ編『近代アジアの流通ネットワーク』創文社，1999年.
園田節子『南北アメリカ華民と近代中国――19世紀トランスナショナル・マイグレーション』東京大学出版会，2009年.
谷川稔ほか著『規範としての文化――文化統合の近代史』ミネルヴァ書房，2003年（初版: 平凡社，1990年）.
谷口晋吉「英領植民地支配前夜の北ベンガル地方のザミンダール――所領支配構造を中心にして」『アジア研究』第25巻第1号（1978年4月），52-86頁.
東亜経済研究所『サッスーン財閥の資産調査報告』，1939年.
中兼和津次編『歴史的視野からみた現代中国経済』東洋文庫，2010年.
中村孝志「オランダ治下台湾における地場の諸税について（上・下）」『日本文化』第41号（1963年3月），62-81頁・第42号（1964年3月），1-27頁.
――――「バタヴィア華僑の徴税請負制度について」『東洋史研究』第28巻第1号（1969年6月），52-79頁.
――――「マラッカの徴税請負制度」『南方文化』第1号（1974年6月），79-96頁.
永田雄三「後期オスマン帝国の徴税請負制に関する若干の考察――地方名士の権力基盤としての側面を中心に」『駿台史学』第100号（1997年3月），75-110頁.
新村容子『アヘン貿易論争――イギリスと中国』汲古書院，2000年.
――――「一九〇七年中英禁烟協定について」『就実女子大学史学論集』第16号（2001年12月），159-189頁.

西村元照「清初の包攬——私徴体制の確立，解禁から徴税請負制へ」『東洋史研究』第35巻第3号（1976年12月），114–174頁.
日本中国友好協会中国帰還者連絡会編『私の戦争体験記 侵略——従軍兵士の証言』日本青年出版社，1970年.
根岸佶監修，天海謙三郎編纂『中華民国実業名鑑』東亜同文会研究編纂部，1934年.
野波静雄『国際阿片問題』平凡社，1925年.
服部龍二『東アジア国際環境の変動と日本外交 1918–1931』有斐閣，2001年.
浜下武志『近代中国経済史研究——清末海関財政と開港場市場圏』汲古書院，1989年.
————『近代中国の国際的契機——朝貢貿易システムと近代アジア』東京大学出版会，1990年.
————『香港——アジアのネットワーク都市』筑摩書房，1996年.
久末亮一「華南・北米間の華人金融ネットワーク——19世紀後半から20世紀初頭まで」『年報 地域文化研究』第7号（2003年），327–345頁.
————『香港——「帝国の時代」のゲートウェイ』名古屋大学出版会，2012年.
平野茂「香港占領地総督部」日本中国友好協会中国帰還者連絡会編『私の戦争体験記 侵略——従軍兵士の証言』日本青年出版社，1970年，163–172頁.
藤川隆男「一九世紀オーストラリアにおけるアジア系移民制限——イギリス的自由とオーストラリア＝ナショナリズム」『西洋史学』第137号（1985年6月），20–37頁.
————「オーストラリアとアメリカにおける中国人移民制限」柴田三千雄ほか編『シリーズ世界史への問い 9 世界の構造化』岩波書店，1991年，295–317頁.
————「白豪主義の『神話』——オーストラリアにおける中国人移民」谷川稔ほか著『規範としての文化——文化統合の近代史』ミネルヴァ書房，2003年（初版：平凡社，1990年），367–398頁.
藤村是清「中国南部四港における出入国者数の推移（1855–1939年）——海関旅客統計を中心にした基礎的数値とグラフ」『研究論集』第24号（1995年2月），1–37頁.
————「還流的労働移動の社会的条件——一八七六～一九八三年，中国南部三港の海関旅客統計を中心に」冨岡倍雄・中村平八編『近代世界の歴史像』世界書院，1995年，131–172頁.
————「廈門・汕頭・瓊州と香港の出入国者数の個別的合計（1855–1939年）——海峡植民地・タイ・マニラ・仏印，帰国率，季節変動，女性子供構成比」『人間科学研究年報』第3号（2009年）23–50頁.
————「廈門，汕頭，瓊州と香港の出入国者数の個別的合計（1855–1939年）——蘭印・北米西海岸，検証，帰国率，太平洋移民運航，隔地季節変動」『人間科学研究年報』第4号（2010年3月），125–157頁.
————「華僑の移動と春節——香港移民統計（1855–68年）を中心に」『人間科学研究年報』第5号（2011年3月），67–89頁.
古田元夫「地域区分論——つくられる地域，こわされる地域」樺山紘一ほか編『岩波講座 世界歴史 1 世界史へのアプローチ』岩波書店，1998年，37–53頁.
帆刈浩之「香港東華医院と広東人ネットワーク——二十世紀初頭における救災活動を中心に」『東洋史研究』第55巻第1号（1996年6月），75–110頁.
————「香港東華医院と広東幇ネットワーク——民弁華人医院の展開」飯島渉編『華僑・華人史研究の現在』汲古書院，1999年，229–254頁.
————「『つなぐと儲かる』——広東華僑ネットワークの慈善とビジネス」籠谷直人・脇村

孝平編『帝国とアジア・ネットワーク——長期の19世紀』世界思想社，2009年，188-213頁.
細川道久『「白人」支配のカナダ史——移民・先住民・優生学』彩流社，2012年.
松井真子「オスマン帝国の専売制と1838年通商条約——トルコ・アヘンの専売制（1828-1839）を事例として」『社会経済史学』第64巻第3号（1998年8・9月），26-55頁.
松下芳三郎『台湾阿片志』台湾日日新報社，1926年.
水沢市立後藤新平記念館編『後藤新平文書』マイクロフィルム：水沢市立後藤新平記念館，1980年.
水野遵『台湾阿片処分』水野遵（私家版），1898年.
三井文庫監修『三井物産支店長会議議事録』全16巻，丸善株式会社，2004-05年.
宮島幹之助『国際阿片問題の経緯』日本国際協会，1935年.
向井梅次『マライ政治経済論』千倉書房，1943年.
村岡健次『近代イギリスの社会と文化』ミネルヴァ書房，2002年.
村上衛『海の近代中国——福建人の活動とイギリス・清朝』名古屋大学出版会，2013年.
目黒克彦「光緒初期，山西省における罌粟栽培禁止問題について」『集刊 東洋学』第62号（1989年11月），110-128頁.
———「清朝最末期における禁煙運動に関する覚書——印度鴉片の輸入逓減法を中心に」『愛知教育大学研究報告（社会科学編）』第39輯（1990年2月），58-44（19-33）頁.
———「清朝最末期における禁煙運動に関する覚書（二）——中国国内における禁煙論議の昂揚を中心に」『愛知教育大学研究報告（社会科学編）』第40輯（1991年2月），64-50（1-15頁）.
———「清朝最末期における禁煙運動に関する覚書（三）——イギリスの世論と政府の対応を中心に」『愛知教育大学研究報告（社会科学編）』第42輯（1993年2月），1-13頁.
———「清朝最末期における禁煙運動に関する覚書——中国国内の禁煙実施状況と『続訂禁煙条件』締結の経緯」『愛知教育大学研究報告（社会科学編）』第43輯（1994年2月），15-27頁.
———「光緒十六年の国産鴉片の課税問題に対する各省の対応」『愛知教育大学研究報告（社会科学編）』第44輯（1995年2月），62-49（1-14）頁.
———「民国初期における在庫鴉片処理問題（一）——1915年の『蘇贛粤三省禁売土煙合同』をめぐって」『愛知教育大学研究報告（人文・社会科学編）』第48輯（1999年3月），131-139頁.
———「民国初期における在庫鴉片処理問題（二）——1917年の『収購存煙合同』をめぐって」『愛知教育大学研究報告（人文・社会科学編）』第49輯（2000年3月），147-155頁.
———「鴉片貿易独占会社の設立構想について」『愛知教育大学研究報告（人文・社会科学編）』第51輯（2002年3月），141-149頁.
———「曾紀沢の対英外交——「煙台条約続増専条」の締結を中心に」『愛知教育大学研究報告（人文・社会科学編）』第53輯（2004年3月），129-137頁.
———「輸入鴉片に対する『税厘併徴』へ向けた香港交渉について」『愛知教育大学研究報告（人文・社会科学編）』第56輯（2007年3月），113-121頁.
———「鴉片貿易禁止の条約締結について」『愛知教育大学研究報告（人文・社会科学編）』第58輯（2009年3月），117-122頁.
本野英一『伝統中国商業秩序の崩壊——不平等条約体制と「英語を話す中国人」』名古屋大学

出版会，2004年.
森久男「台湾阿片処分問題（I）」『アジア経済』第19巻第11号（1978年），2-20頁.
山田豪一「台湾アヘン専売史序説――水野遵『台湾阿片處分』と後藤新平『台湾島阿片制度ニ関スル意見』を中心に」『社会科学討究』第38巻第1号（1992年），31-68頁.
――――「台湾阿片販売一年目の成績」『社会科学討究』第42巻第1号（1996年），139-177頁.
――――「台湾阿片専売制の展開過程――飛鸞降筆会の廃煙運動，その起源，儀式，波及，異変」『社会科学討究』第44巻第1号（1998年），1-37頁.
――――『満洲国の阿片専売――「わが満蒙の特殊権益」の研究』汲古書院，2002年.
山本英史『清代中国の地域支配』慶應義塾大学出版会，2007年.
――――「徴税請負2」川北稔ほか編『歴史学事典』第1巻，弘文堂，1994年，565-569頁.
油井大三郎「一九世紀後半のサンフランシスコ社会と中国人排斥運動」油井大三郎・木畑洋一・伊藤定良・高橋和夫・松野妙子『世紀転換期の世界――帝国主義支配の重層構造』未来社，1989年，19-80頁.
油井大三郎・木畑洋一・伊藤定良・高田和夫・松野妙子『世紀転換期の世界――帝国主義支配の重層構造』未来社，1989年.
劉明修（伊藤潔）『台湾統治と阿片問題』山川出版社，1983年.
林満紅「中国産アヘンの販売市場（1870年代～1906年）『東方学報』第78冊（2006年3月），278-241頁.

（中文）
澳門中華総商会『澳門中華総商会85――1913-1998』澳門中華総商会，1998年.
蔡進光「広州湾専営鴉片的三有公司」文史精華編輯部編『近代中国煙毒写真』上巻，河北人民出版社，1997年，623-629頁.
蔡栄芳『香港人之香港史』牛津大学出版社，2001年.
曹大臣・朱慶葆『刺刀下的毒禍――日本侵華期間的鴉片毒化活動』福建人民出版社，2005年.
鄧開頌・陸曉敏主編『粤港澳近代関係史』広東人民出版社，1996年.
東華三院発展史編纂委員会編『東華三院発展史』東華三院庚子年董事局，1961年.
広東民国史研究会編『広東民国史』上・下巻，広東人民出版社，2004年.
郭岸喆「禁政与財政――1925-1930年広東的鴉片税」中山大学碩士論文，2004年.
『何公澤生哀思録』1926年.
何偉傑「澳門与中国国民革命研究――1905至1926年」香港中文大学博士論文，2009年.
何文翔『香港家族史』明報出版社，1992年.
胡根『澳門早期博彩業』三聯書店（香港），2011年.
黄慶華『中葡関係史（1513-1999）』上・中・下冊，黄山書社，2005年.
柯木林主編『新華歴史人物列伝』教育出版私営有限公司，1995年.
林広志「澳門盧九家族資料四種」『澳門歴史研究Ⅱ』（2003年12月），124-130頁.
――――「晩清澳門華人巨商盧九家族事跡考述」『澳門研究』第36期（2006年10月），143-157頁.
――――『盧九家族研究』社会科学文献出版社，2013年.
林満紅「晩清的鴉片税――1858-1906」『思与言』第16巻第5期（1979年1月），11-59頁.
――――「清末本国鴉片之替代進口鴉片（1858-1906）――近代中国「進口替代」個案研究之

一」『中央研究院近代史研究所集刊』第 9 期（1980 年 7 月），385-432 頁.
――――「清末社会流行吸食鴉片研究――供給面分析，1773-1906」国立台湾師範大学博士論文，1985 年.
劉增合『鴉片税収与清末新政』三聯書店，2005 年.
馬長林主編『租界里的上海』上海社会科学院出版社，2003 年.
馬光「近代澳門的鴉片専営業，吸食与禁煙深析」曽軍主編『文史与社会――首届東亜「文史与社会」研究生論壇論文集』上海大学出版社，2011 年，90-97 頁.
麥健増『澳門金融市場』出版社不詳，1945 年.
潘光主編『猶太人在亜洲比較研究』上海三聯書店，2007 年.
秦和平『雲南鴉片問題与禁煙運動（1840-1940）』四川民族出版社，1998 年.
――――『四川鴉片問題与禁煙運動』四川民族出版社，2001 年.
上海市禁毒工作領導小組弁公室，上海市檔案館編『清末民初的禁煙運動和万国禁煙会』上海社会科学技術文献出版社，1996 年.
施白蒂（金国平訳）『澳門編年史　二十世紀　1900-1949』澳門基金会，1999 年（原著は Silva, Beatriz Badto da. *Cronologia da História de Macau. Século XX*（*1900-1949*).）
石磊「工部局鴉片管理政策転変及其背景分析」馬長林主編『租界里的上海』上海社会科学院出版社，2003 年，133-144 頁.
石楠「略論港英政府的鴉片専売政策」『近代史研究』1992 年 6 期（総第 72 期）1992 年 11 月，20-42 頁.
蘇智良『中国毒品史』上海人民出版社，1997 年.
蘇智良・劉效紅『全球禁毒的開端――1909 年上海万国禁煙会』上海三聯書店，2009 年.
譚志強『澳門主権問題始末（1553-1993）』永業出版社，1994 年.
唐啓華『北京政府与国際連盟（1919-1928）』東大図書公司，1998 年.
王賡武主編『香港史新編』上・下巻，三聯書店（香港），1997 年.
王宏斌『禁毒史鑑』岳麓書社，1997 年.
――――『近代中国価値尺度与鴉片問題』東方出版社，2001 年.
――――「清末広東禁煙運動与中英外交争執」『近代史研究』2003 年 6 期，139-168 頁.
王金香『中国禁毒簡史』学習出版社，1996 年.
――――『中国禁毒史』上海人民出版社，2005 年.
王樹槐「鴉片毒害――光緒二十三年問巻調査分析」『中央研究院近代史研究所集刊』第 9 期（1980 年 7 月），183-200 頁.
危自練・彭建新「旧広東的毒禍与禁毒」『広東文史』1997 年 4 期（総第 54 期），7-11 頁.
文史精華編輯部編『近代中国煙毒写真』上・下巻，河北人民出版社，1997 年.
呉志良・湯開建・金国平主編『澳門編年史』第 5 巻，広東人民出版社，2009 年.
呉志良『生存之道――論澳門政治制度与政治発展』澳門成人教育学会，1998 年.
冼玉儀・劉潤和主編『益善行道――東華三院 135 周年記念専題文集』三聯書店（香港），2006 年.
謝永光『戦時日軍在香港暴行』明報出版社，1991 年（森幹夫訳『日本軍は香港で何をしたか』社会評論社，1993 年).
余縄武・劉存寛主編『十九世紀的香港』麒麟書業有限公司，1994 年.
――――主編『二十世紀的香港』麒麟書業有限公司，1995 年.
曽軍主編『文史与社会――首届東亜「文史与社会」研究生論壇論文集』上海大学出版社，2011

年.
張力『国際合作在中国——国際連盟角色的考察 1919–1946』中央研究院近代史研究所，1999 年.
張蓮覚『名山遊記』香港東蓮覚苑，1934 年.
張廷茂『晩清澳門番攤賭博専営研究』暨南大学出版社，2011 年.
張仲礼・陳曽年『沙遜集団在旧中国』人民出版社，1985 年.
趙利峰『尷尬図存——澳門博彩業的建立，興起与発展（1847–1911）』広東人民出版社，2010 年.
鄭宏泰・周振威『香港大老 周壽臣』三聯書店（香港），2006 年.
鄭宏泰・黄紹倫『香港大老 何東』三聯書店（香港），2007 年.
鄭宏泰・黄紹倫『一代煙王 利希慎』三聯書店（香港），2011 年.
周佳栄・鍾宝賢・黄文江編『香港中華総商会百年史』香港中華総商会，2002 年.

（英文）
Ahmad, Diana L. *The Opium Debate and Chinese Exclusion Laws in the Nineteenth-Century American West*. Reno: University of Nevada Press, 2007.
Airlie, Shiona. *Thistle and Bamboo: The Life and Times of Sir James Stewart Lockhart*. Hong Kong: Oxford University Press, 1989.
———. *Reginald Johnston*. Edinburgh: NMS Publishing, 2001.
———. *Scottish Mandarin: The Life and Times of Sir Reginald Johnston*. Hong Kong: Hong Kong University Press, 2012.
Aldrich, Richard J. *The Key to the South: Britain, the United States, and Thailand during the Approach of the Pacific War, 1929–1942*. Kuala Lumpur: Oxford University Press, 1993.
Amery, L. S. *My Political Life. Vol. 2: War and Peace 1914–1929*. Hutchinson: London, 1953.
Barnes, John and David Nicholson, eds., with intro. by Julian Amery. *The Leo Amery Diaries. Vol. 1: 1896–1929*. Hutchinson: London, 1980.
Baumler, Alan, ed. *Modern China and Opium: A Reader*. Ann Arbor: The University of Michigan Press, 2001.
———. *The Chinese and Opium under the Republic: Worse than Floods and Wild Beasts*. Albany: State University of New York Press, 2007.
Beattie, Hilary J. "Protestant Missions and Opium in China, 1858–1895." *Papers on China* 22A (May 1969), pp. 104–133.
Beresford, Charles. *The Break-up of China, with an Account of Its Present Commerce, Currency, Waterways, Armies, Railways, Politics and Future Prospects*. New York: Harper and Brothers, 1899. Reprint, Wilmington, Delaware: Scholarly Resources, 1972.
Berridge, Virginia. *Opium and the People: Opiate Use and Drug Control Policy in Nineteenth and Early Twentieth Century England*. Rev. ed. London: Free Association Books, 1999.
Best, Antony, ed. *The International History of East Asia, 1900–1968: Trade Ideology and the Quest for Order*. Abingdon: Routledge, 2010.

Betta, Chiara. "Marginal Westerners in Shanghai: The Baghdadi Jewish Community, 1845–1931." In *New Frontiers: Imperialism's New Communities in East Asia, 1842–1953*, edited by Robert Bickers and Christian Henriot, pp. 38–54. Manchester: Manchester University Press, 2000.

———."From Orientals to Imagined Britons: Baghdadi Jews in Shanghai." *Modern Asian Studies* 37, no. 4 (2003), pp. 999–1023.

———. "The Trade Diaspora of Baghdadi Jews: From India to China' s Treaty Ports, 1842–1937." In *Diaspora Entrepreneurial Networks: Four Centuries of History*, edited by Ina Baghdiantz McCabe, Gelina Harlaftis and Ioanna Pepelasis Minoglou, pp. 269–285. Oxford and New York: Berg, 2005.

Bickers, Robert. *Britain in China: Community, Culture and Colonialism, 1900–1949*. Manchester: Manchester University Press, 1999.

Bickers, Robert and Christian Henriot, eds. *New Frontiers: Imperialism's New Communities in East Asia, 1842–1953*. Manchester: Manchester University Press, 2000.

Blakeley, Brian L. *The Colonial Office, 1868–1892*. Durham: Duke University Press, 1972.

Bowring, Philip. *Free Trade's First Missionary: Sir John Bowring in Europe and Asia*. Hong Kong: Hong Kong University Press, 2014.

Brook, Timothy and Bob Tadashi Wakabayashi, eds. *Opium Regimes: China, Britain, and Japan, 1839–1952*. Berkeley: University of California Press, 2000.

Brown, Judith M. and Rosemary Foot, eds. *Hong Kong's Transitions, 1842–1997*. Basingstoke: Macmillan, 1997.

Brown, J. B. "Politics of the Poppy: The Society for the Suppression of the Opium Trade, 1874–1916." *Journal of Contemporary History* 8, no. 3 (Jul. 1973), pp. 97–111.

Burton, Ann M. "Treasury Control and Colonial Policy in the Late Nineteenth Century." *Public Administration* 44 (Summer 1966), pp. 169–192.

Butcher, John. "The Demise of the Revenue Farm System in the Federated Malay States." *Modern Asian Studies* 17, no. 3 (1983), pp. 387–412.

———. "Revenue Farming and the Changing State in Southeast Asia." In *The Rise and Fall of Revenue Farming: Business Elites and the Emergence of the Modern State in Southeast Asia*, edited by John Butcher and Howard Dick, pp. 19–44. New York: St. Martin's Press, 1993.

———. "Loke Yew." In *The Rise and Fall of Revenue Farming: Business Elites and the Emergence of the Modern State in Southeast Asia*, edited by John Butcher and Howard Dick, pp. 255–261. New York: St. Martin's Press, 1993.

Butcher, John and Howard Dick, eds. *The Rise and Fall of Revenue Farming: Business Elites and the Emergence of the Modern State in Southeast Asia*. New York: St. Martin's Press, 1993.

Capie, Susan A. "James B. Angell, Minister to China 1880–1881: His Mission and the Chinese Desire for Equal Treaty Rights."『中央研究院近代史研究所集刊』第 11 期 (1982 年 7 月), 273–314 頁.

Carroll, John M. *Edge of Empires: Chinese Elites and British Colonials in Hong Kong*. Cambridge, Mass.: Harvard University Press, 2005.

———. *A Concise History of Hong Kong*. Hong Kong: Hong Kong University Press, 2007.

Cell, John W. *British Colonial Administration in the Mid-Nineteenth Century: The Policy-Making Process*. New Haven: Yale University Press, 1970.

Chamberlain, Jonathan. *King Hui: The Man Who Owned All the Opium in Hong Kong*. Hong Kong: Blacksmith Books, 2007.

Chan Wai Kwan. *The Making of Hong Kong Society: Three Studies of Class Formation in Early Hong Kong*. Oxford: Clarendon Press, 1991.

Chan Lau Kit-Ching. *Anglo-Chinese Diplomacy, 1906–1920: In the Careers of Sir John Jordan and Yüan Shih-kai*. Hong Kong: Hong Kong University Press, 1978.

———. *China, Britain, and Hong Kong, 1895–1945*. Hong Kong: Chinese University Press, 1990.

Chan, Ming K. "Hong Kong in Sino-British Conflict: Mass Mobilization and the Crisis of Legitimacy, 1912–26." In *Precarious Balance: Hong Kong between China and Britain, 1842–1992*, edited by Ming K. Chan, pp. 27–57. Hong Kong: Hong Kong University Press, 1994.

———, ed. *Precarious Balance: Hong Kong between China and Britain, 1842–1992*. Hong Kong: Hong Kong University Press, 1994.

Chatterjee, S. K. *Legal Aspects of International Drug Control*. The Hague: Martinus Nijhoff Publishers, 1981.

Ch'en, Jerome and Nicholas Tarling, eds. *Studies in the Social History of China and South-East Asia: Essays in Memory of Victor Purcell (26 January 1896–2 January 1965)*. Cambridge: Cambridge University Press, 1970.

Cheng, Irene. *Clara Ho Tung: A Hong Kong Lady, Her Family and Her Times*. Hong Kong: Chinese University of Hong Kong, 1976.

Cheng U Wen. "Opium in the Straits Settlements, 1867–1910." *Journal of Southeast Asian History* 2, no. 1 (Mar. 1961), pp. 63–88.

Cheung Tsui Ping. "The Opium Monopoly in Hong Kong, 1844–1887." Unpublished M. Phil. diss., University of Hong Kong, 1987.

China Association, *Annual Reports*.

Chinese in Northwest America Research Committee, "Opium in the Pacific Northwest 西北角鴉片煙 1850s–1930s," http://www.cinarc.org/Opium.html.

Choa, G. H. *The Life and Times of Sir Kai Ho Kai*. 2nd ed. Hong Kong: Chinese University Press, 2000.

Choi, C. Y. *Chinese Migration and Settlement in Australia*. Sydney: University of Sydney Press, 1975.

Chu, Cindy Yik-yi, ed. *Foreign Communities in Hong Kong*. New York: Palgrave Macmillan, 2005.

Chung, Stephanie Po-yin. *Chinese Business Groups in Hong Kong and Political Change in South China, 1900–25*. Basingstoke: Macmillan, 1998.

Clarence-Smith, Gervase. *The Third Portuguese Empire, 1825–1975: A Study in Economic Imperialism*. Manchester: Manchester University Press, 1985.

———. "Middle Eastern Entrepreneurs in Southeast Asia, c. 1750–c. 1940." In *Diaspora Entrepreneurial Networks: Four Centuries of History*, edited by Ina Baghdiantz McCabe, Gelina Harlaftis and Ioanna Pepelasis Minoglou, pp. 217–244. Oxford: Berg, 2005.

Clementi, Cecil. "Calculation of the Percentages of Opium Smokers in China, Ssuchuan and Hongkong."（東洋文庫所蔵モリソン・パンフレット P-III-c-132）

"Commonwealth of Australia, Prohibition of the Importation of Opium for Smoking Purposes."（東洋文庫所蔵モリソン・パンフレット P-III-c-466）

Cook, Shirley J. "Canadian Narcotics Legislation, 1908–1923: A Conflict Model Interpretation." *Canadian Review of Sociology and Anthropology* 6, no. 1 (Feb. 1969), pp. 36–46.

Cooke, Nola and Li Tana, eds. *Water Frontier: Commerce and the Chinese in the Lower Mekong Region, 1750–1880*. Lanham: Rowman & Littlefield, 2004.

Coolidge, Mary Robert. *Chinese Immigration*. New York: Henri Holt, 1909.

Copland, Ian and Michael R. Godley. "Revenue Farming in Comparative Perspective: Social Structure and Development in the Early-Modern Period." In *The Rise and Fall of Revenue Farming*, edited by John Butcher and Howard Dick, pp. 45–68. New York: St. Martin's Press, 1993.

Courtwright, David T. *Dark Paradise: A History of Opiate Addiction in America*. Enl. ed. Cambridge, Mass.: Harvard University Press, 2001.

Cronin, Kathryn. *Colonial Casualties: Chinese in Early Victoria*. Carlton: Melbourne University Press, 1982.

Cullen, Richard and Kevin K. S. Tso. "Using Opium as a Public Revenue Source–Not as Easy as It Looks: The British Hong Kong Experience." *University of Hong Kong Faculty of Law Research Paper*, No. 2012/035, http://ssrn.com/abstract=2165108.

Davenport-Hines, Richard. *The Pursuit of Oblivion: A Global History of Narcotics*. New York: W. W. Norton, 2002.

De Lorme, Roland L. "The United States Bureau of Customs and Smuggling on Puget Sound, 1851 to 1913." *Prologue* 5, no. 2 (Summer 1973), pp. 77–88.

———. "Revenuers in Paradise: The Advent of United States Customs Regulation of the Hawaiian Trade." *Hawaiian Journal of History* 15 (1981), pp. 69–79.

Descours-Gatin, Chantal. *Quand l'opium finançait la colonisation en Indochine*. Paris: L'Harmattan, 1992.

Des Vœux, G. William. *My Colonial Service in British Guiana, St. Lucia, Trinidad, Fiji, Australia, Newfoundland, and Hong Kong with Interludes*, vol. 2. London: John Murray, 1903.

Dias, Alfredo Gomes. *Portugal, Macau e a Internacionalização da Questão do Ópio, 1909–1925*. Macau: Livros do Oriente, 2004.

Dikötter, Frank, Lars Laamann, and Zhou Xun. *Narcotic Culture: A History of Drugs in China*. London: C. Hurst, 2004.

———. "China, British Imperialism and the Myth of the 'Opium Plague'." In *Drugs and Empires: Essays in Modern Imperialism and Intoxication, c.1500–c.1930*, edited by James H. Mills and Patricia Barton, pp. 19–38. Basingstoke: Palgrave Macmillan, 2007.

Edwards, E. W. *British Diplomacy and Finance in China, 1895–1914*. Oxford: Clarendon Press, 1987.

Eisenlohr, L. E. S. *International Narcotics Control*. London: George Allen & Unwin, 1934. Reprinted ed. New York: Arno Press, 1981.

Eitel, E. J. "An Outline History of the Opium Farm of Hongkong." *Friend of China* 1, no. 1 (Mar. 1875), pp. 27–36.

———. *Europe in China: The History of Hongkong from the Beginning to the Year 1882*. London: Luzac and Company, 1895; Hong Kong: Kelly and Welsh, 1895. Reprint, Taipei: Ch'eng-wen Publishing, 1968.

Emdad-ul Haq, M. *Drugs in South Asia: From the Opium Trade to the Present Day*. London: Macmillan, 2000.

Endacott, G. B. *Government and People in Hong Kong*. Hong Kong: Hong Kong University Press, 1964.

———. *The History of Hong Kong*. Rev. ed. Hong Kong: Oxford University Press, 1973.

———. *A Biographical Sketch-Book of Early Hong Kong*. Singapore: Eastern Universities Press, 1962. Reprinted with new introduction by John M. Carroll. Hong Kong: Hong Kong University Press, 2005.

Fairbank, John K. "Synarchy under the Treaties." In *Chinese Thought and Institutions*, edited by John K. Fairbank, pp. 204–231. Chicago: University of Chicago Press, 1957.

———, ed. *Chinese Thought and Institutions*. Chicago: University of Chicago Press, 1957.

———. "The Early Treaty System in the Chinese World Order." In *The Chinese World Order: Traditional China's Foreign Relations*, edited by John K. Fairbank, pp. 257–275. Cambridge, Mass.: Harvard University Press, 1968.

———, ed. *The Chinese World Order: Traditional China's Foreign Relations*. Cambridge, Mass.: Harvard University Press, 1968.

Feldwick, W., ed. *Present Day Impressions of the Far East and Prominent & Progressive Chinese at Home and Abroad: The History, People, Commerce, Industries and Resources of China Hong Kong, Indo-China, Malaya and Netherlands India*. London: Globe Encyclopedia, 1917.

Fitzgerald, John. *Big White Lie: Chinese Australians in White Australia*. Sydney: University of New South Wales Press, 2007.

Fitzgerald, Shirley. *Red Tape Gold Scissors: The Story of Sydney's Chinese*, 2nd ed. Ultimo: Halstead Press, [2008?].

Flow, K. *Chinese Encounter with Opium: Dreams of Colored Clouds and Orchid Fragrance*. Taipei: SMC Publishing, 2009.

Foster, Anne L. "Prohibition as Superiority: Policing Opium in South-East Asia, 1898–1925." *The International History Review* 22, no. 2 (June 2000), pp. 253–273.

———. "Models for Governing: Opium and Colonial Policies in Southeast Asia, 1898–1910." In *The American Colonial State in the Philippines: Global Perspective*, edited by Julian Go and Anne L. Foster, pp. 92–117. Durham: Duke University Press, 2003.

———. "Prohibiting Opium in the Philippines and the United States: The Creation of

an Interventionist State." In *Colonial Crucible: Empire in the Making of the Modern American State*, edited by Alfred W. McCoy and Francisco A. Scarno, pp. 95–105. Madison: University of Wisconsin Press, 2009.

Foxcroft, Louise. *The Making of Addiction: The 'Use and Abuse' of Opium in Nineteenth-Century Britain*. Aldershot: Ashgate, 2007.

Fung, Chi Ming. *Reluctant Heroes: Rickshaw Pullers in Hong Kong and Canton, 1874–1954*. Hong Kong: Hong Kong University Press, 2005.

Fung, Edmund S. K. *The Diplomacy of Imperial Retreat: Britain's South China Policy, 1924–1931*. Hong Kong: Oxford University Press, 1991.

Gale, Esson M. "President James Burrill Angell's Diary: As United States Treaty Commissioner and Minister to China, 1880–1881." *Michigan Alumnus* 49 (May 1943), pp. 195–208.

Gavit, John Palmer. *Opium*. London: Routledge, 1925. Reprint, New York: Arno Press, 1981（安藤明道訳『阿片』日本評論社，1931 年）.

Gerritsen, Jan-Willem. *The Control of Fuddle and Flash: A Sociological History of the Regulation of Alcohol and Opiates*. Leiden: Brill, 2000.

Gilbar, Gad G. "Persian Agriculture in the Late Qājār Period, 1860–1906: Some Economic and Social Aspects." *Asian and African Studies* 12, no. 3 (Nov. 1978), pp. 312–365.

Go, Julian and Anne L. Foster, eds. *The American Colonial State in the Philippines: Global Perspective*. Durham: Duke University Press, 2003.

Goto-Shibata, Harumi. "The International Opium Conference of 1924–25 and Japan." *Modern Asian Studies* 36, no. 4 (2002), pp. 969–991.

————. "Empire on the Cheap: The Control of Opium Smoking in the Straits Settlements, 1925–1939." *Modern Asian Studies* 40, no. 1 (2006), pp. 59–86.

————. "The League of Nations, Washington and Internationalism in East Asia: With Special Reference to the League's Attempt to Control Opium." In *The International History of East Asia, 1900–1968: Trade Ideology and the Quest for Order*, edited by Antony Best, pp. 57–68. Abingdon: Routledge, 2010.

Green, Michael. "A History of Canadian Narcotics Control: The Formative Years." *University of Toronto Faculty of Law Review* 42 (1979), pp. 42–79.

Greenberg, Michael. *British Trade and the Opening of China 1800–42*. Cambridge: Cambridge University Press, 1951.

Griffith, Sarah M. "Border Crossings: Race, Class, and Smuggling in Pacific Coast Chinese Immigrant Society." *Western Historical Quarterly* 35 (Winter 2004), pp. 473–492.

Grob, Gerald N., ed. *Narcotic Addiction and American Foreign Policy*. New York: Arno Press, 1981.

Gunn, Geoffrey C. *Encountering Macau: A Portuguese City-State on the Periphery of China, 1557–1999*. 1996. Reprint, Macao: Geoffrey C. Gunn, 2005.

Haberzettl, Peter e Roderich Ptak. "Vectores da Economia e das Finanças." In *História dos Portugueses no Extremo Oriente*, vol. 4, dir. de A. H. de Oliveira Marques, pp. 233–234. Lisboa: Fundação Oriente, 2003.

Hall, Peter. *In the Web*. Heswall: Peter A. Hall, 1992.

Hansen, Bradley. "Learning to Tax: The Political Economy of the Opium Trade in Iran, 1921–1941." *Journal of Economic History* 61, no. 1 (Mar. 2001), pp. 95–113.

Hao, Yen-p'ing. *The Commercial Revolution in Nineteenth-Century China: The Rise of Sino-Western Mercantile Capitalism*. Berkeley: University of California Press, 1986.

Harding, Geoffrey. *Opiate Addiction, Morality and Medicine: From Moral Illness to Pathological Disease*. London and Basingstoke: Macmillan, 1988.

Harcourt, Freda. "Black Gold: P&O and the Opium Trade, 1847–1914." *International Journal of Maritime History* 6, no. 1 (Jun. 1994), pp. 1–83.

Haydon, Anthony P. *Sir Matthew Nathan: British Colonial Governor and Civil Servant*. St. Lucia, Qld.: University of Queensland Press, 1976.

Hillemann, Ulrike. *Asian Empire and British Knowledge: China and the Networks of British Imperial Expansion*. Basingstoke: Palgrave Macmillan, 2009.

Ho, Pui-yin. *The Administrative History of the Hong Kong Government Agencies, 1841–2002*. Hong Kong: Hong Kong University Press, 2004.

Hodgson, Barbara. *Opium: A Portrait of the Heavenly Demon*. Vancouver: Greystone Books, 1999.

Holder, C. F. "The Opium Industry in America." *Scientific American*, new ser. 78 (5 Mar. 1898), p. 147.

[Hong Kong General Chamber of Commerce]. *Report of the Committee of the Hong Kong General Chamber of Commerce for the Year Ending* ... Hong Kong: Noronha.

Hosie, Alexander. *On the Trail of the Opium Poppy*. vol. 2. London: George Phillip & Son, 1914.

Howell, Philip and David Lambert. "Sir John Pope Hennesy and Colonial Government: Humanitarianism and the Translation of Slavery in the Imperial Network." In *Colonial Lives across the British Empire: Imperial Carrering in the Long Nineteenth Century*, edited by David Lambert and Alan Lester, pp. 228–256. Cambridge: Cambridge University Press, 2006.

Hu-Dehart, Evelyn. "Opium and Social Control: Coolies on the Plantations of Peru and Cuba." *Journal of Chinese Overseas* 1, no. 2 (Nov. 2005), pp. 169–183.

Hui, Po-keung. "Comprador Politics and Middleman Capitalism." In *Hong Kong's History: State and Society under Colonial Rule*, edited by Tak-wing Ngo, pp. 30–45. London: Routledge, 1999.

Hunt, Michael H. *The Making of a Special Relationship: The United States and China to 1914*. New York: Columbia University Press, 1983.

Hyam, Ronald. "The Colonial Office Mind 1900–1914." *Journal of Imperial and Commonwealth History* 8, no. 1 (Oct. 1979), pp. 30–55.

Inso, Jaime do, de colaboração com a Comissão Executiva encarregada da Representação de Macau na Exposição Portuguesa em Sevilha. *Macau: A Mais Antiga Colónia Eurpoeia no Extremo-Oriente*. Macau: Escola Tipográfica do Orfanato, 1929.

Ip, Manying, ed. *Unfolding History, Evolving Identity: The Chinese in New Zealand*. Auckland: Auckland University Press, 2003.

Issawi, Charles. *The Economic History of Iran, 1800–1914*. Chicago: University of Chicago

Press, 1971.

Jackson, Stanley. *The Sassoons*. New York: E. P. Dutton, 1968.

Jennings, John M. *The Opium Empire: Japanese Imperialism and Drug Trafficking in Asia, 1895–1945*. Westport: Praeger, 1997.

Jesus, C. A. Montalho. *Historic Macao*. 2nd ed. Macao: Salesian Printing Press and Tipografia Merchantil, 1926. Reprint, Hong Kong: Oxford University Press, 1984.

Johnson, Bruce D. "Righteousness before Revenue: The Forgotten Moral Crusade Against the Indo-Chinese Opium Trade." *Journal of Drug Issues* 5, no. 4 (Fall 1975), pp. 304–326.

Johnson, Gaynor. *Peacemaking, Peacemakers and Diplomacy, 1880–1939: Essays in Honour of Professor Alan Sharp*. Newcastle upon Tyne: Cambridge Scholars Publications, 2010.

Kane, Harry Hubbell. *Opium-Smoking in America and China*. New York: G. P. Putnam's Sons, 1882. Reprint, New York: Arno Press, 1976.

Kathirithamby-Wells, J. *The British West Sumatran Presidency, 1760–1785: Problems of Early Colonial Enterprise*. Kuala Lumpur: Penerbit Universiti Malaya, 1977.

Kelly, J. B. *Britain and the Persian Gulf, 1795–1880*. Oxford: Oxford University Press, 1968.

King, Ambrose Yeo-chi. "Administrative Absorption of Politics in Hong Kong: Emphasis on the Grass Roots Level." *Asian Survey* 15, no. 5 (May 1975), pp. 422–439.

Kirk-Greene, A. H. M., comp. *A Biographical Dictionary of the British Colonial Service 1939–1966*. London: Hans Zell Publishers, 1991.

———. *On Crown Service: A History of HM Colonial and Overseas Civil Services 1837–1997*. London: I. B. Tarius, 1999.

Kiser, Edgar. "Markets and Hierarchies in Early Modern Tax Systems: A Principal-Agent Analysis." *Politics & Society* 22, no. 3 (Sept. 1994), pp. 284–315.

Kiser, Edgar and Tong, Xiaoxi. "Determinants of the Amount and Type of Corruption in State Fiscal Bureaucracies: An Analysis of Late Imperial China." *Comparative Political Studies* 25, no. 3 (Oct. 1992), pp. 300–331.

Kubicek, Robert V. *The Administration of Imperialism: Joseph Chamberlain at the Colonial Office*. Durham, N. C.: Duke University Press, 1969.

LaFever, Walter. *The Cambridge History of American Foreign Relations, vol. II: The American Search for Opportunity, 1865–1913*. Cambridge: Cambridge University Press, 1993.

Lambert, David and Philip Howell. "John Pope Hennessy and the Translation of 'Slavery' between Late Nineteenth-Century Barbados and Hong Kong." *History Workshop Journal* 55 (2003), pp. 1–24.

Lambert, David and Alan Lester, eds. *Colonial Lives across the British Empire: Imperial Careering in the Long Nineteenth Century*. Cambridge: Cambridge University Press, 2006.

Lai, David Chuenyan. *Chinatowns: Towns within Cities in Canada*. Vancouver: University of British Columbia Press, 1988.

———. "Chinese Opium Trade and Manufacture in British Columbia, 1858–1908." *Journal of the West* 38, no. 3 (July 1999), pp. 21–26.

———. *Chinese Community Leadership: Case Study of Victoria in Canada*. Singapore: World Scientific Publishing, 2010.

Le Failler, Philippe. *Monopole et prohibition de l'opium en Indochine. Le pilori des chimères*. Paris: L' Harmattan, 2001.

Lee Kam Hing and Chow Mun Seong. *Biographical Dictionary of the Chinese in Malaysia*. Petaling Jaya, Selangor Darul Ehsan, Malaysia: Pelanduk Publications, 1997.

Lee, Robert G. *Orientals: Asian Americans in Popular Culture*. Philadelphia: Temple University Press, 1999（貴堂嘉之訳『オリエンタルズ——大衆文化のなかのアジア系アメリカ人』岩波書店，2007年).

Legg, Marie-Louise, ed. *Alfred Webb: The Auto-Biography of a Quaker Nationalist*. Cork: Cork University Press, 1999.

Lethbridge, Henry. *Hong Kong: Stability and Change, a Collection of Essays*. Hong Kong: Oxford University Press, 1978.

Li, Xiaoxiong. *Poppies and Politics in China: Sichuan Province, 1840s to 1940s*. Newark: University of Delaware Press, 2009.

Lim, M. J. B. C. "Britain and the Termination of the Indo-China Opium Trade, 1905–1913." Ph. D. diss., University of London, 1969.

Lin, Alfred H. Y. "Building and Funding a Warlord Regime: The Experience of Chen Jitang in Guangdong, 1929–1936." *Modern China* 28, no. 2 (Apr. 2002), pp. 177–212.

Lin, Man-houng. "Late Qing Perceptions of Native Opium." *Harvard Journal of Asiatic Studies*, 64, no. 1 (June, 2004), pp. 117–144.

Liu, Francis Tse. *Ho Kom-tong: A Man for All Seasons*. Hong Kong: Compradore House, 2003.

Locher-Scholten, Elsbeth. "Dutch Expansion in the Indonesian Archipelago Around 1900 and the Imperialism Debate." *Journal of Southeast Asian Studies* 25, no. 1 (Mar. 1994), pp. 91–111.

Lodwick, Kathleen L. *Crusaders Against Opium: Protestant Missionaries in China, 1874–1917*. Lexington: University Press of Kentucky, 1996.

Louis, Wm. Roger. *In the Name of God, Go!: Leo Amery and the British Empire in the Age of Churchill*. New York: W. W. Norton, 1992.

Lowe, Kate and Eugene McLaughlin. "Sir John Pope Hennessy and the 'Native Race Craze': Colonial Government in Hong Kong, 1877–1882." *Journal of Imperial and Commonwealth History* 20, no. 2 (May 1992), pp. 223–247.

Lowes, Peter D. *The Genesis of the International Narcotics Control*. Genève: Librairie Droz, 1969.

Lugard, F. *Memorandum Regarding the Restriction of Opium in Hongkong and China*. Hong Kong: Noronha, 1909.

Lydon, Jane. *'Many Inventions': The Chinese in the Rocks, Sydney, 1890–1930*. Clayton, Vic.: Monash University, Department of History, 1999.

MacCallum, Elizabeth P. *Twenty Years of Persian Opium (1908–1928)*. New York: For-

eign Policy Association, 1928. Reprinted in *Narcotic Addiction and American Foreign Policy*, edited by Gerald N. Grob. New York: Arno Press, 1981.

MacKay, Derek. *Eastern Customs: The Customs Service in British Malaya and the Opium Trade*. London: Radcliffe Press, 2005.

Madancy, Joyce A. *The Troublesome Legacy of Commissioner Lin: The Opium Trade and Opium Suppression in Fujian Province, 1820s to 1920s*. Cambridge, Mass.: Harvard University Press, 2003.

Malleck, Daniel J. "'Its Baneful Influences Are Too Well Known': Debates over Drug Use in Canada, 1867–1908." *Canadian Bulletin of Medical History* 14, no. 2 (1997), pp. 263–288.

Manderson, Desmond. *From Mr Sin to Mr Big: A History of Australian Drug Laws*. Melbourne: Oxford University Press, 1993.

———. "'Disease, Defilement, Depravity': Towards an Aesthetic Analysis of Health, the Case of the Chinese in Nineteenth-Century Australia." In *Migrants, Minorities and Health: Historical and Contemporary Studies*, edited by Lara Marks and Michael Worboys, pp. 22–48. London: Routledge, 1997.

Marcovits, Claude. "Indian Communities in China, c. 1842–1949." In *New Frontiers: Imperialism's New Communities in East Asia, 1842–1953*, edited by Robert Bickers and Christian Henriot, pp. 55–74. Manchester: Manchester University Press, 2000.

Marks, Lara and Michael Worboys, eds. *Migrants, Minorities and Health: Historical and Contemporary Studies*. London: Routledge, 1997.

Masters, Frederick J. "The Opium Traffic in California." *Chautauquan* 24, no. 1 (Oct. 1896), pp. 54–61. Internet Archive. http://www.archive.org/details/chautauquanorgan24chauuoft.

Matta, J. Caeiro da. *La question de l'opium*. Lisbon: Imprensa Portugal-Brasil, 1938.

———. *La colonie de Macao et la question du trafic de l'opium*. Lisbon: Imprensa Portugal-Brasil, 1940.

Matthee, Rudi. *The Pursuit of Pleasure: Drugs and Stimulants in Iranian History*. Washington, D. C.: Mage, 2005.

Maule, Robert B. "The Opium Question in the Federated Shan States, 1931–36: British Policy Discussions and Scandal." *Journal of Southeast Asian Studies* 23, no. 1 (Mar. 1992), pp. 14–36.

———. "British Policy Discussions on the Opium Question in the Federated Shan States, 1937–1948." *Journal of Southeast Asian Studies* 33, no. 2 (Jun. 2002), pp. 203–224.

Mayer, Kathryn and Terry Parssinen. *Webs of Smoke: Smugglers, Spies, and the History of the International Drug Trade*. Lanham: Rowman & Littlefield, 2002.

McAllister, William B. *Drug Diplomacy in the Twentieth Century: An International History*. London: Routledge, 2000.

———. "'Wolf by the Ears': The Dilemmas of Imperial Opium Policymaking in the Twentieth Century." In *Drugs and Empires: Essays in Modern Imperialism and Intoxication, c. 1500–c. 1930*, edited by James H. Mills and Patricia Barton, pp. 204–219. Bas-

ingstoke: Palgrave Macmillan, 2007.

McCabe, Ina Baghdiantz, Gelina Harlaftis and Ioanna Pepelasis Minoglou, eds. *Diaspora Entrepreneurial Networks: Four Centuries of History*. Oxford: Berg, 2005.

McCoy, Alfred W. and Francisco A. Scarno, eds. *Colonial Crucible: Empire in the Making of the Modern American State*. Madison: University of Wisconsin Press, 2009.

McMahon, Keith. *The Fall of the God of Money: Opium Smoking in Nineteenth-Century China*. Lanham: Roman & Littlefield, 2002.

Mellor, Bernard. *Lugard in Hong Kong: Empires, Education and a Governor at Work, 1907–1912*. Hong Kong: Hong Kong University Press, 1992.

Meyer, Maisie J. *From the Rivers of Babylon to the Whangpoo: A Century of Sephardi Jewish Life in Shanghai*. Lanham: University Press of America, 2003.

Milligan, Barry. *Pleasures and Pains: Opium and the Orient in Nineteenth-Century British Culture*. Charlottesville: University Press of Virginia, 1995.

Mills, James H. and Patricia Barton, eds. *Drugs and Empires: Essays in Modern Imperialism and Intoxication, c. 1500-c. 1930*. Basingstoke: Palgrave Macmillan, 2007.

Miners, Norman. *Hong Kong under Imperial Rule 1912–1941*. Hong Kong: Oxford University Press, 1987.

Munn, Christopher. "The Hong Kong Opium Revenue, 1845–1885." In *Opium Regimes: China, Britain, and Japan, 1839–1952*, edited by Timothy Brook and Bob Tadashi Wakabayashi, pp. 105–126. Berkeley: University of California Press, 2000.

———. *Anglo-China: Chinese People and British Rule in Hong Kong, 1841–1880*. Richmond: Curzon, 2001.

Neligan, A. R. *The Opium Question, with Special Reference to Persia*. London: John Bale, Sons & Danielsson, 1927.

Newman, R. K. "India and the Anglo-Chinese Opium Agreements, 1907–14." *Modern Asian Studies* 23, no. 3 (1989), pp. 525–560.

Ng, James. "The Sojourner Experience: The Cantonese Goldseekers in New Zealand, 1865–1901." In *Unfolding History, Evolving Identity: The Chinese in New Zealand*, edited by Manying Ip, pp. 5–30. Auckland: Auckland University Press, 2003.

Ngo, Tak-wing, ed. *Hong Kong's History: State and Society under Colonial Rule*. London: Routledge, 1999.

———. "Colonialism in Hong Kong Revisited." In *Hong Kong's History: State and Society under Colonial Rule*, edited by Tak-wing Ngo, pp. 1–12. London: Routledge, 1999.

"Notice of Pinang." *Journal of Indian Archipelago and Eastern Asia*, ser. 1, vol. 4 (1850). Reprinted ed. Nendeln: Kraus Reprint, 1970.

Oliveira Marques, A. H. de, ed. *História dos Portugueses no Extremo Oriente*, vol. 3–4. Lisboa: Fundação Oriente, 2000–2003.

Owen, David Edward. *British Opium Policy in China and India*. N. p.: Yale University Press, 1934. Reprint, N. p.: Archon Books, 1968.

Owen, Roger and Bob Sutcliffe, eds. *Studies in the Theory of Imperialism*. London: Longman, 1972.

Padwa, Howard. *Social Poison: The Culture and Politics of Opiate Control in Britain and

France, 1821–1926. Baltimore: Johns Hopkins University Press, 2012.

Parkinson, Cosmo. *The Colonial Office from Within 1909–1945*. London: Faber and Faber, 1947.

Parliament of the Commonwealth of Australia. “Opium: Report by the Comptroller-General of Customs (Dated 10th March 1908).” No. 164-F. 3688. (東洋文庫所蔵モリソン・パンフレット P-III-c-464)

Parssinen, Terry M. *Secret Passions, Secret Remedies: Narcotic Drugs in British Society, 1820–1930*. Manchester: Manchester University Press, 1983.

Paulès, Xavier.“In Search of Smokers: A Study of Canton Opium Smokers in the 1930s.” *East Asian History* 29 (Jun. 2005), pp. 107–128.

———. “High-Class Opium Houses in Canton during the 1930s.” *Journal of the Royal Asiatic Society Hong Kong Branch* 45 (2005), pp. 145–152.

———. “La lute contre l’opium. Panacée politique pour le Guomingdang?” *Vingtième siècle. Revue d’ Histoire* 95 (juillet-septembre 2007), pp. 193–217.

———. “Drogue et transgressions sociales: Les femmes et l’opium à Canton dans les années 1930.” *Clio: Histoire, femmes et sociétés* 28 (2008), pp. 223–242.

———. “Anti-Opium Visual Propaganda and the Delamorisation of Opium in China, 1895–1937.” *European Journal of East Asian Studies* 7, no. 2 (2008), pp. 229–262.

———. “Opium in the City: A Spatial Study of Guangzhou’s Opium Houses, 1923–1936.” *Modern China* 35, no. 5 (Sept. 2009), pp. 495–526.

———. *Histoire d’une drogue en sursis. L’Opium à Canton, 1906–1936*. Paris: Éd. de l’EHESS, 2010.

———. *L’Opium: une passion chinoise (1750–1950)*. Paris: Payot, 2011.

Pelcovits, Nathan A. *Old China Hands and the Foreign Office*. 1948. Reprint, New York: Octagon Books, 1969.

Pellew, Jill. *The Home Office 1848–1914: From Clerks to Bureaucrats*. London: Heinemann Educational Books, 1982.

Perham, Margery. *Lugard: The Years of Authority 1898–1945*. London: Collins, 1960.

Plüss, Caroline. “Globalizing Ethnicity with Multi-Local Identifications: The Parsee, Indian Muslim and Sephardic Trade Diasporas in Hong Kong.” In *Diaspora Entrepreneurial Networks: Four Centuries of History*, edited by Ina Baghdiantz McCabe, Gelina Harlaftis and Ioanna Pepelasis Minoglou, pp. 245–268. Oxford: Berg, 2005.

———. “Migrants from India and Their Relations with British and Chinese Residents.” In *Foreign Communities in Hong Kong, 1840s–1950s*, edited by Cindy Yik-yi Chu, pp. 155–170. New York: Palgrave Macmillan, 2005.

Pomelantz-Zhang, Linda. *Wu Tingfang (1842–1922): Reform and Modernization in Modern Chinese History*. Hong Kong: Hong Kong University Press, 1992.

Pope-Hennessy, James. *Verandah: Some Episodes in the Crown Colonies, 1867–1889*. London: George Allen and Unwin, 1964.

Poy, Vivienne (利徳蕙). *A River Named Lee* (利氏長流). Scaborough, Ontario: Calyan Publishing, 1995.

———. *Building Bridges: The Life and Times of Richard Charles Lee, Hong Kong: 1905*

-1983（築橋：利銘沢的生平与時代，香港：一九零五年至一九八三年）. Scaborough, Ontario: Calyan Publishing, 1998.

———. *Profit, Victory & Sharpness: The Lees of Hong Kong*. Toronto: York Centre for Asian Research, York University, 2006.

Price, Charles A. *The Great White Walls Are Built: Restrictive Immigration to North America and Australasia, 1836–1888*. Canberra: Australian National University Press, 1974.

Pulling, Alexander. "Foreign Jurisdiction." In *Encyclopaedia of the Laws of England with Forms and Precedents by the Most Eminent Legal Authorities*, edited by A. Wood Renton and Max A. Robertson. 2nd ed., vol. 6, pp. 180–185. Edinburgh: William Green & Sons, 1907.

Regan-Lefebvre, Jennifer. *Cosmopolitan Nationalism in the Victorian Empire: Ireland, India and the Politics of Alfred Webb*. Basingstoke: Palgrave Macmillan, 2009.

Reid, Anthony. "The Origins of Revenue Farming in Southeast Asia." In *The Rise and Fall of Revenue Farming*, edited by John Butcher and Howard Dick, pp. 69–79. New York: St. Martin's Press, 1993.

Reins, Thomas D. "Reform, Nationalism and Internationalism: The Opium Suppression Movement in China and the Anglo-American Influence, 1900–1908." *Modern Asian Studies* 25, no. 1 (1991), pp. 101–142.

Renborg, Bertil A. *International Drug Control: A Study of International Administration by and through the League of Nations*. Washington: Carnegie Endowment for International Peace, 1947.

Renton, A. Wood and Max A. Robertson. *Encyclopaedia of the Laws of England with Forms and Precedents by the Most Eminent Legal Authorities*. 2nd ed. Edinburgh: William Green & Sons, 1907.

Report of the International Opium Commission, Shanghai, China, February 1 to February 26, 1909. 2 vols. Shanghai: North-China Daily News & Herald, 1909.

Richards, John F. "The Indian Empire and Peasant Production of Opium in the Nineteenth Century." *Modern Asian Studies* 15, no. 1 (1981), pp. 59–82.

———. "Opium and the British Indian Empire: The Royal Commission of 1895." *Modern Asian Studies* 36, no. 2 (2002), pp. 375–420.

———. "The Opium Industry in British India." *Indian Economic and Social History Review* 39, nos. 2 & 3 (2002), pp. 149–180.

———. "'Cannot We Induce the People of England to Eat Opium?' The Moral Economy of Opium in Colonial India." In *Drugs and Empires: Essays in Modern Imperialism and Intoxication, c. 1500-c. 1930*, edited by James H. Mills and Patricia Barton, pp. 73–80. Basingstoke: Palgrave Macmillan, 2007.

Robinson, Ronald. "Non-European Foundations of European Imperialism: Sketch for a Theory of Collaboration." In *Studies in the Theory of Imperialism*, edited by Roger Owen and Bob Sutcliffe, pp. 117–142. London: Longman, 1972.

Rolls, Eric. *Sojourners, Flowers and the Wide Sea: The Epic Story of China's Centuries-Old Relationship with Australia*. St. Lucia, Qld.: University of Queensland Press, 1992.

Roth, Cecil. *The Sassoon Dynasty*. London: Robert Hale, 1941. Reprint, N. Y.: Arno Press, 1977.

Rush, James R. *Opium to Java: Revenue Farming and Chinese Enterprise in Colonial Indonesia, 1860–1910*. Ithaca: Cornell University Press, 1990.

Ryan, Jan. *Ancestors: Chinese in Colonial Australia*. South Freemantle: Freemantle Arts Centre Press, 1995.

Sabahi, Houshang. *British Policy in Persia, 1918–1925*. London: Frank Cass, 1990.

Saldanha, Antonio Vasconcelos de. *Estudos Sobre as Relações Luso-Chinesas*. Lisbon: Instituto Superior de Ciências Sociais e Políticas e Instituto Cultural de Macau, 1996.

Salvi, Tiziana. "The Last Fifty Years of Legal Opium in Hong Kong, 1893–1943." M. Phil. diss., University of Hong Kong, 2004.

Sayer, Geoffrey Robley. *Hong Kong, 1841–1862: Birth, Adolescence and Coming of Age*. N. p.: Oxford University Press, 1937. Reprint, Hong Kong: Hong Kong University Press, 1980.

———. *Hong Kong, 1862–1919: Years of Discretion*. Hong Kong: Hong Kong University Press, 1975.

Schmidt, Jan. *From Anatolia to Indonesia: Opium Trade and the Dutch Community of Izmir, 1820–1940*. Istanbul: Nederlands Historisch-Archaeologisch Institut, 1998.

Seyf, Ahmad. "Commercialization of Agriculture: Production and Trade of Opium in Persia, 1850–1906." *International Journal of Middle East Studies* 16, no. 2 (May 1984), pp. 233–250.

Shahnavaz, Shahbaz. *Britain and the Opening up of South-West Persia, 1880–1914: A Study in Imperialism and Economic Dependence*. London: Routledge, 2005.

Shireen, Madhavi. *For God, Mammon, and Country: A Nineteenth Century Persian Merchant Haj Muhammad Hassan Amin al Zarb (1834–1898)*. Boulder: Westview Press, 1999.

Shum, Lynette. "Remembering Chinatown: Haining Street of Wellington." In *Unfolding History, Evolving Identity: The Chinese in New Zealand*, edited by Manying Ip, pp. 73–93. Auckland: Auckland University Press, 2003.

Siddiqi, Asiya. "Pathways of the Poppy: India's Opium Trade in the Nineteenth Century." In *India and China in the Colonial World*, edited by Madhavi Thampi, pp. 21–32. New Delhi: Social Science Press, 2005.

Silva, Maria Teresa Lopes da. *Transição de Macau para a Modernidade: Ferreira do Amaral e a Construção da Soberania Portuguesa*. Lisboa: Fundação Oriente, 2002.

Sinn, Elizabeth. *Power and Charity: The Early History of the Tung Wah Hospital, Hong Kong*. Hong Kong: Oxford University Press, 1989. Reprinted with new preface by the author. Hong Kong: Hong Kong University Press, 2003.

———. *Growing with Hong Kong: The Bank of East Asia, 1919–1994*. Hong Kong: Bank of East Asia, 1994.

———. "Emigration from Hong Kong before 1941: General Trends." In *Emigration from Hong Kong*, edited by Ronald Skeldon, pp. 11–34. Hong Kong: Chinese University Press, 1995.

———. "Emigration from Hong Kong before 1941: Organization and Impact." In *Emigration from Hong Kong*, edited by Ronald Skeldon, pp. 35–50. Hong Kong: Chinese University Press, 1995.

———. "Preparing Opium for America: Hong Kong and Cultural Consumption in the Chinese Diaspora." *Journal of Chinese Overseas* 1, no. 1 (May 2005), pp. 16–42.

———. *Pacific Crossing: California Gold, Chinese Migration, and the Making of Hong Kong*. Hong Kong: Hong Kong University Press, 2013.

Skeldon, Ronald. *Emigration from Hong Kong*. Hong Kong: Chinese University Press, 1995.

Slack, Edward. R., Jr. *Opium, State, and Society: China's Narco-Economy and the Guomingdang, 1924–1937*. Honolulu: University of Hawai'i Press, 2001.

Smith, Carl T. *A Sense of History: Studies in the Social and Urban History of Hong Kong*. Hong Kong: Hong Kong Educational Publishing, 1995.

———. *Chinese Christians: Elites, Middlemen, and the Church in Hong Kong*. Hong Kong: Oxford University Press, 1985. Reprinted with new introduction by Christopher Munn. Hong Kong: Hong Kong University Press, 2005.

Smith, George. *A Narrative of an Exploratory Visit to Each of the Consular Cities of China and to the Islands of Hong Kong and Chusan, Church Missionary Society, in the Years 1844, 1845, 1846*. London: Seely, Burnside and Seely, 1847. Reprint, Taipei: Ch'engwen Publishing, 1972.

Song Ong Siang. *One Hundred Years' History of the Chinese in Singapore*. London: Murray, 1923. Reprint, Singapore: University Malaya Press, 1967.

Stein, S. D. *International Diplomacy, State Administrators and Narcotics Control: Origins of a Social Problem*. London: Gower, 1985.

Stelle, Charles Clarkson. *Americans and the China Opium Trade in the Nineteenth Century*. Ph. D Diss, University of Chicago, 1938. Reprint, New York: Arno Press, 1981.

Stone, Glyn A. "The Official British Attitude to the Anglo-Portuguese Alliance, 1910–45." *Journal of Contemporary History* 10, no. 4 (Oct. 1975), pp. 729–746.

———. "No Way to Treat an Ancient Ally: Britain and the Portuguese Connection, 1919–1933." In *Peacemaking, Peacemakers and Diplomacy, 1880–1939: Essays in Honour of Professor Alan Sharp*, ed. G. Johnson, pp. 223–252. Newcastle upon Tyne: Cambridge Scholars Publications, 2010.

Tagliacozzo, Eric. *Secret Trades, Porous Borders: Smuggling and States along a Southeast Asian Frontier, 1865–1915*. New Haven: Yale University Press, 2005.

Tarling, Nicholas. "The Entrepôt at Labuan and the Chinese." In *Studies in the Social History of China and South-East Asia: Essays in Memory of Victor Purcell (26 January 1896–2 January 1965)*, edited by Jerome Ch'en and Nicholas Tarling, pp. 355–373. Cambridge: Cambridge University Press, 1970.

Taussig, F. W. *The Tariff History of the United States*, 7th ed. G. P. Putnam's Sons: New York, 1923.

Taylor, Arnold H. *American Diplomacy and the Narcotic Traffic, 1900–1939: A Study in International Humanitarian Reform*. Durham: Duke University Press, 1969.

———. "Opium and the Open Door." *South Atlantic Quarterly* 69 (1970), pp. 79–95.

Thampi, Madhavi. *Indians in China, 1800–1949*. New Delhi: Manohar, 2005.

———. "The Indian Community in China and Sino-Indian Relations." In *India and China in the Colonial World*, edited by Madhavi Thampi, pp. 66–82. New Delhi: Social Science Press, 2005.

———, ed. *India and China in the Colonial World*. New Delhi: Social Science Press, 2005.

Thomson, J. *Illustrations of China and Its People: A Series of Two Hundred Photographs, with Letterpress Descriptive of the Places and People Represented*. Vol. 1. London: Sampson Low, Marston, Low, and Searle, 1873.

Todd, David. "John Bowring and the Global Dissemination of Free Trade." *Historical Journal* 51, no. 2 (2008), pp. 373–397.

Traver, Harold H. "Colonial Relations and Opium Control in Hong Kong, 1841–1945." In *Drugs, Law, and the State*, edited by Harold H. Travor and Mark S. Gaylord, pp. 135–149. New Brunswick: Transaction Publishers, 1992.

———. "Opium to Heroin: Restrictive Opium Legislation and the Rise of Heroin Consumption in Hong Kong." *Journal of Policy History* 4, no. 3 (1992), pp. 307–324.

Traver, Harold H. and Mark S. Gaylord, eds. *Drugs, Law, and the State*. New Brunswick: Transaction Publishers, 1992.

Travers, Robert. *Australian Mandarin: The Life and Times of Quong Tart*. 2nd ed. Kenthurst: Rosenberg, 2004.

Tregonning, K. G. *The British in Malaya: The First Forty Years, 1786–1826*. Tuscon: University of Arizona Press, 1965.

Trocki, Carl A. *Opium and Empire: Chinese Society in Colonial Singapore, 1800–1910*. Ithaca: Cornell University Press, 1990.

———. "The Collapse of Singapore's Great Syndicate." In *The Rise and Fall of Revenue Farming: Business Elites and the Emergence of the Modern State in Southeast Asia*, edited by John Butcher and Howard Dick, pp. 166–181. New York: St. Martin's Press, 1993.

———. *Opium, Empire and the Global Political Economy: A Study of the Asian Opium Trade 1750–1950*. London: Routledge, 1999.

———. "Drugs, Taxes, and Chinese Capitalism in Southeast Asia." In *Opium Regimes: China, Britain, and Japan, 1839–1952*, edited by Timothy Brook and Bob Tadashi Wakabayashi, pp. 79–104. Berkeley: University of California Press, 2000.

———. "Opium and the Beginnings of Chinese Capitalism in Southeast Asia." *Journal of Southeast Asian Studies* 33, no. 2 (Jun. 2002), pp. 297–314.

———. "The Internationalization of Chinese Revenue Farming Networks." In *Water Frontier: Commerce and the Chinese in the Lower Mekong Region, 1750–1880*, edited by Nola Cooke and Li Tana, pp. 159–173. Lanham: Rowman & Littlefield, 2004.

———. "A Drug on the Market: Opium and the Chinese in Southeast Asia, 1750–1880." *Journal of Chinese Overseas* 1, no. 2 (Nov. 2005), pp. 147–168.

———. "Chinese Revenue Farms and Borders in Southeast Asia." *Modern Asian Stud-*

ies 43, no. 1 (2009), pp. 335–362.

———. "Koh Seang Tat and the Asian Opium Farming Business." In *Penang and Its Region: The Story of an Asian Entrepôt*, edited by Yeoh Seng Guan, Loh Wei Leng, Khoo Salma Nasution and Neil Khor, pp. 213–223. Singapore: NUS Press, 2009.

Tsai Jung-fang. *Hong Kong in Chinese History: Community and Social Unrest in the British Colony, 1842–1913*. New York: Columbia University Press, 1993.

Tsang, Steve. *A Modern History of Hong Kong*. Hong Kong: Hong Kong University Press, 2004.

———. *Governing Hong Kong: Administrative Officers from the Nineteenth Century to the Handover to China, 1862–1997*. London: I. B. Tarius, 2007.

Tsin, Michael. *Nation, Governance, and Modernity in China: Canton, 1900–1927*. Stanford: Stanford University Press, 1999.

Tung Wah Group of Hospitals, Board of Directors, 1970–1971 (創院一百周年記念庚子年董事局), ed. *One Hundred Years of the Tung Wah Group of Hospitals, 1870–1970* (香港東華三院百年史略), 2 vols. Hong Kong: Tung Wah Group of Hospitals, 1971.

Turnbull, C. M. *The Straits Settlements, 1826–67: Indian Presidency to Crown Colony*. Kuala Lumpur: Oxford University Press, 1972.

———. *A History of Singapore, 1819–1975*. Kuala Lumpur: Oxford University Press, 1977.

Tyrrell, Ian. *Reforming the World: The Creation of America's Moral Empire*. Princeton: Princeton University Press, 2010.

Ure, Gavin. *Governors, Politics and the Colonial Office: Public Policy in Hong Kong, 1918–58*. Hong Kong: Hong Kong University Press, 2012.

Vaid, K. N. *The Overseas Indian Community in Hong Kong*. Hong Kong: Centre of Asian Studies, University of Hong Kong, 1972.

Vincent-Smith, John. "Britain, Portugal, and the First World War, 1914–16." *European Studies Review* 4, no. 3 (1974), pp. 207–238.

———. "The Portuguese Republic and Britain, 1910–14." *Journal of Contemporary History* 10, no. 4, (Oct. 1975), pp. 707–727.

Wai-yip, Ho. "Historical Analysis of Islamic Community Development in Hong Kong: Struggle for Recognition in the Post-Colonial Era." *Journal of Muslim Minority Affairs* 21, no. 1 (2001), pp. 63–77.

Walker, William O., Ⅲ. *Opium and Foreign Policy: The Anglo-American Search for Order in Asia, 1912–1954*. Chapel Hill: University of North California Press, 1991.

———. "'A Grave Danger to the Peace of the East': Opium and Imperial Rivalry in China, 1895–1920." In *Drugs and Empires: Essays in Modern Imperialism and Intoxication, c. 1500–c. 1930*, edited by James H. Mills and Patricia Barton, pp. 185–203. Basingstoke: Palgrave Macmillan, 2007.

Wang Sing-wu. *The Organization of Chinese Emigration, 1848–1888: With Special Reference to Chinese Emigration to Australia*. San Francisco: Chinese Materials Center, 1978.

Waung, W. S. K. *The Controversy: Opium and Sino-British Relations, 1858–1887*. Hong

Kong: Lung Men Press, 1977.

Weiss, Anita. M. "South Asian Muslims in Hong Kong: Creation of a 'Local Boy' Identity." *Modern Asian Studies* 25, no. 3 (Jul. 1991), pp. 417–453.

Welsh, Frank. *A History of Hong Kong*. Revised ed. London: Harper Collins, 1997.

Wertz, Daniel J. P. "Idealism, Imperialism, and Internationalism: Opium Politics in the Colonial Philippines, 1898–1925." *Modern Asian Studies* 47, no. 2 (2013), pp. 467–499.

Wesley-Smith, Peter. *Unequal Treaty, 1898–1997: China, Great Britain, and Hong Kong's New Territories*. Revised ed. Hong Kong: Oxford University Press, 1998.

Whitfield, Andrew. *Hong Kong, Empire and the Anglo-American Alliance at War, 1941–1945*. Hong Kong: Hong Kong University Press, 2001.

Wickberg, Edgar. *The Chinese in Philippine Life, 1850–1898*. New Haven: Yale University Press, 1965.

———, ed. *From China to Canada: A History of the Chinese Communities in Canada*. N. p.: Minister of Supply and Services Canada, 1982. Reprint, Toronto: McClelland and Stewart, 1988.

Willmott, William E. "Growing Pains: Discrimination and Depression." In *From China to Canada: A History of the Chinese Communities in Canada*, edited by Edgar Wickberg, pp. 53–72. N. p.: Minister of Supply and Services Canada, 1982. Reprint, Toronto: McClelland and Stewart, 1988.

Winther, Paul C. *Anglo-European Science and the Rhetoric of Empire: Malaria, Opium, and British Rule in India, 1756–1895*. Lanham: Lexington Books, 2003.

Wong, C. S. *A Gallery of Chinese Kapitans*. Singapore: Ministry of Culture, 1963.

Wong, J. W. *Deadly Dreams: Opium and the* Arrow *War (1856–1860) in China*. Cambridge: Cambridge University Press, 1998.

Woo Sing Lim (呉醒濂). *Prominent Chinese in Hong Kong* (香港華人名人史略). Hong Kong: Five Continents Book, 1937.

Wright, Arnold and H. A. Cartwright, eds. *Twentieth Century Impressions of British Malaya: Its History, People, Commerce, Industries, and Resources*. London: Lloyd's Greater Britain Publishing, 1908.

———. *Twentieth Century Impressions of Hongkong, Shanghai and Other Treaty Ports of China*. London: Lloyd's Greater Britain Publishing, 1908. (Condensed edition: *Twentieth Century Impressions of Hongkong: History, People, Commerce, Industries, and Resources*. Singapore: Graham Brash, 1990).

Wright, Ashley. *Opium and Empire in Southeast Asia: Regulating Consumption in British Burma*. Basingstoke: Palgrave Macmillan, 2014.

Wu Xiao An. *Chinese Business in the Making of a Malay State, 1882–1941: Kedah and Penang*. London: Routledge, 2003.

Yen Ching-hwang. *Coolies and Mandarins: China's Protection of Overseas Chinese during the Late Ch'ing Period (1851–1911)*. Singapore: Singapore University Press, 1985.

Yeoh Seng Guan, Loh Wei Leng, Khoo Salma Nasution and Neil Khor, eds. *Penang and Its Region: The Story of an Asian Entrepôt*. Singapore: NUS Press, 2009.

Yong, C. F. *The New Gold Mountain: The Chinese in Australia, 1901–1921*. Richmond, S.

A.: Raphael Arts, 1977.
Yong Ching Fatt. “Cheong Cheok Hong (1853?–1928).” In *Australian Dictionary of Biography Online Edition*. http://adb.anu.edu.au/biography/cheong-cheok-hong-3198.
Young, L. K. *British Policy in China, 1895–1902*. Oxford: Clarendon Press, 1970.
Zheng, Yangwen. *The Social Life of Opium in China*. Cambridge: Cambridge University Press, 2005.
Zhou, Yongming. *Anti-Drug Crusades in Twentieth-Century China: Nationalism, History and State Building*. Lanham: Rowman & Littlefield, 1999.

オンライン・リソース

Australian Dictionary of Biography Online Edition. Australia National University, Australia. URL: http://adb.anu.edu.au
The British Colonist Online Edition: 1858–1910. Victoria, BC., Canada. URL: http://britishcolonist.ca/
Chinese in Northwest America Research Committee. URL: http://www.cinarc.org/
Historical Laws of Hong Kong Online. University of Hong Kong Libraries, Hong Kong, China. URL: http://oelawhk.lib.hku.hk/exhibits/show/oelawhk/home
Hong Kong Government Reports Online (1853–1941). University of Hong Kong Libraries, Hong Kong, China. URL: http://sunzi.lib.hku.hk/hkgro/index.jsp
Hong Kong Journals Online. University of Hong Kong Libraries, Hong Kong, China. URL: http://hkjo.lib.hku.hk/exhibits/show/hkjo/home
Internet Archive. URL: http://www.archive.org/
Lat Pau (Le Bao). Library, National University of Singapore, Singapore. URL: http://www.lib.nus.edu.sg/lebao/
Old Hong Kong Newspapers. Multimedia Information System. Hong Kong Public Library, Hong Kong, China. URL: https://mmis.hkpl.gov.hk/web/guest/old-hk-collection
アジア歴史資料センター URL: http://www.jacar.go.jp/